조선의 역사와 철학의 모험

Chosun's History and Adventure of Philosophy

손영식 지음

UUP

조선의 역사와 철학의 모험

- 2024년 3월 15일 3판 2쇄 발행
  2013년 9월 05일 3판 발행
  2007년 3월 29일 2판 발행
  2005년 2월 25일 초판 발행
- **지은이** 손영식
- **펴낸이** 오연천
- **펴낸곳** UUP (울산대학교출판부) 울산광역시 남구 대학로 93(무거동)
- 전화 (052)259-2488 팩스 (052)277-3011
- **홈페이지** http://uup.ulsan.ac.kr
- **출판등록** 제370-1996-000001호(1996.3.13)
- ₩ 15,000

ISBN 978.89.7868.312.8 (93150)

서문

이 책은 내가 착상했고, 메모했고, 강의했던, 그런 것을 모아서 정리한 것이다. 잡다하게 기록해 둔 것을 모아서 하나의 책으로 낸다. 다듬고 걸렸지만 중복된 것이 많고 거칠다.

조선 역사의 변동에 대한 논리적 해석이기 때문에 사실의 다양성을 가지쳐 버리고 단순하게 일반화해서, 그 안의 논리를 더듬었다. 역사 변동의 역학(力學)을 논리적으로 파악하는데 중점을 두었기 때문에 역사적 사실을 정확하게 인용하지 않는 것도 있을 것이다.

역사 변동을 주로 다루려 했기 때문에, 철학적 내용은 될 수 있으면 빼 버렸다. 이 책은 조선 철학사는 아니다. 그것은 따로 써야 할 것이다. 다만 역사 변동과 밀접한 관련이 있는 철학적 내용을 조금 언급하는 것으로 그친다.

이 책에는 상당히 많은 새로운 제안이 있다. 역사의 논리적 해석인 '철학 사학'이 그것 가운데 하나이다. 거칠고 문제가 있는 것도 많을 것이다. 토론만이 그것을 바로잡아 줄 것이다. 이 책이 그런 토론에 하나의 작은 불씨를 던져 주는 것이 된다면 더 이상 바랄 것이 없다.

2005. 1. 30. 우여(愚如) 씀.

두 번째 판 서문

나는 이 책이 빈 들을 불사르는 하나의 작은 불씨가 되기를 바랬다. 그러나 꼬마 불티가 되기에도 침묵의 벽이 크다.

내가 제안했던 '철학으로 분석한 역사 서술', 즉 '철학 사학'은 그다지 낯선 것도 아니고, 궁벽한 것도 아니다. 단지 본격적으로 시작되지 않았을 뿐이다. 길이 시작되었는데, 여행이 끝난 것도 아니다. 여행이 시작되었는데, 길이 끝난 것도 아니다. 다만 관심이 문제이다. 현실은 언제나 고집센 황소처럼 늘 가던 길만 가고 있다.

이 책은 원래 메모들을 종합한 것이다. 따라서 지층들이 뚜렷하지만, 아직 두텁지 않다. 나는 초판을 내면서, 이 책의 내용을 보태고 깁고 틀을 재구성해서 좀 더 '완성된 형태'로 만들려 했다. 목표는 조선 시대 역사 변동을 거의 완전하게 논리적으로 일관되게 설명하는 것이었다. 좀 더 나간다면, 우리의 역사를 우리의 이성으로 재구성하는 것이었다. 홀로 서는 나라 됨의 조건 가운데 하나가 그것이라 나는 믿는다.

일모도원(日暮途遠) - 지난 몇 년 동안 성리학에 대한 논쟁을 하면서, 조선의 역사에 대한 철학적 해석의 확장 보완은 미루어 두었다. 이번에 재판을 내면서 우선 맞춤법 교정을 주로 했다.

두 번째 판을 낼 수 있었던 것은 서울대 정원재 교수의 관심과 격려가 절대적이었다. 깊이 감사드린다.

현재 동양 철학계의 인력은 일정하다. 생산 품목도 늘 그렇다. 새로운 분야를 만들어내는 것이 침체된 동양 철학에 활기를 불어넣는 방법 가운데 하나일 것이다. 철학과 역사의 행복한 접목이 그런 것이다. 그러나 길도 여행도 모호하고 흐리다.

쉬지 말고 쉬지를 말고,
꽃 잡고 길을 물어,
물에 비치는 항구 찾아 가거라.

나는 '대국(大國) 의식'을 생각했다. 우리의 역사를 우리의 이성으로 해석하고 받아들이는 것이 자아 정체성 확립, 주체성 세우기이다. 역사학은 사실의 수집에 머무르는 경향이 있다. 그것을 논리적으로 분석하고 체계적으로 이해할 때 우리의 역사는 우리의 것이 된다. '철학 사학'의 길은 그래서 대지의 항구로 향한다.

2007. 3. 21. 우여(愚如) 씀.

세번째판서문

⑴ 이번 판은 두 번째 판보다 훨씬 더 많이 손을 대었다.

기존 판은 중복되거나, 생략된 부분이 많았다. 전체적으로 일관된 체계를 만들고, 이야기를 부드럽게 전개시키기 위해서 깁고 덧대었다. 제목을 바꾸고 정돈하여, 역사의 흐름을 짚어 주면서, 주제를 좀 더 돋보이게 했다. 그리고 많은 내용을 보충했다. "조선에서 대학이 발생하지 않은 이유" 같은 부분은 빠진 내용을 넣었다.

세 번의 작업 끝에 책 전체의 틀이 조금은 갖추어진 것 같다.

이 책을 읽고 논평하는 글을 쓰신 분은 아마도 부산대 철학과의 문성원 교수님 뿐인 것 같다. 문 교수님이 지적하듯이, 기존 판은 '정제되지 않은 강의 노트'로, 내용이 중복될 뿐만 아니라 어수선했다. 이번 교정으로 어느 정도는 '성의'를 보였다고 생각한다.

⑵ 이 책은 생각난 것을 메모한 것을 모은 것이다. 강의를 하다가, 혹은 대화를 하다가 터득한 내용 혹은 착상들이다. 그것들은 이성적 사유의 극한까지 가려 한 것이라 할 수 있다. 소크라테스도 치열하게 맞서 대화하지 않았다면, 생각의 깊이를 더하기 어려웠을 것이다.

문제는 그런 메모들이 단편적이란 점이다. 종합적이고 전체적인 체계를 이루어 서술하지 못 한 것은 바쁘고 게으르기 때문이기도 하지만, 아직 사유의 깊이가 옅기 때문이기도 하다. 앞으로도 계속 다듬고 정제할 생각이다.

⑶ 내가 보건데, 독립된 국가의 조건 가운데 하나는, 자기의 역사에

대한 주체적인 해석을 갖는 것이다. 단순히 사실의 나열로서 역사가 아니다. 역사에서 인과 관계를 확정하고, 잘잘못을 가리고, 흐름과 줄기를 법칙화하면서, 과거와 미래를 전망하는 것이다.

그것은 한 국가의 국민의 자의식의 핵심을 이루는 것이다.

칸트가 '순수 실천 판단력'으로서 이성 개념을 정립하자, 헤겔은 절대 정신의 자기 전개 과정으로서 서구의 역사를 해석하고 재구성한다. 그것은 계몽주의에 근거해서 민주화를 이루며, 근대적 국가를 이루던 시대에 지식인의 자의식의 반영이다.

(4) 이 책에서 나는 조선의 역사를 어둡고 비관적으로 해석했다. 사실 조선에 원래 그런 요소가 많기 때문이기도 하지만, 냉정하게 있는 그대로 자신의 역사를 돌아보는 것은, 미래의 강함을 위한 필수 조건이다. 과거를 자화자찬하는 것은 자기 위안 이외에 아무 것도 아니다. 이 책에서 내가 비판했던 사람과 당파들은 대부분 정권을 장악하고 현실을 이끌었다. 모든 사물에는 그마만한 이유가 있으며, 행위에는 책임이 따른다.

(5) 데카르트는 코기토를 주장했다. "나의 이성으로 이 세상을 명석판명하게 이해할 수 있다. *명석 판명한 것이 진리이다.*" - 나는 이 말이 사실인줄 알았다. 그러나 이성에도 등급이 있다. 우리나라의 연구자들은 아직도 미국이나 서구의 연구자들의 눈치를 본다. 자신의 이성이 진리의 판정자가 못 된다. 이성에도 국력의 격차가 반영된다.

나는 조선의 역사에 코기토를 들이대고자 한다. 논리적 분석을 통해서 역사를 재구성한다. 계속 갈고 다듬어서 역사 철학을 향해서 나가고자 한다.

독립된 코기토의 성립 조건 가운데 하나가 자신의 역사관을 갖는 것이다.

2013년 4월 4일 우여(愚如) 씀.

차 례

제4부 당파 경쟁의 흐름과 역학

제5부 세도정치 임진왜란 민비

연구방법 서설

1)

철학은 논리로 말하고, 역사학은 사실로 말한다.

철학의 본령은 형이상학이다. 형이상학은 은유적 상상력이고 논리이다.

상상은 사실에 근거해서 생겨난다. 동시에 상상은 논리적이야 한다. 따라서 상상은 사실의 검증을 받아야 하며, 사실은 논리적으로 기술되어야 한다.

철학은 상상과 논리로 무장하고, 개별 분과 학문에 참여할 수 있다.

조선의 역사 서술에 대해서 상상과 논리의 잣대를 들이대서 한번 보자.

2)

역사학은 **'만약'이라는 가정**을 쉽사리 허용하지 않는다. 그러나 철학의 방법은 그 '만약'에 근거한다. 하나의 현상이 있었다면, 그 원인은 무엇인가, 이성적으로 추리한다. 그 추리 방법으로 중요한 것 가운데 하나가 '만약'이라는 가정이다.

따라서 우리는 **역사에서 '왜?' 라는 것을 물어야 한다.** 역사학에서는 '왜'라고 묻는 것을 부질없는 것으로 치부하는 경향이 있다. 역사는 자료로 말하기 때문이다. 그러나 철학은 논리로 말한다. 역사가 철학의 대상이 된다면, 철학은 부지런하게 '왜?'를 물어야 한다. 그렇게 해서 역사적 사실들의 논리적 일관성을 따져야 한다. '왜' 라는 물음으로 '논리적 일관성'과 '모순-불합리'가 추궁된다.

3)

모순은 일차적으로는 역사 서술에서 나타난다. 역사가는 사람이기 때문에 잘못과 실수, 그리고 편견과 선입견, 나아가 의도적인 서술로 역사를 왜곡시킨다. 그 왜곡은 '모순-불합리'라는 점으로 나타난다.

사학자들은 증거를 나열하는 경향이 있다. 풀과 가위의 역사이다. 그들은 그것을 비판하지만, 사실상 역사적 사실 안에 있는 논리적 문제, 논리적 모순을 보지 못 하는 경향이 있다.

이차적으로 역사적 사실 안에 모순과 불합리가 있다. 역사 기술의 잘못이 아니라, 사실적으로 모순과 불합리가 있다는 것이다. 그리고 그런 사실이야말로 역사적 진실에 들어간다. 합리적인 진행 과정이 아니라, 불합리하고 모순된 진행 과정 - 그건 역사 안에 숱하게 있어 왔다. 역사는 비틀거리며 나가지, 맨 정신으로 똑바로 나간 적이 별로 없기 때문이다. 헤겔에 따르면, 모순과 부정합이 역사의 전진의 원동력이다. 그런 점에서 역사는, 아니 이성 자체가 모순 위에 있다.

4)

철학은 논리를 역사에 들이대고 말을 할 수 있다. 정확하게 말하자면, 논리를 가지고 역사학자들의 연구 업적을 분석하고 비판할 수 있다. 그것은 역사학의 업적을 논리적으로 분석해서 재구성하는 것이다. 논리적으로 일관된 이론 체계로 만드는 작업이다. 혹은 논리적으로 모순을 찾아내서 그것을 해결하도록 역사학계에 화두를 제공하는 것이다.

나아가 역사의 흐름에서 모순과 불합리를 딛고, 역사에서 이성과 합리적 발전을 찾을 수 있다. 역사의 의미가 그렇게 드러날 것이다. 역사의 의미란 우리 역사의 의미이며, 그것은 결국 우리 자신, 혹은 민족의 모습일 것이다.

두 가지 모순에 대한 처방도 두 가지이다. 역사 서술에 있는 모순은 역사 서술을 바로잡으면 된다. 역사 자체의 모순은 합리성-이성과 발전의 문제이다. 역사 철학의 문제이다. 헤겔의 역사 철학이 바로 그런 점에서 나온 것이다.

5)

철학은 역사학이 아니다. 훈고-고증학은 철학의 수단이지 목표는 아니다. 훈고 고증은 역사학에 맡기는 것이 좋다. 철학자는 그들이 발견해낸 사실에 기초해서, 그 사실들 속에 논리를 부여하는 것이다.

우선 논리적 모순을 찾아내서, 그 모순을 해결하기 위해서는 어떻게 해야 하는지를 찾아야 한다. 그리고 역사학이 제시한 사실들을 논리적으로 일관되게 해석하여, 하나의 정합적인 이야기로 만들어야 한다.

이 경우, 철학은 사실을 발굴하는 것이 아니며, 제련하는 것도 아니다. 철학은 발굴 제련된 광석을 가지고 제품을 만드는 것이다. 원두커피 생산이 아니라 스타벅스 커피를 만드는 것이다.

따라서 철학은 굳이 역사학계의 업적만 대상으로 할 필요는 없다. 모든 학문의 업적을 대상으로 할 수 있다. 문사철(文史哲)은 전통적으로 철학의 영역이었다. 그것은 교양 분야이다. 철학이 일차적으로 부딪쳐야 할 분야는 교양의 영역이다. 세계관과 가치관을 정립하는 것이 철학의 영역이다.

6)

서양의 근대 학문이 비약적으로 발전했던 원인 가운데 하나가 바로 사실과 논리, 둘이 갖추어져 있었기 때문이다. 어떤 분야의 이야기가 사실의 발굴을 넘어서서, 하나의 전체적으로 논리적인 체계를 갖춘다. 그래야 그걸 학문이라고 할 수 있다.

우리도 이제 그런 단계로 가야 한다. 철학과 역사학, 혹은 문학이 그러하다. 철학의 유망한 분야가 바로 역사의 논리적 해석이다.

7)

현재 한국의 동양 철학, 아니 중국 철학계의 앞날은 밝지는 않다. 고증학도 아닌 훈고학 일색이다. 그것도 연구자 개개인이, 자신이 그 원전, 그 철학자의 말을 이해했다는 보고서 정도이다.

도대체 앞 사람의 연구 업적을 개괄하고, 그것이 누적되고, 그것을 비판하여, 발전해 나가는 것이 없다. 연구자들은 일인 성주에 가깝다. 나르시즘에 빠져 있다. 물론 나 자신도 그렇다.

좀 더 생산적인 방법은 없는가? 그 가운데 하나가 역사 철학의 길이다. 헤겔의 역사 철학에서 보자. 헤겔은 프랑스 대혁명을 설명하고, 프로이센의 미래를 전망하기 위해서, 서양 근대 철학, 이성의 이론을 역사에 적용시킨다. 정신은 식물처럼 자라며, 이성의 간지(奸智)에 의해서 인간을 부리며, 자신을 실현시킨다는 그 이야기. - 그것은 철학을 역사에 적용시킨 것이며, 철학으로 역사를 해석한 것이다.

헤겔의 역사 철학이 다른 것이 아니라, 칸트가 보여 주었던 바, 철학적 논리적 사유를 역사에 적용한 것이다. 칸트는 그 이성적-합리적 해석을 경험론과 합리론 분석에 사용했다. 그 결과는 세 가지 비판서이다. 헤겔은 논리적 사유와 합리적 해석을 서구의 역사에 들이댄다. 그래서 나온 것이 역사 철학이다.

우리도 그것을 못할 것은 없다. 조선의 역사에 대해서 논리적 분석과 합리적 해석을 가해 보자. 그러면 분명히 논리적 법칙성과 줄기가 나올 것이다. 절대 정신의 자기 전개 과정이든, 역사 발전 5단계이든 논리적 구조물이 나올 것이다.

나의 이 글은 바로 그것을 목표로 한다. 조선의 역사를 분석함으로써, 그 안에 든 논리적인 구조를 밝히고자 한다. 아니 그 구조의 한 자락이라도 밝힐 수 있기를 기대한다.

8) 조선의 역사에 대한 서술은 큰 틀이라는 점에서 볼 때, 변한 것이 별로 없다. 조선 시대로 부터 내려오던 당파적 입장도 있고, 일제 강점기부터 오던 관점도 있다. 왕조 실록에서 쓰던 용어를 그대로 버젓이 사용하는가 하면, 식민지 사관을 극복한다면서도 학문의 틀은 그대로 간직한다. 혹은 학파적 입장도 있다.

중요한 것은 비판적 이성으로, 조선 역사 전체를 합리적으로 구성하는 것이다. 물론 거시적 구성은 사람에 따라, 입장에 따라 제각각일 수 있다. 이성은 안티노미를 간직하고 있기 때문이다. 따라서 정반대의 구성들이 나와서, 서로 학문적 경쟁을 하는 단계가 되면, 우리의 역사 서술도 물이 오르게 될 것이다. 아직도 우리가 식민지 사관 대 민족 사관의 대립을 말해야 하는가? 그러나 그것을 빼면, 사실상 대립이라 할 것이 없다.

이 책은 그런 점에서 한 알의 불씨가 되고자 한다.

제1부

조선전기의 흐름

1. 조선시대와 성리학

1) 정도전은 성리학자인가?

성리학은 언제 전래되었는가? 원나라 이후, 고려 후기라고 보아야 한다. 그런데 윤사순 선생 등은 고려 중기 최충 등의 12공도의 교과 이름에 성리학적 용어가 보인다는 것, 고려의 왕이 성리학의 정초자 가운데 하나인 양시(楊時)의 안부를 묻는다는 등의 이유를 들어서 고려 중기 이전에 이미 성리학을 알고 있지 않느냐고 한다.

이는 논리적으로 틀린 것 같다. 우선 북송 시기에는 성리학이라 할 수 있는 것이 없었다. 북송의 장재-정호-정이 혹은 주돈이-소옹 등의 이론이 있었지만, 그것이 성리학은 아니다. 남송 시대의 주희가 그들의 이론을 종합하면서 성리학이 성립한 것이다. - 최충이 활약했을 때 중국은 북송 시기였다.

북송 시기에는 신법당과 구법당이 치열하게 싸웠다. 구법당 계열인 장재-정호-정이에게서 성리학이 나왔다. 북송 때는 신법당이 주로 정권을 잡았다. 구법당은 철종 원우 년간에 잠깐 정권을 잡지만, 바로 그 뒤에 신법당이 정권을 잡는다. 그리고 정이 등의 학문은 신법당 정권이 탄압한다.

그 때 고려에서 중국으로 유학 간 사람들은 주로 승려였다. 유학자가 유학 간 경우는 드물었다. 사신으로 간 경우라도 정권을 담당한 신법당의 학문에 관심을 가졌겠지, 탄압을 당하고 있는 구법당 계열을 굳이 찾지는 않았을 것이다.

따라서 무신의 난 이전 시기에 고려에서 관심을 두었던 것은 구법당 계열의 인격 수양론(성리학)이 아니라, 왕안석의 신법당 계열의 제도 개혁론이었을 것이다. 왕안석의 신학(新學)이 고려에 전래된 것은 확실하다. (이제현의 『익제난고』에도 보인다.)

문제는 왕안석의 제도 개혁론이 얼마나 영향을 미쳤는가 이다. 고려 사회에 그다지 영향을 미치지 못 한 것은 확실하다. 문제는 고려 말 정도전 일파와의 관련이다. 정도전은 명백하게 제도 개혁론자이다. 고려의 제도를 무너뜨리고, 이상적인 국가를 세우려 한다. 그것이 바로 조선이다. 왕안석이나 정도전이나 제도 개혁론자이다.

정도전의 제도 개혁론에 왕안석의 제도 개혁안, 즉 새로운 법(新法)이 어느 정도 영향을 미쳤는가? 왕안석의 청묘법 균수법 등의 제도 개혁안은 정도전의 조선 건국으로 드러난 제도들과는 완전히 다르다. 왕안석은 기존 국가를 재건하려 한 것이었지만, 정도전은 새로운 국가를 세우려 한 것이다. 초점 자체가 다르다.

송나라나 조선이나 사대부(지주-지식인-관료) 계층이 주도하는 국가였다. 국가 운영에 대해서 사대부 계층은 객관적인 제도 개혁론과 주관적인 인격 수양론이라는 상반된 두 이론을 제시했다.

신법당 왕안석의 '제도 개혁론'은 구법당-성리학의 '인격 수양론'과 더불어서 사대부 계층의 두 이념이었다. 정도전의 조선 건국도 사대부 계층의 두 이념 가운데 하나가 실현된 것이라 볼 수 있다.

2) 성리학은 언제부터 시작된 것인가?

성리학은 정확하게 언제 전래되었는가? 안향이나 백이정이 성리학에 관심을 둔 것은 사실이지만, 그들은 성리학에 대해서 깊이 안 것은 없는 것 같다. 익제 이제현이나 동료 유학자(儒學者)들도 그런 수준이다. 고려말 성균관에 이색 문하에 모인 정몽주나 정도전 등도 성리학자라고 하기는 그렇다. 정도전의 저술을 보면 성리학의 인격 수양론은 별로 없고, 거의 제도 개혁에 대한 이야기이다. 정몽주는 '동방 이학(理學; 성리학)의 조(祖)'라는 이색의 평가 이외에는 성리학자라 할 만한 것이 없다.

이색과 그 문하 사람들도 성리학을 정확하게 이해한 것은 없는 것 같다. 단지 주희의 4서 집주를 보았다는 정도이지, 자각적으로 성리학을 했다는 증거는 없다. 그들 스스로는 성리학보다는 '유학(儒學)'을 하고 있다고 생각한 것이다.

세종 시기에 와서 『성리 대전』 등 성리학 문헌이 본격적으로 연구된다. 그러나 정도전을 이은 세력들(훈구파)은 여전히 성리학의 인격 수양론 보다는 제도 개혁이나 사장(詞章; 문학)에 관심을 둔다. 세종 때 집현전에서 낸 성과가 그런 것이다.

성종 때 김종직과 그 제자들이 사림파를 이루면서 성리학을 본격적으로 연구하고 표방하기 시작한다. 김종직과 그 제자 김굉필 등은

『소학』을 강조한다. 『대학』이 수신-제가-치국-평천하의 도덕론을 선포하는 이론적인 저술이라면, 『소학』은 '물 뿌리고 청소하면서' 도덕을 직접 실천하는 것을 말한다. 『대학』이 어른들의 책이라면, 『소학』은 어린이들의 실천 요목이다.

그들이 『소학』을 강조한 것은 물론 훈구파의 쿠데타와 정권 나눠먹기를 비판하기 위한 것이다. 유교의 충효에 충실한 입장이라면, 쿠데타를 일으켜 죄없는 어린 단종을 몰아내고 정권을 장악하지는 않았을 것이다. 단종을 지키려던 신하들을 죽이고 삼족을 멸하고 그들을 역적으로 몰아야 하는가? 그들이야말로 충신 아닌가? 거꾸로 단종을 죽이고 정권 장악해서 공신에 책봉되고, 막대한 재산과 권력을 받은 자들은 충신으로 이름을 날렸다. 그러나 실제로는 반역자들 아닌가?

바로 이런 문제의식에서 사림파는 『소학』 실천을 강조했을 것이다. 충효의 도덕을 조금이라도 아는 자라면 그런 쿠데타 일으키진 않았을 것이라는 말이다.

사림파는 인격 수양을 강조한다. 인격이 되지 않는 자들의 인적 청산을 주장한다. 결국 쿠데타를 일으켜 공신이 되고 영화를 누리던 훈구파와 날카롭게 대립할 수밖에 없다.

김종직 이후의 사림파의 인격 수양론이 바로 성리학이다. 따라서 조선은 성리학에 의해서 건국된 것이 아니다. 조선은 정도전의 제도 개혁론 위에 건국된 것이다. 성리학은 쿠데타를 일삼던 훈구파에 대한 날카로운 대립각에서 나온 것이다.

이 차이는 조선 초기에 훈구파와 사림파의 대립으로 정립된다. 제도의 집합으로서 조선이라는 국가를 세웠던 세력, 혹은 그 후예가 훈구파이다. 반면 이들과 대립하면서 윤리 도덕과 인격을 따지던 사람들이 사림파이다. 제도 개혁론과 인격 수양론의 대립이다.

3) 조선은 성리학의 시대인가?

(1) 고려말 조선 초에 사대부 계층에는 두 가지 노선의 대립이 있었다. 인격 수양론과 제도 개혁론이 그것이다. 정도전의 제도 개혁론으로 조선이 건국된다. 훈구파의 부도덕한 행위를 비판하고 나온 것이 사림파이다. 사림파의 인격 수양론은 이황 조식 등의 이론으로 꽃을 피우고, 선조 때 드디어 사림이 집권하게 된다.

조선 전체로 보자면, 성리학을 신봉하던 사람들이 집권하던 시기는 선조-광해군 시기일 것이다. 그때 동인-북인이 집권했으며, 그들은 이황-조식의 제자들이 주축을 이룬다. 인조 이후 집권한 서인-노론은 성리학자들이라기 보다는 순자(荀子) 계열의 '지각설'에 해당된다. 서인은 이이가 만들었다. 이이의 기 중심 이론은 이황의 리 중심 이론과 대립한다. 성'리'학은 리 중심이며, 맹자의 성선설이다.

조선 초반기 훈구 척신들은 성리학자들이 아니다. 인조 이후 서인-노론도 엄밀하게는 성리학자들이 아니다. 따라서 조선 전체로 보자면 결국 성리학자들이 집권했던 시절은 정말 짧았다고 할 수 있다.

(2) 조선의 건국이념은 성리학인가? 성리학에 대한 또 하나의 편견이 있다. - "조선은 성리학을 중앙 집권 체제의 강화를 위한 개혁 정치의 이념적 지주로 삼았다."

정도전과 그 일파 - 조선 건국자들이 성리학을 정치적 이념으로 삼았는가? 그렇지 않다. 그들은 스스로 성리학자가 아닌 유학자로 생각했다. 그들의 사상은 성리학의 마음 수양 이론은 아니다. 그들은 제도의 혁신, 즉 조선의 건국을 한 것이다.

(3) 기존의 일부 역사 교과서에 따르면, "훈구 세력 - 실천주의적 성리학; 사림 세력 - 이론주의적 성리학"이라 한다. 이는 기본적으로 착각이다. 이들은 '성리학'이 무엇인지 정의하지 않고 그렇게 말한다.

훈구와 사림의 싸움이 같은 성리학 안에서의 싸움인 것 같은가? 그것은 말이 안 된다. 같은 성리학 안에서 단지 '실천-이론'의 차이로 그렇게 싸울 수는 없다.

북송 시대에 신법당-구법당의 싸움에서도 명백하게 드러나듯이, 사대부 계층의 두 이념은 제도 개혁론과 인격 수양론(성리학)이다. 훈구-사림의 대립은 바로 그 두 이념의 대립이라 보아야 한다.

4) 조선 건국은 역성 혁명인가?

(1) '**역성(易姓) 혁명**'이란 '왕의 성씨만 바꾼 혁명'이라는 뜻이다. 서양에서 '혁명'은 'revolution'이며, 이 말의 원래 뜻은 '회전, 돌기'이다. 따라서 일반적으로 '혁명'은, 위-아래가 돌아 뒤집힘, 즉 체제가 완전히 뒤집히는 것을 뜻한다. 지배 계층이 바뀌고, 경제 체제, 종교 문화 등이 확 바뀌는 것이다. 이것은 극단적 진보주의이다.

반면 맹자가 말한 '革命'은, 다른 모든 것은 그대로이고, 단지 군주만 바뀌는 것이다. 군주는 하늘이 임명한다.(군주 천명설) 군주가 잘못 하면 하늘이 그 임명 명령(命)을 바꾼다.(革) 따라서 군주는 백성을 위한 왕도 정치를 해야 한다. 그래야 천명을 보존한다는 것이다.

이것은 극단적인 보수주의이다. 안정된 국가 체제를 흔드는 자는 모두 교화시키고 다스려야 한다. 만약 군주가 체제를 무너뜨리는 자라면? 맹자의 답은 그런 군주는 몰아내야 한다는 것이다. 임금답지 못한 자는 임금이 아니라, '필부'이다. 필부는 제거해야 한다. 체제의 안정을 위해서! - 이것이 맹자의 혁명론이다.

따라서 이런 혁명은 모든 것이 그대로 있고, 단지 임금의 성씨만 바뀌는 것이다. 역성(易姓) 혁명이 바로 그것이다.

(2) 조선의 건국이 단지 왕의 성씨만 바꾼 혁명인가? 그런 것은 아니다. 왕의 성씨가 바뀌었다. 그러나 그보다 더 중요한 것은, 지배 계층도, 종교도, 국가 제도도 다 바뀌었다는 것이다. 고려 시대의 권문세족에서 조선 시대의 사대부로 지배층이 교체되었다. 국가 제도도 확 바뀌었고, 불교에서 유교로 이념도 변했다. 이 정도라면 그것은 명실상부한 혁명이다.

2. 조선 건국과 이성에 대한 자신감, 그리고 힘을 제어하기

1) 왜 조선이라는 새 국가를 건설했어야 했는가?

문제 제기 : 고려말 조선초의 사대부들에는 두 가지 조류가 있었다. 정도전의 혁명론과 정몽주의 개혁론 - 왜 정도전은 새 국가 건설을 원했는가? 정몽주처럼 고려를 존속한 상황에서 개혁할 수도 있었다. 더구나 직전에 공민왕의 개혁이 있었다. 그 개혁을 이어받아도 되지 않는가? 그런데 왜 정도전은 굳이 혁명과 조선 건국을 원했는가?

정도전이 고려에 대해서 개인적인 원통함이 있었기 때문에 기어이 고려를 무너뜨리고 새 국가 세우려 했던 것인가? (『삼국사기』는, 신라의 백제 토벌-함락은 김춘추 일가의 백제에 대한 개인적 원한 때문인 것처럼 서술하고 있다.) 그러나 개인의 원한으로 보기에는, 조선 건국은 우리나라 역사에서 거대한 사건이다.

우리 역사에서 건국은 세 번 있었다. 왕건의 고려 건국, 정도전의 조선 건국, 해방 뒤 대한민국의 건국 - 이 가운데 세 번째는 부끄럽게 수립된 것이다. 미국과 소련의 군대에 의한 해방과 건국이기 때문이다.

왕건의 고려 건국은 필연적이었다. 신라가 내부적으로 무너져 가고 있었고, 각지에서 호족들이 할거했기 때문에 전쟁이 일어났고, 결국 통일된 것이다. 신라의 분열과 멸망 - 그래서 고려가 건국된 것이다.

그러나 조선의 건국은 특이하다. 고려가 망해 갔던 것도 아니고, 지방으로 분열된 것도 아니다. 전국은 그대로 있은 채, 중앙의 지휘부만 모두 교체되어 버린 것이다. 개성의 왕실과 조정이 바뀐 것이다. - 그런 점에서 '이씨 왕조'라고 '역성(易姓) 혁명'이라는 깎아내림도 있었다. 다른 것은 다 그대로이고, 단지 왕의 성씨만 바뀌었다는 것이다.

바로 이 상황 때문에, 꼭 고려 멸망 - 조선 건국이 필연은 아니었다. 정몽주처럼 고려 유지 개혁도 충분히 가능한 방법이었다. 그런데 왜 조선이 건국된 것일까?

이는 다음 몇 가지로 답변할 수 있을 것이다.

(1) 이상 국가를 세우겠다는 열망

가장 큰 것은 **새로운 제도, 새로운 사람, 새로운 사회, 새로운 국가를 세우려는 열망**이 있었기 때문이다. 요컨대 이상 국가, 유토피아 의식의 발로이다. 이게 가능했던 것은 중국의 송나라 때에 신유학이 있었기 때문일 것이다.

'지주-지식인-관료'라는 사대부가 주도했던 국가가 송나라이며, 조선이다. 그리고 이상 국가를 세우겠다는 사대부들의 자의식이 표출된 것이 왕안석의 신법[1](제도 개혁론)과, 구법당에서 나온 성리학(인격 수양론)이었다. 이상 국가 건립 방안은 대립된 그 둘로 나타난다.[2]

정도전은 제도 개혁론의 입장에 섰다. 제도 개혁의 꽃이고 완성은 새로운 국가의 건립이다. 반면 성종 때 김종직 이후 등장한 사림파가 성리학의 인격 수양론을 이어받는다.

국가 건립에는 제도 개혁론이 필요하다. 국가 운영에는 관료들의 인격 수양이 중요하다. 따라서 정도전의 플랜에 따라 조선이라는 계획 국가가 만들어진 것이다. 그 뒤 선조 이후에 관료의 인격 수양을

---

1) '新法'이란 '法을 新하다', 즉 '법을 새롭게 하다'는 뜻이다. '變法'(법을 변화시킴)과 같은 말이다. 왕안석의 이론은 '新學'이라 한다. '新法의 학문'이라는 뜻이다.

2) 이상 국가 건립 방안에 대한 북송 시기의 논쟁, 제도 개혁론과 인격 수양론의 대립에 대해서는 다음 책을 참조하라. 손영식, 『이성과 현실 - 송대 신유학에서 철학적 쟁점의 연구』 1999, 울산대출판부(UUP)

주장하는 사림파가 정권을 잡는다. 순서로 볼 때 그렇다.

정도전의 제도 개혁 노선은 세종 때 화려한 꽃을 핀다. 세종 때의 폭발적인 문화 팽창과 조선의 건국 - 이 둘은 서로 연관이 있다. 새로운 국가를 건립하는 자부심, 능력, 실천이 바로 세종 때의 문물 제도의 정비로 나타난 것이다.

* **공민왕의 개혁** - 공민왕은 개혁을 하되 한계가 있었다. 그 개혁은 주로 원나라의 간섭 체제를 없애고, 고려가 자주적인 국가가 되는 것이다. 즉 왕권의 강화의 측면에서 진행된 개혁이었다. 신돈을 등용하여 권문 세족의 권력을 깎은 것도 왕권 강화의 일환이었을 것이다.

사대부 입장에서는 그 개혁이 미심쩍었고, 불완전한 것이었다. 사대부가 국가 운영의 주축인 체제를 만들지 않은 한 불만이었을 것이다. 더군다나 사대부는 유교를 기반으로 한 도덕 국가, 인륜 국가를 목표로 했다. 반면 공민왕의 개혁은 고려의 주요 체제를 그대로 두는 것이었다. 불교도 그대로이고, 권문 세족 체제도 그대로였다. 단지 개량이고 손보는 정도였다.

따라서 유교적 입장에서 인륜 도덕 국가를 세우려는 사대부, 자신들이 정권의 주도자가 되려 했던 사대부들이 공민왕의 개혁에 반발했던 것은 당연하다.

단 정도의 차이에 따라 온건파와 강경파가 나뉜 것이다. - 고려라는 큰 틀은 두되, 그 안에서 불교→유교, 인륜 국가의 건설을 목표로 했던 이색 정몽주 등이 있다. 정도전은 그런 구차하고 불완전하며 고식적 임시방편적인 개혁안을 부정한다. 그는 의식의 심연과 단절을 뛰어 넘는다. 새 국가 건설이라는 그야말로 역사적인 결단을 내린다. - 이런 식의 결단이 조선 초기의 창조적인 문화로 나타난다.

혹은 혁명파의 질투심도 있다. 사대부들이 공민왕의 개혁을 비판했던 것, 정도전이 정몽주 파의 온건론을 부정했던 것 - 이 모두는 강경파가 온건파를 이긴 과정이다. 정치 변혁의 시기 가운데에는 온건파보다는 강경파가 승리하는 때가 있다. (선조 이후 당파 싸움에서도 언제나 강경 선명파가 결국 집권한다. 영조 때의 완론(緩論) 탕평책이 정조 때는 준론(峻論) 탕평으로 변한다.) 공산주의자들이 사회주의자들과 치열하게 싸우는 것은 또한 그런 식의 선명성 경쟁 때문일 것이다.

(2) 국제 정세의 변화

중국 대륙에서 국가 변동은 그대로 한반도에 파괴적인 영향을 미친다. 당-송 변혁은 신라-고려의 변화로, 원-명의 교체는 고려-조선의 변화로 나타난다. 강대국 곁에 있는 작은 국가는 어쩔 수 없이 강대국의 중력장 안에 있을 수 밖에 없다. 고려의 중추 세력인 권문세족들이 원나라에 근거하고 있는 한, 원나라의 멸망과 더불어 그 권문세족도 소탕하지 않으면 안 된다. 그게 역사의 흐름이고 진전이니까. 중국에 새로 건국된 국가에 대응하는 새로운 국가를 건설해야 한반도가 평화로워진다.

하긴 중국에서 두 왕조가 이어질 때 한반도는 한 왕조가 있었다. 고려 시대에는 송-원이, 조선 시대에는 명-청이 있었다. 그러나 그 교체도 또한 한반도에 심대한 영향을 미친다. 송-원 교체시기에 고려는 외환에 휩싸인다. 원나라 군대의 침략과 항복, 그리고 실질적인 식민지 상태가 된다. 조선 시대에도 청나라의 공격과 조선의 항복, 그러나 청나라의 무조건 철수 - 이렇게 된다. 따라서 중국의 국가 변동은 조선에는 직접적으로 영향을 미친다. 그런 점에서 조선의 건국이란 필연적이었을 것이다.

(3) 사회 주도층의 변화

고려를 주도했던 권문세족에서, 조선을 이끌었던 사대부(지주-지식인-관료 정치인) 계층으로 지배층의 변화가 생겨났다. 이처럼 지배층이 달라진다면, 국가가 달라지는 것이 상례이다. 따라서 사대부 계층들은 자신들의 이념과 이익을 확실하게 보장해 주는 체제인 새 국가를 건설하고자 했을 것이다.

물론 고려 건국도 일종의 그런 현상이다. 신라 말기에 등장한 호족들은 신라를 해체시켜 버렸다. 그리고 그 호족들의 연합체로서 고려가 등장한 것은 어쩔 수 없었다. 호족으로 분열되어 있으면 끊임없는 내란이 계속된다. 결국 모두 망하고, 하나의 승자가 남을 때까지 전쟁은 계속된다. 그렇다면 그들을 중앙 권력 안으로 끌어들여서, 중앙정부 안에서 경쟁하게 할 수 밖에 없다. 그게 공존의 길이다. 호족이 중앙에 가서 권력을 담당하면서, 권문세족이 된다. 고려 초기의 이른바 '문신'이라 하는 사람들이 바로 그들이다.

이들은 고려 중기에 무신들의 반란으로 정권을 빼앗긴다. 그러나 원나라가 무신 정권을 무너뜨리는 바람에 다시 역사의 주역으로 등장한다. 원나라 지배 시기의 지배층이 바로 그들이며, 권문세족이다.

조선 시대의 주역 사대부 계층의 기원에 대해서, 우리는 이렇게 추측할 수 있다. 멀리는 무신의 반란 시대에, 가깝게는 원나라 지배 시기에 사대부 계층이 생겨나고 성장했을 것이다. 그리고 고려 말에 드디서 조선을 건국하고, 국가 사회의 주역으로 등장했다.

(4) 역사의 우연

정도전과 이성계라는 사람이 있었다는 사실. 그리고 공민왕의 개혁이 실패했다는 사실. 홍건적과 왜구가 침략하여 이성계라는 장군이 클 수 있었다는 사실 등등. 역사적 우연이 또한 조선을 건국하게 만들었다. 물론 사대부 계층에서 나온 많은 인재들 - 성균관에서 배출된 인재들도 역할을 했다.

2) 세종대왕 때의 과학의 발전

조선 초기, 특히 세종 시대에 **과학 기술**의 중요성을 인식하고, **과학을 발전시켰던 것** - 이는 무엇 때문이었을까. 우리 역사에서 세종 때는 과학이 빛난다. 왜 유독 그때만 과학적 사유가 발전했을까?

그것은 이성에 대한 자신감 때문일 것이다. 이성적인 계획을 세우면, 그것은 현실화된다는 자신감 말이다. 그걸 데카르트는 cogito 라고 했다. 그것은 '대국(大國) 의식'이다. 우리가 합리적으로 생각하고 사려 깊게 행위하면 실현된다는 그 자부심 말이다. - 그들은 일단 합리주의자들이다. 그리고 일종의 계몽주의자들이다. 나아가 이상 국가론자들이다. 유토피아 의식에 사로잡혀 있었다. 우리가 하면 된다! (박정희 시대의 "일하며 싸우자" "하면 된다"는 것도 일종의 자부심이라 볼 수 있다. 물론 같은 것은 아니다.)

이런 식의 자신감이 바로 세종 시대의 찬란한 국가를 만든 것이다. 그것의 뿌리는 조선 건국에 있다. 바로 그런 이상주의와 자신감은 정도전이 가졌던 것이다. 그 이상주의, 자신감이 정도전으로 하여금 이성계를 찾아가게 했을 것이고, 조선 건국을 위한 혁명의 길로 나가게 했을 것이다.

물론 타락도 있다. 천사가 있다면 사탄도 있는 법. 이방원이나 수양대군과 한명회 등이 가졌던 자신감 - 그것은 이상주의가 아니라, 장사꾼의 투기였다. 장사꾼은 가장 알 맞는 시기에 확실하게 베팅을 해야 한다. 그래야 커다란 이익이 남는다.

그렇다면 세종의 잘못은 그런 식의 정치적 투기-베팅을 막는 제도를 만들지 않았다는 것이다. 궁극적으로는 서구 근대 민주주의가 최종적인 방법일 것이다. (실제로 성리학의 정치 이론은 일종의 입헌 군주제이다. 그러나 정당 제도나 투표, 대의 민주주의 등을 전혀 생각해내지 못 했다.)

* 정도전에게는 두 측면이 있었다. ① 제도 개혁, 즉 이상적인 국가의 계획이 있었고, ② 이를 세우기 위해서 무력에 의존하는 것이 있었다. 정도전은 이 둘을 아우르며 자신감을 가지고 나갔다. 유토피아 의식과 자신감 - 하면 된다는 생각, 그것이 정도전의 낙관적 얼굴이다.

이 둘 가운데 ①의 측면이 찬란하게 꽃 피운 것이 세종의 집현전이다. 반면 ②의 측면은 타락의 길이다. 수양대군과 한명회 등이 자신감을 가지고 그 길을 밀어붙였고, 결국은 쿠데타에 성공한다.

조선 후기에 가면 특징적인 것이 바로 이 자신감이 사라진다는 것이다. 자신의 이성으로 이 세상을 인식하고, 이 세상을 개조하여 이상적인 국가를 세울 수 있다는 그 자신감이 사라진다. 대신에 청나라를 배우자(북학), 서양을 배우자(최한기나 개화파) 등의 외세 의존적인 길로 나가게 된다.

3) 정도전의 두 가지 측면과 조선 초기의 위기

정도전으로 대표되는 개국 세력은 세조의 쿠데타를 계기로 두 세력으로 분리된다. ㉠ 한명회 등 쿠데타를 일으켰던 사람들 - 공신들 - 훈구파. ㉡ 세조의 쿠데타를 반대하고 단종 복위를 위한 역쿠데타를 일으켰던 사육신파 – 집현전 학사들이 주축이다. 윤리를 세우려 했다.

정도전에게는 두 가지 성향이 다 있었다. ① 조선이라는 이상 국가의 제도 등 모든 플랜을 정도전은 가지고 있었다. → 집현전 ② 이 플랜의 실천을 위해서 이성계라는 군인의 칼에 의지했다. → 훈구파

②의 측면은 이성계 이래 면면히 이어진다. 칼에 의해서 정권을 탈취하는 전통은 이성계에서 시작되어 이방원(태종), 수양대군(세조), 진성대군(중종)으로 이어진다. 쿠데타가 한번 성공하면 군주가 된 자는 논공행상을 한다. 공신(功臣) 책봉이 그것이다. 그렇게 공신으로 책봉되어 자자손손 벼슬하며 잘 먹고 잘 사는 사람들 - 훈구(勳舊)파이다. 공훈이 있는(勳) 오래된(舊) 사람들 - 그런 뜻이다.

그런 쿠데타 세력이 있는 반면 그 중간에 세종이나 성종처럼 문화를 중시하는 군주가 있었다. 그들은 문화-학술-과학을 발전시켰다. 세종의 집현전, 그리고 한글 창제가 대표적인 것이다. - 이는 정도전의 ①의 측면을 이은 것이다.

이 두 조류는 공존하기 힘들었다. ②는 무(武)이며, 고려 시대의 유물이다. 고려 시대는 무신의 난처럼, 무력으로 정권 탈취가 많았다. 반면 ①은 문(文)이며, 정도전이 확립하려고 했던 바, 조선이 구현해야 할 목표였다. - 정도전에게는 이 두 측면이 행복하게 결합되어 있었지만, 부자지간이었던 태종과 세종이, 태종=무(武), 세종=문(文)의 차이가 있듯이 둘이 분리될 수밖에 없었다.

그렇게 분리된 사건이 바로 세조의 쿠데타였다. 쿠데타를 일으켜 공신이 되었던 한명회 등, 권모술수적인 정객들은 훈구파를 이루었다. 이들은 ②의 경향을 이은 것이다. 이런 식의 행태에 비판적이었던 집현전 학사 주축의 사육신들은 역쿠데타를 도모한다.

이들의 해결책도 또한 ②의 경향이었다는 것은, 당시에 얼마나 힘에 의한 해결이 풍조를 이루었는지 보여준다. ②의 경향을 근본적으

로 부정하는 사림파들은 사화를 당하고 탄압당해도, 결코 역쿠데타, 혹은 대항 쿠데타를 꿈꾸지 않는다.

의리와 정통을 중시하던 사육신들은 ①의 경향을 이은 것이다. 세종과 집현전 학사들은 진정 참다운 국가, 아름다운 국가, 이상 국가를 세우고 싶었을 것이다. 그들의 제도 정비, 문화 진흥, 과학 발명 등이 바로 그런 국가를 향한 행보였다.

②의 측면은 고려→조선의 변혁에서 정도전이 어쩔 수 없이 선택할 수 밖에 없는 수단에 불과했다. 쿠데타라는 방법은 이상 국가를 위해서는, 아니 이상 국가에서는 더 이상 필요없는 것이었다. 혁명이 성공한 다음날 가장 필요없는 이, 반드시 제거해 버려야 할 이는 바로 혁명가이다. 혁명이 성공하여 세워진 국가에서는 더 이상 혁명이라는 이름의 쿠데타가 필요하지 않기 때문이다.

따라서 혁명가는 변화하던지, 사라져야 한다. 그래서 이방원-태종은 혁명 동지들을 제거한다. 이는 아이러니컬하다. 그 스스로 쿠데타로 왕이 되었다. 그러나 그 권력의 유지를 위해서 쿠데타 동지들을 숙청한 것이다. 자신과 후손들은 쿠데타를 당하지 않기 위해서이다. 이는 당시 중국의 명나라 건국자였던 주원장이 혁명 동지들을 무자비하게 숙청했던 것에서 영감을 받았는지 모르겠다.

그러하듯이 조선이 건국되었다면, 마땅히 없어져야 할 것이 ②의 경향이었다. 쿠데타란 국가 체제에서는 극악한 현상이다. 모든 국가가 '대역(大逆)'으로 처벌하는 것이 바로 그것이다. 쿠데타는 정도전의 경우라면, 새 국가 건설, 새 시대를 여는 중요한 수단이 된다. 그러나 한명회의 경우, 즉 세조의 쿠데타라면 그것은 국가 기강을 정면으로 무너뜨리는 독약이다. 명약과 독약 - 그게 바로 쿠데타이다.

정도전은 스스로 세운 국가에서 ②의 경향을 제거하지 못 하고, 무력에 의존한 이방원-태종에게 쿠데타를 당해서 비명횡사한다. 그 후 ②의 경향은 선조 때 혹은 그 이후까지 조선을 위협하는 유령이 되었다.

특히 세조의 쿠데타는 지배층의 구조적인 부패의 길을 열었다. 군주의 자리를 일종의 이권으로 놓고, 무력으로 탈취하고, 전리품을 '공신(功臣) 책봉'이라는 명목으로 분배하는 것은, 해적질이나 산적질과 다름이 없었다. 그것은 국가의 기강, 국가의 원동력을 치명적으로 해치는 것이었다.

이상 국가 건설에 치중했던 이상주의자들, ①의 경향의 집현전 학사들이, 떼 강도짓을 했던 ②의 경향인 사람들과 격돌했던 것은 필연적이었다. 그것이 바로 세조에 대한 역쿠데타를 꾸몄던 사육신의 움직임이었다. - 그들은 실패했다. 그리고 훈구파라는 ②의 계열만 남게 된다.

제3의 세력이었던, 김종직으로부터 시작되는 지방의 사림파는 ①의 계열을 지지한다. 유교의 이름으로, 충효의 명분으로. 그리고 ②의 훈구파에 의해 탄압을 당한다. 그게 바로 사화이다. 이 사화를 통해서 영남 사림파는 사육신에 동조했던 기호(畿湖) 세력과 연합하는데, 조광조는 바로 양자의 매개체였다. (사육신에 동조한 기호 세력은 훈구파의 일부이다. 영남과 기호의 연합이다.)

②의 경향인 훈구파는 힘/칼에 의존해서 정치를 했다. 쿠데타와 사화 ; 정권 탈취를 위해서는 쿠데타를, 자신들의 권력을 유지하기 위해서 반대파를 탄압할 때는 사화를 한다. 쿠데타와 사화 - 그것은 똑같은 논리이다.

4) 힘을 길들이기

정도전의 두 얼굴 가운데 이상 국가를 건설하기 위해서 칼-무력에 의존한다는 것 - 그것은 조선 초기에 치명적인 문제를 낳았다. 명종 때까지 역사는 그것을 해결하기 위한 몸부림이라 할 수 있다.

(1) 태종 이방원의 희망

태조 이성계의 쿠데타는 조선 건국을 위해서 어쩔 수 없었을 것이다. 그 쿠데타가 없었다면 정도전의 이상 국가 계획도 실현되지 않았을 테니까.

태종 이방원의 쿠데타는 사실상 사적인 야망에서 나온 것이다. 물론 조선 건국에 이방원이 기여한 것은 많았고, 그만큼 자신의 지분을 요구했다는 것, 혹은 그를 따라 싸웠던 장군들이 또한 조선 건국에 기여한 만큼의 대가를 요구했다는 것. 그래서 쿠데타를 일으켰다고 할 수 있다. 세상은 기여한 만큼 받는 것이 공평한 것이니까.

그러나 자신이 왕이 되기 위해서 형제들을 죽이고, 나아가 아버지에게 칼을 날카롭게 들이댔다는 것 - 그것은 유교 윤리로는 절대로 용납될 수 없을 것이다. 그러나 유교 윤리를 넘어서서 태종 이방원은 "더 이상의 쿠데타는 안 된다"는 절박한 필요에 직면했다.

만약 자신처럼 사적인 야망으로 쿠데타를 일으키는 사람이 계속 나온다면 이제 막 세워진 조선은 어떻게 되는가? 당연히 망할 것이다. 따라서 자신처럼 쿠데타를 일으키는 자는 철저히 막아야 한다.

그래서 그는 자신과 생사고락을 같이했던 개국공신들을 대량으로 숙청했을 것이다. 그것은 어쩔 수 없는 현실적인 필연성 때문이었다. "쿠데타는 자신으로 이제 끝!" 이것을 그는 외쳤던 것이다.

그러나 그가 후대까지 제어할 수는 없었다. 사적인 이익을 위해서 거사를 한 사람이 바로 나타났던 것이다. 그의 손자 수양대군의 쿠데타가 바로 그것이다. 태종이 가장 우려했던 것이 사실로 나타난 것이다.

태종이나 세조의 쿠데타가 용납된다면, 혹은 풍조가 된다면, 중국의 위진 남북조 시대나, 고려의 무신의 시대와 같이 될 것이다. 무력이 있는 자는 늘 쿠데타를 일으키고, 왕조는 30년 정도의 수명으로 깜빡거리게 될 것이다.

(2) 도덕성의 위기

유가의 충과 효의 윤리로 보자면, 태종-세조의 쿠데타만큼 부도덕하고 부조리한 것도 없다. 쿠데타의 와중에 군주를 지키기 위해서 목숨을 바친 자는 역적이 되고 멸문지화를 입었다. 반면 쿠데타에 가담해서 군주를 죽이고 정권을 탈취한 자들은 충신이 되어 자손 대대로 부귀영화를 누렸다. 충신이 역적이 되고, 역적이 충신이 되는 이 기막힌 뒤집힘 – 이것은 결코 용납될 수 없었다.

고려말 조선초 사대부들은 유교의 윤리로 무장하고 고려를 뒤집어 조선을 세웠다. 조선은 유교 윤리 위에 선 국가이다. 고려가 불교를 국교로 했다면, 조선은 유교 윤리를 일반 서민의 삶에 까지 침투시키려 했다.

그런 유교 윤리를 정면에서 뒤집은 자들이 다름 아닌 태조-태종-세조였다. 태조는 유교 윤리를 세우기 위해서 유교 윤리를 부정하는 쿠데타를 일으켰다. 태종은 자신의 지분을 요구하며 쿠데타를 일으켰다. 세조는 그런 명분도 없이, 사적인 야망을 위해서 임금을 죽였다.

유교 윤리를 세우기 위해서 유교 윤리를 부정했다는 것, 그것은 대를 이어서 개인적 야망을 위한 쿠데타를 할 수 있게 해 주었다.

조선 초기의 역사는 바로 이 도덕성의 위기를 해결하기 위한 투쟁이었다. 사림파는 세조 쿠데타로 정권을 잡은 훈구파와 정면 대결하면서 존재의 깊이를 더했다.

(3) 힘과 도덕의 대립

조선 시대 역사를 보면 힘과 도덕은 날카롭게 대립하고 있다. 정확하게 말하자면 힘-칼을 도덕-이성으로 제어하기 위한 씨름의 연속이다.

① **국내 정치** : 힘은 현실이고, 도덕은 이상이다. 훈구파는 힘-현실-부귀를 선택했다. 반면 사림파는 도덕-이상-이성을 선택했다. 명종 때까지 훈구-척신이 집권하면서, 도덕으로 무장하고 이성과 정의로 대결해 오는 사림을 탄압했다. 물론 말로 이성으로 대결할 수 없기 때문에, 칼로 무력으로 탄압했다. 그것이 바로 사화(士禍)이다.

그러나 결국은 사림이 승리한다. 선조의 즉위와 동인의 집권이 바로 그것이다.

② **국제 관계** : 예나 지금이나 국제 관계는 힘의 관계이다. 도덕성이 끼어들 여지가 별로 없다. 인류의 역사는 힘으로 시작한다. 고대 노예제 사회가 바로 그것이다. 그 시기는 정복 전쟁이 특징이다. 싸워서 이긴 자는 주인이 되고, 진 자는 노예가 된다. 이 힘의 논리 안에 이성과 도덕이 끼어들 여지는 없다.

고려를 침략한 징기스칸의 후예들, 원나라가 바로 전형적으로 힘의 논리에 서 있다. 침략의 이유-명분은 전혀 중요지 않다. 다만 누가 힘이 더 세냐가 중요하다. 약해서 진 자는 그 약한 것 자체가 운명이 된다.

인조 쿠데타와 병자호란은 힘과 도덕성을 다시 역사에 묻는다. 서인들은, 후금에 빌붙고, 계모를 유폐하고 동생을 죽인 광해군을 유교의 충과 효의 이름으로 몰아낸다. 인조반정이라는 쿠데타가 바로 그것이다. 힘으로 도덕을 실현시킨 것이다. (물론 정권 장악의 야심이 더 컸겠지만.)

서인들은 아무런 힘도 키우지 않고, 친명 반청의 대립각을 날카롭게 세웠다. 명나라는 임진왜란 때 이 나라를 구해준 어버이 나라, 반면 후금-청나라는 오랑캐이며 있을 수 없는 요구를 하는 나라 - 이렇게 선악을 단칼에 나누었다.

그 결과는 남한산성에서 국가 지도부가 전원 후금에 항복한 것이었다. 임금부터 백관까지 다 잡힌 사건 - 결국 조선이라는 국가는 그것으로 망한 것이다. 그때 청 태종이 인조 이하 백관들을 다 죽이고, 조선을 식민지로 삼을 수도 있었다. 그러나 청 태종은 인조와 서인 정권을 그대로 살려 준다. (왜 살려 주었는지 생각해 보라.)

이후 서인들은 청나라에 대해서 자만심과 열등감을 동시에 갖는 양가(兩價) 감정의 정신 질환을 앓는다. 도덕적으로는 우월하지만, 힘으로 졌다는 치욕감. - 그것은 정도전이 가졌던 이상 국가에 대한 자신감, 자신의 이성에 대한 자부심, "하면 된다"는 낙관적 생각과는 완전히 반대인, 형님의 눈치만 보는 위축된 마음이다.

이후 개화시기에 서양과 일본 열강에 대해서 또 한번 힘의 문제는 등장한다. 위정척사 혹은 동도서기 등등 - 양가감정은 여지껏 계속된다. 사대주의는 바로 그 양가감정일 것이다.

3. 정몽주의 절개와 인격 수양론

1) 정몽주는 절의파, 즉 절개와 의리를 지킨 사람으로 이름나 있다. 정몽주의 신화를 헤집고, 있는 그대로의 그의 모습을 보자.

그가 과연 절개와 의리를 지킨 사람인가? 그가 권력을 놓고 이성계 일파와 대결을 벌인 것을 보면, 그는 현실 정치가이다. 그의 정치적인 입장이 우왕을 옹호하는 왕당파였기 때문에 절개와 의리를 선택했을 것이다. 하긴 반대로 절개와 의리를 존중했기 때문에 왕당파가 되었을지도 모른다. 그러나 이성계와 정권 다툼을 하기 전에는 그는 이성계 등, 신진 사대부의 일파로서 개혁적인 사람이었다.

절개와 의리를 지킨 사람이라 하더라도, 그가 과연 성리학자(인격 수양론자)였고, 그의 성리학에서 절개와 의리를 지킴이 나온 것인가? 이건 아니다. 그가 성리학자인지는 명확하지 않다. '동방 이학(理學)의 할아버지(祖)'라는 이색의 평가 정도이지, 그의 문집에서 그의 성리학을 확인하기는 어렵다.

그에게서 사림파가 시작되는가? 이것도 명확하지 않다. 현실적인 맥락으로 보자면 정몽주→길재→김숙자→김종직 라인이 성립하는 것인지 명확하지 않다. 길재가 정몽주의 제자는 아니다. 김숙자도 길재의 제자가 아니다. 다만 이념을 어느 정도 서로 공감했는지는 모르겠다.

2) 나는 정몽주를 인격 수양론자라고 했다. 이 증거는 단 하나 '단심가'라는 노래와 그가 피살된 사건일 뿐이다. 이를 근거로 그를 인격 수양론자로 보아도 되는가? 사실 인격 수양론은 유가(儒家)라면 누구나 주장하는 것이다. (하긴 당시의 개국 공신들인 무장들이라 하더라도, 무사적인 충성심이 있었을 것이다.)

반대로 보자면, 정몽주 일파는 제도 개혁을 반대했던가, 혹은 정도전 일파와 제도 개혁에 대해서 어떤 식의 견해 차이가 있었는가? - 정몽주 일파는 '**온건파-개혁파**'라고 할 수 있다. 고려의 체제를 그대로 두고 그 색깔을 유교적인 것으로 바꾸는 것을 목표로 했던 것 같다.

3) 조선의 건국이념이 성리학인가?

일반적으로 역사책에는 성리학자들이 조선을 건국했다고 한다. 그렇다면 건국을 주도했고 집권층이 된 훈구파는 성리학자인가, 아닌가? - 역사책대로 하자면, 성리학자라고 해야 할 것이다.

그렇다면 성리학자인 훈구파가 후대에 성리학의 본류인 사림파를 상대로 사화를 일으키며 싸운다는 것인가? 같은 성리학자들끼리 싸웠다는 것인가? 이것은 논리적인 문제가 있다.

이 문제는 정몽주에 대한 오해와도 연관이 있다.

정몽주의 의리와 절개, 이는 그가 왕당파이기에 나온 것이다. 현실정치가로서 정몽주는 우왕과 맺어진다. 그 반대쪽에 이성계와 그 일파가 있었다. 정몽주와 이성계는 당시에 대립된 두 정파의 우두머리였고, 라이벌이었다. (그 다음에는 정도전과 태종 이방원이 서로 라이벌로 생사를 건 투쟁을 한다. 체제 변혁기에는 신하와 군주가 라이벌로 싸우게 된다.) 따라서 정몽주는 우왕-고려에 대한 충성과 절개를 가질 수밖에 없었다.

정몽주의 입장은 고려의 존속이었다. 고려의 존속이면 고려의 부패도 보존된다. 그게 문제였다. 반면 이성계와 정도전 등 신진 사대부는 개혁파였다. 고려의 부패와 무능을 체제의 문제까지 연결시켜서 없애려 했다. 그래서 고려 체제를 무너뜨리고 조선의 체제를 세운다. 그들은 철저한 개혁파였다.

반면 정몽주는 개혁파이면서도 선 자리가 이상하다. 그가 우왕 때 이성계와 맞서기 이전에는, 그는 개혁파의 진영에 선 사람이었다. 그러다 우왕과 결합하여 이성계와 대립하면서 그는 고려 체제의 수호자, 혹은 온건 개량주의자가 된다. 그런 정치적 입장 때문에 정몽주는 수구적 인물의 선두에 서게 된 것이다.

이색이 '조선 성리학의 할아버지(祖)'라고 했던 정몽주 - 그렇다면 그의 성리학의 입장이 그런 고려 존속과 온건 개량론인가? 여기에는 모순이 있다

① 일반적으로 성리학자들이 조선을 건국했다고들 한다. 그러나 성리학의 선두에 서 있다는 정몽주는 조선 건국을 반대하고 고려의 존속을 주장했다.
② 정몽주가 성리학자라면, 왜 낡은 체제인 고려를 존속시키려 했는가? 성리학의 충효 정신은, 이단인 불교를 기반으로 하는 고려 왕조마저도, 충을 따라서 지키고 존속시켜야 한다고 하는가?
③ 성리학자들이 세운 국가 안에서 정작 정몽주를 따르는 사람들은 벼슬자리에 올라가지 못 했다. 성종 때 김종직부터 성리학자들인 사림파가 벼슬에 진출한다.
④ 조선 건국 때부터 정권을 담당했던 훈구파들을 성리학자라고 말해야 하는가? 전혀 그럴 수는 없다.
⑤ 성리학자인 훈구파가 성리학자들인 사림파를 사화(士禍)라는 변칙적인 탄압을 가할 수 있는 것인가?

결국 우리는 이렇게 결론을 내려야 할 것이다. 정몽주는 성리학자가 아닌 그냥 유학자라고 보면 된다. 정도전 등 혁명파도 또한 성리학자가 아니다. 그냥 유학자이되, 제도 개혁에 관심을 둔 사람들이었다.

성리학은 그들 때보다도 한참 뒤에 들어왔다고 보아야 한다.

조선을 건국한 사람들은 제도 개혁론자들이었다. 그리고 그들에 반대했던 인격 수양론자인 성리학자들은 사림파로서, 성종 때 김종직 이후 등장했다. 제도론자들은 현실주의자였고, 인격론자들은 도덕 군자였다.

4. 연산군은 단종의 논리적 귀결

(1) 세종과 성종 ; 문(文)의 성격. 문화, 제도 정비
(2) 태종과 세조 ; 무(武)의 성격. 쿠데타로 집권.

(1) 사림파의 마음 수양 이론.
(2) 훈구파[한명회 등]의 쿠데타와 권모술수.

(1) 단종 - 수양대군과 한명회 등 신하들이 몰아낸 임금
(2) 연산군이라는 망나니 - 신하를 무자비하게 죽인 임금

조선 초기에는 이러한 두 가지 대립이 있었다. 이 대립을 통해서 우리는 연산군과 단종이 같은 것의 두 측면이라 추론할 수 있다.

연산군은 단종의 반대의 측면이다.

1) 연산군이 포악한 정치를 한 이유 - 자신의 어머니인 윤씨가 폐비가 되고, 사약을 먹고 죽었기 때문에 그렇다고 한다. 윤씨의 포악한 성격을 물려받았고, 폐비였기 때문에 어머니를 부정하는 교육을 받았고, 인수 대비에게 핍박을 받아서 이상 성격이 되었다는 것이다. 혹은 아버지 성종에 대한 극단적인 반감 때문에 음주난행을 했다.

물론 이것도 맞는 말일 것이다. 그러나 단지 그 이유만으로 그가 포악한 정치를 했을 것인가? 이런 이유도 있을 것이다.

바로 단종이라는 것이다. 연산군은 신하들에게 몰려서 폐위되고 유배가고 결국은 사약을 받고 죽은 단종을 염두에 두었을 것이다. 단종은 신하에게 눌려서 그렇게 비참하게 갔다. 그것을 반성한다면? 신하에게 당하기 전에 신하들을 엄하게 다스려야 하지 않는가? 사실 단종

이 억울하게 죽은 것에 걸맞게 신하들에게 대접한다면? 연산군 식의 포악한 정치도 가능할 것이다. 이런 저런 이유를 대서 파리 목숨처럼 날려도 될 것이다. 적어도 단종의 목숨이 파리 목숨이었기 때문이다.

신하가 군주를 부정한다면, 군주도 신하를 부정할 수 있다. 이것을 우리는 단종과 연산군의 예에서 볼 수 있다. 논리적으로 보자면, 단종의 반대쪽에 연산군이 있다. 단종의 폐위와 죽음이 비논리적이고 비합리적이라면, 연산군이 신하들을 학대한 것도 똑같이 비논리적이고 비이성적이기 때문이다.

물론 단종의 경우 그를 몰아낸 쿠데타를 한 신하들이 비난을 받았지만, 그들은 단죄되지 않았다. 쿠데타에 성공한 자들이 정권을 장악했기 때문이다. 반면 연산군은 쉽사리 단죄되었다. 쿠데타를 당해서 폐위되었기 때문이다. 역사는 언제나 승자의 편에서 논리를 전개하고 사실을 재구성한다. 역사는 그런 점에서 우둔한 짐승에 불과하다.

* 연산군은 신하들의 비판을 '능상(凌上)'으로 규정하면서 첨예한 대립 관계를 형성했다. '윗사람을 능멸한다'는 '凌上'은 신하에 대한 적개심의 표현이다. 이는 단종 콤플렉스일 것이다. 단종은 신하에 의해서 비참하게 쫓겨나서 죽었다. 폐비의 자식인 연산군은 아버지 성종에게서 숱한 질책을 들었다. 신하들마저 자기 아버지처럼 자신을 대할까 히스테리칼한 반응을 보인 것이라 할 수 있다.

2) 절대 권력은 절대적으로 타락한다.

우리가 역사에 '만약에'라는 가정을 넣어서 본다면, 연산군이 그 강력한 권력으로 신하들을 학대할 때, 단지 그 자신의 음주 가무와 고성방가와 향락 방탕에만 쓰지 않고, 가혹하게 신하들을 몰아붙여서 만주를 정복했다면? 물론 반대의 가정도 마찬가지이다. 단종을 쫓아내고 정권을 장악한 패거리들이, 그 정권의 정당성을 찾기 위해서, 쿠데타로 장악한 그 강력한 힘을 외부로 발산했다면? 예컨대 대마도를 정복하고 일본으로 쳐들어갔다면?

물론 그들의 짓거리는 어느 정도 역사적으로 인정을 받을 수 있었을 것이다. 적어도 백성들은 영토의 확장을 반기며, 역사는 그것을 긍정적으로 서술한다. 어느 누구나 민족주의에서 벗어나기는 쉽지 않기 때문이다.

그러나 그들이 그렇게 권력을 국가 확장에 쓰지는 못할 것이다. 논리적으로 보자면 그렇다. 그들이 쿠데타를 일으키거나 사화로 신하를 죽인 이유는 적극적이고 미래 지향적이기 때문이 아니다. 그들의 이익을 위해서 일을 일으킨 것이다. 사적인 이익, 그리고 그 패거리의 이익을 위해서 잔인함을 차마 한 것이다. 그런 사람들이 전체를 위해서 민족의 확장의 길로 갈 것인가? 그럴 리는 없다.

또 하나, 그들은 무사들이 아니라 문인-지식인 계열이었다는 것이다. 무사들은 자신의 업적을 정복과 확장에서 찾는 반면, 그들은 예컨대 압구정 정자에서 술 마시며 시를 짓는 것으로 자신들의 업적을 과시했을 것이다. (압구정은 한명회가 지었다.)

결국 연산군은 단종의 논리적인 반대 측면이다. 그리고 단종을 내친 수양대군 패거리나, 신하를 포악하게 다룬 연산군은 논리적으로 큰 일을 할 사람들이 아니었다. 개인 혹은 패거리의 이익을 위해서 거사를 했기 때문이다. 이런 것은 기생충의 생리와 비슷해 보인다.

* 이상의 이야기는 조선시대의 당파 싸움에서, 더 나아가 조선 역사에서 일정한 규칙을 찾으려는 것이다. 자연과학의 법칙과는 다르겠지만, 논리적인 법칙을 어느 정도 찾을 수 있을 것이다.

5. 조선 전기의 사상사적 흐름과 당파의 갈림

1) 고려말 – 조선 초기에서 선조 이전까지 상황

(1) 제도 개혁론과 인격 수양론

조선의 건국이념은 일반적으로 성리학(性理學)이라 한다. 단일한 색채라는 것이다. 그러나 성리학이 생겨나던 중국의 북송(北宋) 시대를 보면 왕안석(王安石)의 신법당(新法黨)과 사마광(司馬光)의 구법당(舊法黨)이 대립을 했다. 그 치열한 싸움에서 나온 것이 바로 성리학이다. 성리학은 인격 수양론으로서 구법당의 이념이라면, 왕안석의 제도 개혁론이 이에 맞서 있었다. 북송 시대는 지주(地主) 시대이며, . 두 이론은 지주 계층의 자의식과 이성의 발로이며 이념이라 할 수 있다.[3] 조선은 지주 지배의 사회이며, 따라서 두 이념은 언제나 서로 어우러지며 엇갈리던 선율이었다고 할 수 있다.

고려 말의 유교 지식인은 크게 보아 **인격 수양론자(士林派)와 제도 개혁론자(勳舊派)**로 나눌 수 있다. 후자의 대표는 정도전(鄭道傳)이라 할 수 있다. 그는 고려(高麗)라는 제도를 무너뜨리고 새로운 국가를 세우려 했다. 그에게서는 ① **제도 개혁의 측면**과, 제도 개혁을 위해서 ② **무력에 의존하려는 측면**이 다 같이 있었다. 조선이 건국하고 난 뒤에 명종(明宗) 때까지의 중앙 정권의 상황은 이 두 측면의 공존과 갈등이라 할 수 있다.

---

3) 손영식, 『이성과 현실 - 송대 신유학에서 철학적 쟁점의 연구』 1999, 울산대출판부(UUP)

(2) 제도 개혁론의 두 조류

제도 개혁론1 - 훈구파의 형성 ; 이성계(李成桂; 태조), 이방원(李芳遠; 태종), 수양대군(首陽大君; 세조), 진성대군(眞城大君; 중종)이 왕이 된 것은 모두 **무력에 의한 쿠데타**였다. 쿠데타가 성공하고 나면 그 참여자들은 당연히 과실을 분배받기 마련이며, 이렇게 분배받은 사람들을 훈구파라고 한다. 이들은 그런 공훈 덕에 오래 벼슬에 있을 수 있었다. '훈구파(勳舊派)'란 문자 그대로 공훈(勳)을 세우고 오래 동안(舊) 벼슬자리에 있던 사람들이었다. 이는 기본적으로 무력에 의존해서 정권을 교체하거나 유지했던 고려 시대의 논리와 비슷하다. 이는 위에서 말한 ② '무력에 의존하는 측면'이다.

제도 개혁론2 - 인문주의 ; 이와는 반대되는 조류인 세종(世宗)과 성종(成宗)의 치세가 그 사이에 있었다. 이 시기에는 법 제도의 정비, 역사서의 편찬, 문학의 종합, 자연과학 기술의 발전 등의 **제도 개혁의 인문주의적 경향**이 지배했다. 이를 수행하기 위해서 지식인이 우대를 받았고, 이들은 무력보다는 문화적 능력으로 자신들의 입지를 세웠다. 그러나 이들은 조선 초기 상황에서는 약자의 입장이었다. 이들과 권력 지향적인 훈구파들의 관계는 사육신(死六臣)의 사건에서 볼 수 있듯이 대결하기도 했지만, 기본적으로는 공존했다고 할 수 있다. 이는 위에서 ① '제도 개혁의 측면'이라 한 것이다.

제도 개혁론 ─┬─ 무력으로 정권 장악; 한명회 유자광 등 - 훈구파
　　　　　　　└─ 제도 개혁의 인문주의; 집현전 학사 - 사육신
인격 수양론 ──── 성리학, 김종직 등 지방 지식인 - 사림파

(3) 이런 상황은 다음과 같은 사항 때문에 변화한다.

첫째, 쿠데타에 대한 반성 - 신하 대신 인척에 의존 ; 누차에 걸친 쿠데타로 정권이 불안정했고, 이에 대한 불안감이 더 이상의 쿠데타를 막자는 공감대를 형성하게 된다. 중종(中宗)은 아마 쿠데타는 자신으로 끝을 맺기 바랬을 것이다. 이런 맥락에서 쿠데타에 대한 응징의 일환으로 조광조(趙光祖)는 정국(靖國) 공신의 책봉을 다시 심사하자고 했었다. 그러나 중종은 이를 자신에 대한 쿠데타 음모로 보고 조광조 일파를 제거한다. 결국 그는 두번의 쿠데타를 한 셈이다. 이후 군주들은 자신의 권력을 반석에 놓고, 다시는 쿠데타로 정권을 넘볼 수 없게 하기 위해서 외척(外戚)이나 처족에 의존하게 된다.

또한 단종(端宗)의 예에서 보듯이, 신하들에게 권력의 뒷일을 맡긴다는 것은 위험한 것이다.[4] 따라서 혈연에 의존하게 되고, 동시에 인척들도 왕과 운명 공동체로서 활동하게 된다. 이에 따라 왕실과 인척관계를 맺은 신하(戚臣)가 권력을 잡아 훈구파의 핵심으로 등장하게 되며, 무력에 의존했던 훈구란 설 자리를 점점 잃게 되었다.

둘째 사림의 형성 - 칼 대신 말로 ; 이것보다 근본적인 것은 성리학 이념으로 무장한 지식인 사대부들이 등장하기 시작했다는 점이다. 인격 수양론자들이 그들이다. 그들은 주로 지방의 지식인(士林)으로, 성리학의 이념에 따라 인격을 수양하고 중앙 정권에 참여하여 정치에서의 도덕성을 따지기 시작했다. 이들은 무력에 의존했던 고려 시대의 논리를 부정하면서, 정치의 도덕화 인격화를 주장한다. 조선이 고려와 다른 점이란 '칼이 아닌 이성으로' 정치를 한다는 역사 반성에 기초하고 있다. 그들이 보건대 조선이란 이런 점에서 이상 국가가 될 수 있

4) 태조 이성계는 방석의 일을 정도전에게 맡기고, 문종은 단종의 일을 김종서 등에게 맡겼다. 그러나 모두 실패했다. 쿠데타를 막기 위해서는 신하가 아닌 인척에게 맡기자는 분위기가 이래서 나온 것이다.

다. 이는 조광조의 '이상적인 정치(至治)'라는 구호에서 전형적으로 드러난다. 또한 고려-조선의 변혁기에는 그런 무력이 어느 정도 필요할 수도 있지만, 조선이 이미 안정된 기반을 잡은 상황에서 무력이란 체제를 흔드는 것이 될 뿐이다. 그리고 인척 관계로 맺어진 신하(戚臣)에 의존하는 것보다 정치를 도덕화 이성화하는 것이 왕권의 안정에 기본적인 것으로 본다. 다시 말해서 국왕의 치세를 반석에 올려놓는 것은 훈구나 척신이 아닌 도덕성과 지식이 있는 지식인이 할 수 있으며, 이것이 최선의 대안이라는 것이다.

(4) 사화(士禍) - 훈구(勳舊)와 사림(士林)의 대결

이러한 인격 수양론의 조류는 김종직(金宗直)으로 대표된다. 그와 그의 제자들은 중앙 정계의 두 조류에 대해서, 훈구 척신과는 대립하면서 세종-성종 계열 (혹은 사육신 계열)을 지지한다. 이 결과는 한편으로는 지식인 탄압(士禍)을 당하는 것이고, 또 한편으로는 조광조(趙光祖)의 예에서 보듯이 사육신 계열의 조류와 연합을 했다.

그들이 보건대 훈구나 척신은 역사에서 물러나야 할 세력이었다. 그러나 훈구 척신들은 엄연히 정권을 잡고 있었다. 도덕성과 지식으로 무장하고 과거 시험을 통해서 몰려드는 지방 사대부들에 직면하여, 훈구 척신들은 권력에 의한 '지식인 탄압(士禍)'으로 맞설 수밖에 없었다. 쿠데타는 어떤 식으로 해도 말로, 이성적으로 합리화시킬 수는 없다. 그들은 힘으로 권력을 탈취하고 유지했듯이, 그런 도덕성과 이성에 대해서도 힘으로 대응을 했던 것이다.

이에 대해서 지방 사림은 세종-성종 계열과 제휴하는 길을 택했다. 김종직은 사육신을 지지했으며, 성종의 후원을 받아서 훈구파를 견제하려 했으나 결국 역부족이었다. 그 뒤 조광조가 집권을 했다. 이는 사림이 최초로 정권을 잡은 것이라기보다는, 훈구 가운데 세종 성종 계열(사육신파)과 지방 사림의 연합이며, 이는 동시에 훈구파의 용인 속에 이루어진 것이라 보아야 한다. 김종직의 제자 김굉필(金宏弼)은 우연히 유배지에서 10대 중반의 조광조에게 1년 남짓 가르쳤고, 조광조는 그 뒤에 중종의 개혁에 참여하여 정권을 잡았다. 이는 지방 사림(특히 영남 사림)이 중앙의 세종-성종 계열과 제휴한 것이라 할 수 있다. 조광조는 서울 출신으로, 영남 사림과 바로 연결되지 않는다.

이 개혁은 또한 훈구의 용인 속에 이루어졌다. 중종 때에 이르러 반정(反正; 쿠데타)에 대한 비판의 분위기 속에서 훈구파는 사림과 타협하려는 기세가 있었다. 이러한 연합과 용인은 조광조 일파의 급진 개혁을 용납할 수 없었던 훈구파가 일으킨 기묘사화(己卯士禍)로 분쇄된다. 그리고 다시 춥고 어두운 겨울이 계속되었다.

* 중종 반정은 쿠데타이지만 그 이전의 쿠데타와 성격이 다르다. 연산군의 포악함 때문에 생명의 위기를 느낀 훈구파들이 살아남기 위해서 일으킨 것이다. 군주의 방탕함과 포악함에 질린 그들은 군주를 윤리 도덕으로 제약하려 했다. 그래서 중종 초년의 정치는 도덕적이고 금욕적인 길로 나간다. 도덕정치에는 성리학에 근거한 인격 수양론자들의 이론이 적합하다. 그런 점에서 훈구파 가운데 사육신 계열을 이었으며, 영남 사림의 영향을 받은 조광조가 집권한다.

쿠데타 주도 세력인 훈구의 입장에서는 반대쪽인 사림파보다는, 같은 훈구이지만 진보적인 사육신 계열의 조광조의 집권을 용납한 것이다. 그러나 조광조가 위훈 삭제로 훈구파를 제거하려 하자 기묘사화를 일으켜 그를 제거한다. 조광조는 훈구와 사림의 최초의 연결이다.

(5) 지방 사림의 전략

기묘사화는 사림에 크나큰 충격을 주었다. 어떻게 보아도 훈구 척신들이 정치적 명분을 갖기는 어려웠다. 그러나 그런 자들에게 밀려서 혹은 죽고 혹은 유배가는 상황에서 지방의 지식인들은 전략을 새롭게 짜야 했을 것이다. 그 가운데 가장 광범위하게 펴진 전략은 바로 은둔하여 학문을 완성하고 제자를 키우면서 뒷날을 도모하는 것이었다. 서경덕(徐敬德) 김인후(金麟厚) 이항(李恒) 김대유(金大有) 성수침(成守琛) 임억령(林億齡) 양산보(梁山甫) 등 수 많은 지식인들이 그들이다. 그 가운데 가장 유명한 사람은 서경덕(徐敬德) 이황(李滉) 조식(曺植)이라 할 수 있다. 개성(開城)의 서경덕, 김해(金海)의 조식이 그런 전략을 가졌으며, 누차 벼슬에서 물러나서 공부하며 제자를 키우려 했던 예안(禮安)의 이황도 그런 계열이었을 것이다.

지식인 탄압(士禍)이 이들에게 부정적인 영향만 준 것은 아니다. 이 탄압은 그들에게 자기 성찰을 하게 했으며, 동시에 진리와 정의에 대한 자기 확신을 키워 주었다. 그것은 일종의 세례라 할 수 있다. 비극을 통한 정신의 재탄생과 건강성의 유지. 사화란 지식인의 정신을 단련시켜 준 것이다. 성종-선조 시대 지식인의 정신이 건강함을 유지한 것은 바로 그런 탄압 때문이었다고 할 수 있을 것이다.

그들은 권력에서 한 걸음 물러나서, 안으로는 자신의 정신을 점검하고 학설을 세우고, 밖으로는 그 지역의 지식인들을 교육시키고 조직했다. 이는 독창적인 학설과 그 추종자로 구성되는 학파가 각 지역별로 형성됨을 의미한다. 이러한 자원을 바탕으로 그들은 점점 정권에서 비중을 높이기 시작한다. 다시 말해서 그것은 단순히 학파가 성립한다는 점을 넘어서서 정권을 장악하는 정치 집단을 형성했다는 말이다. 그리고 선조 시대에 이르면 정치의 핵심을 담당하게 된다.

고려 중기에 무신들이 집단을 이루어 정권을 장악했다. 이와 비슷하게 조선 중기에 지식인들이 집단을 이루어 정권을 잡는다.

(6) 사림 - 성리학의 정치 이론

① **'칼에서 말로, 힘에서 이성으로'**의 정치 논리 : 이는 **지식인(士)**이야말로 나라를 지탱하는 **"근본적 생명력(元氣)**이 깃든 곳이며, **도덕성(禮)의 원천**"이라고 주장했던 이황과 기대승의 말에서 드러난다. 조선이 절대 왕권 국가였다면, 군주가 국가의 생명력이라 하지 않고 지식인 관료가 생명력이라 주장하는 이론은 절대로 용납될 수 없었을 것이다. 이는 한편으로는 지식인만이 조선을 이상 국가로 만들 수 있다는 이상 국가(유토피아) 의식의 발로이면서, 동시에 훈구-척신 세력의 칼에 의한 권력 정치를 말에 의한 도덕적 이성의 정치로 바꾸겠다는 의지의 표현이다. 이는 조광조의 개혁 정치에서 이미 드러난다.

사림의 정치 이론은 도덕적 이성에 따라 칼이 아닌 말로 싸우자는 언론 정치가 핵심이다. 이에 따라 무엇이 이성인가, 현실에 대한 이성적 처방이 무엇인가 하는 이론적인 것이 중요한 문제로 대두된다. 각 지역에 형성되었던 독창적인 학파가 이에 따라 정치적 당파를 형성하게 된다.

② **이성의 안티노미 - 당파의 성립** : 현실이란 다양한 측면이 있다. 또한 칸트가 말하듯이 이성에는 안티노미(antinomie 二律背反; 같은 대상에 대해서 서로 모순되는 두 결론을 내림)가 있다. 따라서 이성에 의한 현실 파악도 모순된 두 견해, 내지는 여러 가지 견해로 나타날 것이다. 모순된 두 견해 가운데 하나를 잡은 당파와 다른 쪽을 잡은 당파가 서로 대립하게 된다. 즉 이성의 안티노미는 반대되는 학파가 대치하는 조건이 된다. 이에 따라서 이론적인 대립과 논쟁이 나타난

다.(47 논변 등) 이 대립과 논쟁은 단순히 학술적 이론적 차이만은 아니다. 그것을 넘어서서 정치권력을 놓고 대결한 것이라 할 수 있다. 따라서 학파의 차이는 당파의 형성의 조건이 된다.

③ **검열관의 시대** : 사림의 시대가 되었다는 것은 학문적 지식이 권력이 되는 시대가 되었다는 점이다.[5] 권력 투쟁이란 어떻게 보면 이론 혹은 이념 투쟁이 된 것이다. 문제는 어떻게 진리를 결정하느냐 하는 것이다. 진리란 선험적으로 결정되어 있지만, 현실적으로는 검열관이 하는 것이다. 권력을 쥔다는 것은 그 검열관의 자격을 가지는 것이 된다. 선조 이후 시대의 당파 싸움이란 바로 그런 측면을 가지고 있었다. 이황(李滉)의 이단 비판, 이이(李珥)의 인물 평가란 결국 누가 검열관이 되느냐 하는 문제이다. (이황 등의 이단 비판이 나타나는 것도 결국은 권력 투쟁 때문일 것이다.)

이런 검열관들은 성리학에서 학문적인 대가들이었다. 이들은 고향에서 학문을 갈고 닦으면서 제자를 키웠다. 그리고 굳이 벼슬을 하지 않으면서도 사림/사대부라는 지식인 사회의 여론을 장악하고 주도했다. 그런 사람을 조선 후기에는 '산림(山林)'이라 불렀다. 산림으로 꼽히는 사람이 여론을 형성하고 정국을 몰아가면 군주도 어쩔 수 없었다. 검열관의 시대란 결국은 '여론 주도자'의 시대였다. (대표적인 검열관-산림 ; 이황 정인홍 송시열 등)

(7) 훈구 척신 - 서인

이런 상황에서 몇 개의 학파와 당파가 성립한다. 그것은 다음과 같은 사정에 의해서 이루어졌다고 볼 수 있다.

성종-선조 시대에 훈구-척신과 사림이 대립했고, 결국 선조 때에 와

---

5) 그래서 조선 시대 이래 공부하라는 것이 강조된다.

서 사림이 승리하면서 동인-서인의 분립이 있게 되었다고 보통 말한다. 그러나 집권 당파가 별 다른 정변도 없이 정치권에서 사라지고, 박해받던 야당이 슬그머니 집권한 것도 모자라, 두 파벌로 갈라졌다?

선조가 즉위하면서 훈구-척신 세력이 사라졌다는 보는 것은 문제가 많다. 정권을 잡았던 척신 세력이 아무런 쿠데타나 혁명, 즉 인적 청산 없이 사라졌다고 하는 것은 논리적이지 않다. 따라서 훈구-척신 세력이 변신을 했다고 보아야 한다. 또한 선조의 즉위는 일종의 혁명, 즉 명예혁명(피를 흘리지 않은 무혈 혁명)에 해당된다.

이는 이준경에 대해서 이이가 극렬하게 비난한 것, 혹은 이이가 붕당에 대해서 조제 보합론을 주장한 것 등으로 알 수 있다.

훈구-척신파는 소멸된 것이 아니다. 선조 대에 와서 훈구파는 새롭게 '성리학'의 이론과 이념으로 무장하려 한다. 그것이 바로 이이(李珥)부터 시작하는 서인이라 할 수 있다. 이이가 중요한 것은 바로 훈구-척신파의 성격을 바꾸어 놓은 점에 있다.[6] 기존의 훈구-척신파는 쿠데타에서의 공훈, 왕의 외척이나 인척이 되어 왕권을 보호하는 것을 그 권력 기반으로 삼았는데, 이이에 와서 하나가 추가되니, 그것이 바로 성리학의 이념으로 무장하는 것이다. 서인에게는 기존의 훈구척신의 성격이 있지만, 이것보다는 성리학의 언론 정치, 이성 정치라는 이념을 기본적으로 갖는다. 그리고 이점에서 훈구파의 성격을 바꾸어 놓은 사람이 바로 이이라 할 수 있다.

이이는 척신파를 이어받으면서 그 이념으로 '성리학'을 선택한다. 성리학이란 혁명 혹은 개혁의 이론이 아니라 기존 체제를 수호하는 보수적인 이론이다. 기존의 권력 세력인 훈구-척신으로 보아서는 여러모로 좋은 셈이다. 정통 사상이니까 명분이 있고, 또한 체제를 수호

---

6) 서인에는 척신 세력에 해당되는 사람이 핵심을 이룬다. 심의겸이나 정철이 그런 사람이다. 또한 송익필은 그 부모가 훈구 세력에 빌붙은 경우이다.

하는 보수적 이론이므로 좋은 것이다. (이이의 사상은 성리학이 아니라, 지각설 계열의 심기학(心氣學)이다.)

(8) 지방 사림 - 동인

동인은 이황(李滉)과 조식(曺植)의 제자, 서경덕(徐敬德)의 일부 문인 및 전라도(鄭介淸 李潑 등)의 지식인들로 이루어져 있었다. 이들이 주로 서울 이외의 지역에 포진하고 있었다는 점이다. 즉 각 지역에서 두각을 나타내면서 그 지역의 지식인들을 교육시키고 조직하는 역할을 한 것이다. 이것이 바로 성종-선조 시대의 특징이라 할 수 있다. 그들은 각 지역에 은거하면서 연구를 했고, 각자 독특한 학설을 완성했다. 서경덕은 장재(張載) 소옹(邵雍)의 기(氣) 철학을 선택했던 반면, 이황은 스스로 정통 성리학의 길을 가려 했다. 조식은 이러한 도덕 형이상학의 이론적 탐구를 거부하고 강건한 주체성을 세우려 했다는 점에서 성리학에서 벗어난다.

이들은 '지식인 탄압(士禍)'의 직접적인 피해자로서 훈구-척신의 정치에 대해서 매우 비판적이었다. 이들은 정치의 도덕화 이성화를 주장한 이상주의자들로서, 훈구-척신의 맥을 이은 서인에 비해서 진보적이라 할 수 있다. 이들은 기존 권력 구도를 깨고 지방의 세력이 발판을 차지할 근거를 마련해야 했다. 따라서 정치 체제에 대해서도 비판적이었다.

동인의 기초인 **조식(曺植)과 이황(李滉)의 위상과 좌표** ; 조식의 제자들은 동인의 핵심 세력의 하나가 되며, 그 가운데에서도 가장 강경한 세력이었다.[7] 따라서 인조 쿠데타를 통해서, 서인이 철저하게 그들

---

7) 명종 말 선조 초기의 변화 속에서 훈구-척신파의 상황 대처는 이이의 철학으로 나타난다면, 훈구-척신에 대한 가장 강경한 대응의 처방을 내린 것이 조식의 철학이라 할 수 있다. 이런 점에서 그 둘의 철학은 양극단이라 할 수 있다.

을 타도한다. 이는 조식의 철학적 성향과 연관이 있다. 그는 훈구-척신의 지식인 탄압에 대해서 강하게 맞선다. 그가 시종 은둔을 고집한 것은, 그들과 타협하지 않으려는 의지의 표현이면서 동시에 지식인의 드높은 기상을 중시했기 때문이다. 중앙 정계에서 싸움으로 스스로 타락하면서 약해진 정신을 갖는 것을 그는 거부한다. 그는 성리학을 형이상학적 이론이 아닌 현실적으로 도덕적 주체성을 확립하는 이론이라 본다. 이는 그가 비판적이고 개혁적인 사림 정신을 중시했기 때문일 것이다. 이런 주체성은 현실 정치를 이끌어가는 사람들의 자아이다.

반면 **이황**도 사림의 정신을 정립한 사람이기는 하지만 온건하고 타협적이다. 그는 성리학을 이론적으로 접근하며, 국가 전체 속에 지식인의 역할을 규정하려 한다. 조식이 강한 도덕적 주체성의 확립을 주장하는 개인주의적 경향이 있다면, 이황은 사회 국가 전체에서 개인의 역할을 중시한다. 따라서 조식이 직관적이라면 이황은 종합적이다.

(9) 무림 4천왕의 시대

지역적인 차이 : 크게 보자면, 서인들은 서울 경기 중심의 지식인들로 이루어져 있는 반면 동인은 영남 중심의 지식인으로 이루어져 있다. 이이 성혼 송익필 등이 다 서울 지역 출신이다. 반면 이황 조식, 혹은 그 이전 사림파인 김종직 김굉필 김일손 정여창 이언적 등은 모두 영남 출신이다.

서인에는 서울 지역 이외에 충청도(대전-논산) 지식인과 전라도 지식인들도 가담한다. 전라도 지식인은 서인과 동인에 다 들어간다. 서인에 가담한 전라도 지식인들은 서울에서 전라도로 도피해 온 정철 등이 대표적인 반면, 동인에 참여한 사람은 이발 정개청 등 전라도 토

조식의 친구인 이준경에 대해서 이이가 격렬하게 비판한 것이라든지, 서인-노론이 광해군 때 대북 정권의 지주였던 정인홍을 인조 쿠데타로 죽이고 가혹하게 비난한 것도 그런 양극단을 반영한 것이라 할 수 있다.

착 지식인들이다. (이이는 47 논변에서 기대승의 입장을 그대로 이어받는다. 기대승도 정철처럼 서울 지역에서 전라도로 도피한 사람이다. 그는 동서 분당 전에 죽었기 때문에 서인 계열이라 하기는 어렵다.)

학맥으로 보자면 서인은 이이와 그 제자들이 중심이며, 동인은 경상북도의 이황과 경상남도의 조식의 제자들이 주축이다. 서경덕 제자들은 대부분 서인에 참여한다. 다만 서경덕의 제자 가운데 허엽과 그 아들인 허균 등은 동인에 참여하여 주축을 이룬다.

이황 조식 서경덕 이이는 스승 없이 대성한 사람들로, 당파 싸움의 시대를 열었다. 그래서 무림4천왕이라 할 수 있다. 이 시대가 성리학의 전성기이면서 동시에 황혼의 시작이라 할 수 있다.

2) 47 논변과 이성 개념의 탐구

이러한 흐름에서 볼 때, 지방 사림(후에 동인)은 이상 국가를 꿈꾼 사람들이다. 그들이 훈구파를 비판한 것은 훈구파가 도덕적 명분이 없는 권력 정치를 했기 때문이다. 힘이 아닌 이성에 의해서 이상 국가가 이루어질 수 있으리라 그들은 확신했다. 훈구-척신파를 이은 서인도 이성에 의한 국가라는 생각을 받아들인다. 이는 바로 선조 초기의 상황이다. 성종-명종 시기는 훈구-척신이 권력을 잡았다면, 이 상황을 타파하고 사림(서인까지 포함하여)이 권력을 잡은 것이 선조 초년이다. 지식인 탄압(士禍)을 당하던 성종-명종 시대에 사림은 지방에 은거하여 이성 개념을 확립하고 그 이성을 갈고 닦았다. 그런데 선조 치세에 들어서서 그들은 이제 권력의 핵심에 접근해서 이 이성을 발휘할 수 있게 되었다.

이성에 의해서 국가가 구성 운영되어야 한다면, 문제는 그 이성이 어떤 것이냐 하는 점이다. 여기에서 우리는 기대승과 이황이 왜 이성 개념을 놓고 47 논쟁을 했는지 이해할 수 있다. 더 나아가서 그 논쟁이 치열했던 또 다른 이유가 있다. 지방 사림에 바탕을 둔 동인이 도덕적 순수주의로 나간다면, 훈구-척신의 뒤를 이은 중앙의 지식인 집단들인 서인들은 정치권력에 관심을 기울였다.[8] 이런 점에서 그들이 서로 이성 개념이 다를 수 있다.

또한 권력이 아닌 이성, 칼이 아닌 말에 의한 정치의 시대가 되면서, 누가 말-언론-이성을 장악하는가가 권력을 잡는데 가장 중요한 요소가 된다. 권력 투쟁이란 이제 이념의 투쟁이 된다. 가장 정당한 이념을 제시하고 주장하는 당파가 권력을 잡게 된다. 그 이념의 정당성을 판단하는 것은 검열관이 하는 것이고, 검열관이란 바로 올바른 최고의 이성을 가진 자이다. 이황이 다른 사상가들을 비판하는 것, 이이도 이황처럼 여러 사상들을 비평하면서 이황의 자리를 노렸던 것, 이 모든 것은 바로 검열관이 되기 위한 것이다. 그리고 4단 7정 논쟁도 바로 그런 상황 속에서 나온 것이다.

(1) 47논변과 동인 서인의 이념 정립

47 논변은 조선시대의 사상적 흐름을 조망해 볼 수 있는 중요한 점들이 있다. 47 논변은 사단과 칠정이라는 '감정 욕망(情)'에 대해서 논쟁한 것이지만, 사실은 인간의 '이성'을 어떻게 이해해야 하는가에 대한 논쟁이다. 사단과 칠정은 그 말 자체는 감정 욕망을 의미하지만, 논쟁 과정에서도 나타나듯이, **감정 욕망을 동반한 '인간의 행위'**라는 의미를 함축하고 있다. 따라서 그들은 끝임 없이 사단과 칠정의 선악 문제를 따진다.

---

8) 서인은 (1) 왕비는 반드시 자기 당에서 나와야 함. (2) 지식인 사회(士林)의 여론을 장악할 것을 주요한 정책으로 내세운다.

① 이황은 리(理; 本然之性)라는 행위 규범 원리가 내 마음의 의지의 순수한 근원이며, 근원이어야 한다고 본다. 나아가 내 마음의 바탕 자체가 리이다.(性卽理) 그 의지 혹은 바탕이 드러난 것(發)이 바로 사단이라는 도덕적 감정 욕망이며, 그것이 또한 그가 생각하는 이성의 현실화 과정일 것이다.

반면 기대승은 사람의 마음은 기(氣)라는 육체적 근원에서 나온다(發)고 본다. 그는 마음이 몸의 생리 작용이라 본다. 그 마음이 드러나는 것은 여러 가지 감정 욕망(七情)이지만, 리(理)라는 객관적 행위 규범 원리에 맞게 감정 욕망하고 행위할 때 사단이 되며, 그렇게 알맞게 하는 것이 바로 이성적인 행위이다. 다시 말해서 이황이 도덕적 선 의지(善 意志)의 순수한 발로를 이성으로 보는 반면, 기대승은 마음이 드러나는 것이 현실에서 알맞음(中庸)을 이루는 것을 이성으로 본다. 이황은 행위 규범이 마음 바탕에 있다고 한 반면, 기대승은 행위 규범이 객관적인 사회적 규범으로서 도덕률이라 본다. 주객의 차이이다.

두 사람 가운데 어느 쪽의 이성 개념이 옳은가는 본질적으로 형이상학적인 문제이다. 이런 해결하기 어려운 문제를 일단은 제쳐둔다면, 여기에서 우리는 다음과 같은 의문을 제기할 수 있다. 왜 그 시기의, 그들이 **이성 개념**에 대해서 논쟁을 하게 되었는가. 성리학이 본격적으로 정치 이념으로 작용을 하던 선조(宣祖) 초년에 왜 그런 논쟁을 하게 되었는가.

또한 위에서 말한 이성 개념으로 보건대, 이황이 좀 더 리(理) 혹은 이념 지향적이라면, 기대승은 기(氣) 혹은 현실 지향적인 것처럼 보인다. 그리고 이황은 사회 문제 보다는 도덕적 수양론에 관심을 두는 반면, 기대승은 도덕적 수양보다는 언론 정치를 주장하는 등, 현실 문제에 더 관심을 둔다.

② 리(理)라는 행위 규범은 사실상 조선의 윤리 도덕 질서라 할 수 있다. 따라서 리(理)를 주장하는 이황이 체제 유지에 힘쓰는 보수주의자이며, 기대승은 좀 더 현실 개혁 문제에 관심을 둔 사람이라는 생각이 일반적으로 주장되어 왔다. 정말 그러한가?

이황의 철학은 그가 활약했던 시대, 즉 척신이 전횡하던 시대에 사림의 전략을 담고 있다. 이이의 철학도 마찬가지이다. 사림이 집권한 선조 초년, 지리멸렬해진 척신 세력을 규합하여 서인으로 만들던 이이의 분투와 고민이 담겨 있다.

그들의 철학에는 바로 당시 상황이 새겨져 있다. 사림이 탄압을 받던 사화의 시대에, 칼을 갈고 닦은 지방 지식인들의 도덕적 자아 혹은 자의식을 보여 주는 것이 바로 이황의 철학, 리의 철학이라는 것이다.

사림이 척신들에게 혹독하게 탄압을 받던 시대에 이황은 주로 살았고, 철학을 전개했다. 그렇다면 당연히 물을 수 있지 않는가. 왜 이황이 그 시기에 성'리'학을 선택했는가? 왜 리(理)를 주장했는가? 이미 생겨난 지 200여 년이 지난 성리학이었고, 당시 중국 명나라에서는 성리학이 비판을 받으면서 양명학이 생겨나던 시절이었다. 그런 시대에, 자칫 진부할 수도 있던 성리학을 굳이 이황이 들고 나왔다면, 그만한 이유가 있지 않았겠는가?

조선은 초기부터 명종 때까지 '도덕성의 위기'가 나라를 짓누르고 있었다. 쿠데타로 정권을 탈취한 자들이 공신(功臣)이 되어서 부귀영화를 누리는 반면, 국왕을 수호하려 했던 사람들은 비명횡사하고 삼족이 멸해졌다. 충과 효를 강조하는 유교 윤리에 충실한 입장에서 보자면, 이것보다 더 부도덕한 일은 없었다. 일반적으로 보아도, 그런 것이 풍조가 되는 나라가 기강과 뼈대를 유지할 수는 없는 것이다. 서양 근대에 종교 개혁 운동이 일어났듯이, 조선에는 바로 그 도덕성의 위기를 해결하기 위해서 지식인들이 총동원되었던 것이다.

사림이 훈구-척신 세력을 물고 늘어졌던 것이 사육신 사건이었고, 훈구-척신을 비판했던 주안점이 바로 그 윤리 도덕성이었다. 그래서 김종직과 그 제자들은 『소학』을 중시했다. 이 비판 정신을 이어받은 사람들이 이황과 조식이다. 이황이 성리학의 리를 중시했던 것은 바로, 훈구-척신을 비판할 수 있는 최강의 무기를 선택한 셈이다. 리는 도덕성의 우주적 근거이다.

철학은 현실을 반추하는 미네르바의 올빼미일 수도 있지만, 또한 현실을 변혁하는 프로메테우스일 수도 있다. 이황은 진부한 성리학을 선택하여 결국 현실을 변혁시켰다. 선조의 즉위와 사림의 집권이 바로 그것이다. 이황의 독창성은 바로 그런 점에서도 찾을 수 있다.

③ 반면 이이는 선조 때에 주로 활약했다. 그 시기에는, 야당이던 사림이 여당이 되어 정국을 주도했고, 여당이었던 훈구-척신 세력은 야당이 되어서 지리멸렬했다. 이런 때에 훈구-척신 세력을 규합하여 서인을 이루었던 사람이 이이이다. 그렇다면 이이가 기 중심의 이론을 제기했을 때는 당연히 자신의 문제 의식을 반영한 것이 아닌가?

리에 근거한 도덕성보다는 기로 해석한 현실을 긍정하려는 뜻이 있지 않았겠는가? 이황의 리 중심 이론은 인격 수양론이며, 그것은 인적 청산론으로 나갈 것이다. 훈구-척신은 도덕성이 없는 자로서 인적 청산의 대상이 될 수 있다.

이에 맞서 이이가 제도 개혁에 초점을 맞춘 것은, 훈구-척신 세력의 인적 청산 문제에 대한 물타기라 할 수 있지 않은가? 사람이 아니라 제도가 문제라는 주장은 인적 청산론에 대한 대응일 것이다. 마찬가지로 이이가 주장한, 소인의 당파도 용인해야 한다는 조제보합론도 훈구-척신의 후신인 서인의 존재를 긍정하는 이론이 될 것이다.

④ **사상의 뒤바뀜** ; 선조 초년에 동인 서인이 나뉘면서 두 가지 사상적 불일치 혹은 뒤바뀜이 시작된다. 즉 이황과 그 일부 후예들 사이의 불일치, 이이(기대승)와 그의 계승자들 사이의 이론적 불일치이다. 기대승의 주장은 이이(李珥)가 지지한다. 이이는 서인의 시초였다. 이황의 제자들은 동인을 이룬다. 뒤에 서인은 노론이 되고, 동인은 남인이 되어 서로 대치한다. (당파의 나뉨은 아래의 표를 보라.)

이이는 훈구 척신을 잇는다. 훈척은 정도전 이래 제도 개혁론자였다. 이이는 이 조류를 인격 수양론으로 바꾼다. 제도에서 인격으로의 변화이다. 이이를 이은 서인-노론은 철저한 보수주의자들로서 조선 체제의 수호자들이 된다. 반면 이황의 후예임을 자부했던 남인 가운데 이익(李瀷)-정약용(丁若鏞) 등 기호(畿湖; 서울 경기도) 남인은 실학자들로서 개혁론자였다. 이황의 인격 수양론과, 그 후예인 기호 남인의 제도 개혁론 사이에는 불일치가 있다. 물론 이황이나 서울 남인이나 다 현실에 비판적이며 진보적인 지식인이라는 점에서 같다.

이이의 현실 개혁적 성향과 그를 이어받은 노론의 체제 수호론과 강경 보수주의 사이의 불일치는 어떻게 설명되어야 하는가.

⑤ **당파의 나뉨**

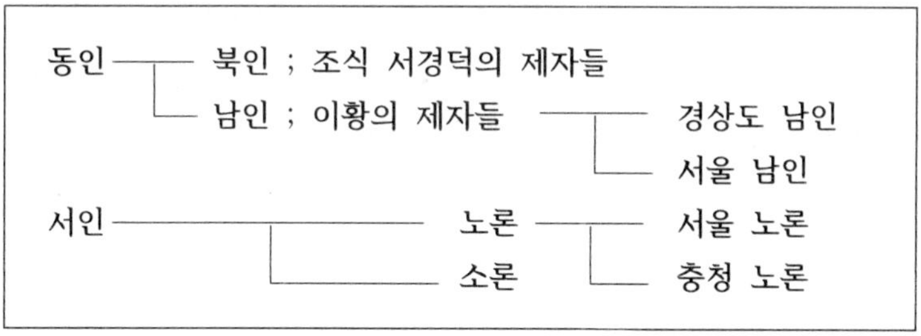

당쟁의 법칙 - 집권을 하면 당파가 분열된다. 복잡하게 나뉘지만 큰 줄거리는 위와 같다.

북인은 선조 말에서 광해군 때까지 집권하다 인조 쿠데타로 철저하게 축출된다. 인조 이후는 쿠데타를 일으킨 서인이 집권한다. 김장생-송시열로 연결되는 충청도 서인이 주도한다. 송시열의 강경론에 반발하여 노론 소론이 나뉘며, 나아가 서울과 충청 노론이 나뉜다. 결국 숙종 이후는 서울 노론이 일당 독재를 한다. 영남 남인 - 서울 남인의 분열이나 충청 노론 - 서울 노론의 분열은 당파 싸움이 아닌 학문적 태도 정치적 입장 등에 따라 나뉘게 된다. 그 이외의 당파 분열은 모두 권력 싸움 때문에 나타난다.

서울 남인은 그 뿌리 중 하나가 반계 유형원이다. 성호 이익부터 시작하여 정약용 등 경세치용 학파 실학자들과 천주교를 받아들인 이벽 이승훈 등이다. 서울 노론은 중심 가운데 하나가 김상헌의 후손인 김수항 김수증 김창협 김창흡 김원행을 거쳐 김조순으로 이어지는 맥이다. 김조순은 안동 김씨 세도 정치를 연 사람이다. 이들은 이용후생을 주장한 실학파인 북학파를 후원했으며, 진경(眞景) 문화를 주도한다.

(2) 훈구 척신-서인과 사림-동인의 사상적 교대

조선의 건국이념은 제도 개혁론과 인격 수양론이라 할 수 있다. 전자는 정도전을 출발로 해서 훈구파(세종-성종 시기의 중앙 지식인)로 이어진다면, 후자는 지방 사림에서 터를 잡는다. 그런데 선조 초년 동인-서인이 갈라지면서 서로 교대된다. 이황은 분명 인격 수양론자였으나 그 후예 가운데 한 줄기인 기호 남인들은 실학이라는 제도 개혁론에 이른다. 반면 이이의 서인은 제도론자인 훈구 척신에 뿌리가 있으나, 그 후예인 노론은 정통 성리학자가 되어 조선 체제의 수호자로 나선다. 이 교대의 철학적 근거가 사칠 논변의 함축에서 드러난다.

① 리의 절대화에서 인격신화로 나감

이황 자신은 독실한 성리학자이며, 주희 이론을 고수하려는 의지에 충만해 있었다. 그러나 그는 충만된 이상주의적 열정 때문에 '리발(理發 리가 드러남) 리동(理動 리가 움직임) 리도(理到 리가 나옴)'를 주장하여 리를 절대화시킨다. 리가 드러나 나와서 현실에 움직이면 그것은 현실을 규정하는 신(神)과 비슷하게 되어 절대적인 것이 되지만, 만약 그 현실이 잘못된다면 그것은 리의 책임이 된다. 그 결과 그것은 그의 뜻과는 반대로 리(理)의 절대성을 흔들게 된다.

한편으로는 리(理)의 절대성을 의식하는 이상주의 때문에, 다른 한편으로는 리의 절대성의 약화 때문에 그의 후예인 서울 남인들이 리로 대표되는 조선의 규범 윤리 제도에 대한 근본적인 반성으로 나가게 만드는 싹을 제공한다.

이황의 인격 수양론이 남인 실학자들의 제도 개혁론으로 연결되는 것을 47 논변에 함축된 이성 개념만으로 완벽하게 설명할 수는 없다. 거기에 덧붙여 이황이 리의 현실화의 원동력으로서 경건함(敬)을 강조하는 것을 검토해 보아야 한다.

경건함을 강조한다는 점에서 이황의 리는 어느 정도 신(神; 인격신)의 성격이 있다. 그래도 그것은 신이라기 보다는 법칙 규범의 의미가 강하다. 그러나 남인인 윤휴(尹鑴)에 오면, 장재(張載)의 서명(西銘), 『효경(孝經)』 등에 근거하여 하늘(天)을 인격신으로 받들게 된다. 이런 배경 아래서 서울 남인의 좌장인 이익(李瀷)의 제자들 일부가 적극적으로 서학-천주교를 받아들인다고 할 수 있다.

② **리의 객체화** : 기대승 이이의 경우 리의 객관화-대상화[9])를 통한 절대화의 길을 걸었다. 이이는 주장한다. "리는 형체도 작용도 없다." (無形 無爲) "드러나지도 않는다."(理發 불가능)[10]) 리는 현실 세계에 관여하지도 않지만, 동시에 현실 세계에 따라서 변화되지도 않는다. 그것은 마치 입헌 군주와 비슷하다. - **"군림하되 통치하지 않는다. 군림하되 아래 것에 영향을 받지 않는다."** 리는 그렇게 객관화된다.

따라서 리는 현실이 어떻게 변하던지 간에 불변의 규범 법칙으로 존재한다는 것이다. 이는 한편으로 그들의 뿌리인 중앙의 훈구 척신 세력들의 이해관계를 반영하는 것이다. 훈구 척신 세력은 기본적으로 제도 개혁론자들이었으나, 이이와 서인에 오면 성리학의 탈을 쓰기 시작한다. 즉 인격 수양론을 가미한다. 그들에게 리란 객관적 규범, 즉 사회 제도로서 윤리 규범(禮)이며, 기로 대표되는 현실에서 그 실천을 강조한다. 그 첫걸음이 바로 예를 실천할 수 있는 인격을 닦는 것이다.

리의 객관화는 예(禮)의 절대화로 나간다. 발하지 못 하는 리는 사회 규범인 예와 성격이 같다. 예의 절대화는 현실적으로는 소중화론과 진경문화론으로 나타난다.

이들은 리-예를 실현하기 위한 상황 타개를 중시하기에 현실 정치가들이며, 동시에 리-예의 불변성을 강조하기에 조선 체제의 수호자로 나서며, 동시에 철저한 명분론자들이 된다. 이들은 현실 정치가이기에 인조 반정을 통해서 정권을 잡는다. 그러나 명분론 때문에 병자호란을 일으켰고 패배한다.

---

9) 이황은 性卽理라 해서, 리가 내 마음-자아의 알멩이-바탕이라 본다. 이황이 리를 주관화시킨 반면 이이는 객관화시킨다. object는 '객관 객체 대상'으로 번역된다. 리는 주관과 떨어진 객관적 존재, 즉 사회의 제도와 관습으로서 예(禮)이다.

10) 형체도 작용도 없고, 드러나지도 않는 것 - 그것은 비존재이다.

이 패배는 그들의 이성에 병적인 뒤틀림을 만들어 준다. 패배했으면서도 정권을 계속 장악했기 때문에, 북벌론(北伐論)-소중화론(小中華論)이라는 명분으로 정권 장악을 합리화시키면서 동시에 반대파를 탄압하는 수단으로 삼는다. 이들은 명분론자이기 때문에 현실의 근본적 개혁보다는 도덕 형이상학적 이념에 집착한다.

이념을 정확하게 인식하면 현실의 문제가 해결되리라는 발상 때문에 이들은 스콜라적인 인물성(人物性) 동이(同異) 논쟁을 한다. 이들은 개념이 정리되면 현실 문제가 해결될 것처럼 본다. 이는 현실과 개념을 구분하지 못 한 것이며, 또한 사서 오경 - 성현의 말씀과 같은 텍스트 중독증이기도 하다.

이 또한 사칠 논쟁에서 기대승이 제시한 리 개념 - 리의 객관화에 이미 함축된 것이다.

6. 사단 칠정 논변과 조선 유학의 흐름

1) 4단 7정 논변에 대해서

(1) 개괄적 설명

4단 7정 논쟁의 전개 과정은 이렇다. 이황(李滉)의 나이 53세 때(1553년, 명종 8년) 정지운(鄭之雲)이 천명도설(天命圖說)을 지어서 이황에게 교정을 부탁하자, 이황은 '四端 發於理, 七情 發於氣'를 '四端 理之發, 七情 氣之發'로 고친다. 이에 대해서 기대승(奇大升)이 반론을 제기하고, 많은 토론이 있고 난 뒤에, 이황은 그 명제를 '四端 理發而氣隨之, 七情 氣發而理乘之' 라고 수정한다. 그러나 뒤에 이황은『주자어류(朱子語類)』에서 자신의 생각과 비슷한 구절을 발견하고 난 뒤에 다시 '四端 理之發, 七情 氣之發'이라는 명제를 고수한다.

이상을 요약하자면 다음과 같다.

명제 A : 四端 發於理, 七情 發於氣
4단은 리(理)에서 나오고, 7정은 기(氣)에서 나온다.

명제 B : 四端 理之發, 七情 氣之發
4단은 리(理)의 드러남이고, 7정은 기(氣)의 드러남이다.

명제 C : 四端 理發而氣隨之, 七情 氣發而理乘之
4단은 리가 드러나자 기가 그것을 따르는 것이고,
7정은 기가 드러나자 리가 그 위에 올라탄 것이다.

* 용어의 의미

四端 ; 도덕적인 감정이나 욕망

七情 ; 육체적인 감정이나 욕망(이황), / 감정이나 욕망 일반(기대승)

理 ; (도덕적인) 원리, 법칙.

氣 ; 현상 사물을 이루는 모든 것. (물질적, 심리적 요소 모두 포함).

* 리와 기의 관계는 형상-질료의 관계(아리스토텔레스)이지, 물질-정신의 관계(데카르트)는 아니다.

* 이 논쟁에서 말하는 理와 氣는 많은 경우, 이성과 감성을 의미한다고 보면 된다.

發 ; 드러남, 나옴, 움직임. (이황의 경우, 發은 '理到, 理動'의 '到, 動'과 비슷하다. 기대승은 사물의 움직임의 뜻이다.)

理發 ; 리가 드러남. 도덕적 이성이 드러나서(움직여 나와서), 주도권을 잡음.

氣發 ; 기가 드러남. 욕망이나 감정이 드러나서(움직여 나와서), 주도권을 잡음.

이황이 명제 A를 B로 바꾼 것은 4단과 7정이 각각 리와 기에서 나온다(發)는 것을 강조하고자 한 것이다. 그가 명제 B를 C로 바꾼 것은 명제 B가 리와 기를 엄격하게 분리시켜 놓기 때문이다. 성리학은 일반적으로, 현상 사물은 리와 기로 이루어진다고 본다. 명제 B는 이를 부정하는 듯 보인다. (물론 4단 7정 같은 감정 욕망이 '사물'이냐 하는 문제가 있다. 기대승은 47을 사물로 본다.)

따라서 명제 C는 그런 분리의 혐의를 벗어나기 위한 것이다. 그러나 명제 C는 뒷부분 넉 자(而氣隨之, 而理乘之)를 각각 떼어 버리면 여전히 理發과 氣發이다. 즉 명제 B의 理之發, 氣之發과 같다.

(2) 기대승과 이황의 논점과 주장

① 직접적인 논점

기대승의 명제 B에 대한 비판은, "모든 현상 사물(形而下者)은 리와 기로 이루어져 있다"는 성리학의 기본 전제에 근거하고 있다. 명제 B는 이 전제를 어기고 있다는 것이다. 4단이나 7정은 감정 욕망인 이상 현상 사물이고, 그것은 리와 기로 이루어져야 한다. 그런데 명제 B에 따르면 4단은 기 없는 리이고, 7정은 리 없는 기라는 말이 된다.

여기에 덧붙여 기대승은 4단과 7정은 서로 '병립 혹은 병행 관계'(對說)가 아니라 '포함 관계'(因說)라는 것이다. 4단이나 7정이나 다 인간의 감정 욕망이고, 그 가운데 선한 것이 4단이고, 그냥 감정 욕망 일반은 7정이라 한다는 것이다. 7정은 4단을 포함하여 감정 욕망 일반을 가리킨다는 것이다.

이황이 생각하듯이 본연지성(本然之性)과 기질지성(氣質之性)이 마음 안에 따로 있고, 본연지성이 움직여서 나온 것이 4단이고, 기질지성이 움직여서 나온 것이 7정은 아니다. 4단이나 7정이나 외부 사물/상황에 직면하여 자극-반응 작용으로 나오는 것은 다 같다.[11]

게다가 기대승은 4단이 무조건 선한 것도 아니라고 한다. 이미 주희(朱熹)가 지적했듯이 4단의 하나인 측은지심(惻隱之心)도 때에 맞지 않을 때는 선하지 않다는 것이다. 예컨대 여자들의 과도한 자식 사랑이 그것이다. 때에 맞지 않을 때 선하지 않는 것은 7정도 마찬가지이다. 그는 4단과 7정의 질적인 차이를 인정하지 않는다. 다만 4단은 7정

---

11) 기대승은 1원론이고, 이황은 2원론이다. 기대승은 합치고 포함시켜 한 줄기로 만든다. 반면 이황은 나누어서 두 줄기로 만든다. 기대승의 한 줄기(일원론)는 기-육체-물질이다. 반면 이황은 리-기, 보편-개별, 규범-욕망을 엄격하게 구분한다.

의 일부분으로서 감성이 드러날 때 지나침이나 모자람이 없는 것(절도에 맞는 것, 중용을 이룬 것)을 말하며, 그것은 따라서 선한 것이다. 나아가 기대승에 의하면 리란 기에 과불급이 없는 '중용'이다.12)

이황은 이런 비판에 직면해서, 명제 B를 명제 C로 바꾼다. 그러나 명제 C도 사실상 B와 같기 때문에 기대승은 계속 비판한다. 이에 대한 이황의 반론은 이렇다. 4단과 7정은 **의미**(所指)도 다르고 **근원**(所從來)도 다르다는 것이다. 본성(性)을 본연지성과 기질지성으로 나누는 이상 정(情)을 4단과 7정으로 나누는 것도 잘못될 것 없다. 4단이나 7정은 비록 다 리와 기를 겸하여(兼理氣) 드러나는 것(發)이지만, 그것들은 엄연히 의미도 다르고 근원도 다르다.

도덕률(理)은 보편타당해야 한다. 반면 현상 사물(氣)은 개별자이고 특수한 것이다. 따라서 리-도덕률-4단은 기-욕망-7정은 본질적으로 다르며, 반드시 서로 구별되어야 한다. 이황은 다음처럼 설명한다.

㉠ **근원**(所從來) ; 사단은 본연지성에, 칠정은 기질지성에 각각 '근원'하고 있다. ㉡ **의미**(所指) ; 4단과 7정은 각각 *가리켜* 말하는 것(所指而言; 의미)도 다르며, 강조해서 *주로 해서* 말하는 것(所主)도 다르다. 여기에서 소지(所指)란 소주(所主)를 말한다. 이처럼 소종래(所從來)도 소지(所指; 所主)도 다른데도, 4단이나 7정이나 "리와 기를 겸하고, 선과 악이 있다"(兼理氣 有善惡)고 주장하는 것은 리와 기를 하나로 보는 것(理氣 一物說; 나흠순의 주장)이며, 인욕(人欲)을 천리(天理)로 간주하는데 까지 이르고 말 것이다.13)

---

12) 도덕율(理)에 따라 행위하면 욕망과 감정에 과불급이 없다는 것이다. 여기에서 말하는 기는 심리적인 의미에서의 기(욕망-감정)이다.

13) 이에 대해 기대승은 사단과 칠정이 의미(所持)는 다르나 근원(所從來)은 같다는 것이다. 사단이나 칠정이나 기질지성이라는 근원에서 나오는 것은 다 같으나, 그것이 선하냐 아니냐에 따라서 사단과 칠정으로 나뉜다. 따라서 의미는 다르다.

이를 이황은 비유적으로 설명한다. 명제 C "四端 理發而氣隨之, 七情 氣發而理乘之"를 설명하면서, 그는 사람[理]이 말[氣]을 타고 가는 비유를 든다. "사람이 간다" 하면 말이 가는 것도 포함되고, "말이 간다" 하면 사람이 가는 것도 포함되지만, 각각 '주된 것'(所主)이 다르다. (전자는 사람, 후자는 말이 주된 것이다.) 이 비유에서 요점은 '주된 것'이 있다는 것이다. '드러남'(發)이란 바로 그 '주된 것'을 의미한다. 말을 타고 가는 비유의 관점에서 볼 때 이황의 명제(C)에서의 '드러남'(發)이란 "몰고 간다, 주도권을 쥔다"는 의미이고, '따름'(隨)은 복종한다는 것, '탐'(乘)은 그냥 얹혀져 있다는 것을 의미하며 주도권이 없다는 말이다. 따라서 이황은 그의 생각을 바꾼 것이 아니며 이점은 그가 뒤에 다시 원래의 명제(B)로 돌아가는 데서도 확인된다.

② 함축된 논점

기대승이 명제 B를 부정한 이유는 그것이 성리학의 전제를 어기고 있다는 것이다. *기대승이 생각하는* 기본 전제는 이렇다.

기본 전제 1 ; 모든 현상 사물은 리와 기로 이루어진다.(理氣 相雜)

기본 전제 2 ; 형이상자인 리(理)는 형이하의 현상 세계에 스스로 나올(드러날) 수 없다.

* 현상 세계(형이하자)의 운동은 기(氣)에 의해서 이루어진다. 리(理)는 아리스토텔레스의 신(神; 순수 형상形相)처럼 '부동不動의 동자動者'일 뿐, 그냥 '그 스스로 動하는 자'(動者)는 아니다.

기대승이 볼 때, "리(理)도 발(發)하고(=4단), 기(氣)도 발(發)한다(=7정)"는 것은 전제 1에 어긋난다. 리(理)가 발(發)한다는 것은 전제 2에 어긋난다.

문제는 이 두 가지가 과연 성리학의 기본 전제이냐 하는 점이다. 전제 1처럼 성리학은 현상 사물이 리와 기로 이루어져 있다고 한다. 그러나 47 같은 감정 욕망이 과연 '사물'인가? 사물이라면, 대체 어느 수준까지 '리+기'인가? 이런 논리적인 문제를 안고 있다. 이황이 생각하듯이 "리-본연지성-4단 / 기-기질지성-7정"의 두 짝이 모여서 사람의 마음을 이룬다고 할 수 있다. 이 수준까지만 '리+기'의 조합이고, 그것들의 부분은 '리+기'로 구성될 필요는 없다.

기대승은 그 아래 부분까지 다 '리+기'의 조합이기를 요구한다. 본연지성도 '리+기'여야 하고, 기질지성도 '리+기'여야 하고, 4단도, 7정도 다 '리+기'여야 한다는 것이다. 이렇게 부분까지 다 '리+기'여야 한다면 도대체 어느 수준까지 그래야 하는가? 무한 소급의 문제가 된다. 주희는 단순 명쾌하게 '심통성정(心統性情)'이라 하여 마음은 본연지성+기질지성, 4단+7정으로 본다. '리+기'의 조합은 거기까지이고, 그 이상의 분석은 하지 않는다.

전제 2는 기대승 자신의 생각일 뿐, 그것이 성리학의 기본 전제는 아니다. 성리학은 성즉리(性卽理)를 기본 주장으로 삼는다. 발(發)하지 않는 리를 주장할 수는 없다. 발함=기능함이다. 리와 기가 다 발한다고 하는 것이 성리학의 기본 입장이다. 주희는 '4단 리발(理發), 7정 기발(氣發)'이라 명시적으로 말할 뿐만 아니라, 리발을 여러 군데에서 언급한다. 결국 위의 두 명제는 이황이 받아들이기 어려운 것이며, 기대승의 생각일 뿐이다.

이황이 명제 B를 고집하는 이유는 이렇다. 그는 기대승이 제시하는 전제 1을 인정한다. 그러나 전제 2는 수긍하지 않는다. 따라서 명제 C를 제시한다. 그는 우선 주희가 리와 기의 형이상학을 제시하는 이유를 현실 세계에서 리라는 이념을 실현하고자 하는 열망에서 나왔다고 본다.[14] 현실 세계는 리와 기로 이루어져 있는데, 주희는 그 둘로 이루어져 있다는 사실, 혹은 기가 있다는 사실보다는 거기에 리가 실현된다는 사실을 중시했다. 사실 주희의 철학을 性'理'學이라 하고 性'氣'學이라 하지 않는 이유도 리를 탐구하고 실천하는 학문이기 때문이다. 따라서 리를 탐구하고, 리를 현실화시키는 것이 성리학의 목표이다. 목표가 그러하다면 리와 기는 엄격히 구분되어야 한다.(理氣 不相雜) 따라서 이황이 현실에서 리를 실천하는 원동력인 '경건함(敬)'을 강조하는 것은 당연하게 된다.

2) 사단 칠정 논변과 조선 유학의 흐름

(1) 사단 칠정 논변에 함축된 문제점들

4-7 논변을 통해서 드러나는 쟁점은 이렇다. 이황은 명제 C를 전부 인정한다. 다시 말해서 이황은 '四端 理發而氣隨之'와 '七情 氣發而理乘之'를 다 인정하지만, 그는 애써 '四端 理發而氣隨之'를 주장하고 싶은 것이다. 반면 기대승은 이를 부정하고, 명제 C의 후반부인 '七情 氣發而理乘之'만 인정한다. 리발(理發)과 기발(氣發)이 무엇이 중요하길래 그들은 4년 남짓에 걸쳐서 그렇게 치열하게 논쟁을 했는가. 그것은 무미건조한 형이상학적 논증에 불과한 것이고, 그들이 형이상학에 취미가 있어서 그렇게 논쟁했던 것에 불과한 것인가?

---

14) 거칠게 보자면, 현실 세계는 형이하자이며 기이고, '이념'은 형이상자이고 리이다.

4-7 논변은 조선 시대의 사상적 흐름을 조망해 볼 수 있는 중요한 점들이 있다. 4-7 논변은 4단과 7정이라는 '감정 욕망(情)'에 대해서 논쟁한 것이지만, 사실은 인간의 '이성'을 어떻게 이해해야 하는가에 대한 논란이다. 4단과 7정은 그 말 자체는 감정 욕망을 의미하지만, 논쟁 과정에서도 나타나듯이, 감정 욕망을 동반한 '인간의 행위'라는 의미를 함축하고 있다. 따라서 그들은 끊임없이 4단과 7정의 선악 문제를 따진다.

이황은 리(理; 本然之性)라는 **행위 규범 원리**가 내 마음의 **의지의 순수한 근원**이며, 근원이어야 한다고 본다. 그렇게 드러난 것(發)이 바로 4단이라는 도덕적 감정 욕망이며, 그것이 또한 그가 생각하는 이성의 현실화 과정일 것이다.

반면 기대승은 사람의 마음은 기(氣)라는 육체적 근원에서 나온다(發)고 본다. 마음은 단지 감정 욕망(七情)이다. 그것이 리(理)라는 '객관적 행위 규범 원리'에 맞게 감정 욕망하고 행위할 때 4단이 되며, 그렇게 알맞게 하는 것이 바로 이성적인 행위이다. 따라서 리는 마음 바깥에 있는 것, 즉 사회 관습으로서 도덕 규범(禮)가 된다.

다시 말해서 이황이 내 마음의 도덕적 선 의지(善 意志; =리)의 순수한 발로를 이성으로 보는 반면, 기대승은 마음이 드러나는 것(감정 욕망)이 객관적 도덕 규범(=리)에 맞아서, 현실에서 알맞음(中庸)을 이루는 것을 이성적인 것으로 본다. 주관과 객관의 대립이다.

두 사람 가운데 어느 쪽의 이성 개념이 옳은가는 본질적으로 형이상학적인 문제이다. 이런 해결하기 어려운 문제를 일단은 제쳐둔다면, 여기에서 우리는 다음과 같은 의문을 제기할 수 있다. 왜 그 시기의, 그들이 이성 개념에 대해서 논쟁을 하게 되었는가. 성리학이 본격적으로 정치 이념으로 작용을 하려 하던 시기에 왜 그런 논쟁을 하게 되었는가.

(2) 이황과 기대승/이이의 이성 개념의 차이

① 주희(朱熹) 성리학에서 리(理)의 의미

성리학에서 理는 '원리 법칙'을 의미한다. 그것은 자연의 법칙 뿐만 아니라 사회의 법칙(즉 윤리 규범)을 다 포괄한다. 그러나 실제로 따져 보면, 주희가 말하는 리는 대부분의 경우 후자인 사회의 규범 윤리 제도 등을 의미할 뿐이다. 그럼에도 불구하고 주희는 리가 자연의 법칙이라는 것을 극력 주장한다. 이렇게 주장하는 이유는, 한편으로는 역사적으로 변화하는 사회 규범 제도 등을 불변의 자연 법칙과 똑같은 위치에 놓아서 규범 제도 등의 절대성을 옹호하려는 철저한 보수주의 입장 때문이다.

다른 한편으로는 변신론(辯神論, 神正論, Theodicy)의 문제 때문에 그렇게 주장한다. 자연의 법칙이란 그것이 적용되는 대상 사물이 그 법칙을 따르지 않아도, 어떤 식으로도 그 사물에 간섭-관여하거나 개입하지 않는다. 물론 자연 속의 개별 사물은 어떤 의지도 없기 때문에 그 법칙을 거스르지 않으며, 따라서 자연 세계의 법칙은 예외없이 적용된다. 그러므로 그 법칙이 몸소 번거롭게 그런 간섭-개입을 할 필요가 없다.

그러나 사회의 경우 인간은 의지를 가지고 있으므로 리에 따를 수도 있고 안 따를 수도 있다. 만약 리가 인간 사회에 개입을 한다면, 혹은 그렇게 개입을 했는데도 사회가 혼란해진다면 그것은 리의 책임이 된다. 그 결과 리의 절대성에 흠이 생기게 된다. 이런 문제를 주희는 매우 심각하게 인식하고 있었기 때문에 자연 법칙의 성격을 갖는 원리 법칙으로서 리를 주장한다.

* 변신론(辯神論)의 문제와 "리가 발한다(理發)"는 것은 서로 다른 문

제이다. 변신론은 신이 이 세상에 개입할 경우의 문제이다. 반면 리가 발한다는 것은 법칙으로서 리가 이 세계에 실현된다는 것이다.

이는 범신론(汎神論)과 유일신론(唯一神論)의 차이라고 할 수도 있다. 리가 만약 현실 세계에 개입을 한다면, 그것은 신(神)과 같아진다. 이는 유일신론으로 결국 앞에서 말한 변신론(辯神論)의 문제가 생겨난다. 주희의 입장은 전형적으로 범신론이다. 리는 형이상자이며 법칙이다. 즉 어떤 시간에도 어떤 공간에도 다 존재한다. 따라서 모든 사물에 적용될 수 있다. 그러나 인간의 경우 그것을 따르느냐는 각자의 의지에 달려 있다.

리는 현상 사물이 따라야 할 법칙 원리로서 존재할 뿐, 신(神)처럼 현상 사물에 간섭하지 않는다. 또한 리는 현상 사물의 변화를 지도하는 법칙 원리인 이상 불변의 것이다. 다시 말해서 현상 세계가 어떻게 변화하더라도, 그 변화에 따라 바뀌지 않는 객관적인 것이다. 리의 이런 성격을 기대승-이이는 극단적으로 강조한다. (리의 객관화) 그들이 볼 때, **"리는 군림하되, 통치하지 않는다."** 동시에 **"리는 지배하되, 영향을 받지 않는다."**

② 이황의 리의 성격

이황은 성리학이 검열관의 이성의 핵심임을 이해했다. 그는 성리학의 핵심을 리로 본다. 따라서 리는 절대적인 것이 되어야 한다고 주장한다. 리는 단지 도덕 법칙이나 원리 정도여서는 안 된다. 그런 것이라면 사실 인간이 따를 수도 있고 안 따를 수도 있기 때문이다. 그는 리가 인간의 마음에 좌정하여 본연지성(本然之性)으로 있으면서 현실적으로 그 사람의 마음과 그 행위에 관여해야 한다고 본다. 그렇게 드러난 리가 바로 사단(四端)이다. 이는 결국 리가 현실에 직접 관여한다는 이론이 된다. 이를 이황은 **"리가 드러나 나온다"**(理發), **"리가 움직인다"**(理動), **"리가 (현실에) 이르른다"**(理到)는 말로 표현한다. 이는 또한 그의 강렬한 유가적 이상 국가(유토피아) 의식에서 싹튼 주장이기도 하다.

이 주장은 리가 스스로 현실화된다는 점에서 강한 주장이다. 따라서 주희(朱熹)의 이론에서 원리 법칙이었던 리의 개념을 더 확장한다. 주희는 리를 자연 법칙처럼 예외 없이 적용되는 원리 법칙으로 보았다. 이황이 보건대, 자연 법칙과는 달리 도덕 법칙과 도덕 원리의 실현은 인간의 의지에 달려 있다. 인간의 의지는 허약한 것이기 때문에, 그 리(理)는 인간의 의지를 간섭 제약하는 것이어야 한다. 즉 리는 스스로 움직이는 것(理發)이다. 이러한 이황의 리(理) 개념은 '법칙 원리'의 수준을 넘어서서 어느 정도 인격신의 성격을 갖게 된다. 신은 이 세상을 설계하고, 그 설계에 따라 관여한다. 이황이 말하는 리는 그런 방향에 있다.

그러나 문제는 리가 스스로 움직였으나 현실이 만약 혼란스럽다면, 그것은 인간의 책임인가, 아니면 리의 책임인가? 당연히 움직인 리의 책임도 있을 것이다.(辯神論의 문제) 이황의 시대는 비교적 평화로웠고, 또 문제가 있다 하더라도 그들이 유토피아 의식에 충만해 있었기 때문에 문제 삼지 않았을 것이다. 따라서 현실의 문제 때문에 리에 대한 회의가 생길 수 없었을 것이다. 그러나 임진왜란(壬辰倭亂)과 병자호란(丙子胡亂)을 겪고 난 상황에서 리에 대한 확신이 계속 유지될 수는 없었을 것이다. 이런 점에서 이황은 리를 절대화시켰으나 결국 상대화될 수 있는 소지를 제공한 것이다.

또한 리가 스스로 움직여서 이 세상에 관여한다는 것은 성종-선조 시대 지방 사대부(지주-지식인-관료)들의 깊은 이상주의 표현이다. 그들은 이성에 의해서 이상 국가를 이룰 수 있다는 믿음을 가졌다. 그런 근본주의가 있기에 이 세상 전체에 대한 이상적인 설계도에 관심을 가질 수 있게 된다. 이황이 살았던 시기에는 그 설계도를 알 필요없이 그냥 각 개인의 리의 드러남으로 이상 국가가 이루어질 수 있다고 느낄 수도 있지만, 임진(壬辰) 병자(丙子)의 두 전쟁을 치르고 난 뒤에 지식인들은 그 설계도를 알고 싶은 욕구가 생겨났을 것이다.[15] 그 설계도란 현실의 상황 타개적 미봉책이기 보다는 근본적이고 이상적인 구도였을 것이다. 이것이 유형원(柳馨遠)의 『반계수록(磻溪隨錄)』에서는 수학적 기하학적인 유토피아의 설계로 나타난다. 이는 물론 이황의 절절한 이상주의가 현실화되는 길이기도 하다.

③ 기대승-이이의 리의 성격

기대승-이이는 리를 상대화시킨다. 리는 단지 기가 드러날 때만 그것을 올라타고 나올 수 있다.(氣發而理乘之) 즉 리는 보편적인 것이나 실제로는 기에 의해서 국한된다.(理通氣局) 현상 세계는 형이상의 리와 형이하의 기로 이루어져 있다. 리는 현상 사물이 따라야 하는 원리 법칙으로서, 현상 사물이 실현시킬 때만 현실화되는 것, 즉 가능태이다. 반면 기는 현상 사물을 이루는 것이므로 현실태이다. 가능태로서 리는 기에 의해서만 현실화될 수 있다. 이런 점에서 리는 기에 의해 국한된다.(理通氣局) 그러나 반대로 보면, 리는 언제나 현상 사물(氣)과는 독립적으로 존재하는 초월적이고 객관적인 것이다.(形而上者)

인간의 마음의 움직임과 그에 따른 행위는 육체적 작용(氣)일 뿐이다. 그것이 리에 맞느냐 안 맞느냐는 내가 이성적으로 의욕하고 행위

15) 특히 병자호란이 준 지식인 사회에의 충격은 막대한 것이었다. 문화 국가인 명(明)과 조선이 오랑캐인 만주족(淸)에게 멸망하거나 항복한 것, 이것은 이상과 현실의 문제를 제기한다.

하는데 달려 있다. 따라서 리란 내 마음 안에 있다기보다는 내 밖에 있는 객관적인 행위 규범 원리(禮)이다. 이렇게 볼 때, 현실의 문제는 리의 책임이 아니라 사람들이 그 리를 인식하고 행위 하지 못한 것에 달려 있게 된다. 나아가 리는 현실에서 벗어나 객관적으로 있기 때문에 현실에 영향을 받지 않는다. 리는 자연 법칙과 같아서 인격신처럼 현실에 관여하지 않으며, 그렇다고 현실에 영향 받아 변하지도 않는다.

그들은 리를 객체화시키고, 결국 자연 법칙과 비슷한 위치를 갖게 하여 절대화시킨다. 현실에 어떠한 혼란이 있던 그들은 그것이 리의 문제가 아니라 '기, 즉 현실과 인간'의 문제라고 본다. 인간이 실천을 덜 했던지, 현실이 리를 실현시키기 어려운 상황이기 때문에 혼란이 있게 된다고 본다. 그렇기 때문에 리를 수정할 수는 없다. 원리 법칙으로서 리란 현실적으로는 조선의 지배 이념과 제도로 드러난다. 이런 흐름으로 그들은 리를, 나아가 조선 체제를 어쨌든 따라야 하는 것으로 주장한다. 이이를 이은 서인-노론은 이런 점에서 명분 의리론(名分義理論)으로 나간다. 그들은 리(理; 명분 의리, 이념)의 실현을 위해서는 어떠한 희생도 감수해야 한다는 철저한 보수주의자들이다.

물론 그들은 현실에 대해서 어느 정도는 개혁론자들이다. 단 그 개혁이란 객관적이고 불변하는 리를 실현시키기 위한 조처들일 뿐이다. 이런 점에서 그들의 개혁이란 일시적이고 상황 타개적인 성격이 강하다. 만약 전체적이고 근본적인 개혁을 하려면 리 자체, 즉 조선의 체제 자체에 대한 회의가 깔려 있어야 한다. 그러나 그들은 객체화된 불변의 리를 주장하며, 이는 동시에 조선의 체제의 옹호 논리의 기본이 된다. 서인-노론은 철저한 명분론자들이면서, 동시에 상황 타개를 중시하는 현실 정치가들이기도 하다. 따라서 그들은 명분 때문에 병자호란이라는 무모한 전쟁을 일으켜서 치욕을 당하지만, 인조반정(仁祖反正)이라는 쿠데타를 일으켜서 정권을 잡기도 한다.

제2부

조선 중후기의 흐름

1. 조선시대의 역사 구분

조선 시대는 크게 보아 4개의 시기로 구분할 수 있다. 집권당 혹은 집권 세력이 누구인가에 따라 정치를 하는 방식, 국제 관계, 철학과 문화 예술, 지역 사회 등 많은 것이 바뀐다. 조선시대는 정치 권력이 토대가 되어, 그 위의 많은 상부 구조들을 결정한다.

이런 기준으로 볼 때 다음 네 시기로 구분할 수 있다.

	(1)태조~명종	(2)선조~광해군	(3)인조~정조	(4)순조~고종
집권당	훈구 척신	동인-북인	서인-노론	세도 정치
야당	사림파	서인 (남인)	남인 (소론)	

이 네 시기는 마치 냉탕과 온탕처럼 명확하게 구별되며, 색깔이 전혀 달라진다. 각 시기마다 정권이 교체되어, 새로운 세력이 국가를 담당했기 때문이다. 이성의 안티노미 때문에, 두 개의 당파가 성립한다.

⑴ ⑵ ⑶ 시절은 두 당파가 번갈아가면서 집권을 했다. (동인에서 갈라진 남인이 ⑵시기에 실질적으로 야당이었고, 서인에서 분파된 소론이 ⑶시기에 야권이었다. 이것은 도표로 표시하지 않는다.)

⑴과 ⑶ 시기는 쿠데타로 시작된다. 훈구파와 서인은 연결되는 세력이며, 쿠데타로 정권을 탈취했다. 반면 ⑵ 시기는 피의 숙청이 없는 명예 혁명과 같은 정권 교체로 출발했다. 사림은 훈구의 쿠데타를 비난하면서 도덕 정치를 주장했다. 그것의 실천이 바로 선조 즉위와 사림-동인의 겸손한 집권이었다.

⑷ 시기에 조선은 죽기 시작한다. 탕평 정치로 당파가 부정된 뒤에, 유력 가문이 권력을 독점하면서 정치의 동력이 사라진다. 그것은 원시적인 가산(家産) 국가 - 한 집안이 소유한 국가이다.

당파 경쟁에서 정치의 동력은 생긴다. 당파가 서로 다른 이념 실천으로 경쟁하면서 좀 더 나은 것을 이룰 수 있다. 가산 국가에서는 이것이 원천적으로 불가능하다.

물론 당파 경쟁에서 목표가 무엇인가도 중요하다. 조선은 유교적 윤리 도덕이 목표였다. 반대로 현실적 결과와 이익은 비판의 대상이다. 공자 이래 유가는 현실적 결과보다는 윤리 도덕(대의명분과 강상윤리)를 선택했다. 당파들이 윤리 도덕을 목표로 경쟁한 결과는 병자호란의 패배, 그리고 근대 국가로 성장하지 못 하고 세도 정치, 가산 국가가 되고, 이윽고 식민지가 되는 것이었다.

* 1장은 ⑴과 ⑵ 시기의 변화를 설명했다. 2장부터 다루는 ⑶ 인조-정조 시기는 서인-노론이 집권했다. 이 시대를 이해하기 위해서, 서인-노론의 흐름에 대해서 다음 세 가지로 분석할 수 있다. 기대승-이이 이래 그들이 표방한 철학인 주기론, 임진왜란 병자호란의 두 전쟁, 제로섬의 당파 경쟁과 세도정치라는 파국이 그것이다.

2. 서인-노론의 주기론과 그 논리적 귀결

이이로부터 시작되는 서인 노론의 주장은, "주기론(主氣論), 예론(禮論), 소중화(小中華)론, 진경(眞景) 문화론' 등으로 요약할 수 있다. 이들 이론 사이에는 내적인 논리적인 관계가 있다.

1) 서인을 구성하는 지역별 유자들

(1) **파주** 지역 ; 이이 성혼 송익필 (가까운 개성에 서경덕이 있었다. 서경덕의 제자들이 다수 서인에 참여한다.)

(2) **대전 논산** 지역 ; 김장생 김집, 송시열 송준길 윤선거, 윤증.

(3) **예산 광천** 지역 ; 이간 한원진 / **충주** 지역 ; 권상하와 그 제자들.

(4) **서울** 지역 - 김상헌; 김수증-김수항; 김창협-김창흡; 김원행; 김조순 - 안동 김씨; 경주 김씨인 김정희; 남양 홍씨. 반남 박씨 집안 등. 이들은 영조 정조 이후 문벌 정치의 주역이다.

크게 보아 서인은 서울 경기도와 충청도 – 두 지역에 분포한다.

(1) 파주 지역 지식인들은 사실상 서울 사람들이라 해야 한다. 이들은 선조 초기에 서인을 형성시키고 주도했다.

(2) 대전 논산 지역 지식인들은 김장생의 제자 및 그 인맥 그룹으로 인조 쿠데타의 주축 가운데 하나였다. 이들은 정국을 주름잡았으며, 송시열 이후 충청도 노론으로 갈린다.

(3) 이들은 송시열 이후의 충청도 노론으로서, 호락논쟁을 했다. 이때 권력은 (4)의 서울 노론이 거의 독점했다.

2) 이이와 주기론

선조의 즉위는 일종의 명예혁명이었다. 그리고 사림에 뿌리를 둔 동인이 집권했다. 선조 말 이후 광해군 때까지는 동인에서 갈라진 북인이 집권했다. 그러나 서인은 인조 쿠데타를 주도하여 정권을 탈취한다. 이후 조선이 멸망할 때까지 서인-노론이 사실상 집권세력이었다. 그리고 인조 이후의 사상과 예술도 사실상 서인이 주도한다.

이이는 훈구 세력을 이어서 서인을 만들었을 뿐만 아니라, 성리학을 수용하여 서인의 이념을 제시했다. 이이가 상대한 동인의 이론가는 이황이었다. 이미 학문의 종장이었던 이황을 넘어서기 위해서 그는 이황과 47논변을 했던 기대승의 이론을 그대로 받아들여 발전시켜서 독특한 이론을 만든다. 이황이 리 중심의 이론을 제시했다면, 기대승은 기 중심 이론(주기론)을 내놓았다. 기대승을 계승한 이이의 기론(氣論)은 그의 제자 김장생을 거치면서 예론(禮論)으로 발전한다.

왜 서인 노론이 예론(禮論)으로 나갔는가?

(1) 외부적인 요소

우선 지적할 수 있는 것은, 서인의 뿌리는 훈구 척신이라는 사실이다. 그 계열은 권력 장악과 제도 수립-개혁을 주로 했다. 이이가 『동호문답』 등에서 제도 개혁을 주장한 것도 그런 뿌리에서 나왔다.

훈구 척신 계열 가운데 권력 지향주의자들은 쿠데타도 불사했다. 인조 쿠데타도 그런 맥락으로 볼 수 있다. 인조 이후 서인 노론의 모토에서도 드러난다. ㉠ 국혼(國婚)을 놓치지 말 것 → 서인의 뿌리가 척신(戚臣)이었던 것과 연관이 있다. ㉡ 사림의 여론을 장악할 것. → 이는 서인의 창시자 이이가 존경했던 조광조의 여론 정치 이론이다.

또한 이이와 더불어 서인의 주축이었던 송익필이 예학(禮學)을 한 것도 한 이유가 될 것이다. 그의 집안 내력이 노비였다가 양반 사대부가 되었고, 다시 노비로 환천 되었다. 그런 아픔에서 제도적인 문제를 예와 연관시켜 연구하고 싶었을 것이다. 또한 이이는 금강산에 입산하여 중이 되려다 그만 두었다. 이것 또한 예(禮)의 시비를 불러온 것이다. 그러나 이상의 두 이유는 사소하다.

(2) 철학 내부적 요소

이이는 서인의 철학-이념을 형성했다. 그의 기 철학이 이미 예를 필연적으로 요청하고 있었다.

성리학은 리(理)를 주장한다. 그러므로 성'리'학이다. 이황은 마음 속에 있는 *리를 현실화시켜야 한다*고 본 반면, 이이는 *이미 현실화된 리를 마음이 따라야 한다*고 했다. 리가 현실화된 것이 바로 예(禮)이다. 『예기』에도 "예(禮)는 리(理)이다"라고 한다.

① 이이의 철학에서 보이는 '리의 객체화'

이황은 '드러나지 않은(未發) 마음'에 주어진 리가 '드러나진(已發) 마음'에 나타난다고 한다. (리는 발하고 움직이고 도착한다. 理發 理動 理到) 마음 안에 리가 본래 있고, 그것이 스스로 드러난다.

반면 이이(李珥)는 "마음은 기이다"(心是氣) 라고 하여, 마음은 기일 뿐이며, 그 마음 안에 리가 있지 않다고 한다. 이이의 주기론(主氣論)에 따르면 리는 '객관'적인 것이다. 리는 사람의 주관-마음에 주어지는 것이 아니다. 리는 객관적인 것, 즉 사회적 관습과 제도로서 윤리 규범(禮)이다.

예는 인간이 실천해야 실현된다. 그 스스로 발할 수 없다. 이런 논리로 리발도 불가능하다. 주기론에 따르면 객체인 리를 실천하는 것은 기인 마음에 달려 있다. 리는 발하지 않고, 기만 발한다. 능동성-운동-실천은 기인 마음이 하는 것이다. 따라서 일의 성공 실패는 기의 책임이다.

이이는 '리가 드러남'(理發)을 부정한다. 그렇다면, 기인 마음이 리를 실천하기 위해서는 객관적 초월적 리가 현실적으로 주어져야 한다. 그래야 실천 가능하다. 현실화된 리가 바로 예(禮)이다. 따라서 리의 연구는 예의 연구가 된다. 그래서 예학(禮學)으로 나가게 되어 있다.

이이가 주장하는 '氣發理乘之'가 바로 그런 것이다. 기가 발하면 리가 올라탄다. 기인 내 마음이 움직이면 외부에서 리인 것, 즉 예가 주어진다. 그 마음이 예를 배우고 익혀서 실천한다는 말이다.

② 이황 조식 등 사림의 전통을 잇는 사람들은 지방의 선비-지식인이다. 중앙 정계에서 제도 수립 운용을 하는 자들이 아니다. 그들은 중앙의 관리-정치가를 감시하는 자이다. 따라서 제도 수립과 운용이 아닌 비판적 양심과 이성, 즉 비판 의식이 중요하다. 그들은 리를 양심과 도덕적 비판 의식으로 연결시킨다. 리(理)가 구체적인 특정한 예(禮)로 드러나기 보다는, 도덕적 자아와 의지로 드러난다.

특히 조식이 그렇다. 조식은 예 규범의 수립보다는 지식인의 치열한 비판 의식을 중시한다. 반면 이황의 경우 지식인의 주관적 양심을 강조하지만, 또한 객관적 리를 강조하기 때문에 그 제자들 가운데 예학으로 나갈 소지가 있다. 이처럼 조식이나 이황이나 마음을 강조하기 때문에, 일부 연구자들은 이황에게 '심학화 경향'이 있다고 한다. 심학(心學)이란 마음의 능동성을 강조하는 이론이다.

③ 선조 때 동인-서인의 형성과 더불어 철학의 상호 교대가 있었다.

훈구 척신[제도 개혁론]을 이은 이이의 서인은 성리학[인격 수양론]을 스스로 짊어진다. 특히 인조 쿠데타로 집권한 송시열의 서인-노론은 성리학의 정통을 자부한다.

반면 이황의 동인[성리학-인격 수양론]에서 출발한 서울 남인은 숙종 이후 경세치용의 실학으로 나간다. 그것은 전형적인 제도 개혁론이다. 그 두 측면만 보면 사상의 교대이다.

이이는 주장한다. 마음은 기이다.(心是氣) 마음에는 리가 없다. 기는 재료이고, 사람에게는 육체를 의미한다. 따라서 마음은 몸의 생리적인 작용이다. 감정 욕망(7정)이다. 이것은 그대로 두면 악으로 빠진다. 이 마음의 감정 욕망을 규제하는 것으로, 객관적인 규범, 즉 예가 반드시 요청된다. 이것이 순자의 성악설이다. 이이의 '리=예'이다.

이래서 서인-노론의 커다란 속임수가 만들어진다. **이이의 주기론은 순자 성악설**의 예 중시 계열이며, 성리학이 아니다. 이이의 이론은 순자의 지각설과 기본적으로 같다. 그런데도 성리학으로 위장한 것은 물론 권력을 장악하기 위해서이다. 철학이 권력 투쟁의 수단이던 시절이었기 때문이다. 철학은 공자-맹자-주자 라인이 정통이었다.

정약용도 그 사상의 기본은 순자의 성악설이다. 그러나 이이와는 반대로 간다. 이이가 기인 마음을 제어하는 수단으로 예(禮)를 선택한 반면, 정약용은 묵자 노선인 '하느님'을 선택한다.

성악설에는 여러 종류가 있다. 성악설은 마음=악으로 보아, 선(善)의 근원을 마음 바깥에서 찾는다. 그 외부의 권위를 '예, 법, 하느님' 등에서 찾는 학파들이 있다. 순자는 예, 법가는 법, 묵가는 하느님에서 찾았다. 정약용은 하느님, 그리고 법을 선택한다.

④ 예학의 발흥은 성리학 등의 **도덕 형이상학의 몰락**을 의미한다.

형이상학은 현상 세계의 배후에 있는 본체를 다룬다. 리와 기, 태극 음양 오행 등의 개념이 사용된다. 반면 예(禮)는 구체적인 현실 생활을 규제하는 것이다. 예학의 발흥 이후 조선의 학계는 리가 현실적으로 드러난 것으로서 예를 어떻게 적용할 것인가, 미세한 측면까지 따지면서 논쟁한다. 예송(禮訟) 논쟁이 그것이다.

형이상학이라는 점에서 볼 때, 무림 4천왕[이황 조식 서경덕 이이]의 철학은 다르다. 이황은 성리학(마음=리+기), 조식은 양명학(마음=리), 이이는 지각설(마음=기, 순자 계열), 서경덕은 자연학이다.[1)]

이들의 철학이 도덕 형이상학의 전성기이며 동시에 황혼으로 가는 조짐이다. 그 이후 예론으로 나가면서 조선의 도덕 형이상학은 경화(硬化; 뻣뻣-딱딱해짐, 죽음의 징조)된다.

도덕 형이상학이 개개인의 도덕적 실천의 주체를 다루었다면, 예학은 군주의 지위를 놓고 대립한다. 군주는 사대부와 같은가, 아니면 초월한 존재인가. - 예학은 군주를 쟁탈하는 수단이 된다.

3) 이이의 기 중심 철학과 서인의 정치적 태도

(1) 리 중심 철학과 기 중심 철학

서인을 창시한 이이(李珥)가 기 중심의 철학을 전개한 이래, 서인의 철학은 기(氣) 중심 이론이다. 이이는 서경덕의 기에 의한 자연 설명 이론과, 기대승의 기발(氣發)만 있을 뿐이라는 이론을 결합하고 발전시켜서 기 중심의 이론을 내놓았다.

성리학(性理學)은 말 그대로 "본성은 리이다"(性卽理)라는 명제에 근거하고 있다. 마음의 바탕에 본성이 있고, 그 본성은 리이다. 따라

---

1) 신유학은 연구 대상에 따라 분류하면, 여섯 가지가 된다. 연구 대상이 마음인 경우. (1) 마음=리+기 (성리학 주자학; 주희 이황) (2) 마음=리 (양명학, 왕수인 조식) (3) 마음=기 (지각설 심기학, 호남학 이이) / 연구 대상이 (4) 텍스트 - 고증학, (5) 자연 - 자연학(장재 서경덕), (6) 사회 제도 - 제도 개혁론(왕안석, 정도전, 정약용)

서 내 마음에 본성의 리가 드러나온다는 리발(理發; 리가 발함) 이론을 핵심으로 한다.

반면 이이는 기대승의 기발(氣發) 주장을 이어받아서, 리발(理發)은 불가능하고 오직 기발(氣發)만 가능하다고 한다. 기발(氣發) 하나의 길만 있을 뿐, 리는 드러나지 않는다.

주희의 규정에 따르면, 리는 원리 법칙이며 도덕률의 근원이다. 반면 기는 이 세상 모든 것을 이루는 재료이다. 사람의 경우에는 그 몸을 이루는 것이 기이다. 나아가 내 마음에 있는 몸의 요소, 몸에서 유래한 생리적인 욕구나 감정 욕망은 다 기이다.

내 마음에 있는 리의 요소는 맹자가 말한바 선한 본성같은 것이다. 본성 속에 있는 리, 즉 원리 법칙 도덕률이 내 마음에 드러나는 것이다. 그것은 도덕적 이성 양심 혹은 인격 인품을 이루는 것이다.

리발(理發)은 성리학의 핵심 주장이다. 따라서 리발을 부정하고 기발만 가능하다고 하는 이이의 기 중심 철학은 성리학이 아니다. 그것은 중국 남송 시대의 호남학의 지각설(知覺說)이며, 멀리 거슬러 가면 순자의 성악설과 같은 논리이다. 반면 성리학은 맹자의 성선설을 성즉리의 명제로 이어받았다. '선한 본성'(性善) = '리인 본성'(性卽理)이다. '性卽理'를 줄이면 '性理'이다. 그래서 성리학이라 한다.

사림파를 이어받은 동인은 리발(理發)을 핵심 주장으로 한다. 이황은 리발을 강하게 주장했다. 이황과 더불어 동인의 초석을 놓은 조식의 경우도 그렇다. 조식의 거대 자아 이론, 사나이 대장부 이론도 맹자 성선설이 가진 영웅주의의 한 모습이다. (조식의 이론은 양명학에 가깝다. 양명학의 치량지(致良知)는 맹자의 성선설의 극단적인 형태이다.)

반면 서인은 이이 이래 기발(氣發)을 고수한다. 기발리승(氣發理乘; 기가 드러나면 리가 그 위에 올라탄다)는 한 길만 가능하다는 것이다.

마음은 기이다.(心是氣) 마음에 기 - 감정 욕망이 드러나면, 리가 올라탄다. 이때 리는 마음 안의 것이 아니라 마음 바깥의 것이다. 즉 사회적 관습으로서 윤리 도덕(禮)이다. - 이는 감정 욕망을 예로 조절해야 한다는 순자의 성악설과 같다.

(2) 리발과 기발 - 동인과 서인

동인은 리발(理發)을 주장하고, 서인은 기발(氣發)을 주장했다. 동인은 정치의 윤리 도덕화를 주장한 사림파를 이어받았기 때문에 리발을 주장하게 된다. 반면 쿠데타와 사화(士禍) 등 현실 정치에서 두각을 나타낸 훈구-척신파를 이은 서인은 기발(氣發)을 주장하게 된다.

리발은 도덕적 이성과 양심이 드러나는 것인 반면, 기발은 감정 욕망이 드러남이다. 이황은 마음에 기가 드러나는 것(감정 욕망; 생리적 육체적인 것)과 리가 드러남(이성 양심; 선한 본성)을 다 인정한다. 따라서 감정 욕망을 이성과 양심(선한 본성)으로 제어하고 통제해야 한다고 한다. (맹자의 이론)

반면 이이는 마음에 단지 기발만 가능하다고 한다. 감정 욕망만 있다는 것이다. 그것을 통제할 이성과 양심은 선한 본성으로 따로 내 마음에 있지 않다는 것이다. 마음 = 감정 욕망을 제어할 수 있는 것은 내 바깥에 있는 예(禮)이다. 내가 궁리(窮理; 리를 탐구함)-존양(存養; 마음을 보존하고 기름)-역행(力行; 힘써 행함)의 수양을 통해서 예를 받아들이고 내 마음을 통제해야 한다고 한다. (순자의 이론)

문제는 그렇다. 과연 내 마음의 감정 욕망이 예를 받아들일 수 있는가. 예는 감정 욕망을 억제하고 통제하는 것인데, 감정 욕망인 내 마음이 과연 스스로 통제를 받아들일 수 있는가?

나아가 정치에서 보자면, 내 마음의 감정 욕망이란 정치적 야망, 권력욕, 당파심이다. 내 몸의 영달과 내 당파의 승리를 추구하는 집요한 마음이 바로 그 감정 욕망이고, 기발(氣發)이다.

그런 마음이 과연 리(理)와 예(禮)의 통제를 자발적으로 받아들일 수 있는가? 오히려 그 **야망과 권력욕이 리와 예를 이용할 수 있지 않는가?**

* 리가 이성 양심인 반면 기는 감정 욕망이다. 그런 점에서 보자면, 훈구 척신의 쿠데타, 사화(士禍)의 정치는 기가 발호한 것이다. 그에 맞서서 리(理)의 발(發)을 열망한 것이 사림파라고 할 수 있다. 선조의 즉위와 더불어서 사림파가 집권하면서 리발(理發)이 이루어지는 것 같았다.

언필칭 조선의 주도 이념을 성리학이라 한다. 그러나 실제로 보자면, 리발을 주장한 사림-동인-북인-남인은 선조-광해군 때만 집권했고, 인조 이후 몰락하거나 방계가 된다. 대신 기발(氣發)에 근거한 척신-서인-노론이 주도를 했다. 특히 인조 쿠데타 이후 조선말까지 그러하다.

"리발은 불가능하고, 기발만 가능하다"는 것이 성리학의 핵심 명제라는 틀린 주장은 요즘에 와서도 한국 철학계의 주류를 이루고 있다. 그들은 리발이 이념과 진리의 현실화인 반면, 기발이란 감정 욕망의 드러남이라는 것을 모르는 것일까? 그렇다면 당연히 기발을 비판하고 리발을 주장해야 하지 않는가?

'기가 발호함' 대 '리발(理發)을 열망함' - 이것은 조선 시대 사대부들의 투쟁의 기본적인 도식이다. 사림파는 기의 발호를 비난하며 리발을 열망한다. 그러나 역사는 노회한 현실 정치가들인 서인들이 권력을 장악하는 것으로 나간다. 도덕적 이상주의자들은 현실에서 패배한다.

(3) 기 중심의 철학과 정치적 태도

서경덕이 기에 의한 자연 설명에 치중하면서, 현실 정치에 철저하게 무관심했던 것은 명철보신(明哲保身)을 위한 것이었다. 자연 연구, 사회 정치에 무관심 - 그것은 그의 제자 대에 가서는 무골호인 스타일의 현실에 영합하는 정치가가 나타나게 한다. 정치에 대해서 아무런 의견이 없기 때문에, 어떤 것에도 영합할 수 있다.

혹은 자연 현상에 있는 필연성처럼 현실 정치에 있는 필연성을 이용하는 권모술수의 정치로 나갈 수 있었다.

이이와 그 후예인 서인-노론은 후자로 나간다. 정치적 현실 속에 있는 필연성, 법칙성을 명확하게 인식하고, 그것을 당파적으로 이용한다. 그 마음은 감정 욕망 - 정치적 야심이었고, 그 야심이 강상 윤리와 대의명분을 이용하게 했다.

① 서인-노론의 대표적인 정치가인 송시열에게 그것은 적나라하게 드러난다.

송시열과 노론은 도덕률마저 정치적인 무기로 사용하고 있다. 송시열이 그토록 집착했던 성리학과 소중화(小中華)라는 것, 그것은 따지고 보면 서인-노론 정권을 의미한다. 서인-노론 정권의 정당성을 그는 그렇게 철학 혹은 신학으로 합리화시킨다.

송시열에게 철학은 지극히 정치적인 수단이었다. 고려 시대 무신들은 칼로 정적을 쳤다면, 송시열은 철학으로 상대를 쳤다. 철학-성리학은 강력한 최신형 정치적 무기였다.

바로 그런 점에서 우리는 기발(氣發)을 말할 수 있다. 송시열은 마음 바탕에 리발이 아닌 기발을 가진 사람이다. 중심(中心)에는 당파적 이익이 있다. 그것을 이루기 위해서 성리학을 이용했다는 것. 그것도 성리학이 아닌 호남학의 지각설-심기학을 성리학으로 포장해서 상대에게 휘둘렀다는 것. 이는 대단한 재주이다. 이것은 장자가 「거협」 편에서 이미 말한 바 있다. 작은 도둑은 금고를 훔쳐가지만, 큰 도둑은 인의예지를 훔쳐서 사용한다.

붕당 정치나 세도 정치의 논리적 틀 가운데 하나인, 당파 혹은 집안 이익의 원칙이 바로 그렇게 실현되고 있다. 성리학자들은 순진하게, 우리의 마음 가장 밑바탕 근원에 리(진리 정의)가 있을 수 있다고 본다. 리발(理發) - 바로 그것이다.

현실 정치가의 마음에 그런 것이 있을 수 있는가? 물론 어렵다. 현실 정치가의 마음에는 권력에의 의지뿐일 것이다. 기발(氣發) 바로 그것이다.

기발을 주장했던 이이 이래, 서인은 지극히 현실적인 정치가들이었다. 권력 장악을 위해서는 권모술수도 썼다. 인조 쿠데타가 그렇고, 사림의 여론을 장악하고(崇用山林), 국가의 혼사를 놓치지 않는 것(勿失國婚)이 그러하다. (물론 병자호란을 일으켜서 지는 것을 보면 지극히 멍청하기도 하다.)

② 송시열의 직(直)의 철학 ; 송시열은 사약 받고 죽으면서 '직(直)'을 유언으로 남겼다. 곧음(直)이란 물론 정직함을 말한다. 성리학의 주장에 충실함이며, 대의명분과 강상윤리, 천지(天地) 군사부(君師父)를 따르는 것이다. 그러나 그가 철학을 정권용 무기로 사용하는 '현실 정치가'라는 점에서 볼 때, 그 말도 또한 예사롭지 않다. '곧음'이란 자신들의 당파의 이익에 직설적이고 노골적으로 충실 하라는 이야기에 다름 아니다. 왜냐? 그에게 철학이란 그대로 당파적 이익이기 때문이다.

③ 기발(氣發)은 내 마음에는 감정 욕망만 발한다는 것이다. 감정 욕망이란 정치적 야망, 권력욕, 당파심이다. 내 몸의 영달과 내 당파의 승리를 추구 하는 집요한 마음이 바로 그 감정 욕망이고, 기발(氣發)이다.

서인의 역사를 보면 그런 마음이 과연 리(理)와 예(禮)의 통제를 자발적으로 받아들인다기 보다는 오히려 그 **야망과 권력욕이 리와 예를 이용했다.** 그들은 철저한 현실적 정치가들이었다.

4) 예학과 예송 논쟁

(1) 두 번의 정권 교체

① **선조의 즉위** - 이는 집권 척신 세력이 물러나고, 야당이었던 사림(지방의 도덕적이고 근본주의적인 지식인들)이 정권을 잡았던 사건이다. 평화적인 정권 교체라 할 수 있다. 이에 이이는 야당이 된 척신 세력을 규합하여 새로운 철학으로 서인을 규합한다. 그에 따라 사림 세력은 동인으로 결집한다. 동인은 선조-광해군 때의 집권 여당이다.

붕당의 법칙 (ㄱ) 집권하면 분열한다. (ㄴ) 분열하면 강경파가 집권한다. - 이에 따라, 집권했던 동인은 남인 북인으로 분열하고, 강경파인 북인이 집권한다. 특히 선조 말 - 광해군 시기에 북인이 집권했다.

② **인조 쿠데타** - 서인이 쿠데타를 일으켜 집권 북인을 완전히 숙청하고 집권당이 된 사건. 이후 조선이 망하기까지 집권 여당은 서인이었다. 김장생의 예학이 이 쿠데타의 명분을 제공한다. 김장생이 예학을 닦은 것은 이유가 있었던 것이다.

선조-광해군 시기 권력에서 물러나 앉아 있던 서인들은 형이상자인 리를 구체적인 현실적인 예로 규정한다. 그 예를 근거로 광해군의 정책을 비판하고, 결국 쿠데타를 일으킨다. 광해군은 충효(忠孝)라는 천륜(天倫)을 어겼다는 것이다. 요컨대 예를 어긴 자이므로 奚아내야 한다는 것이다. 광해군이 충효를 어겼다는 죄목은 바로 그런 예학의 결과이며, 일종의 진리-정의 의식이다. 그러나 또한 그런 점에서 그들의 예학은 지극히 정치적-정략적이며, 이데올로기적이다. 즉 서인의 근본 강령이며, 그것에 근거해서 권력을 탈취한 셈이다.

예학을 전면에 내세운 사람으로 통칭되는 이가 바로 김장생이다. 그는 이이에게 배웠다고 하지만 실제 선생은 송익필이라 할 수 있다. 송익필은 서인의 책략가로서, 동인과의 싸움에 핵심이었던 사람이다. 그는 출생의 문제 때문에 예에 관심이 있었을 것이다.[2] 김장생은 예학을 정치적인 무기로 삼았고 성공했던 사람이다.

(2) 이이의 기 중심 철학

이이는 기를 중심으로 철학을 했던 사람이다. 리는 원리 법칙으로서 현상 세계를 구성하는 기에 직접적으로 관여하지 않는다. 기는 리에 따라 움직일 수도 있고 안 움직일 수도 있다. 따라서 기의 움직임의 결과 현실의 모든 것이 나오며, 현실이 잘 되던 못 되던 기의 책임이 된다. 다시 말해서 현실을 구성하는 것은 기이다. 그 현실 가운데 가장 중요한 것은 인간이다. 따라서 기는 바로 인간을 의미한다. 인간은 리와 떨어져 있다. 인간/기가 리를 따를 수도 있고 안 따를 수도 있다. 원리 법칙인 리를 따를 때 현실은 잘 되고, 안 따를 때 잘 안 될 것이다. 결국 현실이 잘 되던 못 되던 인간/기의 책임이 된다. 이런 점에서 리는 언제나 책임에서 벗어나 있다. 리는 객관적인 것이며 동시

---

2) 그의 아버지(宋祀連)는 안당(安瑭) 집안의 노비였는데, 안당의 아들 안처겸을 역모(逆謀)로 고자질한 공으로 사대부가 되었다. 송익필 때, 동인의 비판으로, 그의 집안은 사대부에서 다시 노비로 환천되었다.

에 절대적인 것이 된다. (이런 점에서 리는 지존무상일 것이다.) 따라서 이이의 후예인 서인-노론이 조선 체제의 수호자가 된 것도 설명이 된다. 법칙이며 원리인 리란 현실적으로는 윤리 도덕 혹은 제도로 드러난다. 즉 예로 드러난다. 그 리가 객관적이고 절대적이란 말은 조선을 이루는 윤리 도덕 혹은 제도가 절대적이며, 주관성을 가진 인간이 범접할 수 없는 객관적인 것이다. 그들은 이런 논리로 조선의 지배 체제를 합리화시킨 것이다.

리는 형이상자이기 때문에 형이하자인 인간이 직접 접할 수 없다. 인간/기는 행위 하기 위한 기준이 있어야 하고, 그 기준은 리이다. 그런데 리는 형이상자이며 직접 접할 수 없다. 따라서 형이하의 세계에 리의 모형을 만들어야 한다. 법칙/원리로서 리의 모형은 바로 예이다. 예란 그 법칙/원리를 구체적으로 규정한 윤리 도덕규범이다. 김장생이 예학으로 나간 것은 바로 그런 점에서 한 걸음 나아감이다. 이제 리는 괄호(epoche)칠 수 있게 된 것이다. 이제 행위의 기준은 리가 아니라 예가 된다. 이이에서 리-기의 형이상학은 김장생에 와서는 형이하자인 예란 무엇인가의 문제가 된다.

(3) 김장생(金長生)의 예학과 인조 쿠데타

광해군 때, 서얼들이 일으킨 역모 사건[계축화옥, 허균이 관여함.]에 김장생의 배다른 동생(庶弟; 서자)들인 김경손(慶孫)과 김평손(平孫)이 연루되어 옥사하였고, 대북 정권의 실력자 이이첨이 연좌형인 역률(逆律; 반역죄)을 김장생에게까지 적용하려 했으나, 대신들의 건의로 사태는 무사히 일단락되었다. 이이첨은 이 역모(逆謀)에서 서얼(庶孼; 서자들)들이 영창 대군을 왕으로 추대하려 했다고 해서 영창 대군을 죽였고, 이후 인목대비 폐모 논의(廢母論議)가 일어났다. 이 사건은 김장생 일생에 최대의 위기였고, 그의 간담이 서늘했을 것이다. 거의 죽음의 문턱에서 간신히 벗어나 그는 충남 연산(連山)의 집으로 낙향하여, 양성당(養性堂)에서 10여 년간 은거하면서 예학 연구와 후진 양성에 몰두하였다.

이제 광해군과 북인이 집권하는 한 그는 언제라도 그 사건으로 다시 문초를 받아서 죽을 수도 있었다. 그는 뭔가 결단을 내린 것이다. 광해군의 정권을 뒤엎어야 한다는 사실. 선조 이래 서인은 야당이었다. 집권을 한 경험보다는 야당으로 보낸 세월이 대부분이었다. 서인에게 선조 때보다 더 엄혹했던 시절은 광해군 치세였다. 또한 광해군 치세는 끊임없는 반역 음모가 있었던 시절이었다. 광해군은 서자였고, 영창대군을 제치고 군주가 되었다는 사실이 광해군의 집권 명분을 약화시켰고, 그것이 바로 끝없는 반역 음모을 낳게 되었다. 그 반역의 최종판은 바로 인조 쿠데타였다.

그 쿠데타의 명분/이념을 제공한 사람이 바로 김장생이었다. 인조 쿠데타의 주역은 이항복의 제자(서울 지역)와 양성당에서 길렀던 김장생의 제자들이었다. 이항복은 이념을 제시하지 않았다. 김장생은 예학으로 광해군 정권을 쳤다. 광해군은 충효를 어겼다. 명나라는 천자의 나라이고 어버이의 나라이다. 그런데 광해군은 명나라를 버리고 오랑캐인 후금에 붙었다. (강홍립이 후금에 투항한 사건) 그것은 충에도 어긋나고 효에도 어긋난다. 제후국인 조선이 천자 나라 명나라를 배반한 것은 충을 어긴 것이다. 또한 어버이 나라 명나라를 저버린 것은 효에 어긋난다. 또한 광해군이 선조의 만년의 왕비인 인목대비(영창대군의 어머니, 광해군의 계모)를 유폐시킨 것은 효에 어긋난다. 또한 광해군이 형제인 임해군이나 영창대군을 죽인 것도 또한 형제 간의 우애라는 덕목을 어지럽힌 것이다. 그것은 예를 어긴 사건이고, 예란 리가 현실적으로 드러난 것이므로, 천리(天理)와 천륜(天倫)을 짓밟은 짓이다. 따라서 마땅히 광해군을 쫓아내야 한다.

물론 예학을 끝까지 적용하면 광해군을 몰아낼 수 없다. 광해군은 임금이니까, 나쁜 임금도 임금이니까, 임금을 몰아낸다는 것은 대역죄에 해당된다. 그러나 맹자도 말하지 않았던가! 폭군은 임금이 아니라 깡패이고, 폭군을 몰아낸 것은 임금을 배반하는 반역이 아니라, 모든 것을 제자리에 오게 만드는 혁명이라고.

그래도 문제가 있다. 과연 광해군이 폭군인가? 광해군이 연산군 같은 정신병자인가? 혹은 광해군의 정치가 병자호란으로 나라를 망하게 만든 인조만도 못 했던가? 물론 둘 다 아니다. 그럼 광해군이 폭군인 이유는? 물론 인조 쿠데타에 의해서 쫓겨났기 때문이다. 권력의 정통성이란 현실 권력이 규정하는 것이 아닌가!

이상을 보면 김장생의 예학의 효용을 알 수 있다. 그런 점에서 김장생은 학자였을 뿐만 아니라 또한 뛰어난 정치가였다. 그는 아무래도 학자라기보다는 정치가였다. 하긴 율곡 자신이 학자라기보다는 권모술수에 밝은 정치가였다는 점이다.

문제는 그 예학이 현실을 무시한다는 점이다. 광해군의 현실주의적인 정치 외교 정책을 예의 이름으로 서인은 부정한다. 그 결과 대내적으로 쿠데타는 성공하지만, 대외적으로는 청나라와 대결하여 병자호란을 불러들였다. 병자호란은 그들의 예학, 서인의 강령의 필연적인 결과였다. 그리고 전쟁도 못 해 보고 참패했다. 힘이 바탕이 되지 않은 예(禮), 혹은 진리 정의란 이처럼 대내적인 통제 이데올로기일 뿐, 대외적으로는 무력했다. (후에 서인-노론이 외세에 극단적 반감, 극단적인 추종이라는 조울증에 걸린 이유는 바로 그 점 때문이다.)

이런 점에서 그들은 지극히 비현실적이었다. 왜 예와 현실이 불일치하는가? 그것은 예가 당론(黨論)-정강(政綱) 혹은 당리당략을 위한 것이었기 때문이다.

(4) 예학과 예송 논쟁

이런 상황에서 예송 논쟁으로 정권이 오고간 것은 당연하다. 서인의 강령이었고, 권력 장악과 유지의 원동력이었기 때문에, 남인이 서인의 예론(상복 입는 문제)에 대해서 반박을 하게 되었고, 그만큼 중요한 문제였기 때문에 당시 모든 지식인들이 그 논쟁에 참여하게 되었다. (하긴 병자호란으로 외세에 크게 깨지자 밖으로 향하는 에너지가 안으로 쏟아 부어져서 그런 자체 싸움을 하게 되었는지도 모른다.)

결국 예송이란 집권 서인의 강령에 대한 야당 남인의 비판과 공격에서 출발했다. 남인은 서인의 예론, 즉 강경한 원리 원칙론, 혹은 무조건적인 진리 정의론, 윤리 규범 최우선 주의에 대한 반론을 제기하고, 좀 더 유연하게 현실을 반영하자는 이론으로 나간다. 온건 합리론 혹은 온건한 현실론으로 나간다. (병자호란에서 주화파 현실주의자들, 이경석이나 윤선거 등의 문책 문제에서 온건론 등.)

이는 혹은 규범의 **화석화 현상**(positivity)의 문제일지도 모른다. 고정된 규범이 변화된 현실을 따라잡지 못할 때, 그 규범을 막무가내로 주장하는 자들은 바리새인들일 것이다.

* 이는 또한 **검열관 이론**과 연결된다. “리의 현실화 = 예의 실천”은 성리학에서 가장 중요한 일이다. 객관적 초월적인 리가 구체적 현실적 예로 규정될 때, 그 예가 과연 정확하게 현실화된 리인가를 판별하는 것은 검열관이 하는 일이다. 이런 검열관을 산림의 영수라고 한다. 청론(淸論 맑은 이론)-청류(淸流 맑은 무리)-산림(山林 지방에 은거한 지식인)이라 불린 그 검열관의 자리가 바로 권력을 좌우하는 시

대가 된 것이다.[3)]

이런 시대를 정확하게 읽은 자가 바로 송시열이다. 김장생은 예론으로 인조 쿠데타를 이끌어 내었고, 김장생에게 배운 송시열은 그 예론을 서인의 강령으로, 나아가 조선의 국시(國是)로 승격시킨다. 이 점 때문에 최고 검열관-대심문관인 송시열이 국가의 '큰 늙은이(大老)'라 불렸을 것이고, 그처럼 막대한 영향력을 가졌을 것이다. 최고 검열관은 성리학 이론뿐만 아니라 현실적인 도덕률과 정강-강령 나아가 국시를 판별하고 규정해 주는 사람이다. 학문과 권력이 일치하는 시대가 된 것이다.

병자호란의 패배는 그 강령과 국시에 대해서 비판할 수 있는 분위기를 만들어 주었다. 예송이 그것이다. 전쟁을 일으키고, 나라가 망하게 만들었다면 그 책임은 당연히 서인에게 있었고, 서인은 실각하고 권력에서 물러났어야 한다. 그러나 조선을 영원히 약소국으로 만들려는 청나라의 계략, 음모(陰謀, 아니 陽謀) 때문에 서인이 계속 집권했다. (즉 남한산성에서 조선의 지도부을 일망타진했으면서도 청나라는 세자 등을 볼모로 잡고 그 지도부를 그대로 정권에 복귀하게 만든다.) 그런 서인이 계속 집권하는 명분/강령으로 내세운 것이 ① 소중화(小中華) 이론 ② 북벌(北伐)이었다. 이 두 가지는 음양처럼 쌍벽을 이루며, 또 예학의 귀결, 혹은 변형 혹은 왜곡된 형태이다.

3) 산림의 영수 = 검열관. 이는 사화로 사림파가 지방에 은거하면서 생긴 전통이다. 사림-동인인 이황-조식-정인홍이 그런 모습을 보였으며, 송시열 이래 훈구를 이은 서인이 바로 그런 전통을 모방하고 독점하게 된다. 그러면서 만든 말이 "청론(淸論) 청류(淸流) 청요직(淸要職)" 등이었다.

5) 소중화론과 진경 문화론

(1) 송시열과 소중화론

이제 리가 예로 드러나는 것을 넘어서 국가 사회의 기본 틀이 되게 하겠다는 것이다. 소중화(小中華)란 바로 그런 식으로 리=예가 현실화된 문명-문화 국가를 말한다. 문명국 조선이 야만국 청나라에 치욕을 당했으므로 설욕하자는 것이 북벌론이다. 과연 '중화'라는 개념에 '전쟁'이 있는가? 존왕양이(尊王攘夷)인가?

아무튼 예론이 소중화론으로 나가면서 당쟁은 격화된다. 그리고 피와 피, 원한과 원한이 서로 증폭되는 정권 싸움을 한다. '예(禮)'와 '중화(中華)'에 그런 원한의 증폭이 있는가? 결국 객관적 리(理)가 예(禮)로 드러나는 것을 누가 확증할 수 있는가? 양쪽파 모두에게 권위를 인정받는 검열관이 없는 상황에서 원한의 증폭은 당연한 것이 아닌가? - 송시열의 실패는 바로 거기에 있었다. 송시열은 타협을 모르는 강경한 원칙론-예론으로 모두를 제압하려 했고, 상대파는 송시열의 권위를 예송을 통해서 부정했다. 예론으로 자웅을 겨루어서 학문적으로 승부가 가려지지 않으니, 남은 것은 결국 권력을 장악해서 상대를 제압하는 것이 바로 자신의 예론의 정당성-진리성을 입증하는 방법이 된 것이다.

(2) 서울 노론과 이른바 진경 문화론

서울 지역의 노론은 이제 리(理)→예(禮)의 개념을 소중화로 넓힌 이상 예(禮) 차원을 넘어서서 '문화'로 확장시킨다. 예라는 윤리 규범-원칙론을 살짝 비켜서서 문학 미술 음악 등 문화 예술 차원으로 소중화 개념을 넓힌다. 그리고 북벌을 버리고 북학을 주장한다. 조울증이다. 윤리 도덕(天倫 天理)으로 드러난 리(理)라는 관점에서 보면 청나라는 타도 대상이다. 그러나 문화로 확장된 예 개념을 들먹이면, 청나라는 선진국이니 배워야 한다.

송시열 류의 원한의 증폭을 서울 노론은 경계한다. 서울 노론은 우선 청나라에 대한 원한을 선망의 마음으로 바꾼다. 북학(北學)! 북쪽을 배우자! 서울 촌놈들이 볼 때 선진국 청나라의 세련됨은 얼마나 선망의 대상이었을 것인가.

송시열과 윤증의 대립은 충청도 유자들의 몰락을 상징한다. 윤증의 온건 이론으로 넘어가지 못한 충청도의 강경 노론은 결국 따돌림을 당하고, 별 쓸모도 없는 인물성 동이 논쟁 같은 것에 골몰한다.

기존 이론은 왜 당쟁 당파 분류에서 서울 노론, 서울 남인이 갈라지는 것을 중시하지 않았을까? 기존의 당파 분류는 권력 싸움/투쟁을 계기로 당파가 나뉘는 것만을 보았다. 따라서 서울 노론, 서울 남인의 분립을 말하지 못 한다. 그것은 권력 싸움으로 나뉘는 것이 아니기 때문이다. 송시열 등 충청도 유자들의 명분론적 강경론에 등을 돌린 서울 지역 노론들, 경상도 남인들과 상관없이 성호 이익의 학문적 이니셔티브로 생겨난 서울 지역의 남인들. 그것은 권력 투쟁으로 당파가 갈리는 것보다 더 중요한 의미가 있는 당파의 갈림이다.

3. 임진왜란과 병자호란의 파장

인조에서 정조까지 세번째 시기는 당파 싸움으로 점철되어 있다. 이 기간의 역사적 흐름을 결정한 이들은 정권을 담당한 서인-노론이었다. 그들을 사로잡은 것은, 이이 이래 그들이 신봉한 주기론-심기학-지각설 이외에 또 하나, 두 번의 전쟁이라는 요소가 있다.

이 둘은 두번째 시기에서부터 시작된다. 따라서 두번째와 세번째의 시대, 선조에서 정조(선정 시대)의 흐름은 한꺼번에 다루어야 한다.

1) 임진왜란과 명나라, 그리고 사대주의

(1) 서인의 생각

임진왜란은 명나라가 조선을 구해 준 전쟁이다. - 과연 그러한가?

임진왜란에서 이 나라를 구한 것은 누구인가? "이순신과 수군, 의병, 관군, 명나라 군대" – 대략 이런 순서로 기여를 했다. 이를 완전히 거꾸로 만든 이는 다름 아닌 선조였다. 그는 왜군이 오자 허겁지겁 의주까지 도망갔다. 겁에 질려서 압록강 건너 명나라로 가려 했다. 강을 건너면 더 이상 왕이 아니라는 말에 도강을 포기했다.

이런 비겁함을 감추고 자신이 임진왜란에 기여했다는 것을 증명하기 위해서 선조는 '재조지은(再造之恩)'을 주장했다. 망해 갔던 조선이 '다시 (나라를) 만들게 해 준 은혜'를 명나라가 베풀었다는 것이다. 임진왜란에서 조선을 건진 것은 명나라 군대라는 것이다. 의병 등 다른 요소는 부차적인 것이다. 자신이 의주로 간 것은 명나라의 구원병을 요청하기 위해서이다. 따라서 선조는 의병장을 가혹하게 탄압한 반면, 자신이 의주로 도망갈 때 수행했던 사람들을 공신에 봉했다. 재조지은의 분위기 속에서 이순신이 자살하듯이 전사했다.

이런 재조지은 담론을 서인은 재빨리 당론으로 정했다. 그들이 임진왜란에서 공헌한 바가 없었기 때문에, 정권에서도 소외되었다.

임진왜란은 실질적으로 동인들이 치뤘다. 유성룡 이순신 권율 그리고 곽재우 정인홍 등 영남 의병 등이 그들이다. 반면 서인 가운데 공을 세운 사람은 별로 없으며, 개별 전투에 참여하여 전과를 올린 사람들은 대부분 죽었다. 전라도 서인인 고경명, 충청도의 조헌 등 지방 서인이다.

임진왜란의 뒤에 그 공로로 동인이 집권한 것은 당연했을 것이다. 광해군 때 동인 가운데 강경파들인 북인이 또 집권한 것도 그런 점이 있을 것이다. 광해군은 전쟁 동안 선조를 대신하여 전선을 누비면서 독려했던 사람이다. (그는 전쟁의 참상을 잘 알았다. 그래서 그는 후금과의 전쟁을 극력 회피했을 것이다.)

광해군 시기에 쿠데타를 해서라도 정권을 잡으려 했던 서인들 - 그들에게 부족한 것이 명분이었다. 명분 - 광해군이 어머니 감금(廢母) 동생 죽임(殺弟)이라는 명분 외에 국제적인 명분이 필요했다. 후금과 협상에 들어간 광해군 - 그를 치는 방편이 명나라였다.

대체 우리에게 명나라란 무엇인가? 서인은 "명나라 = 임진왜란 승리자 = 이 나라 구원자"로 규정했다. 송시열이 말한 바, '재조(再造)의 은혜'를 준 나라였다. '다시 이 나라를 세우게 해 준 은혜' - 그것을 임진왜란 때 명나라가 조선에 해 주었다는 것이다.

이제 명분은 뚜렷해졌다. 안으로는 광해군의 패륜 제거, 밖으로는 친명반청! - 이제 서인에게는 쿠데타만 남은 셈이었다.

동인과 서인의 생각은 정권을 놓고 너무 뚜렷하게 대립된다.

동인 ; 임진왜란은 이순신의 수군과 곽재우 등의 의병이 싸워서 이긴 전쟁이다.

서인 ; 임진왜란은 명나라가 참전해서 이 나라를 구원해 준 전쟁이다.

서인이 이렇게 생각한 것은 물론 쿠데타의 명분을 위해서였을 것이다. 일단 동인이 세웠던 공을 부정해야 했기 때문이다.

친명 이데올로기, 그것은 인조 쿠데타에 이용되었으며, 병자호란을 일으키는 결정적인 작용을 한다. 병자호란 때 처절한 패배 뒤에 이제 친명 이데올로기는 소중화론으로 나가면서 집념이자, 강박 관념이 된다. 정권 장악을 위해서 만든 친명 이데올로기가 서인의 질곡이 된 것이다.

명나라를 빌미로 집권한 송시열이나 서인-노론에게 명나라는 이제 '서인 노론 정권' 그 자체가 된다. "서인-노론 정권의 이익 = 명나라-소중화-재조지은(再造之恩)"이 된다. 상대에 대한 끝없는 집착 끝에, 이제 스스로 자신의 자아를 버리고 상대방의 자아를 갖게 된다. (히치콕의 '사이코'라는 영화를 보면 이런 정신 병리를 알 수 있다.)

쿠데타의 명분으로 시작, 상대 당파를 제압하고 자기 당파의 이익을 위해서 그런 이론을 선택한 서인들 - 그들은 병자호란이라는 잘못된 선택 뒤에 명나라에 강박적으로 집착한다. 재조지은에 근거해서 인조 쿠데타는 성공했지만, 그것에 근거했던 병자호란에서는 완벽하게 패배한다. 안에서 이기고 밖에서 진 이 무능함은 여러 강박증으로 나타난다.

(2) 인조 이후의 역사 흐름

명나라 - 유일 강국에 대한 병적인 집착, 그것은 사대주의로 나간다. 정신적 사대주의 - 소중화(小中華)라는 것, 대의명분-강상윤리에

폭 빠진 것. 그리고 자신감과 자주성의 상실 - 서인의 역사에는 이것이 면면히 드러난다. 예를 들자면,

① **인조 쿠데타** ; 임진란의 승리는 명나라가 베풀어 준 은혜이다. 이런 친명반청을 명분으로 쿠데타를 실행했다.

② **병자호란** ; 친명반청을 실행해서 전쟁을 하고 나라가 망함. 처절하게 좌절함. 그러면서 정권을 여전히 장악함. - 패배한 자가 다시 권력을 잡는 것은 모순이다. 이 모순에서 병리적 현상이 나타난다.

③ **북벌론** - 설욕 전쟁 이론. 효종 혼자 나서다. 비겁한 지식인 관리 - 서인들의 비협조로 실패. - 군사력으로 청나라 이기려 함. 무력으로 승리하는 것과 반대되는 정신적 승리는 아래 소중화론이다. 무력으로 안 되므로, 정신 승리로 나간다.

④ **소중화론** ; 충청도 서인-노론의 대표였던 송시열의 주장이다. 조선을 작은 중화 - 문명국으로 만들자는 것이다. / 만동묘 대보단 설치 주장. - 청나라를 문화적으로 정신적으로 멸시하고, 조선을 정신적으로 문명국으로 만들다.

⑤ **북학론** ; 서울 노론 지식인들의 청나라 배우기 운동. 최고의 번영을 구가하던 청나라를 배우자는 것이다. 정신적으로도 패배하고, 상대의 우월을 인정한 것이다.

북벌론과 북학론은 정반대이다. 정벌하자와 배우자 - 이것이 같은 노론에서 나왔다. 그것은 냉탕-온탕을 오고간 것이며, 심각한 조울증에 해당된다. 극도의 증오는 극도의 애착으로 변한다. 이 양가(兩價) 감정은 정신 병리에 해당된다.

⑥ **추사 김정희의 형식 예술** - 청나라 배우기(北學)의 정점에 있던 사람이 김정희이다. 그는 조선의 예술 전통을 부정하고, 청나라에서 유행했던 형식미 추구의 예술로 나간다. 청나라는 중국 민족이 아닌

이민족 국가로서, 학문 연구를 형식적인 것으로 이끈다. 청나라 고증학이 그것이다. 문학도 그런 영향을 받아서 내용보다는 형식의 미에 치중한다. 김정희의 붓글씨는 바로 형식미의 극치이다. 그것은 동시에 자학에 가까운 자기 부정, 조선적인 것의 부정이다.

⑦ **여흥 민씨 세도 정치** - 명성왕후는 청나라에 빌붙어 민씨 세도 정치를 유지한다. 청나라가 청일 전쟁 때 일본에 지자, 그녀는 이제는 러시아에 빌붙어 정권 유지를 시도한다. 이처럼 외세에 의존하는 것, 이것은 인조 쿠데타 이래 서인-노론에 일반적인 정서이다.

붕당 정치가 가문 정치로 타락한다. 세도 정치가는 국가를 가문을 위한 수단으로 여긴다. 국가의 자주성 부정도 같은 맥락에서 나온다.

(3) 정치적 무기, 정치권력의 원천으로서 윤리 도덕 (진리 정의)

① 명나라 섬김의 사대주의 → 병자호란 패배와 정신적 사대주의(소중화주의) → 민씨 세도 정치와 국가의 자주성 부정, 이런 식의 점층법이 있었다.

② 명나라 섬김의 이유 ; ① 인조 쿠데타의 명분 쌓기, ② 병자호란 뒤, 명나라는 서인-노론 당파의 이익 그 자체가 된다.

③ 송시열의 곧음(直)의 철학 - 정치적 냄새가 너무 난다. 진리 정의가 정치적 무기라는 말이다. 진리는 권력이다.

그는 순수한 윤리 도덕을 주장한 적이 없다. 언제나 당파의 이익과 결부된 윤리 명분, 아니 윤리 명분으로 치장한 당파의 이익뿐이었다. 그가 충효를 주장했다면, 그것은 윤리로서 충효가 아니라, 서인-노론의 이익으로서 충효일 뿐이다. 송시열의 모든 행위는 정치적이었다. - 진리 정의 그리고 대의명분 강상 윤리를 정권 싸움에 가장 강력한 무기로 사용했던 사람이 송시열이었다. 따라서 명나라 섬김도 그런 식의 정치적 변증, 수사법, 혹은 술책 가운데 하나였을 뿐이다.

④ 무사들은 '言必信 行必果'를 지향한다. 자신이 한 말은 반드시 믿을만 해서, 행위로 반드시 그 말의 결과를 낸다. 반면 공자와 맹자는 '言不必信 行不必果'를 주장한다. 말은 꼭 믿음(신용; 실행함)이 있을 필요가 없고, 행위는 반드시 결과낼 필요가 없다. 이는 동기주의 윤리이다. 동기가 선하면 결과가 따라 주지 않아도 된다.

문제는 이를 악용하는 것이다. 진리 정의를 정권 획득의 수단으로 삼을 때, 동기주의는 그 바탕이 된다. 내가 동기를 선하게 먹었다. 그러므로 결과를 반드시 자신할 필요는 없다. - 이래서 무책임한 주장을 하게 된다. 자기 말에 책임을 지지 않게 된다.

혹은 선명성 경쟁으로 나가게 된다. 현실적 결과에 대한 책임이 없으므로, 대책없이 도덕적 강경 노선으로 나간다. 대의명분 강상윤리를 주장하면서, 병자호란을 일으킨 것이 대표적이다.

무책임은 *노블리스 오블리제*(Noblesse Oblige; 귀족의 의무)를 방기하는 것이다. 강상윤리와 대의명분은 주장한다. 그러나 그 결과는 책임지지 않는다. 현실이 잘못되면, 백성이 피해를 입는다. 피해를 입던 말던 그들은 입바른 소리로만 나간다. 현실적인 뒤치닥꺼리는 아랫사람들 몫이었다. 생활은 하인들에게 맡긴다는 것이다.

⑤ 진리는 승리한다. 정의는 이긴다. - 이게 서인 노론의 태도였다. 현실적 물질적 힘이 없어도, 진리와 정의 자체가 이긴다. 청나라 군대가 아무리 강해도 오랑캐이다. 반면 조선에는 강상윤리와 대의명분이 있다. 따라서 조선이 이긴다. 왜? 진리 정의는 승리하니까!

이런 식의 종교적 광신이 광해군 ~ 인조 시대를 휩쓸었다. 이런 분위기에서 전쟁이 안 일어나는 것이 이상하다.

송시열과 조헌은 극명한 대조를 이룬다. 임진왜란 때 조헌은 강경 주장을 남발하여 선조에게 미움받았다. 그러나 그는 자신의 주장대로 700명의 의병을 이끌고 2만명의 일본군과 싸워서 장렬하게 옥쇄했다.

병자호란 때 송시열은 남한산성 강경파의 하나였다. 싸워서 죽자는 주전파였다. 그러나 인조가 삼전도에서 항복식을 거행할 때 그는 고향 부근으로 가 버렸다. 죽음이 두려웠던가? 그는 서인의 영수가 된 이후에 병자호란 때의 온건파를 사냥했다. 삼전도비문을 쓴 이경석, 강화도에서 자살하지 않은 윤선거 등에 대한 그의 공격을 보라.

(4) 자기 말에 책임지지 않는 자들

① 진리 정의는 수단이다. 철학이 정치적 무기가 된다. 당파적 이익이 철학적 이론을 선택하게 만든다. 따라서 말에 책임지지 않게 된다.

김상헌 송시열 등은 후금에 대해서 강경파-주전파였다. 죽을 때까지 싸우자는 파였는데, 정작 그들 스스로는 무기를 잡고 싸우지도 않았고, 죽지도 않았다. 송시열은 도리어 자신의 친구 윤선거가 절개를 지켜 죽지 못 했다고 두고 두고 비난한다.

이런 사람들이 정권을 잡을 때 국가는 파탄이 난다. 한비자는 법-세-술을 주장한다. 군주는 자신의 말에 책임지지 않는 신하들을 엄하게 다스려야 한다고 한다. 신상필벌(信賞必罰)은 국가의 근간이다. 자신의 말에 책임을 지지 않을 때 국가의 기강은 유지되지 않기 때문이다.

② 임경업의 경우 ; 그는 장수로서 병자호란 때 의주를 죽음으로 지키지 못 했다. 임진왜란 때 부산진과 동래를 지키다 죽었던 장수들(송상현, 정발)과 극명하게 대조된다.

그는 병자호란 뒤에도 북벌론에 편승하여, 청나라에 쓸데없이 도발을 한다. 이 또한 국가의 이익을 심대하게 해친 것이다. 청나라에 이길 자신이 없으면 아예 처음부터 도발하지 말아야 한다. 그는 장수로서 전술 전략이 부족했던 것 같다. 이런 임경업마저 높여 주어야 하는 서인-노론 정권, 그만큼 인재가 없었다는 것인가?

2) 병자호란과 조선의 멸망

동인이 치른 임진왜란과 서인이 주도한 병자호란은 극명한 대조를 이룬다. 임진왜란은 지지 않았으며, 이겼다고 할 수도 있다. 국가가 총력을 기울여 대항했기 때문이다. 병자호란은 완패했고, 나라가 사실상 망했다. 전국민의 지지 없이 고립된 정권이 자초한 전쟁이었다.

	물질적 피해	정신적 피해	승패
임진왜란	막대함	적음	비김, 혹은 조선 승리
병자호란	적음	막대함	조선의 완전한 패망

(1) 국가적 합의 문제

임진왜란은 **'거국적인 저항 전쟁'**이었다. 위로는 관군, 아래로는 의병, 밖으로는 명나라의 군대 (심지어는 후금의 누르하치까지 구원병을 보내 주겠다고 했다.) 이들이 합심협력해서 싸운 결과 일본은 거의 완패하고 물러났다.

병자호란은 **'그들만의 전쟁'**이었다. 조선의 서인 정권이 먼저 선전포고하는 형식으로 시작되어 불과 두 달만에 조선이 패망하는 것으로 끝나버린 허망한 전쟁이었다. 도대체 저항다운 저항도, 전투다운 전투도 없이 망했다. 왜 그렇게 저항이 약했던가. 관군도 싸움다운 싸움 못 했고, 의병도 일어나지 않았다. - 이유는 무엇인가?

① 짧은 전쟁 기간 - 이 또한 준비 없이 전쟁판을 벌린 서인 정권의 책임이다.

② '너희들의 정권'이라는 의식. 인조 정권은 쿠데타로 탈취한 정권이었다. 동인-북인의 입장에서 서인들이 일으킨 전쟁에 마음이 내킬 리가 없었다. 의병은 주로 삼남에서 일어났다. 영남은 동인의 아성이다. 물론 임진왜란 때는 경상도가 전쟁터여서 의병이 고향 지키기 차원에서 일어났다. 그렇다 하더라도 서인의 본거지이자, 전쟁터였던 경기도 지역에서 의병이 일어나지 않은 이유는? 물론 인조 정권이 쿠데타 정권이었기 때문일 것이다. 그렇다면 서인의 핵심 축을 이루는 충청도 서인들은 왜 의병을 일으키지 않았는가? 그들은 정치꾼이기에 막대한 이익이 따르는 쿠데타에는 가담하나, 대가없는 희생인 의병에 마음이 내킬 리가 없었을 것이다.

③ 지도부의 비겁함과 무능함 - 김상헌 등의 주전파들, 말은 많으나 누구도 책임을 지지 않았다. 병자호란 뒤에 서인 정권은 마땅히 물러났어야 하나 다시 집권했다. - 무책임, 무능력을 청나라가 조장했다.

모두가 완전히 심리적으로 얼어붙어서 싸울 엄두도 내지 못 하는 상황에서 일방적으로 패배했다. 왜 그러했던가? - 유일 강국 명나라 군대를 완파한 청나라에 대한 근본적인 두려움 때문에 전투다운 전투를 하지 못 했다. 그러나 김상헌 등 주전파는 목청을 높여서 싸워 죽자고 했다. 실제로 싸워야 하는 군인들은 내켜 하지 않은 전쟁, 그러나 전투를 하지 않는 문신들은 싸워 죽자고 하던 상황 - 희극적이지 않는가? 이처럼 지휘부가 끈질기게 저항하지 않는데 어느 백성이 나서서 싸우려 하겠는가?

(2) 후금이 병자호란 승리 뒤에 조선을 식민지로 만들지 않은 이유

① 후금의 목표는 명나라를 쳐서 중국을 정복 지배하는 것이었다. 반면 조선은 가만히 있어 주었으면 하는 나라였다. 자신들이 명나라

를 칠 때, 조선이 뒤에서 뒤통수만 치지 않으면 된다는 입장이었다. 후금의 조선 침략은 명나라 정복의 한 부분이었다. 뒤를 깨끗하게 정리한 뒤에 명나라를 치겠다는 것이다. 모든 것은 중국 정복이라는 큰 목표 아래 종속된다.

반면 조선은 명나라에 대한 의리를 주장했다. 임진왜란 때 명나라가 조선을 구했기 때문에, 조선이 이제 명나라를 도와주어야 한다는 것이다. 여기에다가 명나라=문명국, 후금=오랑캐라는 중화주의 시각이 보태진다.

병자호란 전에 조선과 후금의 줄다리기 외교는 바로 그 판도에서 진행되었다.

후금은 명확한 전략적인 목표가 있었다. 중국의 정복 지배라는 것 - 그것은 현실적이고 군사적인 것이다. 반면 서인 정권의 목표는 모호했다. 후금을 쳐서 이기겠다는 것도 아니고, 후금을 정벌하겠다는 것도 아니다. 단지 후금에 굴복하지 않겠다. 후금을 쳐서 명나라가 망하게 하지 않겠다 - 이런 식의 모호한 목표였다.

② **병자호란** - 이것은 우리 역사에 유례를 볼 수 없는 완벽한 패배였다. 후금이 인조 이하 지도부를 몽땅 다 죽여도 할 말이 없는 상황이었다. 징기스칸의 군대였다면 당연히 그렇게 했을 것이다. 바로 문제는 그것이다. 그렇게 다 죽여 버리면, 격렬한 저항이 일어난다는 것 - 그것은 징기스칸의 손자가 세운 원나라 정권에서 잘 볼 수 있다. 후금은 그 점을 잘 알았을 것이다.

인조와 서인 정권은 기본적으로 무능했다. 전략도 전술도 없었다. 그저 '명나라 = 은인 = 아버지 나라'라는 광신적 의식으로 살았다. 물론 그 점에서는 유치(幼稚)하지만, 반면 '명나라 = 서인 정권의 이익'으로 삼은 점에서는 더없이 노회한 정치꾼들이었다.

정치적 어린애이면서 노회한 정치꾼들 - 그렇기에 후금에 너무 쉽게

졌다. 바로 그 점이 후금의 마음에 든 것이다. 내부적으로는 강고하게 정권을 잡는 노회한 인간들인데, 외부적으로는 더없이 무능하다는 것. 무능 - 바로 이것이 그들의 생존의 비결이었다.

따라서 그들은 인조 정권, 쿠데타 정권, 서인 정권을 다시 그대로 온존시키기로 마음을 먹는다. 그들을 없애고, 조선을 식민지로 직할 통치하면 비용이 막대하게 든다. 현재 군대를 총동원해서 명나라를 정복해야 하는 상황. 그런데 주력군 가운데 하나를 조선에 배치해 둘 여유가 없다는 것이다.

또한 조선에서 무능한 정권을 제거해 버리면, 반드시 유능한 자가 나타날 수 있다. 청나라에 저항을 하는 사이에 유능한 자는 두각을 나타나게 된다. 임진왜란 때 의병을 보면 알 수 있듯이 조선의 저항은 만만하게 볼 것이 아니었다. 따라서 후금은 조선을 지배하려고 한다면, 많은 정력을 쏟아야 하는 상황이었다.

후금은 낙후한 조선에 별 다른 매력을 느끼지 못 했다. 뜯어먹을 것이 없었다. 오히려 보태 주어야 하는 상황이다. 따라서 그들은 조선을 포기했다. 대신에 조선이 자신들의 뒤통수만 치지 않게 하면 되었다.

그래서 선택한 것이 바로 인조 정권, 서인 정권이었다. - 그들이 무능함을 계속 유지하면 후금으로서는 대만족이었다.

서안(西安) 사건 때, 모택동이 장개석을 죽이지 않은 이유 - 바로 그것과, 후금이 인조와 서인 정권을 살려 준 이유는 같다. - 중원을 도모하는 원대한 전략 때문이다.

③ 정복 전쟁의 시대에는 가장 강한 자가 최종 승리자가 된다. 반면 우리 역사는 반대이다. 고구려 백제 신라 가운데 가장 약한 신라가 통일을 했다. 당나라의 선택 때문이다.

병자호란 때 인조 정권은 청나라와 전쟁을 해서 완벽하게 패배하고 포로가 된다. 전쟁 뒤에 청나라가 인조 정권을 고스란히 되살려 준 것도 마찬가지이다. 인조 정권이 유능했고, 강력했다면 다 잡혀 죽었을 것이다. 그러나 더없이 무능했다. 조선을 직접 지배할 생각이 없던 청나라에게, 그들은 완벽한 조건을 갖추었다. 이는 당나라가 신라를 선택할 것과 똑같다. 무능하기에 중국을 넘볼 수 없는 정권 – 그것이면 된다. 무능과 약함이 생존의 비결이다.

3) 서인 정권에 정당성 부여 작업 – 송시열

전쟁을 일으키고, 그 전쟁에서 완벽한 참패를 한 정권, 국가를 멸망의 위기에 몰아넣은 정권, 그러나 후금의 명나라 정복 전략 때문에, 후금에 의해서 일부러 다시 심어진 정권 - 이것이 바로 서인 정권이었다.

어떻게 보아도 그런 정권은 물러났어야 했다. 전쟁의 참패 때문에라도, 혹은 후금의 야욕을 저지하기 위해서라도, 그리고 국가의 기강과 민족자존을 위해서라도 그 정권은 물러났어야 하며, 나아가 처벌을 받았어야 했다. 한 일에 대해서 책임을 묻지 않을 때, 집안이면 집안, 나라면 나라, 꼭 망하게 되어 있다.

바로 이 상황에서 송시열이 등장한다. 그는 이런 상황을 정확하게 보고 있었다. 송시열이 젊어서 효종의 스승이었고, 그 우연한 인연 때문에 그렇게 큰 정치가가 된 것인가? 그렇지 않다. 그런 우연은 우연에 불과하다. 송시열이 뛰어난 점은 자신이 처한 상황을 정확하게 보고, 그것에 정치적으로 강력하게 대처했기 때문이다.

① 정의 진리를 정치에 사용함. 윤리 도덕을 정치의 무기로 씀. 형이상학, 그 어려운 이야기를 정치의 수단으로 씀 - 철학과 형이상학,

윤리를 정치화시킨 사람 – 송시열의 특징이 바로 그것이다.

② 그가 이렇게 할 수 있었던 이유 - 여러 가지가 있었겠지만, 그 가운데 하나가 역사에 대한 반성이다. 이황 조식 등 사림을 이었던 대가들이 재야에 은거하면서 제자를 키워서, 선조의 즉위와 더불어서 정권을 장악했다는 사실. 바로 그 역사에서 송시열은 배운다.

송시열도 이황이나 정인홍처럼 '여론 주도자'(山林)가 되려 했다. 벼슬은 하지 않되, 그 당파의 이론적 지주(집권 명분 제공)이며, 그 당파의 막후의 후원자-실력자이며, 그 당파의 여론의 주도자가 되었다. 산림의 계열을 보자면, 이황, 정인홍, 그리고 송시열이라 할 수 있다.

③ 병자호란 뒤 인조와 서인 정권에 가장 시급하게 필요했던 것은 정권의 정당성, 명분이었다. 국가를 멸망에 몰아넣은 자들, 전쟁에 완벽하게 패배한 자들 - 그들이 다시 집권해야 하는 이유가 무엇인가? 그 패배에 대한 책임은 전혀 지지 않으면서 왜 다시 집권해야 하는가?

이것은 사활이 달린 문제였다. - 서인은 정권을 쿠데타로 탈취한 자들이다. 그들이 아무리 광해군의 패륜을 문제 삼아도, 임금을 몰아낸 쿠데타는 패륜보다 더한 것이기 때문이다. 유교의 가치는 충과 효이다. 폐모살제와 임금을 몰아낸 것 - 어느 쪽이 충효에 더 어긋나는가?

이런 약점에다가 다시 병자호란의 참패 - 나라를 멸망의 나락까지 몰아넣었다는 것. 이 두 가지로 볼 때, 서인 정권은 마땅히 물러났었어야 한다. 국가 존망이라는 점에서 볼 때, 서인 정권은 마땅히 심판을 받았어야 했다.

게다가 참패한 서인 정권의 인사들을 하나도 죽이지 않고 고스란히 그대로 정권을 잡게 해 준 것은 다름 아닌 후금이었다. 무능하기 때문에, 다시는 후금에 대들지 못할 것이기 때문에 정권을 넘겨 준 것이다. - 이것은 치욕에 해당된다.

④ 이런 상황을 누구보다 정확하게 보고, 전율할 위기의식을 느낀 사람이 바로 송시열이었다. 그 점에서 그는 탁월한 정치가였다. 물러나야 할 세력, 심판받아야 할 세력인 서인이 집권한다는 것, 그것의 정당성 부여가 무엇보다 중요했다. 전쟁 패배와 국가 멸망 - 왜 그럼에도 불구하고 그들이 정권을 잡아야 하는가?

송시열은 집권의 정당성으로 소중화 이론을 제시한다. 효종은 북벌 이론을 내세운다.

두 이론은 손바닥과 손등에 해당된다. 패배했기 때문에 설욕해야 한다 - 이 북벌론은 단순하다. 게다가 전쟁 참패의 책임이 면책되는 것은 아니다. 설욕은 꼭 진 자가 할 필요가 없다. 게다가 한 번 진 것으로, 실력이 형편없는 것으로 드러난 자들이 다시 전쟁을 벌린다는 것은 문제가 크다.

소중화론 - 이것은 좀 더 고차원적이다. 조선을 문명국가로 규정하고, 문명 수호 작업을 말하기 때문이다. 일종의 십자군 전쟁, 종교 전쟁의 분위기가 될 것이다. 소중화 - '작은 중화'란 무엇인가?

4) 중화(中華) 민족주의

문명과 야만을 가르는 기준은 무엇인가? 일찍이 문명이라는 것을 만들었던 지역은 문명과 야만을 갈랐다. 그리스 헬레니즘 시절, 그들은 야만인을 '바르바로이'라고 했다. 알아듣지 못할 말을 바글바글 지껄이는 자들이라는 뜻이라 한다.

중국도 마찬가지로 구분을 했다. 동서남북 네 군데에 야만족이 있다는 것이다. 동이(東夷), 남만(南蠻), 북적(北狄), 서융(西戎)이 그것이다.

문명이 언제나 강하고 야만이 약해서, 야만이 문명에 지배를 받으면 된다. 그러나 현실은 달랐다. 문제는 야만이 강해서 문명을 지배하는 경우가 생겨난다는 것이다. 중국은 은나라 시대 이래, 혹은 그 이전부터 끊임없이 야만의 침략을 받았다. 주나라 때 서융의 침략과 동천(東遷), 진나라 때 만리장성, 한나라 무제의 흉노 정벌. 위진 남북조 시대는 서방과 북방의 이민족이 아예 중국을 접수하고 지배했다. 당나라 왕실은 서방 이민족의 피가 많이 섞여 있다고 한다.

위진 남북조 시대는 이민족들이 중국에 들어와 갖가지 국가를 세우고 지배했지만, 중국 전체를 지배하지는 못 했다. 그 시대는 기본적으로 중국이 갈래갈래 찢겨져서 싸웠기 때문이다. 이 상황이 변하는 것은 송대 이후이다.

송나라 이후 중국은 통일 국가, 단일 국가를 이룬다. 따라서 그 나라가 이민족에 지면 중국 전체가 이민족의 지배 아래 들어가게 되었다. 그 불길한 조짐은 북송 시대에 이미 보였다. 문민 국가 송나라는 군사적으로 약체였다. 그 결과 북방 민족과 전쟁에서 참패하고 황제가 포로로 잡히고, 막대한 배상금을 물어주었다. 그러다가 결국 만주족인 금나라의 침략을 당해서 중국 북방을 내주게 되었다.

그리고 몽고족 원나라의 지배, 만주족 청나라의 지배가 이어졌다. 송 · 요 · 금 · 원 · 명 · 청, 이 계보는 중국 자체 정권과 이민족 정권이 번갈아 가면서 나타난 것이다. 이 번갈아 감의 시작은 송나라이다. 이 불길한 조짐을 감지한 사람 가운데 하나가 주희이다.

그가 완성한 성리학은 강한 중국 민족주의 성향을 띤다. 중국 문화에 대한 강한 집착과 비례해서 요나라나 금나라 같은 서방-북방의 이민족 정권에 대해서 적개심을 가진다.

5) '북방의 악마' 가설

중국 근세사에는 하나의 가설이 있다. 북방의 악마가 중국의 발목을 잡았다는 것이다.

중국의 역사는 발전해 왔다. 한-당 시대는 지방 분권적인 시대이며, 호족-절도사들이 지배하던 시절이었다. 서양의 중세 봉건제에 가까운 구조였다. 송-청 시대는 지주-지식인-관료가 지배하던 시대였고, 중앙 집권의 시기였다. 서양으로 치자면 근대 절대주의 왕정과 비슷한 점이 있다. (중국에서는 자본주의-민주주의가 자생적으로 생겨나지 못했다.)

반면 서-북방의 이민족들은 끝까지 고대 노예제 사회의 단계에 머물렀다. 칼이 말해 주던 시대 - 이긴 자는 주인, 진 자는 노예가 되는 정복 전쟁의 시대 - 고대 노예제 사회에서는 무력으로 이기는 것이 전부였다. 이기면 진 자를 죽이고 파괴하고 노예로 삼았다.

정복 전쟁에 능했던 서-북방의 이민족들은 '야만인' 이미지에 딱 알맞았다. 서양의 중세 신화와 전설에 나오는 악마들 - 그들의 모습은 징기스칸 군대의 병사들을 과장해서 그린 것이다. 검고 악랄하고 잔인하고 추악한 모습. 오직 칼싸움에 능한 것 이외에는 아무런 문명도 문화도 없는 자들.

중국은 전국 시대에 노예제 사회의 정복 전쟁을 치루고, 한-당 시대에 봉건제를 거친다. 이로써 무사들의 시대는 물러간다. 송대 이후는 지식인(文士)들의 합리적인 지배, 이성적인 국가, 중앙 집권 국가의 시대로 간다.

반면 서북방의 이민족들은 여전히 노예제 사회 단계에 머문다. 전쟁만이 모든 것을 말해 주고, 모든 것을 결정한다는 것 - 징기스칸의 군대는 역사상 군사적 효율성으로는 최고의 군대였다고 한다. 살인 병기, 살인 집단, 혹은 전쟁 기계라 할 수 있었다.

이런 북방 이민족들이 번번이 중국을 이기고 정복하고 지배했다. 그럴 때마다 중국의 역사는 뒷걸음쳤다. 당나라 때는 황제와 신하들이 대등하게 서서, 혹은 의자에 앉아서 정사를 보았다고 한다. 몽고족 정권인 원나라 뒤에 선 중국인 정권 명나라 - 그 시대에는 신하들이 황제 앞에서 엎드려 머리 조아리며 정사를 보았다. 태조 주원장은 맘에 들지 않은 자들을 채찍으로 치기도 했다고 한다. 그는 정권의 안정을 위해서 개국 공신들을 대량으로 죽였다. 자식의 평안한 집권을 위해서. 그렇게 잔인한 살육은 물론 몽고족(원나라)의 정복 전쟁의 유산일 것이다. 이긴 자는 살고, 진 자는 죽는다.

이렇게 북방의 악마는 중국의 역사에 발목을 잡았다는 것이다. 중국에서 절대 왕정 비슷한 단계까지만 가고, 그 이상 자본주의가 발전하지 못 한 것도 그런 발목잡기의 결과 때문인가?

이런 북방 이민족에 대해서 주희가 문화적 우월감을 느낀 것은 당연할 것이다. 무력으로 안 되면, 문화로라도 우월해야 한다. 주희는 자신이 종합한 성리학이 바로 중국 문화의 진수이며 정화라고 본 것이다. 그것이 있기 때문에 북방의 오랑캐보다는 중국이 낫다는 것이다. 금나라의 침략 앞에서 지식인이 할 수 있는 자기 방어 기제일 것이다.

중화주의 - 중국의 문화 민족주의는 그렇게 형성되고 작동했다.

6) 소중화론(小中華論)

후금의 침략과 패망 뒤에 송시열은 주희의 중화 민족주의를 자신과 그의 정권의 방패로 삼는다. 무력으로 졌지만, 문화로는 우월하다는 것 - 정신 승리법이 그것이다.

중화(中華) = 명나라 / 작은 중화(小中華) = 조선
오랑캐(夷) = 후금 - 청나라

이런 식의 이분법은 선명한 만큼 거칠다. 흑백 논리는 단순해서 좋다. 그러나 단순한 만큼 우악스런 구분에 떨어진다. 정말 명나라는 문명이고, 청나라는 야만인가? 병자호란의 경과를 보면 청나라는 충분히 예의를 갖추고 조선을 대한다. 거짓말하고 배반하는 것은 조선이었다.

중화(中華; 가운데의 꽃)는 문명을 뜻한다. 중국의 윤리 도덕, 혹은 성리학이 바로 그 핵심이다. 나아가 명나라는 임진왜란에 참전해서 조선을 도운 아버지의 나라이다. 그 명나라를 배워서 조선은 문명국이 되었다. 따라서 작은 중화이다.

청나라는 오랑캐이므로 그런 문명이 없다. 왜 없는가? 이는 핏줄 논리가 들어간다. 명나라는 중국인이 세운 국가이므로 중국 문화, 중화가 있다. 반면 청나라는 오랑캐 핏줄이므로 중화가 없다.

문제는 조선이다. 조선은 역시 명나라와 핏줄이 다르다. 그런데 왜 작은 중화인가? - 명나라의 문화를 배웠기 때문이다. 그렇다면 청나라도 명나라 문화를 배울 수 있지 않은가? 같은 오랑캐 종류인데, 조선만 배우고, 청나라는 배우지 못 하란 법이 있는가?

모든 논리적 의문을 일축하고, 송시열은 이분법을 단호하게 지킨다. 조선은 소중화이나, 청나라는 소중화가 될 수 없다고 한다. 청나라는 야만이다. 본래 그렇다.

반면 송시열 등 충청도 서인들에게 반발했던 서울 지역 서인들인

김창협 등은 북학론을 지지한다. 청나라가 중국에 들어가서 공전의 번영을 하면서 문명-문화를 누렸기 때문에 그것을 배우자고 한다. 청나라는 야만이 아니라 중국이라는 것이다.

심각한 문제는 이것이다.

백보 양보해서, 후금이 만주에 머물렀을 때, 그 때는 야만이라 할 수 있다. 이자성이 반란을 일으켜서 명나라를 멸망시키자, 후금이 만리장성을 넘어서, 그 반란을 진압하고 청나라를 세웠다. 중국 전체를 지배할 뿐 아니라, 중국 역사상 가장 넓은 지역을 통치했던 국가 중 하나였다. 게다가 중국 역사상 최대의 번영을 누렸다.

이 청나라도 과연 야만인가? 과거 중화 문화 문명이 남았던 땅, 그 사람들 위에 세워진 이민족 정부 - 단지 이민족이 정권을 세웠다고 해서, 중국이 야만이 되었다고 할 수 있는가?

물론 야만이라 한다. 왜 야만인가? - 이는 사실의 문제가 아니라 당위의 문제이다. *야만일 뿐만 아니라, 반드시 야만이어야 한다.* 그래야 소중화론이 설 수 있고, 서인 정권의 정당성이 확보되기 때문이다.

여진족-만주족이 중국으로 들어가 청나라를 세운 이후, 중국은 야만이 되었다. 왜? 역시 핏줄 논리인 것 같다. 오랑캐가 한번 들어가면 그곳도 오랑캐가 된다. 오랑캐는 중국에 들어가도 오랑캐이다. 걸레는 빨아도 걸레이다. 나아가 중국이 오랑캐로 변한다.

그러나 반대로 오랑캐가 중국화될 수 있지 않은가? 현실적으로 볼 때, 청나라는 철저하게 중국화되었다. 중국 문화를 존중했고, 그 논리에 따라 통치했다. 그런 청나라가 오랑캐인가?

아무튼 중국에 야만족이 청나라를 세운 이래, 중국에는 중화-문명이 사라졌다. 그것이 오직 조선에 남아 있다. 조선은 따라서 작은 중화이다. 그리고 그 작은 중화의 수호자가 바로 서인 정권이다. 중화를 수호하기 위해서 후금과 싸우다 졌다. 그러나 밤이 되어도 중화는 지켜야 한다. 독수리 5형제!!

작은 중화의 핵심은 대의명분, 의리, 강상 윤리이다. 그것을 뒷받침하는 것이 성리학이다. (사실 이이-송시열의 철학은 성리학이 아니라 순자 계열의 지각설이다. 그것을 성리학이라 포장하는데서 많은 문제가 생겨난다.)

요컨대 외부의 적에 대한 투쟁은 효종의 사망과 북벌론의 포기와 더불어서 그만 두었다. 내부에서 정권 투쟁을 할 때만 소중화론은 살아있었다. 소중화론은 본래 내부용이었다. 중화-문명, 그것은 대의명분, 강상 윤리이다. 예송 논쟁은 소중화론과 논리적으로 연결되어 있다. 중화 문명의 핵심인 윤리 명분을 이유로 서인이 재집권하자, 그 핵심인 소중화-윤리 명분, 즉 예(禮)를 정치에서 첨예하게 따진 것이다.

싸움이 가능해진 것은 야당이던 남인이 중화-문명의 알맹이인 윤리 명분으로 무장했기 때문이다. 중화는 서인만 가진 것이 아니다. 중화의 내용인 대의명분, 강상 윤리로 서인의 급소를 찌른 것이다.

7) 예송 논쟁

(1) 소중화론에서 예송 논쟁으로

송시열의 직(直)의 철학, 혹은 소중화론은 증오에 근거하고 있다. 곧음이라는 것, 그것은 대의명분과 강상윤리를 그대로 적용한다는 것이다. 밖으로는 오랑캐 청나라에 적용하고, 안으로는 윤휴와 남인 등 반대파에 적용한다. 곧음의 실천은 옳지 못 한 것과의 싸움, 즉 증오에 근거한 투쟁이다. 송시열의 전쟁 - 그것은 그 스스로는 진리 정의의 실천이지만, 남이 보기에는 지독한 정권 싸움이었다. 주관적으로 그는 언제나 자신이 옳고 바르고, 늘 진리 정의에 살지만, 객관적으로 볼 때 그는 노회한 정객이었다.

소중화론은 청나라에 대한 적개심의 이론적 포장이었다. 적개심이라는 알맹이를 빼면, 소중화론은 사실상 유치한 이야기에 불과하다. 만주족-후금은 오랑캐이고, 그들이 세운 청나라도 따라서 오랑캐라는 것. 아무리 중국을 지배해도, 오랑캐가 지배하면 중국도 야만이 된다는 것이다.

서인은 인조 쿠데타를 일으켜 성공했고, 그것을 충효라는 대의명분과 강상윤리로 합리화했다. 내친 김에 충효라는 윤리를 가지고 후금과 전쟁을 벌려서 비참하게 패배했다. 그리고 다시 그것을 소중화론으로 포장해서 집권의 명분으로 삼았다. 자신들은 소중화의 수호자인데, 저 야만인들에게 유린당한 수호천사라는 것이다.

이런 논리를 간파하고, 그 논리로 서인을 친 사람이 바로 윤휴이다. 송시열이 윤휴를 그토록 증오했던 이유는, 윤휴야말로 송시열의 정치적 술수의 핵심을 꿰뚫어 보았기 때문이다.

결국 예송 논쟁은 어떻게 보면 공정성-공평함의 시작이었다. 서인이 쓸 수 있는 무기는 야당인 남인도 쓸 수 있기 때문이다. 서인만이 예를 독점할 수는 없다. 예를 가지고 경쟁을 하자, 서인만이 예에 맞는 것은 아니라는 사실이 곧 드러났다. 오히려 예로 하면 서인들이 더 틀렸다는 사실이 드러났다. (현종 및 숙종 때, 예송 논쟁에서 서인들이 패배할 수밖에 없었다. 송시열은 귀양 가고, 사약 먹고 죽었다.)

(2) 예의 논쟁에서 권력의 논리로

예로 따지면 서인이 밀렸다. 서인은 군주에게 사대부와 동등한 예를 적용했다. 남인은 군주의 독자성을 인정하는 예를 주장했다. 현종은 알면서도 말을 못 했지만, 숙종은 대놓고 강력한 군주 이론으로 나갔다. 서인의 예 이론을 정면으로 반박한 것이다. 결국 서인들은 예에 의해서 판가름내기를 포기하고, 권력의 논리로 나간다.

① **국가의 혼례를 잃지 말라!**(勿失國婚) - 왕비는 자기파에서 내라. 외척을 장악하라. 군주를 움직일 수 있는 것은 외척 세력이다. 군주를 인척 관계로 누르라.

② **산림을 높여 쓰라**(崇用山林) - 사림의 여론을 주도하라. 산림(山林)은 여론을 주도하는 막후의 거물을 가리킨다. 정인홍이나 송시열이 대표적이다. 이들이 여론을 주도하면서, 사대부(지주-지식인-관료) 계층의 여론을 주도했다. 군주를 여론으로 압박한다.

이 지점에서 소중화론의 또 하나의 허구가 드러난다. 소중화의 수호천사인 서인-노론들. 그들이 소중화의 수호자라면, 대의명분과 강상윤리를 그들이 장악해야 한다. 그러나 실제로 예를 가지고 경쟁하고 싸워본 결과, 그들은 형편없었다는 점이 드러난다. 군주를 일반인-사대부 취급하는 그들의 예 이론 - 이는 물론 맹자 이래 지식인 관료 중심의 통치 이론의 연장선이지만, 군주 입장에서 볼 때 받아들이기 어려운 것이다.

예로 싸워서 지면, 예에서 우월한 상대에게 소중화를 양보해야 하는 것이 아닌가. 그러나 그들은 예로 싸워서 안 되자, 이제 외척과 여론으로 군주를 압박하고 정국을 장악하겠다고 나간다. 소중화가 예로 이루어진 것이 아니라, 권력의 논리로 이루어진 것인가? - 이런 점에서 우리는 결론을 내릴 수 있다. "명나라=소중화=서인-노론의 권력"이라고.

4. 제로섬의 당파 경쟁과 문화주의

1) 쿠데타와 도덕적 금욕주의 - 그 후유증

(1) 도덕적 엄격주의

조선시대에 여러 차례 쿠데타가 있었지만, 그 가운데 중종 쿠데타와 인조 쿠데타가 독특한 의미가 있다. 태종이나 세조의 쿠데타는 명백하게 정권 장악을 위한 것이다. 반면 중종-인조의 '반정(反正)'이라는 쿠데타는 지식인 중심으로, 이념을 가지고 일으킨 것이다. 폭정에 항거해서 일으킨 것이라는 주장을 한다. (중종 반정의 경우, 쿠데타 주도자들은 지식인이 아니지만, 조광조가 집권해서 지치주의 정치를 주도했다.)

따라서 폭군을 쫓아냈다는 점에서 그들은 새로운 혁신 정치를 하려 한다. 중종 인조 쿠데타는 성공 뒤에 바로 금욕적인 분위기가 휩쓴다. **도덕적 엄격주의** - 연산군의 방탕 때문에 중종이 조광조를 기용해서 근엄한 도학 정치를 하려 한 것, 그것은 이해가 된다. 반면 광해군을 몰아내고 들어선 인조 때의 금욕적 분위기는 짬뽕이고 뒤범벅이었다.

인조 쿠데타는 도덕 윤리를 세우겠다는 천리(天理)의 측면이 있는가 하면, 북인에게서 정권을 탈취하겠다는 서인의 정치적 야심도 있었다. 천리도 있고, 인욕도 있었다. 따라서 권력주의자도 있었고, 근엄한 도학자도 있었다.

문제는 윤리 도덕을 정치에 이용했다는 점이다. 그렇기 때문에 천리와 인욕의 짬뽕이 되었다. 중종 쿠데타는 적어도 윤리 도덕을 이용하지는 않았다. 방탕한 연산군의 폭정 속에서 훈구파들이 살아남기 위해서 한 쿠데타라는 것, 즉 자기 방어의 일환이었다는 것이다. 중종이 즉위하고 난 뒤에, 연산군과 다른 자신의 정치 색깔을 펼치기 위해서, 조광조를 기용해서 도덕 정치, 도학 정치를 했다는 점이다. 그러다 안 되니, 외척 세력에 의존했다.

반면 인조 쿠데타는 윤리 도덕(도학)을 쿠데타 명분으로 사용했다는 점. 즉 정치에 이용했다는 것이다. 그리고 그것은 심대한 후유증을 낳았다. 문제는, 물은 한번 흘러가면 그 기세를 유지한다는 점이다. 충효라는 윤리 도덕으로 쿠데타를 성공했다면, 한번 이용하고 그 카드를 버릴 일이었다. 그들은 그러나 그것을 만능 카드로 이용했다. - 후금에 대해서도 그것을 레드 카드로 사용했다는 것이다.

국제 관계는 힘의 관계이다. 도덕적 관계는 아니다. 심지어는 명나라와 조선의 관계도 사실은 힘의 관계에 불과했다. 우월한 무력을 가진 후금에 대한 인조와 서인 정권의 카드는 단지 윤리 도덕 하나뿐이었다. 소작인 위에서 호령하는 지주 양반처럼, 서인 정권은 후금에게 호령을 했을 뿐이다. 후금에 대해서 조심성도 사전 대비도 없었을 뿐만 아니라, 약속을 뒤엎기도 하고, 사실상의 선전 포고를 하기에 이르렀다.

윤리 도덕이 수호 천사가 되어 지켜 주는 정권이라는 유치한 환상 속에서 시작한 전쟁이니 아무런 준비도 없었다. 최일선인 의주를 방어하던 임경업은 의주성을 포기하고 산성으로 피해 버린다. 후금의 군대는 비어 있는 들판으로 유유히 남진을 했다. 의주에서 서울까지 방어선에 있었던 장군들은 다 임경업 같은 자들이었다. 아무도 맞서 싸운 자가 없었다.

열흘도 안 되어서 후금 군대가 서울 부근까지 진격하자, 황망히 가족들을 오전에 강화도로 피난 보냈다. 오후에 출발한 인조와 백관들은 그 사이에 후금 군대가 강화도로 가는 길을 차단하자, 길을 돌려서 준비도 제대로 되지 못 한 남한산성으로 도피했다. 이래서 전쟁이 되겠는가?

(2) 도덕 정치의 굴절

서인들의 도덕적 금욕주의, 도덕적 엄격주의는 인조 쿠데타의 명분으로 사용되었고, 그 이후 많은 일을 만들었다.

① **병자년의 호란** - 그것은 인조 쿠데타의 금욕적 도덕주의의 산물이었다. 도덕성만 가지고 호령하던 양반들의 버릇. 물론 소작인들은 그 호령에 기가 죽지만, 아무리 오랑캐라 하더라도 강대국이었던 후금이 약체 조선의 쿠데타 정권의 호령에 굴복하겠는가?

결국 주전파-주화파 사이에 유치한 말장난 끝에 서인 정권은 나라를 패망의 경지로 이끌었다. 삼전도에서 굴복이 바로 그것이다. 청나라가 그들을 다 죽이고 조선을 멸망시켰어도 할 말은 없었다. 도덕주의 결벽주의 금욕주의가 가져온 불장난의 결과는 심대한 것이었다.

② **예송 논쟁** - 이 또한 도덕적 엄격주의의 산물이었다. 충효의 가치로 무장하고 광해군을 폐위시킨 인조 쿠데타. 그러니 왕실에서 백관, 지주에서 소작인까지 다 윤리 도덕적인 삶이 강요되었다. 왜 1년상-3년상이 그토록 중요한 문제인가? 쿠데타가 도덕의 산물이고, 병자호란 또한 금욕주의의 산물이었기 때문이다.

예송 논쟁의 시작은 병자호란과 연관이 있다. 심양에 볼모로 잡혀간 소현세자 - 그는 너무 탁월한 외교 능력을 발휘하여 인조의 질투를 불러일으킨다. 청나라는 말을 잘 듣지 않는 우둔한 인조를 폐위하고, 소현세자를 왕위에 올릴 생각까지 했다. 그 소문을 들은 인조는 격노하여, 돌아온 소현세자를 바로 독살해 버린다.

둘째 아들이 왕이 되니 효종이다. 효종이 죽었을 때, 효종을 큰 아들로 보아야 하는가, 아니면 차남으로 보아야 하는가? 일반적인 사대부의 예에 따르면 효종은 물론 둘째 아들이다. 반면 그가 군주라면 큰 아들로 볼 수 있다. 군주 자리는 장자가 이어받는다. 설사 둘째 아들이 이어받았다 하더라도, 그가 군주가 되면 장자로 인정할 수 있다. 왜냐하면 그는 군주이기에. 서인은 군주의 지위의 특수성을 인정하지 않고, 일반적인 사대부의 예에 따를 것을 주장한다. 따라서 1년상이다. 물론 주희니 누구의 말을 인용하면서 말이다. 반면 남인은 군주의 특수성을 인정한다. 효종이 둘째여도 왕이었으니, 장자로 인정하여 3년상을 주장한다.

군주제라면 남인의 주장이 타당할 것이다. 그러나 자신이 윤리 도덕을 장악하고 있다고 믿은 송시열의 주관적 확신과 이론에 따라 서인들은 군주-사대부 동등성을 주장한다. 이에 현종이나 숙종이 격분하게 된다.

* 다산 정약용의 정正-체體, 전傳-중重에 대한 토론 ; 그는 그런 윤리 도덕의 문제를 논리적으로 풀 수 있다고 본다. 도덕적 가치의 논리적 계산, 혹은 합리적 추론이 가능한가. 가능하다 하더라도 상대방을 설득할 수 있을까? 논리는 증명을 하고 승부를 낼 수 있는 수단이다. 그러나 윤리의 논리적 계산은 그게 가능한가?

③ **열녀문 세우기** - 이는 도덕적 금욕주의가 사회적 약자를 어떻게 죽이는지 극명하게 보여 주는 사건이다. 조선 후기에 가면, 특히 병자호란 이후 무수히 열녀가 나타난다. 가문의 영광을 위해서 그녀들은 청춘을 그렇게 포기했다. 도덕적 금욕주의의 광기.

뭔가 내세울 것이 없었던 가문들은 청상과부의 수절을 통해서 열녀문을 세우고, 가문이 인정받기를 원했다. 도덕적 금욕주의로 치달리던 정부는 과부의 수절이라는 가학적인(sadistic) 잔혹한 짓을 장려했다.

사실 도덕적 엄격주의로 자신을 희생하는 것 - 그것은 누구나 할 수 있다. 그러나 양반 계층은 스스로 그러하지 못 했다. 예컨대 김상헌. 싸워서 죽자고 극력 외치던 주전파의 우두머리. 인조가 삼전도에서 항복 의식을 할 때도 그 이후에도, 심지어는 청나라에 잡혀 가서도 죽지 않았다. 도덕적 금욕주의는 어디 간 것일까? 노블레스 오블리제 - 귀족의 의무라는 것. 귀족이기에 평민보다 더 엄격한 도덕률을 적용한다는, 지배층의 존엄, 그런 것이 없다.

자신들은 기생들과 수작하면서, 사회적 약자들인 청상과부들의 수절을 강요하고 장려했던 시절. 과부가 뭐 한다네 소문만 나도 린치를 가하고 사적으로 죽여 버렸던 명예 살인의 시대 - 이런 식의 도덕적 금욕주의는 광기로 나타난다. 그 광기 안에는 인간의 지극한 이기심이 있다. 강자들은 하지 않으면서 약자들에게만 강요했던 것이 도덕이었다.

* 과부의 재가 금지와 수절 ; 북송 시대 성리학의 정초자 가운데 하나인 정이(程頤)가 그 제자와 문답한 것이 있다.

질문 - "청상과부가 얼어 죽고, 굶어 죽을 위기에 처하면, 재가(再嫁)를 해도 되는지요?"

정이의 답 - "하면 안 된다. 얼어 죽고 굶어 죽는 것은 사소하지만, 절개를 잃는 것은 천리를 어기는 것이다."

그러니 얼어 죽고 굶어 죽으라는 이야기이다.

④ **도덕성과 광기** : 조선 후기는 지극히 못 살았다. 특히 소작제가 광범위하게 퍼질수록 생산은 급격하게 떨어졌다. 생산이 적다면, 소비를 줄일 수 밖에 없다. 그들은 생산을 늘릴 방법도 의욕도 없었다.

도덕은 금욕 절제를 주장하고 낭비를 죄악시했다. 따라서 가난과 도덕성은 비례하게 된다. 도덕은 정치적인 의미를 가질 뿐만 아니라, 경제적 의미가 덧붙여진다. 도덕성은 이제 정치 경제적으로 필수적인 것이 되며, '장미의 이름'이 된다.

2) 힘의 논리와 도덕성의 논리

조선시대에는 두 가지 쿠데타가 있었다. 태종 이방원이나 세조 수양대군이 일으킨 쿠데타 - 이것은 정권 장악을 위한 것이며, 윤리 도덕을 짓밟은 것이다. 반면 중종 쿠데타나 인조 쿠데타는 유교적 윤리 도덕 회복을 위해서 한 것이다. 이 두 종류 쿠데타에 깔려 있는 논리적인 문제를 살펴보자.

(1) 도덕성의 위기와 정복 전쟁의 논리

태조 - 명종 때까지 훈구-척신 정치의 시대에는 당쟁의 법칙이 적용되지 않는다. ('당쟁의 법칙'은 뒤에 설명함.) 훈척 정치의 논리가 따로 있다. 이들은 칼로 말을 하는 사람들이었다. 권모술수와 칼로 정권을 잡으면, 산적들이 전리품 분배하듯이 권력과 부와 명예를 분배받았다. 산적 정치, 그리고 도덕성의 위기의 시대이다.

도덕성의 위기 - 그것은 또한 고대 노예제 사회의 '정복 전쟁의 법칙, 약탈의 법칙, 주인과 노예의 변증법'과 같다. 노예제 사회라면 당연히 통용되는 것이 주인-노예의 변증법이다. 싸워서 이긴 자는 주인-정복자가 되고, 진 자는 노예가 된다. 이긴 자는 모든 것을 갖고, 진 자는 모든 것을 잃는다. 정복자는, 죽음을 두려워하지 않고 대항해서 싸우는 자는 모두 죽여준다. 죽음이 두려워 항복한 자는 모든 것을 잃고 노예가 된다. 칼이 말하는 시대였다.

노예는 노동을 하되 생산물을 하나도 가지지 못 한다. 반면 주인은 노동을 하지 않되 생산물 전부를 가진다. 노예 자체도 주인이 소유하는 재산의 일부이므로 처분할 수도 있고, 죽일 수도 있다. - 이러니 누가 노예가 되고 싶겠는가? 목숨을 건 싸움을 하지 않을 수 없다.

중국 송나라 때 *지주-지식인-관료*(사대부) 주도의 신유학이 등장하면서 정복 전쟁 논리는 부정 당한다. 그들은 도덕적으로 따지기 시작한다. 아무리 정복자이고 승리자일지라도 윤리적으로 심판해 보자는 것이다. 주희와 진량의 논쟁의 중요 논점이 바로 그것이다. *주희(朱熹)*는 물리적 강자를 바로 인정하지 않는다. 강자의 도덕성을 따진다. 반면 *진량(陳亮)*은 현실에서 힘으로 이기는 것을 옹호한다. 중요한 것은 현실을 움직이는 힘이라는 것이다.

조선의 초기, 이성계의 위화도 회군 쿠데타, 이방원의 두 번에 걸친 쿠데타, 수양대군의 쿠데타 - 이 모든 것이 다 정복 전쟁의 논리이다. 이긴 자가 전부이다. 칼이 말한다. 일단 정복하면 모두 내 것이 된다.

정복 전쟁의 논리는 징기스칸의 침략 전쟁에서 가장 잘 드러난다. 징기스칸과 그 후예들이 중국과 러시아 아랍 등을 정복하고 지배했던 이유는 단 하나, 칼과 활이 말해 주었다는 것이다.

고려 시대의 정치 논리도 기본적으로 칼이 말해 주는 것이었다. 고려 시대의 정권 변동은 대략 그러했다. 이자겸의 난, 묘청의 난, 혹은 무신의 시대가 대표적이다. 그들의 정치에는 철학 이론이 없었다.

정도전이 조선을 건국하면서 부정하고 싶었던 것이 바로 칼의 논리였다. 그러나 국가를 세우기 위해서는 이성계의 칼이 필요했다. 그리고 그것이 추세가 되자 이방원 수양대군의 쿠데타가 이어서 일어났다.

충효를 지고의 가치로 여기는 유가의 입장에서 볼 때, 이것만큼 부도덕한 것도 없다. - 쿠데타 세력은 임금을 죽이고 자신이 임금이 되고, 충신이 되지만, 임금을 수호하기 위해 진력했던 충신들은 몰살당하고 멸문의 화를 입고, 대역 죄인으로 몰린다.

쿠데타는 정복 전쟁의 논리에 따른다. 이긴 자가 독식하고, 진 자는 다 뺏긴다. 제로섬의 관계 - 주인과 노예의 관계이다.

그것은 유교의 충효의 도덕을 완전히 짓밟는 짓이다. 쿠데타는 정복 전쟁의 논리에 따른다. 고려 시대에는 그 논리가 용인되었지만, 조선은 건국과 더불어 유교적 윤리 도덕을 표방했다. 따라서 빈발했던 쿠데타는 도덕성의 위기를 심각하게 불러왔다.

훈구 척신 시대를 부정했던 사림파의 주장은 도덕성의 회복이다. 정복 전쟁의 논리, 주인과 노예의 변증법을 조선에서 털어내 버리려 했던 것이다.

(2) 도덕성의 논리와 아이러니

인조 쿠데타는 충효의 가치를 세우기 위해서 광해군을 몰아낸 것이라 한다. 임금을 섬기는 것이 충(忠)인데, 광해군을 몰아낸 것이 어떻게 충에 저해되지 않는가? 그들은 명나라에 대한 의리, 폐모살제 등을 들면서, 맹자의 "*군주가 아닌, 일개 깡패인 폭군은 몰아낼 수 있다*"는 논리를 들먹일 것이다. 그러나 광해군이 폭군이라는 객관적인 증거가 있는가? 결국 서인의 집권을 위해서 그렇게 명분을 세웠을 뿐이다.

인조 쿠데타는 명백히 충을 저버린 것이다. 그러나 그들은 충효를 위해서, 도덕을 위해서 쿠데타를 했다고 한다. 그러나 쿠데타가 성공한 것은 명분 윤리 도덕이 명확해서가 아니라, 이괄이 이끈 군대의 칼날 때문이었다. 힘이 도덕을 현실화시켜 주었던 것이다.

충효를 세우기 위해서 충효를 깨야 하는 것, 혹은 힘을 부정하고 윤리 도덕을 세우려 하지만, 윤리 도덕을 세우기 위해서는 힘이 필요하다는 것 - 이 아이러니를 그들은 보지 못 했다. 오직 윤리 도덕이 승리를 가져다 주었다고 착각했다. 그 착각의 참담한 결과는 병자호란이었다.

힘의 논리(정복 전쟁 논리, 주인 노예 변증법)를 부정하고, 윤리 도덕을 앞세운 결과 쿠데타는 승리했지만, 후금과의 병자호란에서는 참패하고 국가 존망의 위기로 떨어졌다. 선명한 대의명분 강상윤리를 앞세우면, 누구든지 다 깰 수 있다? 그런 자신감으로 후금과 전쟁을 벌렸다가 전원 항복하게 된다. 다행히 후금이 인조와 집권 서인 인사들을 그대로 살려 두었기에 망정이지, 조선을 멸망시키려 들었으면 그들은 전원 살해되고, 조선은 망할 수밖에 없었던 상황이었다.

후금은 힘의 논리, 정복 전쟁의 논리에 섰다. 반면 집권 서인들은 도덕성의 논리에 섰다. 병자호란의 과정을 보면, 후금은 힘에다 도덕성까지 갖추었다. 반면 조선은 철저하게 도덕성 뿐, 힘을 무시했다. 윤리 도덕에 따른 호령이 말 탄 군인의 칼을 이길 수 있는가?

힘의 무시와 도덕성을 무기로 한 당파 싸움 - 이것이 인조 이후 서인-노론 집권 시기의 특징이다. 그리고 힘을 앞세운 서구 열강의 침략 앞에 조선이 아무런 방비도 없이 당하게 된다. 역시 역사에 대한 반성이 없기 때문이다.

(3) 도덕과 힘

서인들, 그 가운데 송시열 등 - 그들은 윤리 도덕이 진정한 힘이 되기 위해서는 몇 가지 조건이 필요하다는 것을 몰랐다. 그들은 윤리 도덕을 정치적으로 이용했다. 쿠데타의 명분으로 사용했고, 전쟁의 명분으로 썼고, 참패 뒤에도 집권해야 하는 명분으로 삼았다. 그 결과 윤리 도덕은 참으로 가벼운 망치가 되어 버렸다.

마르크스가 말했다. *비판의 무기는 무기의 비판을 대신하지 못 한다. 그러나 그것*(비판의 무기) *이 대중의 마음을 사로잡으면 현실을 변혁시키는 강력한 힘이 된다.*

'무기의 비판'은 칼이나 창으로 공격하는 것이다. 반면 '비판의 무기'는 이데올로기, 이념, 윤리 도덕 등을 가리킨다. 이는 특정한 진보적인 그룹이 가진 담론(말)이다. 그것을 대중들이 납득하고 수용하고 공감할 때, 그것은 현실을 바꾸는 에너지가 된다. 바로 그 공감대 형성, 혹은 시대 정신 만들기 - 이것을 그들은 하지 않았다. 단지 그들

당파의 철학-이념 생산에 골몰했을 뿐이다. 당파 경쟁 시대에 시대 정신을 만들기를 요구하는 것은 지나치게 가혹한가?

* 노예제 시대의 정복 전쟁의 논리에 비해서, 윤리 도덕(진리 정의)의 논리는 확실히 발전된 것이다. 그러나 윤리 도덕이라 할지라도 칼 앞에 쓰러지면 아무런 소용이 없다. 윤리 도덕이 현실적인 물리적인 힘과 결합할 때, 그래서 정복 전쟁의 논리를 이겨낼 때 비로소 그것은 의미가 있는 법이다.

징기스칸의 물리적 폭력, 그것을 대신한 것은 서구 제국주의 열강이었다. 자연과학의 발달과 산업 혁명, 그리고 자본주의의 성립 - 그것은 인간이 막강한 물질적 힘을 갖게 만들었다. 징기스칸의 군대는 그것에 비하면 애들 장난 비슷하게 된다.

서인 정권의 무능함은 바로 그런 점에 있다. 힘이 없으면 굴복이라도 하지. 힘도 없으면서 윤리 도덕을 내세워 후금과 전쟁을 하고, 국가를 존망의 위기에 굴러 떨어지게 했다. 그들은 입이 열 개 있어도 광해군에게 할 말이 없을 것이다.

(4) 제로섬 게임과 군주의 역할

① 조선 초기의 쿠데타는 제로섬 게임이었다. 이긴 자가 전부 가지고, 진 자는 전부 잃는다. 자신의 목숨도 가족의 목숨까지 잃는다. 그것이 정복 전쟁 시대(고대 노예제)의 논리이다. 이긴 자는 주인, 진 자는 노예이다.

사림의 당파 정치는 제로섬 게임을 줄이자는 것이다. 칼이 아닌 말로 하자. 칼로 하면, 싸움 자체가 죽이고 죽는 것이다. 말로 싸우면 진 자는 권력에서 물러날 뿐이다. 꼭 죽거나 죽일 필요는 없다. 이는 승자 독식이 아니다. zero-sum, 즉 진 자는 0, 이긴 자는 전부(sum)를 가지는 것은 아니다.

숙종 이후 당쟁은 다시 제로섬 게임으로 간다. 권력을 잃은 당파는 잔혹하게 탄압을 받았다. 새로 정권 잡은 파벌의 요구이기도 했지만, 숙종 자신의 필요에 따라 진 자를 숙청했다. 환국 정치 – 숙종은 말을 갈아타면서, 자신의 신임을 잃으면 어떻게 되는지 보려주려 했다. 정권 잃은 세력의 탄압 – 그것은 군주의 미움받는 자의 본보기였다.

이렇게 해서 숙종은 충성 경쟁을 유도했다. 결코 어떤 세력도 후계자임을 확언하지 않는다. 그리고 끝없이 말을 갈아탄다. 이는 박정희도 했던 것이고, 독재자들의 행태이다. 이들의 목표는 국가의 부강이 아니라, 자신의 권력의 유지였다.

② 한비자는 신상필벌을 주장한다. 그는 현실적 결과에 따라 상벌을 주라고 한다. 숙종은 현실의 결과가 아니라, 자신의 신임을 얻느냐 잃느냐에 따라 상과 벌을 주었다. 한비자가 가장 위험하게 생각했던 정치에 몰입한 것이다.

법·세·술 가운데 술(術)을 주창한 이가 신불해(申不害)이다. 그가 이끌었던 한(韓)나라는 전국시대 7국 가운데 가장 약한 나라가 되었다. 반면 상앙(商鞅)은 진나라에서 법(法)을 시행했고, 진이 최강국이 되었다. 신불해는 상벌로 신하를 통제하되, 상벌의 기준을 군주의 권력(자의적 의지)에 두었다. 반면 상앙은 현실적 결과에 따른 상벌의 시행을 법에 명시했다. 군주마저도 법에 따라야 했다.

숙종은 얄팍한 방법으로 자신의 권력을 끝없이 높이고, 휘둘렀다. 신났겠지만, 국가는 망가져 갔다.

3) 노론과 남인의 서울–지방으로 분열

숙종 말년에 가면 사실상 노론이 승자가 되어 독주를 한다. 바로 이 시기를 놓고 보자면 노론과 남인이 각각 다음의 두 그룹으로 나뉘어져 있다.

노론 - 충청 노론(김장생 송시열 한원진 등) / 서울 노론(김창협 등 안동 김씨, 박지원 등 북학파)

남인 - 영남 남인(장흥효 이현일 이진상 등 이황 후예) / 서울 남인 (이익-채제공-정약용 등 실학파)

(1) 노론이 충청 노론과 서울 노론으로 갈라진 것, 남인이 서울 남인과 영남 남인으로 분화된 것 - 이 둘은 당쟁의 법칙에서 예외적이다. 그러면서도 조선 후기의 정치에 심대한 영향을 미친 분리 운동이었다.

이 분열은 정권 싸움 때문에 생긴 것이 아니다. 학문상 차이, 지역적 차이 등으로 생겨난 것이다. 송시열의 소중화론 같은 증오의 철학에 반발해서, 서울 지역 지식인들이 벗어난 것이 서울 노론이다. 이들은 청나라를 증오의 대상이 아니라 배울 대상으로 삼는다. 북학이 그것이다. 송시열이 철학과 윤리에 중점을 둔다면, 서울 노론은 문학과 예술을 중시한다. 이른바 진경 문화가 그것이다.

이런 서울 노론에 맞수로 나선 것이 서울 남인이다. 영남 지역의 남인은 이황의 후예 그룹이다. 이들은 김성일과 유성룡의 파벌로 나뉘어 밀고 당기기를 했다. 반면 서울 남인은 정구-허목 등을 선구자로 꼽기도 하지만, 이는 명목일 뿐이다. 유형원-이익으로 이어지는 자생적인 학파로서, 제도 개혁론(실학)을 주장하지만, 이황에 줄을 댄다. 서울 노론이 이이에 연원한 것에 대한 대항 의식 때문일 것이다.

서울 노론과 서울 남인은 이른바 '*진경 문화*'라고 하는 서울 지역의 독특한 문화를 공유한다. 그러면서 서로 반대의 입장에 선다. 이는 이성의 안티노미일 것이다. 서로 모순되는 두 개의 이론이 동시에 성립하는 것은 이성의 본질적 측면 때문이다.

그들은 모두 학문적으로 예술적으로 최첨단을 걷는다고 자부한다. 서울 노론에 대한 라이벌로 등장한 것이 서울 남인인 반면, 영남 남인은 그 지역에서 토호로 살면서 행세하던 사람들이다. 충청 노론도 송시열 이후 점차 충청 지역의 토호로 전락했다.

(2) 이 분열은 정치적 이해관계도 있지만, 주로 서울 지역의 특성 때문이다. 서울 지역에서 살면서 누차에 걸쳐 벼슬을 하며, 청나라의 문화를 받아들여 첨단 문화를 이루었다는 자부심. - 그러면서 그 안에서 서로 갈라진 것. 그것이 바로 서울 노론과 서울 남인의 분화이다.

그들과 반대쪽에는 충청 노론과 영남 남인들이 있다. 이들은 지방에 포진했다.

이들은 과거에 사로잡혀 있었다. 철학적이고 도덕적이며, 대의명분을 중시한다. 반면 문화적으로 고루하고 낙후되어 있었다. 그 지역에서 토호 노릇을 했기 때문에 발전의 여지가 없었다. *역사의 지체 현상*이었다.

영조나 정조는 바로 서울 지역의 문화 풍토 속에서 산 군주들이었다. 그들이 개혁을 한다고 했다면, 결국 서울 지역의 정서의 반영에 불과했다. 그들이 탕평책을 썼다는 것은 서울 노론과 서울 남인 사이의 균형을 주었다는 정도이다. 서로 아는 사이에 죽고 죽이는 정권 싸움은 피하자는 정도이다. 따라서 그들의 개혁이라는 것은 한 마디로 찻잔 속의 태풍일 뿐이다. (사도 세자의 죽음을 둘러싸고, 서울 노론과 서울 남인 사이에 날카로운 대립이 있었다. 나아가 그 문제를 초점으로 하여 서울 노론과 서울 남인 자체가 각각 분열되었다.)

조선 후기에 정치적 퇴화의 주된 몫은 물론 서울 지역 노론-남인의 것이다. 세도 정치와 외세에 빌붙기, 그리고 아무런 저항도 없이 일본에 나라 넘겨주기 - 이 모든 것이 바로 그들의 책임이 크다. 그렇다고 지방 사대부들의 책임이 없는 것도 아니다. 지역 토호로서 퇴행적인 짓을 자행하며 세월을 보냈던 것, 그것은 부끄러운 것이었다. (화양동 서원 묵패 / 병호 시비 등)

⑶ **서울 지역의 권력 지식 문화의 독점 현상** ; 서울 노론, 남인과 지방의 노론 남인의 분화의 특징이 바로 그것이다. 서울 지역이 국가의 가치를 독점한 상황에서 국가가 제대로 발전할 수 없었다. 아니 멸망의 길로 나간 것이다. 영조와 정조의 개혁이 그런 독점 타파가 아니라, 그 독점의 심화 속에서 문화적 세련됨으로 나간다는 정도였다. 서울의 독점은 현재도 마찬가지이다.

영조 정조 시기의 벽파와 시파 - 사도 세자에 대해서 동정적인 그룹이 시파이고, 강경 배척의 입장이 벽파이다. 정조는 벽파와의 싸움을 힘겹게 했다.

이는 노론 안에서도 벽파 시파의 분열이 있었고, 서울 남인 안에서도 갈라짐이 있었다. 정조는 두 파 안의 시파들을 규합해서 정치 세력의 기반으로 삼고자 했던 것 같다. 그러나 정순 왕후 경주 김씨가 서울 남인 인재들을 신유 사옥 때 싹쓸이 청소해 버린다. 인재는 키우기는 어려워도 죽이기는 쉽다. 정조의 노력을 한 순간에 그녀는 짓밟아 버린 것이다.

게다가 노론 시파 그룹에 속했던 김조순, 정조가 믿었던 그 김조순이 세도 정치로 나간다. 당파 정치도 부정하고, 군주권도 부정한 세도 정치 - 정조가 그것을 키운 것이 아닌가?

결국 이모저모 모두 다 최악의 길이 되어 버린 것이다.

4) 서울 노론의 북학(北學) 이론

(1) 증오와 선망의 공존

북벌(北伐)과 북학(北學)은 증오와 사랑의 양가(兩價) 감정(ambivalence)이다. 사랑과 증오라는 대립된 감정이지만, 따지고 보면 한 근원에서 나온 것이다. 다시 말해서, 하나의 대상을 사랑하면서 동시에 증오하는 정신 병리이다. 청나라에 대해서 서인들이 그러했다.

송시열과 충청 노론의 주된 정서는 '증오'이다. 이는 윤리 도덕적 원칙주의에서 나온다. 곧음의 철학, 소중화 논리는 모두 증오-미움의 변용이다. 청나라에 대한 경멸과 적대적 태도, 명나라에 대한 지극한 존숭(만동묘, 대보단 설치 등), 정치적 상대방(남인, 소론)에 대한 전투적이고 파괴적인 투쟁 등이 그렇다.

(2) 북벌과 북학 - 충청 노론과 서울 노론

서울 노론은 이러한 증오의 태도를 포기한다. 그들은 포용과 우월로 나간다. 송시열이 철저하게 이이의 철학에 근거한 것도 벗어난다.

철학적으로 그들은 율곡 이이의 기 중심 철학에서 벗어나 이황의 리 중심 철학을 어느 정도 받아들인다. 이이의 지각설에서 한 걸음 나아가 마음에 지(智)라는 것이 있다고 한다. 이는 맹자의 선한 본성, 주희의 성즉리(性卽理) 이론을 어느 정도 받아들인 것이다. 이황은 정통 성리학의 입장에 선다.

정치적 상대파에 대해서 물론 적대적이기는 하지만, 좀 더 완화된 태도를 갖는다. 특히 숙종 때 환국 정치로 몇 차례에 걸친 투옥과 유배, 사망을 겪으면서 '탕평'에 대한 생각을 갖는다. 영조의 탕평 정치, 덜 적대적인 정치 이론은 서울 노론의 전반적인 분위기였을 것이다.

청나라에 대해서도 그들은 배우기(北學)를 주장한다. 효종의 북벌론, 즉 청나라와 전쟁하기와는 완전히 반대되는 태도이다. 서울 사람들은 북경에 다녀온 사신들을 통해서 청나라의 사정을 잘 알았을 것이다. 당시 청나라는 중국 역사상 최고의 번영을 누리고 있었다. 강희-옹정-건륭제 180여년이 바로 그 시기이다.

이런 청나라는 소중화론이 말하는 바, 문화적 오랑캐가 아니었다. 오히려 중화가 보존되었다는 조선이 물질적으로나 문화적으로나 낙후 그 자체였다. 임진왜란과 병자호란을 거치면서 조선은 물질적으로 피폐되었다. 농업 사회를 고수하면서 아무런 혁신도 취하지 않은 결과 보릿고개는 매년 일어나는 현상이고, 굶주림과 가난이 전국적으로 전반적인 일상이 되었다. 이런 속에서 무슨 문화라는 것이 세련되게 나타날 리가 없었다.

송시열과 충청 노론이 주장하는 소중화론은 명백히 허구였다. 현실을 직시한다면, 청나라는 문명 강대국이었고, 조선은 가난하고 고루한 약소국이며 문화적 불모지에 불과했다. 차라리 병자호란 때 조선이 청나라에 병합되어 버리는 것이 그 청나라의 번영을 공유할 수 있는 기회가 되었을지도 몰랐다. - 이것이 바로 서울 노론의 생각이었을 것이다.

* 북벌-소중화론과 숙종의 환국 정치, 북학-진경문화와 영조의 탕평 정치는 맥을 같이 한다. 증오에서 상호 인정과 공존으로 나간 것이다.

(3) 증오에서 흠모로, 투쟁에서 배움으로

청나라를 배우자는 것 - 이것은 서울 노론의 주장이다. 그 점에서 그들은 충청 노론과 달랐다.

① **충청 노론** : 명분 의리에 집착하여 청나라를 적대시하고, 죽어 없어진 명나라를 지고지순한 것으로 모신 송시열. 그는 명나라를 서인-노론 정권의 집권 명분으로 동일시했다. 따라서 반청친명은 정치적 사활이 걸린 문제였다.

그들은 북벌을 공감하기는 하되, 진정 북벌을 할 생각은 없었다. 군사적으로 청나라를 이길 수 있으리라고 그들은 전혀 생각하지 않았다. 그 점에서 효종은 철저하게 배반당한 셈이다. 효종은 서인 정권의 인사들이 얼마나 죽음을 두려워하는 소인배들인지 몰랐다.

병자호란 때 남한산성에서 싸워 죽자던 주전파 가운데 죽은 자가 누가 있었는가? 김상헌을 보라. 그는 청나라에 잡혀 가서도 거뜬하게 살아왔다.

반면 패전의 정치적 뒷처리를 위해서 선발되어 파견되었던 3학사들은 청나라에 가서 죽었다. 그들은 비난받을 수 없다. 자신들의 말대로 죽었기 때문이다. 혹은 강화도에서 자폭한 김상용도 칭찬받을 일이다. 언행이 일치하기 때문이다.

나라가 망해도 싸워서 친명 보은을 하자, 충효라는 천리를 어기느니 차라리 나라가 망하는 길을 선택하자, 싸워서 죽자는 강경론을 주장했다는 점에서 다 똑같다. 문제는 자신의 말을 실천하는 것이다.

김상헌이나 송시열처럼 입으로는 강경 주장하면서, 실천은 하지 않는 사람들이 문제이다. 그들이 맨 꼭대기에 있었기 때문에 조선은 그렇게 비실비실한 약체가 된 것이다.

② **서울 노론**은 그런 강박 관념에서 벗어난다. 병자호란이 일어난 지도 100여년 지난 시점에서 아직도 증오를 집권 명분으로 삼을 필요는 없었기 때문이다. 오히려 청나라를 배워서 그 세련된 문화와 물질을 누리는 것이 집권에 도움이 되었을 것이다.

이른바 **진경(眞景) 문화**라는 것 – *경화(京華; 서울 中華) 사족(士族;*

지식인 그룹)이라는 것 - 이것이 서울 노론 혹은 서울 남인의 본질이다. 그들은 집권 명분을 그런 식의 문화적 혹은 물질적 우월에서 찾았다. 그들은 청나라의 물질과 문명에 반해 버렸다. 그것을 배워서 적어도 청나라의 짝퉁 수준은 된다고 자부했다. 그것은 열등감이다. 반면 조선의 지방 지식인, 혹은 지방에 대해서 지극한 우월감을 가졌다. 그들이 보기에 충청 노론이나 영남 남인이나 변변한 문화도 철학도 없이, 지역에서 호령하는 토호들이었다.

서울 노론과 청나라의 관계는 지방 사림 대 서울 노론의 관계가 된다. 내부적 식민지의 시각을 서울 지식인들이 갖는다.

(4) 양가 감정(ambivalence)이라는 정신 질환

북학 주장은 또 하나의 양가감정이다. 청나라에 대한 지극한 열등감은 동시에 지방에 대한 지극한 우월감으로 나타난다. 진경(眞景) 문화는 서울 노론-남인의 집권 명분이 된다. 그 진경 문화를 만든 서울 지식인들의 자의식은 바로 그런 열등감과 우월감이 함께 있었다.

양가 감정은 북벌과 북학에 큰 구조로 있었다. 인조 쿠데타의 명분이었던 충효라는 유교적 도덕 윤리, 그것은 서인의 자부심이었을 것이다. 그 자부심으로 후금 오랑캐에게 호령하다가 병자호란의 완전한 패배로 국가 멸망의 위기로 떨어진다. 그 사건으로 서인은 후금-청나라에게 지극한 증오와 적개심을 갖는다. 북벌 혹은 소중화론은 바로 그 증오와 미움의 현실화(incarnation)이었다.

송시열을 대표로 하는 충청도 서인-노론이 정치를 주도하는 동안은 바로 증오의 정서가 정계의 주된 분위기였다. 야당이었던 남인들도 패배를 설욕하자는 분위기에 눌려서 별 다른 소리를 내지 못 했다. 서인들에게 패전 책임을 지고 물러나라는 이야기를 감히 하지 못 했다.

이런 분위기에 이의를 제기하고 나선 것이 다름 아닌 서인-노론 안의 서울 지역 사람들이었다. 그들은 청나라와 왕래하면서 청나라가 일개 오랑캐 야만인이 아님을 알았다. 청나라는 중국 위에 선 나라이기 때문에, 명나라와 다름없이 문화적 군사적 물질적으로 강대국이라는 생각 - 이것이 도를 넘어서서 존숭으로 나간 것이다. 그것이 바로 북학이다. 청나라를 배우자는 것이다.

청나라에 대한 지극한 증오감 - 북벌론
청나라에 대한 지극한 우월감 - 소중화론, 예송 논쟁 / 충청 노론
청나라에 대한 지극한 열등감 - 북학론, 진경 문화 / 서울 노론

지극한 열등감은 선망과 동경을, 지극한 우월감은 경멸과 증오를 뜻한다. 사랑과 증오의 양가 감정은 비이성적이다. 자신의 이성에 대한 자신감을 상실한 현상이다. 상대방에 대한 정신적 예속 상태이다.

같은 노론 안에서 이런 식의 극단적인 감정 차이를 가지고 있었다. 문제는 그 대립된 감정이 따로 따로 나타난 것이 아니라, 하나의 감정의 두 가지 표현에 불과하다는 것이다. 증오가 깊어지면, 어느 순간 그것은 그 크기만큼의 사랑이 될 수 있다. 양가 감정이되, 이 경우는 병적인 양가 감정이다.

이런 식의 청나라에 대한 태도의 차이, 혹은 증오에서 사랑으로 변화, 혹은 서울 지역의 문화에 대한 자부심 등의 차이 때문에 서울 노론이 떨어져 나간다. 그 결과 충청 노론은 지역의 토호 세력으로 전락한다. 영조나 정조같이 서울 지역의 문화와 지식인을 강력하게 후원하는 군주가 나타나면서, 서울의 패권은 공고해진다.

(5) 북학과 상공업 진흥론

북학(北學) - 청나라에서 도대체 뭘 배우자는 것일까?

서울 노론 가운데 박지원 박제가 유수원 홍대용 유득공 이덕무 등이 북학파라고 일반적으로 알려져 있다. 그러나 전반적으로 보자면, 서울 지역 지식인들은 노론 남인 할 것 없이 발전된 청나라의 문화와 물질에 주눅이 들리고 선망하는 분위기였다. 북학(北學; 청을 배우자)의 분위기는 전반적이었다.

그 가운데 특별한 것은 청나라의 물질적 풍요를 따라잡자는 것이다. 유교 안에서 물질을 주장한다는 것은 별난 것이다. 맹자가 정전법을 이야기하기는 했지만, 유교는 공자 이래 윤리 도덕으로 인격을 닦아서 백성을 다스리자는 주장에 불과했다. 따라서 물질의 생산 유통, 특히 상업을 중시했던 사람들의 주장을 북학파라고 하였다.

서울 지역은 농업이 주 산업이 아니다. 서울은 상업이 주된 것이다. 지방의 지주들이었던 사대부들 - 충청 노론과 영남 남인들은 농업에 기반한 철학과 문화로 살았다. 반면 서울 지역은 전국 각지의 상인이 모여들고 교역이 이루어졌다. 상업에 관여하면서 양반 지식인들이 이익을 취했다. 바로 그 상업적인 분위기에서, 청나라의 물질적 부강을 그리워한 것이 바로 북학론이라 할 수 있다.

이들은 국가의 제도 개혁을 주장한 정약용 등의 서울 남인들과는 맥을 달리한다. 북학파는 조선이라는 체제와 제도는 그냥 둔 채 물질의 생산 유통의 개선을 주장한다. 서인-노론의 집권은 그냥 둔 채, 물질적 땜질을 하자는 것이다.

5) 진경 문화

북학론은 상업적 교역을 포함해서 전반적으로는 청나라의 문화를 배우자는 것이었다. 당시 서울 지역에 광범위하게 나타난 이른바 '진경(眞景) 문화'라는 것이 바로 그 산물이었다. 청나라의 발전된 문화에 자극 받아서 도시적인 세련됨과 우아함을 추구한 문화였다.

그것의 정점 가운데 하나가 추사 김정희의 붓글씨였다. 김정희는 철학자가 아니라 예술가이며 서예가였다. 그의 글씨에서 우리는 형식적인 아름다움을 느끼지, 질적인 내용에 공감하는 것은 없다. 진경 문화는 바로 '*내용 없는 형식*'이 특징이었다. 그것은 청나라의 영향 때문이었다.

(1) 내용과 형식

청나라 문화의 특징이 형식 위주라는 것이다. 이민족 정복 왕조의 특징상, 학술이나 예술이 현재의 현실을 직접 다루는 것을 엄격하게 금지했다. 옹정제 때 문자를 빌미로 한 지식인 탄압이 대표적이다. 그 결과 학술적으로는 고증학이 발전했다. 고증학은 철학적 내용은 없다. 단지 학문 연구 방법에 불과하다. 실증적으로 연구를 하는 방법이다. 대상은 현재의 현실이 아니라, 과거의 사실을 담고 있는 고전들이다. 고전의 한 구절이 있다면, 그 구절이 말하는 실제 내용이 뭔가, 그 내용은 구체적으로 현실적으로 무엇을 가리키는가 등을 따지는 것이다. - 형식주의의 극치이다.

예술도 마찬가지이다. 예술은 형식과 내용으로 이루어져 있다. 청의 예술은 내용이 아니라 형식의 아름다움에 치중한다. 문학에서 동성파의 고문(古文)으로 복귀가 그런 형식주의의 한 모습이다. 문학이 다루는 내용이 아니라, 문투과 글체가 고문투로 가자는 것이다.

청나라의 물질적 번성은 현실에 대한 회의보다는 형식의 아름다움, 우아함, 세련됨, 도시적임, 포스트모던함, 지식인 취미, 전문인으로서 예술가의 작품성 등으로 나가게 했다. 예술에 전념할 수 있게 예술가들 혹은 학자들에게 물질적 후원을 할 수 있던 사회에서, 학자 예술가는 전문적인 학문-예술의 길로 나간 것이다. 형식미가 그것이다.

누구보다도 청나라에 심취하고, 청나라 예술의 영향을 받았던 추사 김정희. 그의 붓글씨는 바로 형식미의 완성이다. 어느 누구도 추사의 글씨에서 내용을 찾지는 않는다. 단지 그 붓자락의 아름다움에 감탄할 뿐이다. 김정희는 진경 문화의 한 정점을 상징한다. 그가 형식으로 나가면서 조선의 예술은 한 획을 긋고 사망의 길로 간다.

(2) 겸재 정선의 진경 산수화

① 정선의 '진경 산수화'라는 말에서 '진경 문화'라는 말이 나오게 된다. (최완수 씨 등 일군의 연구자들이 그렇게 이름 지었다. 조선 후기 서울 지역을 즐겨 다루는 그들을 '진경학파'라 할 수 있을 것이다.)

정선의 그림도 또한 형식미의 완성이다. 그가 즐겨 그렸던 금강산, 그리고 서울 노론 지식인들의 근거지였던 서울 지역의 그림들 (인왕산, 한강 유역 등.) 그것은 일종의 사진과 비슷하다. 서인의 성지였던 *금강산에 순례*를 가지 못하는 사람, 혹은 늘 금강산을 보고자 하는 사람들을 위해서 그린 금강산 그림은 새로운 기법으로 사실적으로 그린 것이다.

② 서인의 창시자인 율곡 이이는 10대 후반에, 어머니 신사임당이 죽고, 아버지가 계모를 맞이하자, 그에 반발해서 금강산에 입산한다. 중이 되려 했는데, 강렬한 권력의 의지는 그를 하산하게 만들었다. 이후 중이 되려 했다는 그의 경력은 두고두고 그의 발목을 잡아왔다. 그가 유명하기는 했지만 성균관 문묘에 배향된 것은 숙종 때, 서인-노론이 완전히 정권을 잡고난 뒤의 일이었다.

이런 인연 때문에 서인들에게 금강산은 성지가 된다. 송시열 김창협 등 서인의 중요 인사들은 금강산을 꼭 순례했다. 나아가 요즘에 와서 천하제일의 산으로 금강산이 꼽히게 된 것도 바로 서인들의 성지 의식과 연관이 있을 것이다.

③ 정선의 그림에서 사회성을 찾아 볼 수 없다. 현실에 대한 아무런 발언도 거기에는 있지 않다. 다만 사실을 있는 그대로 그리려 했다는 예술 형식이 있다. 형식의 문제로서 기교의 발전이 있다. 그의 그림은 그런 기교의 발전, 형식의 발전이라 할 수 있다.

이후 김홍도의 풍속화나 장승업 신윤복의 그림 등, 현실을 그린 것은 약간의 현실성이 더 가미된다. 그러나 그림이 단지 그림에 불과하다는 점에서는 별로 큰 발전은 없었던 것 같다. 거기에 별 다른 철학이나 종교, 혹은 사회 의식이 들어가 있지는 않다.

이러한 형식미 - 세련됨은 서울이라는 도시에 어울리는 것이다. 그리고 바로 그런 점 때문에 그들은 지방의 투박한 문화에 대해서 우월감을 가졌다. 그 우월감은 또한 그들이 정권을 담당한다는 자부심과 연관이 되어 있다. 인조 쿠데타 이후 권력은 점점 서울 지역 사람들에게 집중되며, 숙종 때 충청도 노론도 떨어져 나가고, 영조 때는 완전히 서울 지역 중심으로 운영된다. 경화(京華) 사족에 의한 권력의 장악과 진경 문화 생산이다.

반면 지역은 완전히 정치권력에서 소외되고, 문화적으로 낙후해진다. 이런 식의 독점은 세도 정치로 결말이 나고, 결국 조선의 패망으로 연결된다.

(3) 진경 산수화와 소중화론

진경학파는 영조 정조 시기의 서울 지역의 문화를 '진경 문화'라 하면서, 조선에서, 아니 전통 문화 전체에서 최고의 수준이라고 치켜 세운다. 과연 그러한가?

진경 산수화 이론에는 소중화론이 들어 있다. 과거 관념 산수화는 정형화된 중국적 풍경을 그렸다. 소중화론에 따르면, 오랑캐 청나라가 중국을 점령했으므로, 중국에는 더 이상 중화가 없다. 조선에 오히려 중화가 남아 있다. 따라서 작은 중화인 조선의 산하를 그리겠다는 논리이다.

이것은 조선의 참 모습을 그리겠다는 것이 아니라, '작은 중화'인 조선을 그리겠다는 것이다. 조선의 풍경 가운데 작은 중화인 것, 그것만이 '진짜 경치'(眞景)이다. 중국에 중화가 없으니 차선으로 조선의 작은 중화를 그리겠다는 발상이다. (이는 동성애의 논리와 비슷하다.)

조선의 있는 그대로의 모습이 아닌, 소중화인 산수를 그리겠다는 것 - 따라서 그 예술에는 사회 의식이 결여되고, 조선의 문제를 파악하는 것이 없다. '진경(眞景)'이라는 말 자체로 보자면 일종의 사실주의(realism)인 것 같지만, 그것은 사실주의라고 하기는 어렵다. 오히려 조선을 있는 그대로 파악하지 못 하게 하는 색안경이 된다.

서인-노론, 특히 서울 노론의 입장에서 그들이 원하는 경치를 있는 그대로 그리는 것 - 금강산이나 인왕산, 혹은 한강 주변 서울 노론들이 살던 곳을 그리는 것으로 끝난다. 그것은 이른바 '경화 사족'이 가진 문화적 환상이다. 당시에 도시라고는 단 하나 있던 서울 – 그것을 '중화'라는 중국적 환상으로 치장한 것이 이른바 '진경'이다.

6) 사람과 짐승의 본성이 같냐 다르냐 논쟁

⑴ 서울 노론은 사람과 짐승의 본성이 같다고 주장한 반면, 충청 노론은 다르다고 한다. 그 이유는? 여러 가지이겠지만, 정치적으로 볼 때 북학과 북벌(소중화론)의 차이이다. 송시열과 충청 노론은 청나라에 대한 적개심과 증오를 기본으로 한다. 따라서 사람과 사물의 본성은 다르다고 한다. 짐승과 오랑캐는 사물에 들어간다. 청나라라는 오랑캐는 본성상 중화의 문명과 다르다는 것이다.

반면 서울 노론은 같다고 한다. 청나라를 배우자는 입장에서는 당연히 같다고 해야 할 것이다.

서인의 창시자인 이이의 기 철학에 비추어 보자면, 다르다고 한 쪽이 이이의 주장에 좀 더 부합한다. 사람은 기로 이루어져 있고, 본성에 부여된 리는 기에 의해서 제한되고 변형된다.(理通氣局) "리는 통하나 기가 그것을 국한시킨다." 그 결과 사람의 리, 소의 리, 개의 리가 달라진다. 따라서 사람의 본성과 짐승의 본성이 같을 리가 없다.

이이의 철학은 순자의 성악설, 지각설에 가깝다. 사람의 마음에서 지각 인식과 감정 욕망을 인정한다. 사람이 감정 욕망을 제어할 수 있는 것은 지각 능력이 있기 때문이다. 도덕을 지각하고 익혀서 감정 욕망을 다스릴 수 있다. 짐승은 그렇게 할 수 없다. 짐승은 본성상 도덕을 지각하고 실천할 수 없다. - 따라서 사람과 짐승의 본성은 다르다.

반면 서울 노론은 좀 더 맹자-성리학-이황의 주장을 포용한다. 사람의 몸은 기로 이루어져 있다. 그 마음 안에는 리(理)가 부여되어 있다. 성즉리(性卽理; 본성은 리이다) - 이것은 사람이나 짐승이나 사물이나 공통이며, 보편적인 것이다. 본성은 모두 다 같다.

보편적으로 부여된 본성은 맹자의 선한 본성(性善), 성리학과 이황의 성즉리(性卽理)이다. 마음의 미발(未發)의 본체인 본성은 언제나 순전히 선한 것이다. 사람이나 짐승이나 그 점에서 같다.

(2) 본성 논쟁은 스콜라적이고 지엽말단적인 논쟁이었다. 사람과 짐승의 본성이 같으냐 다르냐는 것은 실제로 관찰하고 연구해 보면 알 것이다. 그걸 굳이 맹자의 말, 주희의 말에서 증명할 필요는 없었다. 따라서 이 논쟁은 사실 학술적인 것이 아니라 정치적인 것이 된다. 학문적으로 사실을 알고 싶다면 실제 조사하는 것이 지름길이다. 그들

은 사실이 어떤가가 중요한 것이 아니라, 누가 누구를 이기는가가 중요했다. 따라서 맹자와 주희의 권위에 의존해서 논증을 했다. 권위로 누르면서 자신들의 권력을 높이자는 것이다.

이런 점에서 이 논쟁은 47 논쟁과 비슷하다. 다만 47 논쟁은 동인과 서인이 갈리는 큰 길목인 반면, 사람과 짐승의 본성 논쟁은 서울 노론이 충청 노론에서 갈려져 나온 오솔길을 보여준다. 서울 노론의 정국 주도권을 철학적으로 보여 준 사건이다.

(3) 서울 노론은 충청 노론과 많은 점에서 차이를 보여 준다. 그 가운데 하나가 철학에서 벗어남, 문학과 예술로 나아감이다. 송시열은 윤리 도덕과 철학(성리학)을 소중화의 핵심으로 간주한다. 그는 화양동이라는 골짜기에 '**작은 명나라**'를 꾸민다. 그 안에서 명나라 복장을 하고 명나라의 일상을 살았다. '화양동(華陽洞; 중화의 햇볕이 내리쬐는 골짜기)'이 바로 그런 뜻이다.[4] 그는 도덕 형이상학에 치중한다. 농촌의 지주 지식인들의 자의식의 산물일 것이다.

반면 서울 노론은 근엄하고 심각하며 중오 일변도인 윤리 도덕과 철학에서 벗어난다. 그들은 철학을 가볍게 본 대신에 문학과 예술에 열광한다. 도시의 세련된 감각은 투박한 철학보다는 화려한 문학과 예술에 더 어울렸을 것이다. 소중화가 '*작은 명나라*'였다면, 진경 문화라는 것은 그와 다른 차원의 '*작은 청나라*'였다. 김창협 김창흡 형제도 철학자라기 보다는 문학자에 가깝다. 서울 노론의 유명 인사들은 철학에 국한되지 않고 문학과 예술에 나아가며, 청나라 고증학처럼 박학다식을 자랑하는 저술을 낸다.

4) 송시열이 살았던 華陽洞, 정조가 세운 '화성(華城)', 서울 지식인들이 스스로 '경화(京華) 사족(士族)'이라 자처한 것은 모두 '중화' 되려 했다는 점에서 같다. 타자를 자신의 자아로 삼는 것이다.

순자의 성악설은 문명과 예악(禮樂)을 옹호하는 이론이다. 이는 한-당 시대의 사장학(詞章學; 문학)으로 연결된다. 조선의 경우 훈구 척신파들은 철학보다는 문학 예술로 나간다. 서인이 훈척을 이었고, 서인에서 나온 서울 노론의 진경 문화는 바로 그 계열을 잇고 있다.

(4) 우리에게 강대국은 무슨 의미일까. 애증의 이중 감정의 대상인가? 당시 명나라에서 청나라로의 강국의 지각 변동이, 조선의 지식인의 의식에 역시 지각 변동의 지진을 가져다 준 것은 사실이다. 그 안에서 우리의 줏대와 자존심, 아니 주체성을 세우는 것은 그토록 어려운 것이다. 송시열의 길이 주체성 확립의 길이 아니듯이, 북학도 마찬가지이다. 사대주의라는 점에서는 우월감과 증오이든 열등감과 선망이든 다 같다. 사대주의의 핵심은 병적인 양가 감정이다.

7) 관념의 화석들 속에서

(1) 이이의 철학의 근본 문제

율곡 이이의 이론의 근본적인 약점은, 그것이 성리학이 아니라는 점이다. 그러므로 성리학인 것처럼 속이고 꾸며야 한다. 이런 속임수는 윤리 도덕을 생명으로 하는 유교에서는 치명적인 문제였다.

조선 후기가 되면 성리학 등 신유학의 형이상학이 망해 간다. 망하는 현상 가운데 하나가, 형이상학적 문제를 해결하면 현실 문제가 해결되는 것처럼 생각한다는 점이다. 그런 의식 속에서 살기 때문에 척사위정 운동도 일어난다.

왜 이렇게 되었는가? 그것은 이이 이론의 멱(치명적 약점)과 연관이 있다. 그의 철학은 성리학이 아닌 지각설(심기학, 호남학) 이론인데, 성리학으로 위장했다는 것 - 그것이 바로 멱이다. 물론 주희의 이론에 그렇게 위장할 수 있게 하는 요소가 있기는 하다. 그러나 성리학과 심기학(心氣學)의 지각설은 근본적으로 서로 다른 이론이다.[5)]

인조 쿠데타 이후, 서인이 집권하면서 이이의 철학을 성리학으로 위장하려고 했다. 그 후예들은 개념 조정으로 이를 해결하려고 했다. 이이의 철학과 주희의 철학 속의 개념들의 관계를 여러 가지로 치밀하고 복잡하게 조정했다. '사람-짐승의 본성의 같고 다름'(人物性 同異) 논쟁이나, '지(智)와 지각(知覺)' 논쟁 혹은 기타 여러 가지 논쟁들이 그 관념 조정의 살아 있는 현장이다.

(2) 윤리 도덕은 정권 투쟁의 도구

① 이이의 후예들은 정략적인 인물과 순진한 인물로 나뉜다. 송시열처럼 정치적인 동기에서 열심히 공부했던 인물은 알았을 것이다. 이이의 이론이 맹자 계열이 아닌 순자 계열의 지각설이라는 사실을. 성리학(性理學)이 아니라 심기학(心氣學)이라는 것도 알았을 것이다.

그러나 송시열은 그 모순점을 절대 까발리지 않고, 오히려 호도한다. 치밀한 연구와 교묘한 관념 조정을 통해서 이이가 정통 성리학자이며, 맹자 노선을 걸었던 것으로 만든다.

이간 임성주 등은 솔직하게 그 문제점을 인정하고, 논리적으로 해결하려 했다. 물론 그 해결책이 또 더 상식을 몰고 다니는 이야기가 되기도 했지만, 아무튼 그들도 열심히 형이상학 개념의 정글 속에서 투쟁을 했다.

---

5) 이황과 이이의 철학의 갈래가 '성리학-지각설'이냐의 여부에 대해서는 2002~2006년까지 5년간 치열한 논쟁이 벌어졌다. 이에 대해서는 손영식, 『성리학의 형이상학 시론』 2007, 『성리학의 형이상학 도론』 2008, UUP를 보기 바란다. 이이의 철학이 심기학인 이유가 자세하다.

② 관념과 이념은 정권 투쟁의 도구일 뿐이다. 개념 조정으로 현실의 문제가 해결되지는 않는다. 이념과 철학이 정권 투쟁의 도구였던 송시열의 시대는 도덕 형이상학의 전성기, 관념의 전성기였다.

숙종의 환국 정치 이후 더 이상 윤리 도덕과 철학은 정권 투쟁의 핵심 도구가 되지 못 한다. 그래도 학자들은 여전히 성리학의 형이상학 속에서 관념의 계산에 골몰했다. 그들은 형이상학적 개념을 조정하여 이론상 모순을 없애면, 현실 문제도 해결되리라 생각했던 것 같다. 머리만 감추면 온 몸이 감추어진다고 생각하는 닭과 비슷하다.

조선 후기 이이학파 사람들의 본성 이론, 그리고 실학자들의 본성 이론, 기정진 등의 본성 이론 - 그것은 모두 다 관념의 화석들 속에서 현실의 문제를 해결하려고 했던 것이다. 현실을 실제로 관찰하고 연구하지 않고, 현실을 단지 형이상학적 관념으로 대치했던 사람들 - 그들이 직면한 것은 서구 열강의 침략이었다.

8) 인조 이후 서인 정권의 몇 가지 특징

죄상과 위선에 해당되는 것이 많이 있다. 그것을 지적해 보자면,

(1) '기' 철학(지각설)을 성'리'학으로 포장했다.

이이의 철학은 기 중심 이론이다. 그것은 성리학이 아니라, 호남학의 지각설에 가까우며, 멀리는 순자 노선에 해당된다. 성리 종장인 이황을 이기기 위해서 이이는 47논변의 기대승의 철학을 그대로 받아들인다. 성리학이 아닌 것을 성리학으로 포장하려니 그렇게 힘들었을 것이다. 조선 후기의 숱한 논쟁은 바로 그 힘든 포장 과정이다.

(2) 성리학을 당파의 이익을 위해서 사용했다.

위장된 성리학을 가지고 '사문난적'이라는 몽둥이로 휘둘렀다. 성

리학은 소중화의 핵심이다. '소중화=조선'이라는 등식은 결국 서인 정권. 정권의 이익을 소중화로 상징시킨 것에 불과했다.

(3) 무력이 아닌 이념-사상을 정치 투쟁의 수단으로 썼다.

서인은 사대부 중심의 언론 정치 이론을 따랐다. 칼이 아닌 말로 하는 정치에서 이념 투쟁, 사상 투쟁이 정권의 향방을 가름했다. 예송 논쟁, 소중화론 등이 바로 그런 것이다.

(4) 나라보다 당파의 이익을 우선했다.

이는 송시열의 정치적 태도에서 드러난다. 그는 서인-노론의 최전선에 선 투사였다. 산림(山林)이 되어 여론과 권력을 좌지우지했다. 이 풍조의 극단이 세도 정치이다. 혹은 그것이 타락한 형태가 화양동 서원 묵패였다. 반대로 리발(理發) 이론의 타락한 형태가 안동에서 이황의 후예들 사이에 일어난 병호(屛虎) 시비이다.

(5) 병자호란으로 국가가 멸망했다. 그러나 책임을 지지 않았다.

병자호란 때 조선의 국가 지도부는 청나라에 일망타진되었다. 나라가 망한 것이다. 그런데 청나라는 그들을 다 살려주고, 그들의 정권까지 되돌려 주었다. 이게 도대체 무슨 일인가. 이렇게 관대한 침략자는 역사상 없었다. 그런 청나라를 대상으로 북벌론이니 소중화론이니 떠든 이가 서인-노론 정권이다.

여기에서 우리는 청나라의 의도를 묻지 않을 수 없다. 왜 별 조건없이 조선을 그대로 넘겨주었는가? - 중국을 정복하기 위한 원대한 전략 속에서 조선에는 무능한 정권을 남겨 두는 것이 최선이라는 것이다. 조선을 식민지로 삼으면 비용이 너무 들기 때문이다.

그렇게 연금을 본 서인 정권은 다시는 청나라 상대의 전쟁을 꿈을 꾸지 못 한다. 북벌론은 그러므로 또 하나의 음모에 불과하다. 실제로 하지도 않을 정복 전쟁을 할 것처럼 꾸민 것에 불과하다. 그들이 한번 망하지 두 번째까지 그런 불장난을 할 것인가? 북벌론은 효종의 외로운 주장이었다. 그는 나라를 놓고 도박을 한 것이다.

(6) 영조와 정조는 서울 노론의 군주였다.

영조와 정조 - 그들은 서울 지역의 노론의 분위기 속에서, 진경 문화 속에서 성장했다. 그들이 개혁 군주라고 하지만, 실제로는 서울 남인이나 서울 노론의 생각을 실천한 것이다. 따라서 그 개혁성은 심각하게 제약되었으며, 그 안에서 근대성의 싹조차 찾기 어렵다.

제3부

붕당의 역학(力學)

조선시대의 특징적 현상 가운데 하나가 붕당이다. 조선을 담당했던 사대부 계층이 패거리로 나뉘어서 경쟁하고 싸우면서 국가를 운영했다. 당쟁은 사대부 지배 사회의 본질적 측면 가운데 하나이다.

붕당이 어떻게 형성되고 나뉘었는지, 역사적 사실에 대해서는 많은 연구가 있었다. 여기에서는 사실의 추적이 아니라, 붕당의 논리적 측면을 설명하려 했다. 나아가 조선의 정치적 역학 관계를 설명한다. 따라서 붕당의 역학 뿐만 아니라, '세도 정치'의 역학, '소중화론'의 정치적 의미 등의 측면에서 조선 중후기를 다룬다.

1. 붕당론을 쓰는 원칙

1) 역사학은 증거로 말하고, 철학은 논리로 말한다.

역사학자들은 사실 증거를 수집하고 나열하는 경향이 있다. 풀과 가위의 역사이다. 역사적 사실 안에 있는 논리적 모순을 잡아내고, 그것을 합리적으로 해석하는 것은 비교적 소홀하다.

철학은 논리로 말한다. 이 글은 역사학계가 제시하는 조선의 역사에 근거한다. 그 서술에 깃든 문제점과 모순을 발견하고, 그것을 합리적으로 해석해서, 역사의 참 모습을 밝히려 한다. 철학은 사실을 수집하는 분야가 아니라, 사유하고 재구성하는 쪽에 가깝다. 조선의 역사를 씹고 반추해서, 논리적 일관성을 갖게 하고자 한다.

철학은 역사에 대해서 말할 능력도 있고, 권리도 있다.

붕당의 역학을 쓰는 일차적인 방법이 바로 그것이다. 붕당을 설명하는 역사학의 서술 속에서 논리적 일관성을 세우고자 한다.

2) 붕당의 역학(力學; dynamics)

조선의 정치적 흐름은 역학의 측면에서 재구성할 수 있다. 역사적인 사실들은, 물리학으로 치자면 물체에 해당된다. 물체는 운동을 한다. 그 운동의 법칙을 밝히는 것이 역학(力學), 혹은 물리학이다.[1)]

정치 행위에 있어서는, 한 개인이 아니라 무리지어 패거리로 움직이는 것이 있다. 고려 시대의 무신 정권은 무사들의 패거리라면, 조선 시대의 당파는 지식인 패거리들이다. 무리를 짓는 것, 그 무리가 움직이는 것은 역학적으로 볼 수 있다.

크게 보자면, 조선시대는 여러 당파들이 권력을 놓고 경쟁하고 싸웠다. 권력은 힘이다. 관련 주체들을 움직이게 하는 힘이다. 한 개인뿐만 아니라, 그 개인들이 패거리를 이루어서 움직이게 한다. 그 운동을 역학의 측면에서 분석해 볼 수도 있다.

---

1) '역학'이라 한 이유는 그 안에 객관적 필연성이 있어 보이기 때문이다. 그 현상을 이루는 요소들의 관계를 법칙적으로 기술할 수 있다.

역사적 사실 속에 있는 당쟁의 역학, 혹은 권력의 역학, 그 운동의 법칙이 무엇인가. 그 운동은 어떤 논리 속에서 이루어지는가. 이것을 밝히는 것이 붕당론의 핵심일 것이다. 붕당 혹은 당쟁의 법칙의 연장선에 있는 것이 세도 정치의 법칙이다.

붕당의 역학은 역사적 사실을 논리적으로 분석하고 합리적으로 해석할 때 밝혀질 것이다.

3) 당파적 입장과 객관적 서술

현재 조선의 역사에 필요한 것은 바로 그런 철학적 작업이다. 기존의 역사 서술은 통념과 선입견, 편견을 그대로 재생산 증폭한다. 인조 이후 정권을 잡은 서인-노론의 시각, 아니면 식민지 시대 이래의 편견이 고스란히 담겨져 있다. 이른바 '오율주의'[오로지 율곡]라는 서인-노론 편향의 철학사 혹은 역사 서술, 이건 문제가 심각하다.

조선시대의 당파적 입장이 현재 많은 연구자들의 철학사 혹은 역사 서술에도 그대로 담겨져 있다. 그렇기 때문에 오히려 그 입장을 드러내고 상호 비판을 하고 상호 검증하는 것이 객관적 사실에 접근하는 데 도움이 될 것이다. 자신은 객관적인 것처럼 하지만, 실제로 완벽하게 편견에서 벗어나 객관적일 수 있는 사람은 없기 때문이다.

어느 누구도 입장에서 벗어날 수는 없다. 이 책도 입장을 가지고 있다. 따라서 어떤 사람도 그 스스로 객관성을 갖기는 어렵다. 서로 다른 혹은 반대 입장들이 상호 검증-비판-토론해야 한다. 이런 논쟁을 거칠 때, 객관적 사실에 접근할 수 있다. 따라서 이 책은 대화와 논쟁을 위한 하나의 토대이다.

2. 성리학의 정치 이론 - 붕당 형성의 조건

1) 언론 정치 – 말에 의한 정치. 칼에서 말로

성리학은 이성의 확립을 목표로 한다. 성즉리(性卽理)가 바로 그것이다. 본성은 리로 이루어졌다(性卽理)는 것이다. 리인 본성을 도야하면 이성이 확립된다. ('性卽理'='성리性理'를 거꾸로 하면 '이성理性'이 된다.)

이성을 확립해서 사회의 각 분야를 이성적으로, 합리적으로 만들려 했다. 최종 목표는 각 개인의 이성화를 통해서, 국가 자체를 이성적 합리적 체계로 만들려 했다. 이점에서 성리학은 근대적이다.

서양 근대 철학이 목표로 했던 것은 마찬가지로 모든 분야를 이성화-합리화시키려는 것이었다. 자연의 합리적 이성적 이해에서 자연과학의 발달했고, 그것을 생산에 적용한 결과 산업 혁명과 자본주의가 진행된다. 사회와 국가를 합리적 이성적 과정으로 만들려는 노력이 바로 민주주의의 정착으로 나타난다.

* 조선시대는 이성계의 위화도 회군으로 열렸다. 그 후 이방원, 수양대군, 진성대군 등의 쿠데타가 뒤를 이었다. 쿠데타는 칼로 결판을 내는 것이었다. 그것은 전형적으로 고려시대의 현상이었다. 이자겸의 난, 묘청의 난, 무신의 난, 이 모든 것이 다 칼로 정권을 다툰 것이다.

성종 시대에 등장했던 지방 사림들은 바로 그 칼의 논리를 부정했다. 조선은 유교적 인륜 국가로 건설된 것이다. 충효의 윤리로 볼 때, 쿠데타나 칼의 논리는 용납이 될 수 없다.

지방 사림들은 성리학의 인격 수양론에 심취했다. 따라서 그들은 이성에 의한 정치를 주장한다. 힘이 아닌 이성으로, **칼이 아닌 말로**

하는 정치가 그것이다. 그리스 말로 Logos는 '말'과 '이성'을 동시에 뜻한다. 우리말에서도 '말'은 '이성'의 뜻으로 쓰인다. "말이 되어야 말이지!" 이성의 정치는 말로 대화와 토론 타협하는 정치이다.

세조 수양대군의 쿠데타와 더불어서 전면에 등장한 훈구파들 - 그들은 전형적으로 칼의 논리에 선다. 단종을 몰아낼 때 칼을 썼다. 그들을 비판하는 사림파에 대해서 '말'로 이성적으로 답변하는 대신, 투옥하고 죽였다. 역시 사화(士禍)라는 '칼의 논리'로 답한 것이다.

2) 사림 - 성리학의 정치 이론

(1) 이성의 정치, 말의 정치

'칼에서 **말로**, **힘**에서 **이성으로'**의 **정치 논리** - 이는 **지식인(士)**이야 말로 나라를 지탱하는 **"근본적 생명력(元氣)이 깃든 곳**이며, **도덕성(禮)의 원천"**이라고 주장했던 이황과 기대승의 말에서 드러난다. 만약 조선이 절대 왕권 국가였다면, 군주가 국가의 생명력이라 하지 않고, 지식인 관료가 생명력이라 주장하는 이런 이론은 절대로 용납될 수 없었을 것이다.

이는 한편으로는 지식인만이 조선을 이상 국가로 만들 수 있다는 이상 국가(유토피아) 의식의 발로이면서, 동시에 훈구-척신 세력의 칼에 의한 권력 정치를 말에 의한 도덕적 이성의 정치로 바꾸겠다는 의지의 표현이다. 이는 조광조의 개혁 정치에서 이미 드러난다.

성리학에 따르면 사람에게는 성즉리(性卽理)의 이성('理'性)이 부여되어 있으면서 동시에 몸이라는 기(氣)도 부여되어 있다. 따라서 이성도 있고 감성도 있다. 이성을 연마한 자는 군자가 된다. 군자들이 하는 정치는 서로를 이성적으로 대하는 것이다. 말로 토론하고 합리적으로 결론을 내리고 승복하는 것이다. - 정치란 본질적으로 이성적인 사람들의 합리적인 토론이어야 한다.

사람은 이성에 의한 판단만 하는 것이 아니라 감성에 의한 판단도 할 수 있다. 문제는 그 둘이 언제나 뒤섞여 있다는 것이다. 따라서 군자(君子; 지식인 인격자)들 사이의 상호 토론과 비판에 의해서 그 잘못을 바로잡아야 한다.

리는 이성의 바탕이고, 기는 감성의 근원이다. 이성을 닦아서 감성을 다스리는 방법은 두 가지가 있다. 주관적으로 자기 자신에 대해서는 내 이성에 의한 내 감성의 자기 제어이다. 객관적으로는 군자들 사이의 상호 토론이다. 성리학의 정치란 바로 그 둘을 아우른다.

(2) 군주의 지위

이런 이론 때문에 그들은 군주의 특별한 지위를 인정하지 않는다. 군주도 사람이며, 이성과 감성 두 측면이 모두 있다. 군주가 꼭 일반인보다 더 이성적이라는 보장은 없다. 군주는 관료 체계의 일원이며 그 꼭대기에 있는 사람일 뿐이다.

따라서 군주도 말에 의한 정치, 언론 정치의 한 당사자일 뿐이다. 신하와 말로 싸우되, 말로 이길 수 없다고 해서 자신의 권력을 휘두르면 안 된다. 그것은 전형적으로 칼의 논리일 뿐이다.

따라서 군주가 해야 할 가장 큰 일은 '말의 길'(言路)을 보장하는 것이다. 아무리 미친한 자의 상소문이라도 말로 답해야지 칼로 답해서는 안 된다. 말로 비판받아서 자신이 잘못한 것이 드러난다면 군주는 반성해야 한다.

* 성리학의 정치 이론에 따르면 결국 군주는 언론 정치의 한 당사자이면서, 동시에 언론 정치를 보호하는 울타리가 되어야 한다. 혹은

관료들이 말로 서로 토론할 때 군주는 심판의 역할을 해야 한다. 나아가 군주는 **"군림하되 통치하지 않으며,** 군림하되 어느 쪽 어느 편에도 기울지 않는 객관적이고 **공정한 입장"**이 되어야 한다.

이것은 입헌 군주제와 비슷한 측면이 있다. 군주는 통치의 실무에서 벗어나서 국가의 상징적 인물, 혹은 관료 사회의 울타리가 되고, 관료 사회가 의견이 대립하고 국론이 분열되었을 때 조정자의 역할을 하여야 한다. 통치는 관료 집단에 맡기는 것이 최선이라는 것이다.

"지식인(士)이야말로 나라를 지탱하는 **근본적 생명력(元氣)"**이라 했던 이황의 말이 바로 그런 점을 지적한 것이다.

(3) 사림의 정치 이론은 도덕적 이성에 따라 칼이 아닌 말로 싸우자는 언론 정치가 핵심이다. 따라서 무엇이 이성인가, 현실에 대한 이성적 처방이 무엇인가 하는 것이 중요한 문제로 대두된다. 각 지역에 형성되었던 독창적인 학파들이 이에 따라 당파를 형성하게 된다.

3) 이성의 안티노미 – 당파의 성립

(1) 현실이란 다양한 측면이 있다. 또한 칸트가 말하듯이 이성에는 안티노미(antinomie 二律背反; **같은 대상에 대해서 서로 모순되는 두 결론을 내림**)가 있다. 이성은 불완전하기 때문에, 다양하고 복잡한 현실-현상 세계를 있는 그대로 파악하지 못 한다. 심지어는 정반대되는 결론을 내릴 수 있다. 칸트에 따르면, 이성의 이율배반의 대표적인 사례는 - 이 세계는 시간적으로 공간적으로 "끝이 있다"는 것과, "끝이 없다"는 것 같이 모순되는 명제이다. 이성적인 논증에 따르자면, 끝이 있다고 증명할 수도 있고, 끝이 없다고 증명할 수도 있다. 이성은 그

처럼 모순되는 명제를 합리화시킬 수 있는 불완전한 것이다.

현실은 아주 복잡하기 때문에 이성에 의한 현실 파악도 모순된 두 견해, 혹은 여러 가지 견해로 나타나게 된다. 현실적인 이슈들마다 다 모순된 견해가 성립할 수 있다. 이성은 안티노미를 가진 불완전한 것이기 때문이다.

사회적 정치적 이슈들에 대해서 종잡을 수 없이 많은 잡다한 견해가 나타나지는 않는다. 대부분의 경우 정치적 종교적 윤리적 입장에 따라 모순된 두 측면 중 한 쪽을 잡게 된다. 예컨대 보수주의자와 진보주의자가 있다면, 그들은 사회 문제에 대해서 사사건건 서로 반대되게 대립되게 파악하게 될 것이다. 보수와 진보가 있는 것 자체가 이성의 안티노미 때문이다.

무림 4천왕 - 이황 조식 서경덕 이이 - 이 네 사람의 철학, 혹은 학파가 나타나게 된 것도 또한 이성의 안티노미가 작용한 것이다. 현실은 다양하고, 송대 이래 신유학의 학파는 여러 줄기로 흘러서 조선에 들어왔다. 따라서 개성이 강한 그 네 사람은 각자 자신의 이성에 따라 학설을 세우고 제자를 키웠다.

이 결과 여러 학파가 나뉘고, 이론적인 대립과 논쟁이 나타난다. 47 논변이 바로 그것이다. 47 논쟁은 '이성'이 뭔지를 놓고 대결한 것이다. 선조 때부터 사림이 집권했다. 성리학의 언론 정치, 이성 정치 이론이 실천되게 된 것이다. 그렇다면 당연히 '이성'이 뭔지 따지게 된다.

이 대립과 논쟁은 단순히 형이상학적 학술적 이론적 차이만은 아니다. 그것을 넘어서서 정치 권력을 놓고 대결한 것이라 할 수 있다. 안티노미에 따라 이성 개념이 나뉘고, 정책이 갈렸다. 따라서 학파의 차이는 당파의 형성의 조건이 된다.

(2) **이성의 안티노미**로 현실에 대한 다양한 판단, 나아가 모순된 판단이 나오게 된다. 그 결과 학파가 나뉘고, 학파에 근거해서 붕당이 성립했다. 무림 4천왕이 세운 네 개의 학파는 동인 서인으로 분립한다. 이황 조식의 제자들이 주축인 동인과, 이이 자신과 서경덕의 제자들이 모인 서인이 그것이다. 리 이론과 기 이론의 차이이다.

이성의 안티노미는 결국 양당 제도로 나타난다. 이것은 어느 정도 필연적인 것이다. 서양 근대에 정당 제도가 나타난 것은 우연이 아니다. 서양 근대 철학이, 합리론이든 경험론이든 간에 '이성 개념' 탐구에 나선다. 이유는 자연과 사회 양쪽에 있었다. 자연을 탐구하는데 이성이 사용된다. 그보다 더 중요한 것은 사회를 조직하고 운용하는데 이성이 사용된다는 것이다. 자연 연구에서 이성의 지위를 연구하는 것이 인식론이다. 사칠 논쟁도 그런 이성 개념의 정립이다.

산업화와 자본주의와 함께 간 것이 민주주의이다. 민주주의는 주권이 국민들에게 있다. 국가의 최고 권력자에서부터 국회의원까지 국민이 뽑고, 중요한 정책에 대해서는 투표하고 의견을 발표할 수 있다. 이렇다면 국민 모두에게 이성이 있다는 것을 철학이 증명해야 한다. 만약 일부의 사람에게만 이성이 있고, 대부분은 없다고 증명한다면, 민주주의는 할 필요가 없게 될 것이다.

민주주의는 국가의 이성화와 동시에 국민의 이성화를 밀고 나간다. 이런 이성화의 길에 반드시 나타나는 것이 정당이다. 이성이 현실을 파악하는 것은 궁극적으로 안티노미에 다다르기 때문이다. 그리고 대부분의 경우 다양한 견해보다는 모순되는 두 견해로 수렴이 된다. 따라서 양당 제도로 나타나게 된다. 두 정당의 경쟁은 서양 근대에서 이성화 합리화가 정치에 관철된 결과이다.

(3) 그렇다면 안티노미는 이성의 불완전함이기 때문에, 그것에 근거한 양당 제도도 불완전한 것인가? 물론 그렇다. 불완전함은 본질적인 것이다. 그것은 인간의 본질적인 불완전함이기 때문에, 그 불완전함을 인정하고 들어선 양당 제도가 가장 최선일 것이다. 왜 그러한가?

이성은 A와 ~A라는 모순되는 것을 다 합리화시킨다. "우주의 끝이 있다 ↔ 우주의 끝이 없다" 이 모순된 명제 모두를 다 이성은 합리화시킬 수 있다. 자연 과학의 경우 A나 ~A, 어느 하나가 옳으면 다른 것은 그르게 된다. 그러나 인간 사회에 관한 한 배중율이 적용되지 않는다. 오히려 그 양자가 다 이성에 의해서 합리화된다. 예컨대 이라크에 파병하는 것이 옳은가, 그른가. - 이 두 가지에 대해서 다 합리적이고 이성적인 주장이 가능하다.

요즘 티브이에 재판 프로그램들이 있다. 티브이 법정 - 사소한 일상의 사건들을 놓고 찬반 양쪽으로 나뉘어서 열띠게 논쟁한다. 솔로몬의 선택이 있을 수는 없다. 다만 양쪽의 주장이 팽팽하면서 서로 합리적 근거로 상대를 설득할 뿐이다. 민주화된 사회에서 추리-추론 소설이 잘 팔리는 이유는 바로 그런 식의 이성적 추론이 사회 여론 형성과 의사 결정 과정에 핵심이기 때문이다.

개인도 아닌 국가는 A와 ~A, 양자를 각각 대변하는 정당이 있어야 한다. 위험 부담을 최소화시키기 위해서 그렇다. 세상은 복잡하고 어렵다. 그에 대한 대책은 A와 ~A로, 모순되는 두 가지로 나올 수 있다. 그리고 치열하게 서로 논쟁하고 토론해야 한다. 가장 효과적일 것 같은 것을 채택해서 실행한다. 그러나 만약 A로 안 되면, ~A로 대처해야 하지 않는가. 국가란 한번 망하면 좀처럼 다시 설 수 없는 소중한 것이기 때문이다.

따라서 서양 근대에서 이성 개념의 확립, 그리고 이성에 의한 정치,

민주주의가 확립되면서 양당제가 발전하는 것은 필연적인 과정이다. 이성의 한계, 안티노미가 큰 이유가 된다.

물론 공산주의 국가처럼 진리를 독점한 사람들이 있다. 진리는 하나이다. 따라서 정당도 하나, 공산주의 정당 하나 뿐이다. 그럴 경우 현실이 A이면 좋으나, 만약 ~A이면 어떻게 할 것인가? 공산당을 이끄는 사람들은 신처럼 절대 무오류인가? 그렇다면 하나인 진리로 족하다. 그게 효율적이기도 하고.

그러나 인간은 인간이지 신이 아니다. 따라서 언제나 불완전하고 부족하다. 따라서 현실이 ~A일 경우 그들은 대처할 수 없게 된다. 그래서 공산주의 국가는 경쟁력을 잃고, 결국 해체되고 말았다.

4) 검열관의 시대

(1) 검열관으로서 산림(山林)

사림의 시대가 되었다는 것은 학문적 지식이 권력이 되는 때가 되었다는 것이다.[2)] 권력 투쟁이란 이론 혹은 이념 투쟁이 된 것이다. 칼이 아니라 말로 싸운다는 것은 실제로는 이념 투쟁을 한다는 것이다. 선조 이래, 특히 인조 이래, 강상 윤리와 윤리 도덕, 혹은 진리 정의는 정권 확보와 유지의 핵심이었다. 누가 도덕 형이상학을 쥐고 있느냐가 정권의 향방과 같았다. 철학이 권력 쟁탈의 수단이었던 시대가 된 것이다.

문제는 어떻게 진리를 결정하느냐 하는 것이다. 진리란 선험적으로 이미 결정되어 있지만, 인간이 그것을 알지 못 한다. 따라서 현실적으

---

2) 공자 이래 유교는 교육이 신분 상승의 길임을 강조한다. 사림의 언론 정치가 확립되면서 교육은 더욱 중요하게 된다. 이성적인 사람이 정치적으로 성공할 수 있다는 것이 성리학의 정치 이론이기 때문이다.

로 진리는 검열관이 결정하는 것이다. 서양 중세 마녀 사냥이 횡횡하던 시대에 각종 다양한 종파가 나타난다. 이에 교황청에서는 각지에 심판관-검열관을 보낸다. 어떤 주장이 하느님의 말씀에 맞는지는 검열관이 연 재판정에서 결정되는 것이다.

권력을 쥔다는 것은 바로 그 검열관의 자격을 가지는 것이 된다. 선조 이후 시대의 당파 싸움이란 바로 그런 측면을 가지고 있었다. 이황(李滉)의 이단 비판, 이이(李珥)의 인물 평가란 결국 누가 검열관이 되느냐 하는 문제이다. 인조 이후에 치열했던 당파 싸움은 검열관의 싸움이기도 했다. '사문난적(斯文亂賊)'을 결정하는 것이 바로 그 검열관이었다.

초창기의 이런 검열관들은 성리학에서 학문적인 대가들이었다. 이황이나 조식, 이들은 고향에서 학문을 갈고 닦으면서 제자를 키웠다. 그리고 굳이 벼슬을 하지 않으면서도 사림-사대부라는 지식인 사회의 여론을 장악하고 주도했다. 그런 여론 주도자를 조선 후기에는 '산림(山林)'이라 불렀다. 지방의 산림에 은거하면서 철학을 연마하고 제자를 키우고, 국가의 여론을 주도해서 움직였던 사람이다.

산림으로 꼽히는 사람이 여론을 형성하고 몰아가면 군주도 어쩔 수 없었다. 검열관의 시대란 결국은 '여론 주도자'의 시대였다. 국가를 움직인 산림의 전형은 정인홍과 송시열이었다.

(2) 붕당이 고려시대에는 없고, 조선시대에만 있었던 이유가 있다. 조선이 바로 말과 이성의 시대였기 때문이다. 국가의 이성화, 정치의 이성화 - 이것은 역사의 발전이다. 성리학은 그런 점에서 근대성을 가지고 있었다.

이성의 안티노미 때문에 두 당파로 나뉘어서 경쟁하게 된다. 말의 정치, 이성의 정치, 언론 정치는 여론 정치이다. 여론을 주도하는 자 - 검열관이 그 당파을 이끌며 나아가 정국을 주도하게 된다. 따라서 자기 파에서 검열관을 배출하려 치열하게 경쟁했다.

사림 계열이던 이황과 조식은 지방에 은거하면서 철학을 세우고 제자를 키웠다. 그들이 동인이 되어서 정권을 장악했다. 그들이 은거해서 제자 키우고 학설을 창안한 것은 현실적으로는 훈구 척신의 탄압을 피하고 미래를 도모하기 위한 것이었다. 그러나 그것이 선조 때 사림 정권을 만든 원동력이었다. 초창기의 검열관의 모습은 그런 것이다.

정인홍은 광해군의 즉위에 결정적인 공헌을 한다. 광해군 시대에 정인홍은 여론 주도자였다. 북인-대북 정권은 바로 정인홍이 있었기에 가능하다. 인조 쿠데타 이후, 야당이었던 서인이 집권하면서 검열관을 장악하려 한다. 그것이 바로 '산림(山林)'의 정치이다. 병자호란에 패배한 서인에게 소중화론을 집권의 명분으로 제시했던 송시열이 대표적이다.

* 산림의 계보를 보자면, 처음에는 이황 조식 서경덕, 그 다음에는 정인홍 송시열, 후기는- 이익 정제두 이항로 등이 있다. 초기 산림들은 그 스스로 당파를 만들거나 중심에 서지 않았다. 그들의 제자가 활약했다. 중기의 정인홍 송시열 등은 정치의 중심에 섰다. 후기 산림들은 초기 비슷하게 정치에 나서지 않고, 그 제자들이 했다.

이것이 조선 시대의 특징이다. 바로 이런 산림들이 정치를 주도했다. 고향에서 살면서 학문을 쌓고 제자를 키웠다. 제자들은 과거에 합격해서 정치인 그룹을 이루었다. 고려 시대에는 무인 집단이 정치를 주도했다면, 조선 시대는 이런 지식인들이 정치를 이끌었다. 선조 이후 조선 정치를 특징 지우는 것이 바로 산림과 여론 정치였다.

3. 이황 조식 서경덕 이이

성리학의 언론 정치 이론이 붕당 정치의 객관적 조건을 형성했다면, 실제로 붕당을 형성하고 서로 경쟁하게 한 사람이 바로 이황(李滉) 조식(曺植) 서경덕(徐敬德) 이이(李珥)이다.[3]

이들을 '무림 4천왕'이라 하는 이유 ; 이 네 사람은 독특한 철학을 만들었고, 제자를 키워서 학파를 형성했다. 나아가 그 제자들은 당파를 형성해서 선조 이후의 정치를 주도했다. 이는 무협 소설에서 각 문파가 서로 경쟁하는 것과 비슷하다.

1) 사상적 경향

우리는 이황 조식 서경덕 이이의 철학이 모두 성리학인 것으로 알고 있다. 그들 넷은 스스로 성리학을 연구하고 있다고 생각했다. 그들의 제자 후예들도 역시 다 성리학자라고 믿어 의심치 않았다. 물론 이황의 서경덕 비판, 이이와 그 제자들의 서경덕 이황 조식 비판, 이황과 조식 제자들의 이이의 위패를 문묘에 모시는 것 반대, 이황 제자들의 이이의 기 철학 비판, 조식 제자들의 이황 비판 등등, 상호 비판 속에서 상대의 철학의 성리학적 '순수성'과 순도를 비판했다. 그러나 순

---

3) 남명 조식은 최근에 널리 연구되고 알려진 사람이다. 그가 그동안 역사 속에 묻힌 것은 그의 제자들인 북인들이 인조 쿠데타로 철저하게 타도된 영향이 가장 클 것이다.

* 우계 성혼(成渾)도 당파 형성에 어느 정도 영향을 미친 사람이다. 서인이 노론-소론으로 갈릴 때 소론 계열이 그와 연관이 있다. 나아가 이황의 철학을 어느 정도 받아들이는 성혼의 입장은, 김창협 등 서울 노론이 이이의 입장에 서지만, 이황의 철학을 포용하는 것과 비슷하다.
그러나 선조 초년의 당파 분열에서는 4천왕이 결정적이었다. 소론 혹은 서울 노론에 대한 성혼의 영향력은 명확하지 않다.

도의 차이일 뿐, 사천왕의 철학이 성리학이라는, 어느 정도 암묵적인 합의가 있었던 것 같다.

그러나 그 네 사람의 철학은 너무나 다르다. 한 뿌리에서 나온 서로 다른 가지라고 하기에는 너무 차이가 난다. 철학뿐만 아니라 그 넷의 성격도 취향도 너무 달랐다. 살아온 배경도 지역도 제자도 다르다.

요즘 와서야 사천왕을 성리학 하나로 규정할 수 없다는 것이 어느 정도 증명이 되고 있다. ① 성리학이 발생했던 중국 송나라 때 학파들이 나뉘는 것, ② '성리학' '양명학' 등의 의미를 정밀하게 규정하고, 이를 사천왕의 철학에 적용한다.

이렇게 볼 때 그 넷의 철학은 아래처럼 규정할 수 있다.

이황 – 성리학 / 조식 – 양명학 → 리 계열
서경덕 – 자연학 / 이이 – 호남학(순자의 지각설) → 기 계열

북송 시대를 보면, 왕안석의 신법(新法; 제도 개혁론)에 대항해서, 장재의 기 철학, 정호의 리 일원론, 정이의 리-기 이원론이 있었다. 남송 시대에 가면, 진량의 현실주의(事功 중시), 호남학(湖南學)의 지각설(知覺說), 육구연의 심즉리(心卽理) 이론, 주희의 성리학이 있다.

왕안석과 진량은 현실 중시의 물질주의적 입장이다. 장재와 호남학은 기로 자연과 사람의 마음을 설명하려 한 지각설 계열이다. 정호와 육구연은 마음의 현실태를 도덕의 결정자로 본다. 이는 뒤에 왕수인의 양명학적 경향과 연결된다. 정이와 주희는 리와 기로 이 세상을 설명하는 성리학을 세웠다.

정리하자면 다음과 같다.

① 제도 개혁 혹은 현실적 결과를 중시하는 현실주의, 물질주의 - 왕안석, 진량.
② 자연을 기로 설명하는 장재; 마음을 기로 설명하는 호남학 - 기 철학이며, 지각설.
③ 현재 이 마음에 도덕적 능력(良知; 理)이 있다고 보는 초인의 사상 - 정호, 육구연, 양명학
④ 세계와 마음을 리와 기의 두 원리로 설명하되, 리가 기본이 되는 성리학 - 정호, 주희.

이를 조선에 대입시키면 다음과 같다.

① 왕안석-진량의 경향은 4천왕에게 없다. 왕안석의 제도 개혁론은 조선 초의 정도전이나, 조선 후기의 서울 남인, 유형원 이익 정약용 등의 제도 개혁론과 비슷하다.
② '자연=기'로 보는 **서경덕**은 장재-소옹의 기와 음양오행에 의한 자연 설명 - 자연학의 경향이다.
'마음=기'라는 이론을 전개한 **이이**는 호남학의 계열의 지각설이다. (마음=기 ; 心氣學)
③ 거대한 자아, 강한 마음을 주장한 **조식**은 육왕학, 양명학 계열이다. (마음=리; 心理學)
④ 리의 능동적 움직임(理發)을 중시한 **이황**은 성리학자이다. 정이-주희 계열이다. (마음=리+기; 心理氣學)

결국 송대에 나온 주요한 경향이 그대로 조선에서 재현되었다.

2) 4천왕의 길

(1) 사천왕이 나온 것은 훈구 척신 시대의 사화(士禍)와 연관이 있다. 사림이 중앙 정계에 진출하여 두각을 나타내고 훈척과 싸우면, 사화를 당해서 비참한 최후를 마쳤다. 그렇게 개인적인 투쟁 끝에 산화할 것인가? 이에 대한 반성으로 자기 고향에 눌러앉아 살면서 벼슬하지 않고, 연구해서 철학을 세우고 제자를 키우자. 제자들이 싸우게 하자. - 이렇게 살았던 많은 사림파 지식인들이 있었다.

그 가운데 철학과 제자로 일세를 풍미한 사람이 조식과 서경덕이다. 조식은 경남 합천-산청에서, 서경덕은 개성에 은거하면서 평생 벼슬하지 않았다. 철학 연구와 제자 키움으로 일생을 보냈다.

이황은 30대에서 40대 초반까지 벼슬을 했다. 그러다 40대 중반에 은퇴해서 고향에 도산서당을 짓고 죽을 때까지 철학을 세우고 제자를 교육했다. 명종이 그렇게 불러도 나가지 않았다. 그는 을사사화 때 비참하게 죽은 자기 형 이해(李瀣)의 운명이 되고 싶지 않았을 것이다. 철학과 제자를 만들어 후대를 도모했을 것이다.

이 세 사람은 사림파에 속한다. 그들은 생존을 위해서, 그리고 원대한 전략 때문에 나가서 벼슬하며 싸우기를 포기하고, 물러나서 제자와 철학을 키워서 미래를 대망했다. 그 결과 선조의 즉위라는 정권 교체와 더불어서 사림이 집권하게 된다. 대망이 현실이 된 것이다.

(2) 이이는 이 세 사람과 완전히 다른 환경 속에 있었다. 세 사람은 거의 같은 또래로서, 명종 때까지 생애의 대부분을 살았다. 이황이나 조식이나 선조 즉위 후 약 5년 뒤에 사망한다. 따라서 그들의 주 활동기는 선조 이전 시기인 명종 때이다.

반면 이이는 그들보다 40세 정도 어리다. 한 세대 이상 차이가 나는 셈이다. 이이는 주로 선조 시기에 활약했다.

그는 20대부터 벼슬하기 위해서 적극적으로 과거 시험에 응시했고, 죽을 때까지 벼슬했다. 동인과의 싸움에서 사세 불리할 때, 혹은 전술적으로 잠시 벼슬에서 물러난 적이 있을 뿐이다.

그는 야당이 되어 지리멸렬해진 훈척 세력을 규합하여 서인이라는 당파를 만들었고, 정력적으로 동인들과 싸웠다. 이이가 당파를 만들 때 동인의 원로인 이황 조식 이준경 등에 비해서 어렸기 때문에, 그가 주로 싸운 대상은 이준경이나 이황 조식이 아니라, 그들의 제자들이다. 이 제자 그룹은 이이와 연배가 비슷하거나 더 젊었다.

이이는 49세라는 짧다면 짧은 생애 동안 벼슬살이하면서 철학을 세웠다. 동인은 이황 조식의 튼튼한 철학이 있었고, 그 두 사람의 제자 그룹이라는 인재들이 있다. 반면 서인은 철학-이념도 없었고, 세력은 지리멸렬했다.

이이는 동인의 이론가인 이황과 맞서기 위해서 기대승의 철학을 그대로 인수한다. 기대승은 47논변에서 이황과 대등하게 겨루었기 때문이다. 이이는 기대승의 기발(氣發) 이론에다 서경덕의 기 철학을 도입하여, 그의 독특한 지각설(순자 계열의 성악설)을 구성한다.

* 이황, 조식 등 동인의 기초를 놓은 사람들의 특징은 사화(士禍)에 밀려서, 은거하면서 철학을 만들고 제자를 키워서 훗날을 도모하는 쪽으로 나갔다. 반면 서인을 창시한 이이는 처음부터 당쟁 속에 뛰어들어서 철학을 만들고, 인재를 규합하여 서인을 만들어 동인과 대결했다. 이이는 고향에 은거해서 제자를 키웠던 산림형이 아니었다.

(3) 4천왕의 특징은 직접적인 스승 없이 혼자 공부해서 대성했다는 점이다. 이황이 주희를 존신하고, 이이가 서경덕-기대승의 기 철학을 그대로 이었다고 해도, 그것은 직접적인 사승(師承) 관계는 아니다. 스스로 터득해서 세웠기 때문에 그들은 매우 독창적인 철학을 전개한다. 적어도 그들 이후의 학자들이 넘볼 수 없는 창의성이 있다. (원효나 지눌 등 일세를 풍미한 철학자들은 스승이 없이 자득했다는 특징이 있다.)

그들 이후의 학자들은 거의 대부분 사승 관계가 있고, 그 맥의 맨 위에 4천왕이 있다. 예컨대 경상북도의 주요한 지식인들은 다 이황에서 시작되는 사승 관계 속에 들어가 있다. 그 맥에 들어가지 않으면, 그 지역에서 한미한 집안이거나 양반가가 아니었다.

4천왕의 후예들은 스승이 있고, 도통(道統)이 있었기 때문에, 창조적이고 독창적일 수 없었다. 임제(臨濟) 선사가 말했듯이, 스승을 만나면 스승을 죽이고, 조사(祖師)를 만나면 조사를 죽여야 한다. 그래야 창조적인 독창성이 나올 수 있다. 죽일 수 없었기 때문에 스승의 학설을 벗어나지 않으며, 독창성이 별로 없다.

4천왕의 제자와 후예들은 4천왕이 만들어 준 철학을 믿고 그 당파에 속해서 싸웠다. 학연(學緣) 지연(地緣) 혈연(血緣)을 중심으로 형성된 당파에 가담해서 싸웠다. 그런 점에서 그들은 철학자의 입장이라기보다는 정치가에 가까웠다.

창시자의 독창성과 그 후예들의 철저한 예속 – 이것이 조선 철학의 특징이다. 성현의 말씀을 개인 자신의 이성보다 우위에 놓기 때문이다. 또한 창시자가 만든 학파와 당파에 들어가지 않으면 행세할 수 없는 형세가 되었다. 그 결과 철학적 이론은 정치적 당파에 예속되었다. 순수한 학문적 연구는 사라진다.

3) 당파의 구분

선조 이후의 붕당 정치는 3연 - 학연, 지연, 혈연에 의한 붕당의 결집 및 경쟁이라 할 수 있다.

같은 지역에 살기 때문에 사천왕이 만든 철학과 학문적 계통을 잇고, 그들끼리 결혼을 한다. 이것이 정치적으로는 붕당으로 나타난다.

(1) 이황과 조식의 제자들은 동인을 이룬다. 이들은 사림파이다. 김종직 이래 김일손 김굉필 정여창 이언적 등 사림파의 핵심 멤버는 영남 사림이었다. 사림파란 사실상 영남 지역 지식인을 가리킨다. 동인은 바로 이 사림파이다.

반면 이이와 그의 제자들, 그리고 서경덕의 제자들은 서인을 이룬다. 서경덕의 제자들은 주로 서인에 가담한다. 지역적으로 그렇다. 그러나 일부는 동인에 가담한다. 허엽과 그 아들들인 허성 허봉 허균 등은 동인의 영수 혹은 주요 멤버였다.

서인은 훈구-척신과 맥이 닿아 있다. 지역적으로 그들은 서울 경기 충청도 사람들이다. 대대로 벼슬을 한 사람들은 서울 지역에서 살았다. 또한 서인의 핵심인 심의겸, 정철 등은 다 왕의 외척 집안 사람들이었다.

(2) 지역적 구분 ; 동인은 사림파를 이은 이들로 영남 지식인들이었다. 이황의 제자들은 경상 좌도, 즉 경북 지역 사람들이었고, 조식의 제자들은 경상 우도, 즉 경남 사람들이다.

반면 서인은 서울 및 부근 경기도 충청도 사람들이다. 이이는 파주 사람으로 주로 서울에서 살았다. 서경덕은 개성에서 살았다. 김계휘는 충청도 사람으로 이이 쪽에 가담했다. 그의 아들이 김장생이다.

전라도에는 동인과 서인 그룹이 동시에 있었다. 정철이 대표적인 전라도 서인이라면, 이발(李潑), 정개청 등이 대표적인 동인이다.[4)]

이처럼 동인 서인의 대치는 학연과 지연이 판이하게 갈려서 구분된다. 당파 싸움이 진행되면서 혼례도 같은 파벌 안에서 하게 된다. 선조 중기에는 김성립과 허초희(허난설헌; 허엽의 딸) 부부처럼 서인 + 동인의 결합도 있었지만, 당쟁의 격화와 더불어서 혈연도 당파적으로 갈리게 된다.

(3) 이황과 이이는 저서가 많은 반면, 서경덕과 조식은 적다. 이황과 이이는 이론가이며, 서경덕은 자연 관찰자이고, 조식은 실천가라 할 수 있다. 조식은 이론을 세우기 보다는 강한 주체성을 가진 제자를 키우려 했다. 강한 주체성을 가져야 실천할 수 있다.

강상 윤리가 정권 싸움의 수단이 되던 시대에 도덕 형이상학은 중요한 정치적 집권 수단이었다. 송시열이 치열하게 공부한 것이 그런 이유이다. 따라서 이론가였던 이황과 이이, 이 두 사람의 제자들은 성리학의 정통을 놓고 이론적인 싸움을 벌렸다

(4) 이황 조식 서경덕의 특징은 이렇다.

① 지방에 은거하고 벼슬하지 않았다.
(이황은 40대 중반 이후 벼슬을 사절했다.)

② 철학을 수립하고, 제자들을 키웠다.

③ 제자들이 당파를 형성하고, 정권을 장악했다.

4) 동인-서인, 양자가 다 있었기 때문에 정여립 사건으로 전라도 동인은 참혹한 피해를 당한다. 정철은 이발 정개청 등을 죽였다.

이러한 특징은 선조 이후 붕당 정치가 확립되면서, 후대에 산림(山林)의 정치에 고스란히 이어진다. 산림(山林)이란 여론 주도자를 말한다. 지방에 살면서 철학을 연마하면서 제자를 키웠기에 산림이라 한다. 정인홍 김장생 송시열이 대표적이다.

이황 조식은 당파를 형성하고 정권을 장악하는 것이 미래의 희망이었다. 김장생은 연산에 은거하면서 예학(禮學)을 닦고 제자를 키워서 결국 광해군을 몰아내고 인조를 세우는 쿠데타를 성공시켰다. 바로 쿠데타라는 점에서 김장생은 이황 조식과 다르다. 선조의 즉위와 동인의 집권은 쿠데타로 이루어진 것이 아니라, 무혈 혁명에 의한 것이다.

정인홍이나 송시열의 경우, 이미 잡은 권력을 확립하는데 주력했다. 그들이 은거하고 철학-제자를 키운 것은 권력 유지가 목적이었을 것이다. 그들은 이념과 정책을 제시하고 여론을 주도했다. 군주도 그 여론에 따를 수밖에 없었다. 칼이 아닌 말로 정국을 주도한 셈이다.

무림 4천왕은 선조 이후의 붕당을 만든 사람일 뿐만 아니라, 그 붕당 정치의 모델을 제시한 사람들이기도 하다. 위에서 말한 바 세 가지는 산림 정치, 여론 정치에 다시 반복된다.

* 사천왕은 산림의 모델이 된다. 산림을 중심으로 학연-혈연-지연으로 맺어진 붕당 정치를 한다. 이는 전형적인 인치(人治)이다. 사람이 정치의 중심이다. 그들은 결코 붕당 정치를 제도화하지 않는다. 서양 근대를 보면, 민주주의는 제도화된다. 민주주의 확립의 역사는 그대로 인권 보장과 민의 반영의 제도화의 과정이다.

반면 조선시대는 서로 산림을 내고, 정권을 잡으려 한다. 이는 인치(人治)이지 법치(法治)가 아니다. 인치는 공자 이래 유가의 정치 이론이었다.

4. 정당과 붕당

동인-서인이라는 당파의 핵심에 무림 4천왕이 있다. 이이는 서인을 창시했고, 동인은 이황과 조식의 제자가 주축을 이룬다. 서경덕의 제자들은 양쪽에 다 가담했다. 동인과 서인의 경쟁은 얼핏 보기에는 정당 정치와 비슷한 점이 보인다.

그렇다면 동인과 서인은 서양 근대의 정당(政黨)인가, 아니면 이른바 붕당(朋黨; 정치 패거리)인가? - 그것은 붕당의 성격이 강하다.

1) 서양 근대의 정당

근대적인 정당은 다음 두 가지 요건이 갖추어져야 한다.

① 지지 계층 / 계급

(그 정당을 지지하는 계층, 그 정당의 지지를 받는 계층)

② 이념, 강령과 정강 정책.

(1) 조선의 붕당은 이 두 측면에서 불완전하다. 지지 계급도 강령도 명확하지 않다. 반면 서양 근대의 정당은 완전하다.

서양은 근대 자본주의 시대에 정당이 출현한다. 이유는 자본가-노동자 계급이 대립했고, 두 계급의 자기 주장이 심각했기 때문이다. 특히 노동자 계급의 자기 주장은 역사상 전례 없던 것이다. 고대 노예제 사회에서 노예, 중세 봉건 사회에서 농노들은 계급적으로, 집단적으로 자기 이익을 주장할 수 없었다. (노예 반란이나 농민 반란 정도가 자기 주장이라 할 수 있다.) 그러나 자본주의 사회에서 노동자 계급은 노조의 조직 아래 파업 등을 통해서 자기 주장을 할 수 있었다. 나아가 마르크스의 이론은 노동자 계급의 독재를 주장하며, 혁명에 의한 노동자 국가의 건설을 촉구했다. 레닌과 모택동은 그런 국가를 건설해 버렸다.

서구 근대 사회의 지배층인 부르주아들의 대응책이 바로 정당이었을 것이다. 자본가 계급과 노동자 계급이 각각 자기 이익을 주장하는 정당을 결성하고, 공정한 경쟁을 하자는 것이다. 양당 정치는 서구 근대 정치의 기본이 된다.

바로 이 점 때문에 정당은 이념과 강령이 있고, 그리고 지지 계층이 있으며, 이 두 가지에 근거해서 정책을 놓고 대결하게 된다. 자신들의 계급적 이익을 국가 속에서 실현한다는 점에서 국가 발전에도 도움이 되었다.

(2) 서양 근대의 정당은 **이념과 계층** – 두 가지 요소를 가진다.

이념이 대립하는 것은 정당의 지지 계층이 다르기 때문이기도 하지만, 근본적으로는 이성의 안티노미와 연관이 있다. 사람의 이성은 현상 세계를 모순되게 파악한다. 정당들은 어떤 사안에서나 모순의 한 자락인 A와 ~A를 각각 잡은 채 논쟁을 벌이게 된다.

국가가 계급으로 분열되는 것을 헤겔은 **'주인과 노예의 변증법'**으로 설명한다. 노동을 하되 그 산물을 하나도 가지지 못 하는 노예와, 노동을 하지 않되 그 산물을 모두 가지는 주인 - 이것이 역사 발전의 원동력이라는 것이다. 주인이 되고 싶은 욕망과, 그 욕망을 인정받기 위한 투쟁 - 그것이 고대 노예제 사회의 잔인한 정복 전쟁으로 나타난다.

역사상 언제나 지배층과 피지배층이 있었다. 고대 주인과 노예, 중세 영주와 농노, 근대 자본가와 노동자가 그것이다. 서양의 경우 근대 이전에는 지배층 안에서 권력을 놓고 투쟁을 했다.

정복 전쟁도 정권 교체라고 본다면, 권력을 잡기 위해서 전쟁과 살육은 당연한 것이었다. 혹은 한 국가 안에서도 주도 세력들 사이에서 정권이 교체되면 무자비한 살육이 전개되는 경우가 많았다. 정권을 잡은 자가, 이전 정권의 사람들, 혹은 반대했던 사람들을, 잡은 권력으로 난도질하는 것이다.

서양 근대가 그 이전과 다른 점이 있다면, 바로 정권 교체 과정에서의 살육을 막았다는 것이다. 그 핵심에는 정당 제도가 있다. 그 나라 안의 주된 세력들이 정당을 만들고 경쟁하라는 것이다. 정당들이 국가 경영을 놓고 **선의의 경쟁,** 혹은 **페어 플레이**를 한다. 정권이 교체되더라도 그 이전 세력을 싹쓸이 청소해 버리는 승자 독식은 하지 말자는 것이다.

* 과거 **군주 세습제가 존재**하는 이유 가운데 하나가 정권 교체 과정에서 살육을 없애자는 취지였을 것이다. 정권 자체는 군주의 세습으로 결정된다. 따라서 군주의 지배 질서 아래서, 신하들이 정권 경쟁을 해야 한다. (유가의 정치 이론도 그런 것이다.)

이 경우 약점이 있다. 군주 자리는 세습되기 때문에, 그 국가에서 권력을 잡은 세력들과 꼭 군주가 일치하는 것이 아니다. 따라서 파워 그룹이 무력으로 권력을 잡으면서, 군주를 무시하고 그 전 권력자들을 마구 죽이는 것은 피할 수 없었을 것이다. 혹은 숙종처럼 군주가 신하들의 당파를 이용해서 권력을 강화시킨다. 이는 군주가 살육을 오히려 선도한 것이다.

이런 점에서 군주 세습제는 고대 노예제 사회의 "힘이 말해준다"는 논리를 극복하기에는 부족한 것이다.

* 서양 근대는 양당 정치로 나가는 경향이 있다. 그러나 소련 같은 공산주의 국가는 계급의 소멸을 선언하며, 일당 정치로 나간다. 둘 혹은 여러 정당의 경쟁을 원천적으로 부정한다. 이것은 이성의 안티노미를 부정한 것이다.

사람의 이성은 불완전하기 때문에 현상을 모순되게 파악한다. 모순되는 A와 ~A를 각각 잡은 정당이 있어야, 그 국가는 모든 가능성에 대비할 수 있다. 공산당이 진리 정의를 소유하고 있다고 해도, 그들은 인간이기 때문에 당연히 그들의 이성에 안티노미가 있다. 따라서 공산주의 국가는 A와 ~A 가운데 어느 하나만 붙잡게 되고, 결국 현실을 적절하게 처리하지 못 하게 된다. 1990년대에 소련과 동유럽 공산주의 국가가 무너지게 된 여러 이유 가운데 하나가 이성의 안티노미일 것이다.

2) 조선 시대의 붕당

선조 이후의 형성된 동인과 서인 등의 붕당은 서양 근대의 정당과는 다른 성격을 지닌다. 붕당은 정당과 달리 지지 **계급과 이념**이 아니라 **지역, 학파, 혈연**에 따라 나뉜다.

(1) 조선시대의 지배 계층은 사대부(士大夫)이다. 사대부는 '지주-독서인(지식인)-관료(정치가)'이다. 권력-돈-정보를 장악한 3위1체의 막강한 계급이었다. 반면 소작인 계층은 그 셋 가운데 어떤 것도 가지지 못했다. '전부 가짐 대 아무 것도 없음'(zero-sum)의 사회였다.

조선은 지주-소작인의 사회였다. 지주들은 땅을 소유하고 소작인들에게 경작하게 하여 소작료를 받기 때문에 직접 육체노동을 할 필요가 없었다. 남는 시간과 여유 있는 돈을 바탕으로 하여 한문을 배우고 4서 5경을 읽는다.(독서인) 이렇게 인격을 연마하고 지식을 쌓아서 과거 시험에 도전한다. 과거에 합격하면 관료로 인생을 시작하여, 잘 하면 주요 정치가가 된다. 공자가 말했던바 학이(學而)하고 위정(爲政)한다는 것, 혹은 수기(修己)하여 치인(治人)한다는 것이다.

반대로 소작인은 몸으로 농사를 짓지만 소작료를 주고 나면 남는 것이 없었다. 시간도 돈도 없었기 때문에 경전을 읽고 지식을 쌓을 수 없었다. 게다가 한문-한자는 소작인들이 지식-정보에 접근을 가로막는 엄청난 장벽 역할을 했다. 문법도 제대로 없는 원시적인 언어인 한문을 소작인이 배우기란 매우 어려웠다. 지주-소작 제도가 경제적 독점을 위한 제도적 장치라면, 한자와 한문은 지식과 정보를 독점하기 위한 문화적인 장치였다. 이 두 가지 장벽 때문에 소작인이 과거를 쳐서 관리가 된다는 것은 사실상 불가능했다.

* 조선시대에 **소작인의 자기 표현**은 거의 없었다. 조선시대 철학자 가운데 소작인의 입장을 대변하는 사람은 없다고 할 수 있다. 조선시대의 철학자는 다 지주 계층 출신이며, 지주의 이익에 봉사했다. 농민의 참상을 시로 고발한 정약용도 결국 지주 계급의 입장에 선다. 이는 문학이나 예술도 마찬가지이다. 정치는 그게 더욱 심하다. 소작인을 대변하는 장치가 거의 없었다. 조선시대에 소작인의 조직적인 자기 주장은 동학 농민 봉기가 처음이었을 것이다

이는 조선이 닫힌 농촌 공동체에 근거하고 있었기 때문일 것이다. 소작인 농민들은 '시골 무지렁뱅이'였다. 소국과민(小國寡民)의 마을 공동체 안에서 평생을 살면서, 일하고 먹고 자고 싸는 것만 했던 사람들이었다. 지주의 자의식에 대립하는 소작인의 자의식이 성립하지 못 했다.

소작인은 돈과 정보와 권력에서 자신들을 대변하는 정당-붕당을 만들 수 없었다. 반면 지주 계급은 경제-정치-철학과 문화 예술을 장악하고 있었기 때문에 자신들의 붕당을 만들 수 있었다.

(2) 조선은 철저하게 지주-지식인-관료(사대부) 지배 사회였기 때문에, 서구 근대처럼 양당 정치가 될 수 없었다. 양당 정치는 이념과 계층의 차이에 근거하고 있다. 그러나 조선의 붕당들은 이념과 계층이 대략 같다.

지주 계층과 성리학, 소작인 계층과 그들의 이념 - 이렇게 구분되었다면, 조선도 분명히 서구적인 정당이 성립했을 것이다. 그러나 동인과 서인, 남인-북인, 노론-소론은 다 지주 계층에 근거하며, 성리학을 이념으로 표방하고 있었다. 이념적으로 볼 때, 이황이 철학이 성리학이고, 조식은 양명학, 이이는 지각설(순자 노선)이다. 그러나 그들 자신, 혹은 그 제자 후예들은 그들이 성리학을 하고 있다고 믿어 의심치 않았다. 따라서 이념적으로 다 성리학을 표방한 것이다.

같은 계급에 근거하고 있기 때문에 근본적으로 강령이나 정책의 차이가 있을 수 없었다. 따라서 송대 신유학의 여러 분파들인 성리학, 양명학, 지각설, 자연학 등의 입장에 서서 형이상학적인 문제들을 둘러싸고 사변적인 논쟁과 대립을 했다. 마치 **형이상학의 문제**가 해결되면 **현실의 문제**가 풀릴 것처럼 **논쟁한 것이다.** 구체적인 정책을 놓고 논쟁한 것은 드물었다. 현실을 변혁시키고 발전시키는 정책 논쟁보다는, 현실과 무관한 형이상학적인 문제를 놓고 싸우기에, 그것은 이론 싸움이 아닌 정권 투쟁에 불과했다.

* 이황의 성리학(심리기학), 이이의 심기학(지각설), 조식의 양명학 이론은 마음의 문제에 대한 학설의 차이이다. 현실 문제에 대한 것이

아니다. 조선시대가 농업 사회이기 때문에, 생산이 부족했다. 따라서 절약이 미덕이었다. 절약은 마음 수양의 문제이다. 그런 이유 때문에 농업 사회에서 마음 수양의 철학이 다양하게 나온다.

현실 문제가 아닌 마음 이론의 차이로 주요 학파가 갈렸다는 것은 조선시대의 붕당이 이념과 강령 차이로 갈리는 서양 근대적 정당과 다르다는 말이다. 마음 이론으로 싸웠기 때문에, 지주-소작인이라는 현실의 대립을 눈감을 수 있었다.

동인 서인 등은 정당의 성립 조건인 ① **이념 강령,** ② **지지 계층,** 이 둘에서 별 차이가 없다. 따라서 그것은 정당이 아니라 붕당이다. 정치적 패거리로서, 정권 장악을 목표로 할 뿐, 현실을 변혁시키는 정책을 제시하는 것이 아니다. 물론 사림파가 집권하여 동인이 된 것은 일종의 명예 혁명이고 발전이다. 칼에 의한 정치에서, 성리학의 이성에 의한 정치, 언론 정치로 나간 것이기 때문이다. 그러나 그 다음은 그 틀에서 한 걸음의 진보도 없었다. 조선이 쇠약해진 원인이었던 소작인 문제에 대해서는 깊은 침묵의 카르텔을 형성했다.

(3) 동인과 서인의 차이는 ① **학연(學緣),** ② **지연(地緣)** ③ **혈연(血緣)**으로 결정된다. 이념 강령 대신 학연으로, 계급의 차이 대신 지연으로 나가게 된다. 자기 선생이 누구냐에 따라 그 사람의 학설과 주장이 결정된다. 그리고 같은 지역 사람은 같은 대종사의 후예들이었다. 예컨대 경상북도는 이황의 후예, 경상남도는 조식의 후예, 서울 경기 충청도는 이이의 후예, 이런 식이다. 그게 바로 학문과 당파를 결정했다.

이황과 조식 제자들이 주축을 이룬 것이 동인이고, 이이의 제자 및 훈구-척신파의 후예들이 모인 것이 서인이다. 따라서 동인은 경상도 지식인이 중심이고, 서인은 서울 경기 충청도 지역의 지식인들이 핵심이다. 전라도 사대부는 둘로 갈리어 동인-서인 양쪽에 다 가담한다. 서경덕의 제자들은 주로 서인으로 간다. 그러나 허엽처럼 동인에 들어가서 영수가 된 사람도 있다.

무림 4천왕이 그 학연과 지연의 시초를 열었고, 동인-서인이라는 붕당의 기초를 구축했다. 이후 같은 당파 안에서 인척 관계를 맺기 때문에 혈연으로 맺어지게 되었다.

조선의 붕당은 서양 근대 정당의 두 요소인 근거하는 계층과 정강 정책의 차이가 없다. 동인이나 서인이나 지주 계층에 근거하고 있고, 마음 수양론을 편다는 점에서는 같다. 소작인 계층에 근거하는 붕당이 없었다. 따라서 정강 정책의 근본적인 차이도 없었다.

이성적인 국가 세우기를 주장하고, 이성의 안티노미에 의해서 당파가 나뉘었다는 점에서 조선의 붕당은 분명 역사의 발전이다. 칼에 의해서 정권을 교체하지 말자는 것이기 때문이다. 반면 붕당은 계층과 이념으로 나뉘어 주요 세력의 이익을 대변하는 것이 아니라, 학연 지연 혈연으로 패거리 지은 점에서 한계가 있다.

붕당 정치는 지주 계층의 정치 독점의 현상이었다.

3) 언론 정치와 페어플레이

(1) 페어 플레이 - 칼이 아닌 말로 - 훈척 논리의 부정

고려 시대는 무력으로 정권이 교체된다. 조선은 태조 이성계에서 중종 때까지는 주로 쿠데타로 정권이 교체된다. 이게 훈구파의 정치이다. 중종 이후는 왕의 외척들인 척신들이 반대파를 탄압하는 정치를 한다. 그것도 역시 힘으로 상대를 누르는 것이다. 힘으로 반대파를 숙청한 것을 사화(士禍)라고 한다. 이것이 훈척들의 논리였다.

선조의 즉위와 더불어 사림이 집권한다. 사림이 집권하자 동인이 되면서, 성리학의 언론 정치 이념에 따라서, 최소한 '**칼이 아닌 말에 의한 정치**'를 하려 한다. 말-이성에 의한 정치, 그것의 가장 큰 암묵적 합의는, 페어 플레이를 하자는 것이다. 훈구의 쿠데타, 척신들의 궁정 암투, 반대파의 유혈 탄압(士禍) 등, 힘에 의존하는 정치를 버리자는 것이다.

선조의 즉위는 피를 흘리지 않은 정권 교체, 즉 명예 혁명이었다. 또한 선조 때 동인에 대항해서 서인이 분립하면서, 동인이 집권할 때만 해도 붕당 사이에서 페어 플레이를 하려는 것이 있었다. 사림파의 후예였던 동인들은 그동안 당했던 '지식인 탄압'(士禍) 같은 것은 피하려 했던 것이다.

(2) 훈구-척신의 후예였던 서인들은 정여립 모반 사건을 빌미로 동인을 힘으로 싹쓸이하려는 시도를 했고, 인조 쿠데타로 그런 시도의 대미를 장식한다.

훈구-척신들의 후예였던 서인들은 궁정 음모와 암투에 근거한 정치로 나간다. 정여립의 모반 사건을 빌미로 동인을 일망타진하려던 계획은, 동인에게 막대한 피해를 주었지만, 결국 실패했다. 서인의 영수였던 송강 정철이 주로 전라도 지역 동인들을 괴멸시켰을 뿐이다. 임진왜란 뒤 전쟁을 주도하여 치룬 동인이 집권했고, 광해군의 즉위로 동인에서 갈린 대북 세력이 권력을 잡았다.

이렇게 확고해진 동인의 지배를 뒤엎기 위해서 서인은 훈구-척신들이 주로 했던 짓거리, 즉 무력 정변에 의존한다. 인조 쿠데타가 바로 그것이다. 쿠데타를 성공시키자 서인들은 북인을 철저하게 말살해 버린다. 북인의 주요 인사들은 잡아죽이고, 그 다음 급은 유배를 보내고, 나머지는 등용의 길을 원천 봉쇄해 버렸다. 두어 번의 북인들의 반란 사건을 계기로 아예 완전히 씨를 말려 버렸다. 그리고 온건파인 남인들을 만년 야당으로 삼아, 붕당 정치, 사림의 정치를 훑어낸다.

이는 '국정 경영을 놓고 선의의 경쟁을 한다'는 페어 플레이 원칙을 깨뜨린 것이다. 이성의 안티노미에 따라 두 개의 당파가 성립하고, 무력이 아니라 이성에 의해서, 칼이 아닌 말에 의해서 정치를 한다는 근대성의 원리를 깬 것이다.

그 결과 예송과 환국 정치 등 살벌한 경쟁이 등장한다. 상대를 인정하지 않는, 상대를 말살할 수도 있는 붕당 정치가 시작된 것이다.

(3) 한번 깨진 원리는 다시 담을 수 없다. 병자호란의 패배 뒤에 서인-남인, 혹은 노론-남인, 노론-소론 사이의 치열하고 살벌한 권력 투쟁은 이미 예견 된 것이다. 붕당 사이의 공정한 경쟁, 말과 이성에 의한 경쟁을 끝까지 추구했더라면 숙종 때의 그 피를 부르는 환국(換局) 정치는 없었을 것이다. '환국'이라는 것은 군주의 선택에 따른 정권 교체인데, 이는 실각한 파가 물리적으로 탄압당하고 물러나는 것이었다. 환국은 사화와 본질적으로 같다.

서인이 한번 쿠데타로 정권을 잡은 이상, 반대 붕당인 남인도 수단과 방법을 가리지 않고 권력에 도전할 수 있다. 반대파의 물리적 탄압과 승자 독식(제로 섬 게임)은 전형적으로 고대 노예제 사회의 풍습이다. 이긴 자는 전부, 진 자는 아무 것도 못 가짐, 아니 죽음 뿐인 것. 숙종 때의 붕당 싸움은 그런 방향으로 나갔다. 역사가 다시 뒷걸음을 치고 있었다.

왜 그렇게 되어 버렸는가? **제도화가 되지 않았기 때문**이다.

4) 정당의 제도화 문제

(1) **무림 4천왕과 붕당의 형성** - 학파에 따라, 출신 지역에 따라 성립했기 때문에, 조선의 붕당은 정책 대결에 의한 정권 장악보다는 궁중 음모와 암투에 의한 권력 장악에 치중하게 된다.

조선의 붕당은 학연-지연-혈연이라는 세 가지 연(緣), 즉 '접촉(緣)'에 의한 당파 형성이기 때문에 정당 제도가 성립하기 어려웠다. 즉 제도화가 어려웠다. 제도를 만들어 놓고, 그 틀 안에서 공정한 경쟁을 하는 것. 그게 서양 근대 민주주의의 핵심이다.

다시 말해서, 만약 지주 계층에 근거한 붕당, 소작인층에 기반을 둔 붕당이 나뉘어 대립했다면, 물론 정책 싸움이 가능했을 것이다. 이 경우에 조선의 붕당이 제도화될 가능성이 높았을 것이다. (하지만 제도화되었으리라고 확신할 수는 없다.) 그러나 소작인 층은 철저히 정치적으로 제외되었고, 오직 지주 계층들이 지역+학파+혈연에 따라서 패거리를 나누어 붕당으로 경쟁을 했다.

동인-서인은 **공식적인 국가 기구**가 아니었다. 그것은 학연 지연에 따른 **사적인 조직-단체**였을 뿐이다. 국정에 그렇게 큰 영향을 미치는 존재가 있다면 마땅히 국가 기구로 만들어야 하지 않는가? 그러나 조광조 이래 군주가 언론 정치를 국가적으로 보장해야 한다면서, 정작 붕당을 국가 기구로 만들어 관리하려는 생각이 없었다.

또한 붕당 사이의 경쟁도 공정한 규칙을 세워서 제도화하지 않았다. 서양 근대 민주주의처럼, 선거에 의해서 정권이 교체되는 것 같은 것을 제도화하지 않았다. 따라서 조선의 붕당들은 정책 대결로 나가지 못 한다. 그리고 궁정 음모와 암투극에 의존하는 권력 싸움으로 나가게 된다.

(2) 따라서 붕당 사이의 쟁점의 차이는 정책 대결이라기보다는 학문, 그것도 신유학의 난해한 **도덕 형이상학의 대립**이었고, 혹은 **예(禮)의 절차**를 놓고 **대결**을 했다. 물론 그들의 형이상학이나 예(禮)를 따져 보면 그 뒤에 날카로운 정치적 이익을 넣어 두고 있다.(예송 논쟁이 대표적이다.)

다시 말해서 그들의 형이상학과 예(禮) 이론은 정치적 이익을 표현하는 한 방법이었다. 그렇다면 어느 쪽의 누구의 말이 옳은가? 그것은 **검열관**이 결정한다. 누가 검열관이 되는가? 권력을 장악한 붕당 쪽 사람이 된다.[5)]

이건 선결 문제 요구의 오류가 된다. 검열관이 되기에 권력을 장악한다. 그러나 현실적으로는 권력을 장악한 쪽이 검열관을 배출한다. 권력과 검열관은 닭과 달걀의 선후 문제와 비슷하다. 결국 권력을 잡은 자가 사문난적의 몽둥이를 휘두르게 된다. 이렇게 학문이 권력에 종속되었다.

게다가 현실 문제에 대한 이론이 아니라, 마음 이론이 그들의 이념이었다. 이는 결과를 가지고 진위를 판별할 수 있는 이론이 아니다. 결국 이론적인 우월성으로 결판이 날 수 없다. 그러므로 쿠데타나 궁궐의 장악 등의 변칙적인 방법으로 나가게 된다. 왕비를 자기 파에서 내서(외척) 궁궐을 장악하고 임금을 움직인다는 **궁정 음모와 암투**가 횡행하게 된다.

---

5) 검열관의 대표적인 사람이 정인홍 송시열이다. 선조가 어린 영창대군을 왕으로 삼으려 하던 상황에서 정인홍은 광해군의 즉위에 결정적인 역할을 한다. / 송시열은 인조의 둘째아들인 효종의 선생이었다. 첫째인 소현세자가 죽임을 당하지 않았다면, 효종은 왕이 될 수 없었다. 이처럼 검열관이 되는 것은 군주와의 특별한 관계 때문이다. 물론 그들 자신의 높은 학문적 실력과 인망이 바탕이 된다.

(3) 그 결과 붕당들 사이의 경쟁은 점점 권모술수가 판을 치는 **궁정 음모**로 변해 갔다. 적어도 사림이 집권하고 사림의 정치가 시작되었던 선조 때는 언론 정치의 이념이 비교적 지켜지고 있었다. 칼 **대신 말로 싸우자**는 대원칙이 지켜졌다.

그러나 그것은 제도화되지 않았기 때문에 허약하고 불안한 것이었다. 인조 쿠데타를 계기로 그 대원칙은 무너진다. 칼로 말한 자, 서인이 그걸 망친 것이다. 쿠데타로 여당이 된 서인들은 점점 **왕비를 내어서 외척으로 궁정을 장악하는 것,** 그리고 **산림이 여론을 주도하는 것**으로 국왕을 압박하는 정치를 한다.

제도화되지 않은 붕당 정치 - 그것은 인치(人治)를 의미한다. 서인-동인의 경쟁은 처음부터 정책과 이념의 대결보다는 정권을 놓고 싸우는 인물 대결이 우선했다. 동인(東人), 서인(西人)이라는 말에서 보듯이 '人'이지, '黨'은 아니다. 정인홍이나 송시열 같은 인물, 그가 바로 그 정당이었다.

'산림(山林)'이라는 여론 주도자, 그 검열관이 붕당과 국가의 여론을 움직였다. 한 인간의 정치적 영향력은 여론-국론을 좌우하는 것에서 나온다. **검열관의 정치, 산림의 정치** - 그건 인치이며, 붕당 정치이다. 한 인간의 밑에 모인 집단들이 정권을 향해서 도전하는 것, 그것이 바로 붕당 - 패거리 정치이다.

물론 여론이라는 것이 합리적인 이론이나 이념에 의해서 결판나지 않기 때문에, 권력 싸움이 치열할수록 음모와 암투 정치로 빠진다.

이는 유교의 **가족주의** 때문이다. 유교는 제도화시키지 않고, 가족화시킨다. 그것은 또한 **유교의 인치**(人治)의 문제이기도 하다.

조선의 붕당 정치는 전형적으로 유교적이다. 가족주의와 인치가 버무려진 형태였다. 결국 유력한 가문의 세도 정치로 귀결이 되었으며, 조선은 그것으로 망하게 되었다.

5) 붕당 정치의 현재에 대한 영향력

(1) 우리나라의 정당 당파 ; 조선시대 당파의 이러한 성격은 그대로 내려와서 한나라당, 민주당, 자민련의 성격에 그대로 배어 있다. 이 세 당파는 이념적으로 갈리는 것도 아니고, 계층적으로 갈리는 것도 아니다. 가장 중요한 것은 지역색이다. 그리고 3김씨와 같은 카리스마를 가진 인물이다. 인물과 지역색에 의한 정당 - 그것은 전형적으로 조선의 학연 지연에 의한 붕당과 같다.

(2) **3김질** - 요즘 한국의 정치는 아직도 붕당 정치이다. '3김 정치'가 바로 조선의 붕당 정치이기 때문이다. 세 김씨는 충청 영남 호남 지역에 절대적인 정치적 영향력을 갖고 있다. 그것으로 정당을 만들고, 자기 사람들을 국회의원으로 공천한다. 그러면 그 지역 사람들은 무조건 그를 뽑아 준다. 세 김씨의 선택만 받으면 국회의원이 되는 것은 따논 당상이 된다. 나아가 그 김씨가 대통령이 되면서 그 아래 사람은 국가 주요 기관을 차지하게 되었다.

이것은 조선시대의 검열관의 정치와 본질적으로 같다. 인치이며 가족주의이다. 3김씨는 지역민의 지지를 볼모로 하여, 국회의원을 거느리고, 정치권력을 3등분했다.

이런 붕당은 민주주의를 본질적으로 부정한다. 당원의 투표에 의한 국회의원의 상향식 공천은 없다. 3김씨의 일방적인 지명으로 국회의원에 공천된다. 그러면 해당 지역민들은 출마자들의 자질을 보는 것이 아니라, 그 김씨가 공천한 사람이냐를 기준으로 찍는다. 이에 따라 민주주의는 사라지고, 중앙 정계에도 지방 관계에도 토호 세력들이 발호한다.

(3) 한나라당이나 민주당이나 지지 계층도 같고, 이념도 큰 차이는 없다. 가장 큰 분립 이유는 지역과 3김씨라는 인물 때문이다. 이념과 계층으로 나뉜 것이 아니다.

조선시대에 소작인의 정당이 없듯이, 아직도 이 나라에는 노동자의 정당이 명확하지 않다. 노동자들은 노동자 의식을 갖기 보다는 오히려 지역 감정을 강렬하게 갖는다. 따라서 노동자 정당을 찍지 않고, 자신의 지역 정당을 찍는다. 이 나라의 노동자들에게는 '노동자 의식'은 없고, 오직 '지역감정'만 있다.

이에 따라 계층에 근거한 정강 강령을 가진 근대적 정당이라는 점에서 볼 때, 여전히 우리나라 정당은 조선 시대의 특색을 가진다.

(4) 노무현 씨가 대통령이 된 이후에 이런 현상은 많이 완화되었다. 3김씨는 사실상 은퇴 상태이고, 열린 우리당의 출현으로 지역색도 많이 희석되었다. 그러나 아직 환골탈태했다고 하기는 어렵다. 여전히 조선시대의 붕당의 성격은 너무 진하기 때문이다.

지역적 투표의 성향은 아직은 동방 불패처럼 보인다. 학연 지연 혈연으로 맺어진 조선시대의 붕당의 망령은 여전히 배회하고 있다.

5. 당파의 분열과 당쟁의 법칙

1) 당파의 분열

(1) 동인과 서인의 근본 분열

선조의 즉위와 더불어 당파가 나뉨

훈구 척신 세력 → 서인 (이이가 창시, 서경덕 제자들 가담)

사림파의 세력 → 동인 (이황 조식의 제자)

(2) 동인이 남인 북인으로 갈림

동인이 집권했기 때문에 분열을 한다. 임진왜란 때 대일 강경파와 협상파의 차이 등이 분열의 원인이다.

이황의 제자들 - 남인 / 온건파

조식의 제자들 - 북인 / 강경파

북인 - 선조말 광해군 때 집권; 다시 대북/소북으로 갈림.

(3) 서인이 노론 소론으로 찢어짐

인조 쿠데타로 서인이 집권한다. 남인은 정치 파트너로 인정한다. 남인이 야당이 된다. 반면 북인은 죽이고 귀양 보내고 하여 물리적으로 없애 버린다.

서인이 집권했기 때문에 분열하게 된다. 예송 논쟁 과정에서 서인이 분열한다. 남인이 예를 가지고 서인을 공격해서 정권을 장악한다. 남인에 대한 강경파와 온건파로 갈린다.

노론 - 강경파 ; 송시열

소론 - 온건파 ; 윤증 박세채 등

이상의 분열은 명백하게 정권 싸움이다. 그렇기 때문에 분열 뒤에 서로 반목이 심하고 역사서에 명백하게 기록되어 있다.

(4) 노론과 남인이 각각 서울-지방으로 분열함

숙종 말년에 가면 사실상 노론이 승자가 되어 독주를 한다. 바로 이 시기를 놓고 보자면 노론과 남인이 각각 다음 두 그룹으로 나뉘어져 있다. 이 분열은 당쟁의 법칙에서 예외인 것이다.

노론 - 충청 노론 ; 김장생-송시열-한원진 등
서울 노론 ; 김창협 등 안동 김씨, 북학파
남인 - 영남 남인 ; 장흥효 이현일 이진상 등
서울 남인 ; 이익-채제공-정약용 등

(5) 영조 정조 시기

벽파와 시파 - 사도 세자에 대해서 동정적인 그룹이 시파이고, 강경 배척의 입장이 벽파이다. 노론 안에서도 벽파 시파의 분열이 있었고, 서울 남인 안에서도 갈라짐이 있었다. 정조는 두 파 안의 시파들을 규합해서 정치 세력의 기반으로 삼고자 했던 것 같다.

그러나 정순 왕후가 서울 남인 인재들을 신유사옥 때 싹쓸이 청소해 버린다. 인재는 키우기는 어려워도 죽이기는 쉽다. 정조의 노력을 한 순간에 짓밟아 버린 것이다.

게다가 노론 시파 그룹에 속했던 김조순, 정조가 믿었던 그 김조순이 세도 정치로 나간다. 당파 정치도 부정하고, 군주권도 부정한 세도 정치 - 정조가 그것을 키운 것이 아닌가? 결국 이모 저모 모두 다 최악의 길이 되어 버린 것이다.

시파-벽파의 분열도 당쟁의 법칙에서 예외적인 것이라 할 수 있다.

2) 당쟁의 법칙

(1) 집권하면 분열한다

이성의 안티노미 때문에 그렇다. 집권하여 일을 처리하다 보면 반드시 이성의 안티노미에 직면하게 된다. 혹은 욕망의 충돌 때문이다.

(2) 분열하면, 강경파가 승리한다. - 집권한다.

말의 정치, 언론 정치에서는 선명한 원칙론이 승리의 지름길이다. 현실을 감안한 타협파보다, 외골수 원칙론-강경론이 말 싸움에서는 승리할 수 있다. 선명성 경쟁으로 나가게 되며, 결국 교조화의 길로 가게 된다.

(3) 승자가 독식한다.

승리자는 권력을 독점할 뿐만 아니라, 철학 문학 예술 등도 주로 만들어낸다. 여기에서는 주인과 노예의 변증법으로 대변되는 고대 노예제 사회의 그림자가 보인다. 제로섬 게임이 그것이다.

선조의 즉위는 사림의 승리이고 집권이었지만, 승자 독식이 아니었다. 반대파를 유혈 숙청하지도 않았다. 명예 혁명에 해당된다. 그러나 인조 이후 가면 갈수록 승자 독식의 경향은 심해져서, 숙종의 환국 정치에서 절정에 이른다. 영조의 탕평 정치는 승자 독식을 방지하려는 것이었지만, 결국 세도 정치라는 가문이 독식하는 것으로 끝난다.

이 세 가지는 당쟁의 법칙이라 할 수 있다. 선조 이후 당파의 갈림을 보면 확실히 알 수 있다. 아래에서는 당쟁의 법칙을 선조 이후 역사를 통해서 간략하게 설명한다.

① 집권한 당파는 분열한다. - 첫 번째 법칙

명종-선조 시기에 이황 조식 서경덕 이이라는 무림 4천왕의 철학이 유행했다. 그들의 제자 혹은 그들 자신은 하나의 당파를 만들고 권력을 놓고 싸웠다. '무림 4천왕'이라 일컫기에 충분한 사람들이다.

선조 즉위와 더불어서 동인이 집권한다. 이황과 조식의 제자들은 동인을 이루고, 이이와 그 동료 제자들은 서인을 이룬다. 서경덕의 제자들은 주로 서인이 된다. 당시를 보자면 주류 철학은 이황의 것이었다. 이이가 거기에 도전해서 서인의 이데올로기-철학을 만들려 분투했다.

동인이 집권했기 때문에 당연히 분열한다. 이황 제자 그룹은 남인, 조식 제자 그룹은 북인의 주축이 된다. 이 두 파 가운데 북인이 강경파이다. 선조 후기에서 광해군 시기에 북인이 집권한다.

인조 쿠데타로 정권을 장악한 서인들이 분열을 한다. 송시열을 중심으로 한 강경파 노론과, 윤증을 중심으로 한 온건파 소론이 그것이다. 이 두 파 가운데 결국 강경파 노론이 정권을 잡게 된다. 영조의 탕평 정치 이후 사실상 붕당이 소멸한다. 노론이 붕당 싸움에서 최종 승리자라 할 수 있다.

이상을 요약하면 다음과 같다.

선조 때 동인이 집권 - 남인과 북인으로 분열 - 강경파 북인이 집권.
인조 때 서인이 집권 - 노론과 소론으로 분열 - 강경파 노론이 집권.

② 분열하면 강경파가 잡는다. - 두 번째 법칙

강경파인 북인, 노론이 결국 최종 승리자가 된다. 북인은 현실파였고, 노론은 강경한 이상주의자들이었다. 그러나 공세적이었다는 점에서는 같다. 온건론을 배격하고, 선명한 노선을 선택했다. 광해군 때까지는 현실주의 북인이, 인조 이후는 명분론자들인 노론이 승리했다.

정치 투쟁에서 선명한 노선은 상대를 공격하는 최강의 무기가 되기 때문이다. 강경파가 승리한다는 점에서, 세 번째 법칙 - '승자 독식'이 나온다. 강경하기 때문에, 패배한 자에 대한 배려를 거부한다.

승자 독식은 붕당 정치 자체를 부정하게 된다. 따라서 군주가 강경파를 제어해야 했다. 그러나 오히려 강경파를 이용하는 숙종과 같은 군주가 나타난다.

③ 승리자가 모든 것을 갖는다. - 세 번째 법칙

권력과 돈, 명예, 그리고 지식은 함께 가는 경향이 있다. 집권파-여당이 되면 철학과 지배 이념 산출에도 힘을 발휘하게 된다.

반면 권력에서 탈락하면 퇴행한다. 송시열 사후 권력에서 밀려난 충청도 노론이 화양동 묵패 발행 등의 짓거리를 했던 것, 혹은 인조 쿠데타 이후 권력에서 제외되어 버렸던 영남 남인들이 병호(屛虎) 시비를 했던 것은 퇴행의 표본이다. 국가 권력을 가지고 현실을 바꾸는 지위에 있지 못할 때, 그들은 이상한 놀이를 하게 된다. - 이상의 수필 「권태」를 보라. 똥 싸기 놀이를 하는 한적한 시골 어린이들의 권태를 많이 닮았다.

④ 당쟁의 법칙은 선조에서 숙종 때까지 적용된다. 당파의 경쟁이 있었던 시기이기 때문이다. 당쟁의 법칙이 작용하는 이유는 지식인 관료의 통치가 이루어졌기 때문이다. 이성의 안티노미에 의해서 그런 식의 분파가 일어난다.

제4부

당파경쟁의 흐름과 역학

1. 훈구파와 사림파가 가진 딜레마

1) 고려 → 조선의 변혁

(1) **고려에서 조선으로의 변화** – 이는 지배 계층은 권문세족에서 지주 계층(사대부)으로, 사상적으로는 불교에서 유교로의 전환이라 할 수 있다. 주도 계층의 변화일 뿐만 아니라, 제도의 변화, 사상의 변화였으며, 명실상부하게 혁명이라 할 수 있다.

고려말의 유학자들, 그들은 젊었으며, 유교는 변혁의 사상이었다. 그들은 고려 체제를 비판하는 수단으로서 불교 비판을 선택했다.

고려→조선의 변혁은 칼에서 말로의 변화였다. 고려 시대를 대표하는 말 가운데 하나가 만적이 내세운 구호 **"왕후 장상에 씨가 따로 있나?"**는 것이다. 이것이 고려의 정신일 것이다. 힘이 있다면 누구나 왕후 장상이 될 수 있다는 것이다. 이자겸의 난, 묘청의 난, 무신의 난 등이 바로 그것을 보여 주었다. 또한 이의민 같은 사람은 경주 노비 출신으로서 최고 권력자의 자리에까지 올라간 사람이었다.

조선을 건국한 사대부 세력들, 이들은 유교에 근거한다. 유교는 철저하게 윤리 도덕 위에 세워져 있었다. 이 윤리 도덕의 잣대로 보건대 고려 시대의 풍조는 완전히 사라져야 할 것이었다. 칼 대신에 말로, 이성으로, 도덕으로 바뀌어야 한다. 힘은 이성의 통제를 받아야 하며, 현실은 이성화되어야 한다.

조선의 건국, 조선의 제도와 문물은 바로 그 인륜 도덕의 구현이었다. 인륜 국가 - 이게 바로 조선의 실체였다.

(2) 사대부들은 조선을 건국하면서 이상 국가를 건설한다고 생각했다. 그들은 **유토피아 의식**에 가득차 있었다. 조선은 **계획된 국가**, **기획 국가**였다. 미국의 독립, 프랑스 대혁명, 러시아 혁명처럼, 미리 설계도를 가지고 세운 것이었다. 인륜 도덕으로 설계해서 건설한 국가가 바로 조선이다. 그런 점에서 조선 건국은 어느 정도 근대성을 가진다. 제도 개혁론이나 성리학 등 신유교는 중세의 정복 논리, 힘의 논리에서 진일보한 것이다.

거기에 정도전이 있었다. 정도전은 북송 때의 왕안석처럼 제도 개혁론의 입장에 선다. 그러나 정도전은 왕안석과 다른 점이 있다. 왕안석은 국가의 제도를 철저하게 효율적으로 만들려 했다. 예컨대 병역도 돈으로 대신할 수 있게 했다. 국가는 그 돈으로 다른 사람을 고용해서 병역을 담당하게 했다. 그것은 자본주의적인 발상이다.

반면 정도전은 자본주의적인 효율성보다는 윤리 도덕의 제도화, 국가의 윤리화에 주안점을 두었다. 고려 식의 칼을 든 정치를 막겠다는 것, 일상을 도덕률로 채우겠다는 것이다.

그의 시도에는 두 가지 이율배반-딜레마가 있었다.

이율배반 1 (훈구파) ; **인륜 국가를 건설하기 위해서 인륜을 어겨야 한다.** 마치 모든 전쟁을 종식시키기 위해서 최후의 전쟁이 필요하다는 논리와 같다. 충효는 유교의 핵심 가치이다. 충효의 국가를 이루기 위해서, 충효를 어기고 쿠데타로 고려를 무너뜨려야 한다. 이성계의 쿠데타에는 그런 딜레마가 있었다.

이율배반 2 (사림파) ; 사림파는 훈구파의 쿠데타를 비난한다. 이 **비난의 끝에는 조선 건국의 부정이 있다.** 쿠데타로 세운 정권이라면, 훈구파가 부정되고, 군주가 부정되고, 나아가 그 국가가 부정되고, 그 국가 안에 있는 사림파의 존재도 부정될 수 있다.

국가의 존재 부정을 빌미로 훈구는 사림을 탄압한다. 그러나 윤리의 측면에서도, 논리적 측면에서도 인륜 국가에서 쿠데타는 결코 용인될 수 없는 것이기에, 사화(士禍)는 필연적인 것이었다. 사화는 이 두 가지 이율배반의 논리적 귀결이다.

2) 윤리를 세우기 위한 패륜 – 첫 번째 이율배반

(1) **정도전이 가진 딜레마** - 인의(仁義)의 국가를 만들기 위해서 우선 인의(仁義)를 깨뜨려야 한다. 인륜 국가를 만들기 위해서 먼저 인륜을 한번 크게 어겨야 한다.

충효(忠孝)는 유교 윤리의 핵심이다. 유교 윤리를 구현하는 국가를 이루기 위해서는, 충효의 이념을 깨야한다. 고려를 멸망시켜야 조선을 세울 수 있기 때문이다. 충(忠)을 실현하기 위해서 일단 먼저 충(忠)을 깬다. 개혁을 위해서 충(忠)을 깬다.

그는 모순을 받아들였다. 인의(仁義)를 깨뜨리고 쿠데타를 일으켰다. 그리고 조선을 건국했다. 새로운 시대를 만든 것이다.

(2) 문제는 인간의 이기심이다. '인륜을 이루기 위함'의 수단으로 '인륜을 깸' - 이 딜레마를 인간의 이기심은 다르게 본다. "**인륜을 깸 → 쿠데타를 함 → 국가를 장악함 → 엄청난 과실이 떨어짐** (국가 권력과 지위와 명예와 부)" - 바로 이 과정을 본다.

"인륜을 깸 - 쿠데타를 함 - 권력을 장악함"에는 다음 두 가지 결과가 있다. - 좋은 나라, 이상적인 국가를 만듦 / 엄청난 권력과 부를 장악함.

모든 혁명가들은 다 좋은 나라를 만들기 위해서 정변을 일으킨다고 한다. 그러나 그의 마음에는 단지 이상만 있고, 야욕은 없는가? 그럴 리가 없다. 정변의 경우, 겉으로는 좋은 나라를 세우기 위해서 거사를 한다고 하지만, 대부분 다 권력을 장악하기 위한 야욕의 발로일 뿐이다. 그렇기 때문에, 인륜을 깬다는 죄의식도 없다. 단지 "쿠데타 - 권력 장악", 이것만 눈에 보일 뿐이다.

정도전의 거사는 이상 국가 건설을 위한 것, '인륜을 세우기 위한 인륜 깨기'라 볼 수 있다. 그것은 혁명이다. 그러나 그 뒤에 일어난 쿠데타는 대부분의 경우 권력 장악을 위한 야욕일 뿐이다. 여기에서 조선시대 전반부를 뒤흔든 '**도덕성의 위기**' 문제가 나타난다.

충효를 지고의 가치로 여기는 유교, 그 유교에 근거해서 조선은 성립했다. 쿠데타가 일어나고 성공하면 비명횡사하는 이가 있고, 공신이 되어서 영화를 누리는 자가 있다. 임금을 위해서 목숨을 바친 신하는 대역 죄인으로 몰리고 삼족이 멸해졌다. 반면 임금을 죽이고 쿠데타를 성공시킨 자는 대대로 부귀영화를 누렸다.

충신이 대역 죄인으로 몰리고, 대역 죄인이 충신으로 칭송되는 이

기막힌 사건이 바로 쿠데타이다. - 그것이 바로 '도덕성의 위기'라는 것이다.

(3) 이율배반을 감수하는 야욕 - 역사 변화의 원동력

정도전의 조선 건국, 이것을 유교의 충(忠) 이념으로 볼 때, 그의 쿠데타는 나쁜 것이다. '忠臣不事二君'이라는 이념을 저버리고 깨뜨린 것이다. 조선이라는 유교적 인륜 국가를 세운 공에 대해서 일단 눈 감는다면, 정도전은 충을 지키지 못 한 신하이다.

이것이 후대에 일반적으로 정도전을 평가하는 기준이 되었다. 만약 그것이 기준이라면, 기준은 일률적으로 적용되어야 한다. 따라서 정도전 이후의 모든 쿠데타는 다 이 기준을 적용해야 한다. 태종 이방원, 세조 수양대군, 중종 진성대군, 그리고 인조 쿠데타 - 모두 국가에 대한 반역이었고, 그 모두는 다 반역자들이었다.

정도전 이후의 쿠데타 일으킨 이들에게는 정도전과 같은 이상주의적 측면은 없었는가? 아래에서 살펴보겠지만, 별로 없다. 그렇다면 이른바 '정난(靖難) 반정(反正)'이라 하는 쿠데타는 무슨 역사적 의미가 있는가?

반대로 보자면, 조선 역사에 획을 긋는 매듭, 역사의 고비가 되는 사건을 만든 원동력은 바로 그 **이율배반-딜레마를 감수한 야욕**이었다. 조선에서 역사적 매듭은 그 이율배반의 사건이었다.

(4) 정도전 다음에 쿠데타를 일으킨 이는 태종 이방원이다. 그는 그래도 정도전이 가졌던 이상주의가 남아 있다. 그는 새로운 국가를 세우기 위해서 크게 노력한다. 어느 정도 '인륜을 세우기 위해서 인륜을 깸'이라는 이율배반을 감수한 쿠데타일 수 있다.

태종은 쿠데타가 야욕의 산물임을 의식하고 있었다. 그래서 더 이상의 쿠데타를 없애기 위해 개국 공신들과 함께 정계를 은퇴하는 길을 선택했다. 세종은 집현전 등을 통해 인륜을 제도화시키려 했다.

계유정난 ; 수양대군, 한명회 등 찬탈자들은 사적인 이익을 위해서 충(忠)을 깬다. 군주가 되는 것은 하나의 투기사업, 혹은 약탈의 대상이 된다. 주인 없는 권력, 혹은 어린애가 가진 권력은 탈취의 대상이 된다. 계유정난은 이율배반-딜레마에 들어가지 않는다. 이익을 챙기기 위해서 군주를 몰아내고 군주를 죽이는 자들은 역사에서 영원히 처벌을 받아야 한다. 공자가 말한 바, 춘추필법의 필주(筆誅)의 대상이다.

성종의 즉위 : 왕위 계승 서열 3위였던 성종이 1-2위를 제치고 왕이 된 것, 그리고 그가 왕이 되자 치른 공신 잔치. 요컨대 왕이 될 수 없는 사람을 왕으로 만든 공로를 인정한 것이다. 그들이 만든 과실을 나누는 짓을 한 것이다. 군주 자리, 혹은 최고 권력은 그처럼 사업 대상이 된다.

중종 반정 ; 이들은 살아남기 위해서 충(忠)을 깨뜨렸다. - 이 경우는 그렇게 심하게 비난할 것은 없다. 책임이 연산군에게 있다. 살아남기 위해서 발버둥치는 것을 비난할 수는 없다. 이것은 말 그대로 반정(反正; 올바름으로 돌아감)이라 할만하다.

인조 반정 ; 당파가 권력 잡기 위해서 충(忠)을 깬 사건이다. 이것은 전형적인 쿠데타이다. 당파의 이익을 위해서 군주를 몰아낸 사건이다. 더군다나 이것은 모순의 전형이다. 광해군이 충효(忠孝)를 어겼기 때문에 자신들이 쿠데타를 일으켰다고 한다. 그렇다면 군주를 몰아낸 자신들의 행위는 당연히 충(忠)을 어긴 것이다. 똥묻은 개가 겨묻은 개를 나무랄 수 있는 이유는 권력을 장악했느냐의 차이 때문이다. 그런 점에서 광해군의 죄는 권력을 탈취당했다는 점에 있다.

(5) **조선의 역사는 충(忠)을 깬 세력이 이끌었다.**

'반역의 역사'라는 점으로 조선을 보자. 유교적 가치 속에서 반역을 일으킨 자들이라는 측면에서 조선의 역사를 볼 필요가 있다.

이것은 고려 무신 시대와 똑같은 논리이다. 권력을 쟁취하고, 그 과실을 공유한다는 발상. 역사의 한 시대에는 이 논리가 통했다. 바로 고대 노예제 사회 혹은 중세까지 통했던 정복-약탈 사회의 모습이다. 징기스칸의 세계 정복도 바로 그 논리이다. 정복한 만큼 갖는다는 것이다. 제국주의 침략이 그것이다.

근대는 바로 그 논리를 부정하는 것에서 시작된다. 서양 근대가 되면 그런 정복 논리, 약탈 논리가 약간은 바뀐다. 물론 국가 안에서만 그 논리를 부정하는 것이다. 대외적으로는 시퍼렇게 살아 있었다. 산업 혁명에 따른 군함과 대포로 무장하고, 도처를 정복하여 식민지를 건설했다.

(6) **계유정난** : 정도전이 가진 이상주의의 열정을 한명회는 완전하게 타락시켰다. 이 역사의 후퇴는 조선 건국이 가진 피치 못할 악성 종양 덩어리였다. **도덕성의 위기** 문제 - 그것은 서양 근대로 치자면, 종교 전쟁과 비슷한 것이다.

사림파의 등장은 바로 그 역사의 딜레마에서 시작된다. 이 딜렘마가 없었다면 사림이 등장하지 못 했을 것이다. 딜렘마가 사림을 키운 것이다.

사림은 쿠데타의 논리를 부정한다. 한명회의 짓거리를 철저하게 비판한다. 그것은 역사의 발전에 해당된다. 고려의 논리에서 조선의 논리로 변한 것이다. 칼에서 말로. 칼로 싸우지 말고, 말로 싸우자는 것이다. 칼의 싸움, 그것은 정복의 논리이고, 승자 독식이다. 이긴 자가 모든 것을 갖는다. 진 자는 죽던지 노예가 된다. 국가 권력은 쟁탈의 목표가 된다.

반면 말의 논리는 말로 싸우자는 것이다. 말이 되는 것, 이성적이고 합리적인 제안이 승리하는 사회, 국가이다. 이성적인 국가를 만들자는 것이다. 아마 정도전이 목표했던 유교적 인륜 국가는 바로 그런 이성이 확립된 국가였을 것이다. 그러나 그 국가를 이루기 위해서 이성이 아닌 무력-칼을 쓴 것이다. 그리고 그 논리가 낳은 귀자(鬼子)가 한명회이다.

(7) 세조의 쿠데타는 한탕주의를 실천한 것이다. 그것은 고려 시대의 "왕후장상에 씨가 따로 없음"의 논리를 반복한 것이다. 힘이 있고, 정권을 잡을 수 있다면 잡아도 된다. - 이것이 용인된다면, 누구나 쿠데타를 해도 된다. 단 힘만 있다면. - 이럴 경우 국가는 불안정 속에서 망할 것이다. 한비자가 무엇보다도 경계한 것이 바로 그 논리였다. 힘이 있으면 누구나 나라를 뒤집어엎고, 왕후장상이 되는 것이었다.

세조의 쿠데타를 바로잡기 위한 것이 사육신의 역 쿠데타이다. 이것은 누구나 힘이 있으면 쿠데타 할 수 있다는 논리에서 한 걸음 더 나아가서 그른 것을 바로잡기 위해서 쿠데타를 할 수 있다는 것이다. (모든 쿠데타는 그른 것을 바로잡기 위해서 한다고 한다. 인조 쿠데타가 대표적이다.) 문제는 쿠데타를 바로잡기 위해서 쿠데타를 한다는 것인데 - 이 또한 딜레마이다. 쿠데타가 나쁘다고 그것을 쿠데타로 바로잡을 수 있는가?

세 번째 이율배반 – 쿠데타를 쿠데타로 바로잡는다. 조선 초기의 세 번째 딜레마인데, 그 중요성이 떨어진다. 이는 힘의 논리가 횡행했던 조선 초기를 정확하게 반영하는 딜레마이다.

(8) 한-당 시기의 국가 제도에 대한 총체적인 반성

- '필연성 창출' 방법의 변화

중국의 송나라 때는 한-당 시기의 정치 주체인 호족들의 '물리적 강제력'에 대한 총체적 반성을 했다. 호족들은 무사들이었다. 그들이 사용한 물리적 강제력, 즉 무력은 '필연성 창출'에 올바른 방법이 아니라는 것이다.

필연성이란 "국가의 안정성, 오래 가는 질서"를 뜻한다. 칼의 논리는 극히 불안정하다. 단칼은 쌍칼을 낳는다. 쿠데타는 쿠데타로 나가게 된다. 힘의 논리는 칼과 쿠데타의 멍청한 무한 반복, 무한 퇴행을 그림자처럼 가지고 있다. 그 무한 퇴행의 연결 고리를 자르자는 것 - 그것이 송나라 건국자들과 송나라 주도 계층인 사대부들이 가진 문제의식이었다.

안정된 오래 가는 국가 질서를 만드는 방법은 국가를 인륜화시키는 것이다. 도덕성이 구현된 국가를 만드는 것이다. 충효가 배어든 국가 안에서 쿠데타란 어렵다.

인륜 국가는 또한 말에 의한 정치를 하게 된다. 윤리 도덕을 체현한 사람들 - 인격자 지식인이 하는 정치는 말에 의한 비판과 토론으로 진행된다. 그것은 이성화된 국가, 이성적 질서이다.

사대부 계층의 이성은, 이성의 안티노미(이율배반)에 따라 둘로 나타난다. 신법과 성리학이 그것이다. 신법은 효율적이고 합리적인 제도에 의한 안정된 국가 질서를 세우려 했다. 성리학은 도덕적 이성-인격을 이룬 사람들에 의한 이성적인 사회 정치를 지향했다.

이런 질서와 평화는 오래 갈 것이다. 그들은 자신들이 '역사적 필연성'을 가진 질서 혹은 국가를 창출했다고 믿었다. 유토피아를 세웠다는 것이다. 그것은 문인 정치의 이념이다.

고려에서 조선의 변혁은 그런 필연적 질서 수립의 문제가 있다. **"칼에서 말로, 힘에서 이성으로, 고려의 논리에서 조선의 논리로"** 나간 것은 북송 시대 사대부들과 똑같은 문제의식을 가졌기 때문이다.

역사의 발전이란 바로 그런 것이다. 머리를 쓰고 안배를 해서, 좀 더 나은 길로 나가는 것이다. 칼에서 말로 나가는 것은 그런 점에서 필연적이었다.

3) 존재의 부정 – 두 번째 딜레마

(1) 사림파는 쿠데타를 '도덕성의 위기'로 단죄한다. 정도전의 경우는 '인륜을 깸'에 상응하는 '인륜 국가를 세움'이 있었다. 그러나 그 이후의 쿠데타는 아무리 그들이 여러 가지 명분을 세우지만, 야욕에서 나온 쿠데타이며, 군주를 몰아낸 대역죄에 해당될 뿐이다.

사림파는 직접적으로는 훈구파를 부정한다. 훈구파는 그런 쿠데타로 집권한 사람들이며, 유교의 잣대로 볼 때 패륜이며, 국법으로 볼 때 대역 죄인들이다.

사림파의 이런 훈구파의 쿠데타 비판은 훈구파 부정을 넘어서서 군주 부정, 사림파 자신의 부정이 된다.

쿠데타 세력의 정점에는 군주가 있다. 한명회 위에는 수양 대군이 있다. 쿠데타를 이유로 한명회를 부정한다면, 그것은 세조를 부정하는 것이다. 나아가 성종이나 연산군 시대에 계유정난과 한명회를 비판 부정한다면, 이는 동시에 성종이나 연산군을 부정하는 것이 된다. 성종과 연산군은 세조의 후손이기 때문이다. 세조가 부정되면 그 이후의 군주들도 다 부정되게 된다.

나아가 예컨대 정도전을 임금을 몰아낸 반역자로 비판한다면, 그들은 반역자가 세운 나라에 사는 셈이다. 백이 숙제는 그런 나라에서 살기 부끄럽다고 수양산에 들어가 고사리를 캐 먹다가 굶어 죽었다. 이게 가장 논리적인 태도일 것이다. 반역자가 세운 나라에 벼슬하면서, 세운 사람을 비판하는 것은 모순이다. 이율배반은 정도전에게도 있고, 정도전을 비판하는 사람들에게도 있다.

혹은 성종 시기에 벼슬하면서 세조의 쿠데타를 비판한다면, 그것도 똑같은 이율배반이 성립한다. 찬탈자의 정권, 혹은 그 계승자의 정권에서 벼슬하면서, 그 찬탈자를 비판하는 것은 모순이기 때문이다.

(2) 쿠데타를 비판 부정했던 사림파의 딜레마는 그것만이 아니었다. 그것이 시작이었다. 쿠데타로 세운 나라, 혹은 쿠데타로 성립한 정권에서 벼슬하면서 쿠데타를 비판한다는 것 - 그것은 훈구파가 자기 방어를 할 수 있게 하는 최강의 무기가 된다.

"쿠데타 주도자의 부정 → 군주의 부정 → 자신의 뿌리의 부정"이라는 사실은 훈구파가 사림을 공격할 수 있는 명분이 되고, 동시에 군주를 움직일 수 있는 이유가 된다. 군주는 명분상으로, 혹은 유교의 윤리 도덕으로 보아서는 사림의 주장에 따라야 한다. 쿠데타는 '도덕성의 위기'를 불러오기 때문이다.

그러나 현실적으로는 훈구파의 주장을 따를 수밖에 없다. 우선 군주 자신이 훈구파와 공범 내지는 주범의 위치에 있기 때문이다. 중종이 위훈(僞勳)을 삭제하려 했던 조광조를 제거했던 가장 큰 이유가 바로 그것이었다. 중종은 공범이 아닌 주범이었다.

훈구파는 자신들의 치명적인 약점을 건드리는 자들을 가만 둘 수는 없었을 것이다. 훈구파는 위로는 군주에서 아래로는 대소 권력자들이 망라되어 있다. 군주가 자신과 선조의 뿌리를 부정할 수는 없는 법이다. - 사화(士禍)는 바로 그 논리에서 성립한다.

(3) 세조와 한명회 이후로 생겨난 훈구파는 암적 존재였다. 암 세포는 정상 세포가 변이를 일으킨 것이다. 정도전의 제도 개혁론이 변이를 일으켜서, 제도 개혁이라는 이상은 팽개치고, 오직 권력 장악과 부귀 영화를 누리는 길로 간 것이다.

그들이 깔아뭉갠 유교적 도덕률, 그들이 야기한 심대한 '도덕성의 위기' - 그것은 사림파의 딜레마로 방어하기에는 너무 치명적인 것이었다. 사림의 훈구 비판은 군주를 부정하고, 나아가 국가 자체, 사림의 존재 자체를 부정할 수 있다는 사림파의 이율배반-딜레마. - 이것에 비해서 훈구파의 쿠데타로 '충신이 역적이 되고, 역적이 충신이 되는 것' 혹은 충효의 유교 윤리가 정면에서 깨졌다는 것 - 이것은 너무 중대한 사건이었다.

따라서 사림파의 도덕성 회복의 주장이 훈구파의 쿠데타 기득권을 반드시 무너뜨리게 된다. 그것은 역사의 필연적인 과정이다. 그렇다고 권력을 장악하고 있는 훈구파가 가만히 당할 수는 없었다.

훈구파는 사림파의 이율배반-딜레마를 알고 있었다. 반면 사림파는 훈구파의 치명적 약점인 '유교 도덕성을 깨뜨림'을 꽉 잡고 있었다. 사림파의 딜레마로 사림파를 설득해서 훈구 비판을 그만 두게 할 수는 없다. 그 딜레마에 비해서 훈구파의 유교 도덕을 정면으로 깨뜨림은 너무 심한 것이었다.

훈구파는 사림파를 말과 이성적 논증으로 이길 수는 없다. 따라서 그들이 잘 쓰는 논리 - '칼의 논리'로 나간다. 사림파의 딜레마를 이용한 것이다. 군주를 공범으로 협박할 수도 있었다. 사림파를 음모로 엮어 넣고, 권력으로 잔혹하게 탄압한다. 사화(士禍)가 바로 그것이다. 사화는 변형된 쿠데타라고 할 수 있다.

(4) 정도전과 훈구파는 체제와 윤리 도덕을 깨뜨렸다. 사림파는 윤리 도덕을 세우려 했다. 완전히 서로 반대 입장이지만, 각자 이율배반을 가졌다. 정도전은 윤리를 세우기 위해서 윤리를 깨뜨려야 했다. 사림파는 윤리를 깨뜨린 자가 세운 나라-정권에 벼슬하면서 윤리를 세워야 했다. 윤리를 세우면 그 나라-정권이 부정되게 된다.

이는 선조 이전까지 훈구-척신 대 사림의 투쟁으로 이루어진 조선 전기의 정치적 역학 관계를 밝히는 기본적인 구조이다. 선조 때까지 조선의 정치는 바로 그 두 딜레마의 역학 관계라고 보면 된다. 그 딜레마를 처리하기 위해서 그들은 지난한 과정을 거쳤다.

딜레마가 해소된 결과는 선조 때 나타난 붕당정치였다. 붕당정치는 바로 새로운 시대를 열었다. 조선다운 정치가 비로소 시작된 것이다. 선조 이후의 붕당 정치는 훈구 사림의 딜레마와는 또 다른 새로운 역학 관계가 있다.

2. 조선사에서 혁명과 쿠데타

1) 혁명과 쿠데타의 구분

(1) 이기백 선생의 책도 그렇고, 중고교 국사 책도 그렇고, 상식적인 구분인 혁명과 쿠데타도 구분이 되어 있지 않다. 아니 구분하지 않고 있다. '반정(反正) 정난(靖難)' 같은 승자의 용어가 그대로 적혀 있다. 아는 사실을 있는 그대로 서술한다는 실증주의는 어디에도 없다.

혁명과 쿠데타의 차이는 뭔가?

혁명 - 사회의 구조적 변화. 뒤엎음(revolution, 아래가 위로, 위가 아래로 뒤집힘.)이다. 지배 계층이 바뀌고, 제도가 바뀌고, 종교나 예술, 의식 등이 바뀜.

쿠데타 - 정권 탈취, 특히 군대를 동원한 탈취이다. 따라서 최상부 집권층만 바뀐다. 나머지는 그대로이다.

이렇게 구분해 보면 사태는 자명하다. 혁명을 일으키는 자는 진보를 목표로 하며, 이념과 비전, 정책이 있어야 한다. 반면 쿠데타를 획책하는 사람은 권력에의 의지, 정치적 야욕에 충만해 있다.

조선시대에 그 많았던 정변들, 그게 혁명인지 쿠데타인지 구분해야 하지 않는가?

(2) 용어의 문제

조선의 역사를 기술함에 있어서, 역사학자들은 한자-한문에 의존하는 것이 너무 많고 크고 깊다. 이것은 큰 문제이다. 주로 풀과 가위의 역사 때문에 생긴다. 사료를 가위로 잘라 풀로 붙이면 역사가 되는가? 역사적인 기록이 '있는 그대로의 사실'은 아니다.

한자말을 쓴다는 것은 조선 실록 혹은 조선시대의 용어를 태연히 그대로 쓴다는 말이다. '반정(反正)'이나 하는 조선시대의 용어를 그대로 쓰다 보니 조선시대 지배층의 편견을 그대로 용인하게 된다.

역사는 승리자의 역사이다. 이긴 자는 언제나 진 자를 나쁜 놈, 잔인한 놈, 사악한 놈으로 묘사하게 되어 있다. 물론 자신들은 천사이며, 정의의 건맨이며, 의리의 사나이들이다. - 도대체 그런 이야기를 그대로 받아쓰는 것은 학자로서 할 일이 아니다.

역사적 사실에 근거해서 객관적으로 기술한다는 역사학자라면 모름지기 현재의 관점에서 공정하고 합리적으로 사실을 써야 한다. '현재의 관점'이란 바로 우리가 가지고 있는 이성이고 합리성이고 진리 정의의 관념이다. 역사는 어차피 쓰는 사람의 이성을 기준으로 서술하게 되어 있다. 따라서 서술되는 역사적 사실에 객관적으로 접근해야 하는 것만큼 중요한 것은, 그걸 서술하는 역사학자의 이성과 양심과 합리성이 갖추어져 있어야 한다는 점이다. (frame of reference의 문제) 실증주의니 해서 역사적 사실의 객관성은 무지 강조하되, 정작 역사 서술자의 주관성에 대한 반성은 부족하다면, 그것은 문제가 된다.

다시 말해서 역사로 서술되는 것은 과거의 사실(史實)들이다. 그 사실들을 기술하는 말은 현재 우리의 생각과 이성을 반영한 우리의 언어이다. 과거 역사책에 '반정(反正)'이라고 나오는 말 - 그것은 현재 우리의 말이 아니다. 현재 우리가 쓰는 말은 '쿠데타, 혁명' 둘 중에 하나이다. '반정'이라 이름 붙였던 사건에 '쿠데타'라는 말을 붙일지, '혁명'이라는 말을 붙일지는 역사가의 이성과 합리성에 달려 있다.

(3) 혁명인가 쿠데타인가.

이와 관련된 조선 시대의 정변(政變)을 보면 이런 것이 있다. - 위화도 회군(이성계), 왕자의 난(이방원), 계유정난(세조), 사육신의 난, 네 가지 사화(士禍), 중종반정, 인조반정, xx 환국, 신임 의리, 이괄좌의 난, 동학란 등.

도대체 통일되게 용어가 붙는 것이 없다. 대부분은 조선시대의 용어를 그대로 쓰고 있다. 회군(回軍), 정난(靖難), 사화(士禍), 반정(反正), 환국(換局), 난(亂) 등등

지금이 어느 시대인데 그런 용어를 그대로 써야 하는가? 그 용어들은 하나같이 승리자들이 자신을 변명하고 합리화하고 미화시키는 것들, 혹은 패배자들을 비난하고 깎는 말들이다. 그것은 사실을 왜곡하고 뒤트는 용어들이다.

이렇게 혼란스러운 과거의 용어들을 그대로 쓰지 말고, 그것들이 혁명인지, 쿠데타인지, 그걸 명백하게 하는 것이 역사 서술자의 임무일 것이다.

(4) 실증주의 - 말의 함정에 빠지다.

이렇게 조선시대의 용어를 그대로 쓰는 것은 풀과 가위만 가지면 역사를 쓸 수 있다고 보는 실증주의의 폐해가 드러난 것이다. 가위로 오리고 풀로 붙일 뿐, 정작 오려낸 내용이 뭔지를 자신의 이성을 가지고 분석을 하지 않기 때문에 그렇다.

'객관성'이란 이름 아래, 조선시대의 편견이 담긴 용어를 그대로 쓴다. 과거를 고스란히 합리화시키는데, '객관성'이란 말처럼 좋은 것이 어디 있는가. 이미 이루어진 일은 사건 사실이고, 이미 객관적인 것이다. - 헤겔은 말했다. **"현실적인 것은 이성적인 것이고, 이성적인 것은**

현실적인 것이다."

세조가 어린 조카 단종에게서 왕위를 빼앗고 죽였다. - 그건 일련의 사실이다. 그래서 사실은 신성하고 객관적인 것인가? 그가 집권한 것도 현실이기에, 현실적인 것은 이성적인 것인가? 현실화될 만큼 이성적이기 때문에 현실화된 것인가? 가능성들이 치열하게 경쟁해서, 그 가운데서 현실화될 만큼 합리적인 가능성만 현실화되는가? 그래서 '객관성'이 잣대인가.

이미 이루어진 사실, 혹은 과거는 객관적 사실이고, 절대적인 것일지 모르겠다. 문제는 회군(回軍), 정난(靖難), 반정(反正), 환국(換局), 난(亂) 등등의 용어는 사실이 아니라, 과거의 사람들, 특히 승자들이 평가하고 붙인 용어들이다. 따라서 지극히 주관적이고 가치가 부여되어 있는 위험한 것이다.

사실이 있고, 거기에 붙이는 이름이 있다. 사실 자체는 객관적일 수 있다. 그러나 붙이는 이름은 지극히 주관적이다. 실증주의는 늘 객관적 사실에 주목하지, 주관적으로 붙이는 용어를 소홀히 한다.

따라서 풀과 가위만으로 역사를 쓰겠다는 실증주의는 만약 과거의 평가도 역사적 사실로 인정해서 고스란히 받아들이는 경향이 있다. 그런 것은 썩어빠진 실증주의에 불과하다. 실증의 기준을 철저히 적용해야 한다. 우리의 주관이 배제되어야 한다면 과거의 평가도 비판받아야 한다. - 결국 과거의 주관적 평가가 있듯이, 우리도 역사를 쓰면서 주관적 평가를 할 수 밖에 없다.

그렇다면 객관성은 없고, 단지 주관적 평가만 있다는 것인가? 그렇지는 않다. 현재 우리들 각자의 평가들이 학문의 학술의 시장에서 토론하면서 경쟁하면 된다. 그 경쟁 속에서 그만큼 객관적 사실에 접근할 수 있을 뿐이다.

(5) '모순'이라는 말의 문제

역사책을 보면 자주 나오는 말이 '모순'이다. 신라의 붕괴와 고려의 성립, 고려의 멸망과 조선의 건국이 다 '모순' 때문이었단다. 신라 하대 사회의 모순, 고려의 모순 등. 도대체 헤겔과 마르크스가 변증법을 말하면서 들먹였던 모순이, 논리도 아닌 역사 속에 있는 사실들의 집합을 지칭하는 말로 등장하다니 놀랍다. 구체적으로 뭐와 뭐가 모순이라는 것인가? - 이건 역사책에서 기술하는 바가 거의 없다.

그런 모순은 모호하고 잘 드러나지 않는 반면, 역사학자들의 역사 서술에 보이는 모순은 너무 많다. 그들은 말의 앞뒤가 맞지 않는 모순되는 이야기를 자주 한다. 자신들의 이야기에 뭐가 모순이 있는지 검증하는 법이 없는가 보다. 혹은 그들은 사실이라는 부분에 집착하다 보니, 전체적으로 드러나는 모습에 있는 모순은 잘 보지 못 하는가 보다.

예컨대 고려 말에 성리학이 들어왔다. 정도전은 성리학자이다. 정도전이 세운 조선을 이끈 주류는 훈구파 성리학자이다. 그러다 지방 사림들이 성리학자들로서 정치에 참여했다. 훈구파가 사림파를 제거한 것이 사화이다. - 이렇다면 도대체 성리학자는 누군가? 훈구파도 성리학자, 사림파도 성리학자인가? 그렇다면 왜 그렇게 치열하게 싸웠는가? '성리학'이라는 말은 하등의 변별력도 없게 된다.

2) 혁명인가 보다

무엇이 혁명이고, 무엇이 쿠데타인지, 앞에서 제시한 기준에 따라 조선의 역사를 살펴보자. 물론 대부분은 쿠데타에 해당된다. 그러나 가끔은 혁명에 가까운 것이 있다. 바로 조선의 건국, 선조의 즉위와 같은 것이다. 혁명-변화는 자주 있지 않다.

(1) 이성계의 위화도 회군

회군(回軍)'이라는 말은 단지 하나의 사실만을 말할 뿐이다. 분명히 정권 탈취를 위한 군사적 행동으로 쿠데타에 불과하다. 다만 그 전후해서 토지 제도를 개혁하고, 국가를 쇄신해서 결국 조선이라는 새로운 나라를 건국한 것 - 이건 혁명이다. 우리 역사에서 가장 혁명다운 혁명은 조선의 건국 밖에 없다. 혁명의 기준에 정확하게 부합한다. 지배층이 바뀌었으며, 제도가 바뀌었고(새 나라가 선 것이 대표적), 종교가 바뀌었고(불교→유교), 정치 시스템이 바뀌었다.(칼→말) 기타 변화된 것은 많다. 결국 조선의 건국은 왕의 성씨만 바뀐다는 '성만 바뀌는'(易姓) 혁명이 절대 아니다.

(2) 선조의 즉위

이것은 별로 주목을 받지 못 하지만, 정치의 흐름으로 보자면 조선 중기 이후 3대 전환점 가운데 하나라고 할 수 있다.

선조 - 동인 집권 / 인조 - 서인 집권 / 순조 - 세도 정치

그때까지 야당이었던 사림파가 그 기나긴 잠복 끝에, 자신을 복제해서 확산하는 바이러스 전술이 승리했던 것이다. (이황 조식 등이 고향에 은거해서 제자를 키웠다.) 명종 때까지 여당이었던 훈구-척신이 정권을 잃고, 야당이었던 사림이 정권을 잡았던 사건, 그게 바로 선조의 즉위이다.

이건 혁명에 준하는 사건이다. 그것은 피를 흘리지 않은 혁명, **명예혁명**이다. 조선 역사상 가장 아름다운 광경이다. 정권 교체 과정에서도 반대파를 죽이지 않았으며, 권력을 잡고 나서도 죽이지 않았다. 도덕과 양심을 표방한 사림의 성숙한 이성이 그걸 가능하게 만든 것이다.

그게 왜 혁명인가? 뭐가 혁명적으로 변했는가? - 변한 것은 많다.

태조-명종까지는 칼의 정치, 권모술수의 정치 시대였다. 대를 걸러 가면서 쿠데타로 집권했다. 태조, 태종, 세조, 중종 - 이들이 바로 쿠데타로 집권한 사람들이다. 그리고 특히 세조 쿠데타 이후, 쿠데타는 일확천금의 사업이 되어 버렸다. 공신들의 양산 - 공신들이 바로 일확천금 노다지를 잡은 자들이다. 그들은 말로만 공신이지 사실상 해적과 다를 바가 없는 자들이다. 무력으로 정권을 탈취해서, 전리품을 나누어 가진 것에 불과하다.

사육신이 저항한 것도 당연하다. 정상적인 사회는 강도나 도둑을 용납해서는 안 된다. 그런데 그들이 왕권을 강탈했다는 점으로 공신이니 훈구니 해서 떵떵거리면서 산다는 것은 문제이다.

쿠데타의 정치, 칼의 정치 - 그건 고려 시대의 풍조였다. 이자겸의 난, 묘청의 난, 무신의 난 등. 칼이 말을 해 주는 시대였다. 그리고 훈구파는 바로 그런 부류의 사람들이었다.

선조의 즉위 뒤에 사림의 정치가 열린다. 칼 대신 말로 하자는 정치. 무력 대신에 이성적으로 하자는 정치이다. 이후 말로 대결하는 정치가 펼쳐진다. 서양 근대의 양당 정치 비슷한 것이 펼쳐진다.

칼에서 말로의 변화, 그것은 혁명적 변화에 가까운 큰 변화임에는 틀림없다. 따라서 선조 이후 조선다운 정치가 이루어진다.

3) 쿠데타가 대부분이지

(1) 이방원의 왕자의 난

태종 이방원이 두 번에 걸쳐서 공격을 한 것, 그래서 형제들을 두 번씩이나 죽이고, 정도전을 죽이고., 아버지가 태상왕으로, 형이 상왕으로 물러나고 - 이건 그 상황 자체로만 보면 당연히 쿠데타이다. 그는 두 번 쿠데타를 일으켜서 왕이 되었다. 일차적으로는 정권에 대한 야망이 군사 행동으로 이끈 것이다.

태종 이방원은 당나라 태종 이세민과 입장이 비슷했다. 당 태종의 경우, 쿠데타는 어쩔 수 없었다. 이세민 자신이 총지휘관으로 전쟁을 해서 천하를 통일했다. 아니 획득했다. 그런데 장자 상속법에 따라 황태자가 된 자기 형이 황제가 되어야 하고, 자신은 물러나야 하는가? 그건 "만든 자가 소유한다"는 사회 불문율에 어긋난다. 이세민을 따라 목숨 걸고 싸웠던 장군들은 논공행상에서 불만을 가질 것이다. 결국 쿠데타로 식객인 형을 죽이고 자신이 황제가 되는 수밖에 없었다.

그건 항우도 마찬가지다. 상징적으로 황제 자리에 올린 의제(義帝) - 그를 위해서 항우가 황제 자리를 내놓아야 하는가. 이런 맥락에서 이방원이 거사를 한 것인가? 사실 조선 건국에 많은 역할을 한 사람이 이방원이다. 그런 그가 왕 자리를 두고 물러나기는 쉽지 않았을 것이다.

혹은 한영우 등이 주장하듯이, 정도전이 재상 중심의 정치 체제로 가려 하자, 이방원이 정도전을 제거하고, 군주 중심의 강한 정치를 한 것인가? 그 이후 조선의 체제는 강력한 군주 아래 지식인 관료 집단이 있는 통치 체제가 굳어진 것인가? 이게 사실이라면 혁명에 가까울 수는 있다. 그러나 태종 이방원이 그런 목적으로 거사를 했는지는 명확하지 않다.

(2) 세조의 계유정난

이건 전형적인 쿠데타이다. 성공 이후 노략질한 것을 분배한 것도 그렇다. 세조가 즉위한 이후 변화된 것은 별로 없다. 단지 공신들이 대거 생겨나고, 특권을 부여한 것이 있을 뿐이다.

(3) 중종 반정

이것은 물론 쿠데타이다. 그러나 권력욕에 사로잡혀 일으킨 쿠데타라기보다는 훈구파가 연산군으로부터 자신들을 보호하기 위해서, 자구책으로 일으킨 쿠데타의 성격이 짙다.

또한 연산군 치세와 중종 시대는 성격이 다르다. 연산군의 방탕하고 잔인한 정치 대 중종 시대의 금욕적인 도덕 정치와는 완전히 대비가 된다. 더구나 중종이 의도적으로 연산군의 감각적 욕망 추구를 버리고, 도덕적 금욕 정치를 하기 위해서 조광조를 기용한 점에서 그렇다. 그러나 조광조는 제거된다.

이런 점도 있다. 중종은 누차에 걸친 쿠데타를 보고, 왕권을 지켜줄 울타리는 정도전이나 김종서 같은 힘있는 신하가 아니라, 처족-외척이라는 사실을 느꼈을 것이다. 중국에서 오래 전부터 내려오던 왕실 괴담을 그대로 실천했다. 중종이 이제 외척들이 발호하는 시대를 연 것이다. 그는 조광조를 버리고 외척을 선택했던 것이다. 훈구파에서 척신파, 외척 정치가 열렸다는 점에서 변화는 변화이다. 그러나 척신 정치는 역사의 퇴행이지 발전이 아니다. 따라서 혁명이라 하기는 뭐하다. 다만 변했다는 것은 사실이다.

따라서 중종 반정은 쿠데타의 성격이 있지만, 혁명의 성격도 있다.

(4) 정여립 모반 사건

이는 야당이던 서인이 집권 동인을 일망타진하기 위한 필살수로서 기획-연출한 사건이라 볼 수 있다. (김용덕 선생은 송익필이 기획한 것으로 본다.) 그렇다면 서인이 일으킨 미수에 그친 쿠데타였다고 할 수 있다. 서인들의 뿌리는 훈구 척신들이다.

하긴 정여립 사건 뒤 잠깐 서인이 정권을 잡았으나, 사실에 근거하지 않는 일은 탄력을 받지 못 한다. 선조가 바로 의심하고 서인 영수 정철을 귀양 보냈다. 물론 직접적인 사건은 자기가 싫어하는 광해군을 세자로 책봉하라고 정철이 주장해서 그렇게 귀양 간 것이지만, 정여립 사건과도 연관이 있을 것이다.

(5) 인조 반정

정여립 사건에서 미수에 그친 서인이 기어코 이루어낸 쿠데타이다. 이건 반정(反正; 옳음으로 되돌아감)이라는 말과 전혀 어울리지 않는 사건이다. 중종 반정은 반정(反正)이라는 말을 들을 자격이 있다. 그러나 인조 반정의 경우 영낙없는 쿠데타이다.

집권 대북 세력을 철저하게 죽이고, 귀양 보내고, 패륜이라고 여론몰이로 또 죽인다. 이후 몇 번에 걸친 반란 사건 등을 통해서 철저하게 북인을 말살해 버린다. 조선시대에 이보다 더 잔인하게 정적을 말살한 사건은 없었다. - 선조 즉위 때의 사림파 동인의 집권 때의 무혈 명예 혁명과 완전히 반대가 된다. 이렇게 제거하는 이유는 승자 독식의 정복 논리이다.

인조가 즉위했다고 바뀐 것은 없다. 단 '반정'이라는 말이 들어간 두 사건(중종, 인종) 이후 금욕 고행의 도덕주의가 기승을 부린 것은 같다. 중종 때는 조광조의 도덕적 광기(狂氣)가 기묘사화라는 중종이 친 몽둥이로 꺾인 반면, 서인들의 도덕주의의 광기의 발작은 청나라의 침략과 자청한 전쟁에서의 비참한 패배를 불러들인다. 그리고 청나라의 계략으로, 그 서인 지도부가 다시 조선을 지배하게 된다. 조선 역사에서 최대의 치욕이고, 최대의 잘못이 이루어진 것이다.

자초한 전쟁에서 비참한 패망 - 그러면 권력에서 물러나야 하는 것이 정상이 아닌가? 그런데도 권력을 잡았으니, 패망이라는 사실을 숨기고, 자신들이 집권해야 할 정당성을 말한다는 것 - 구차하고 비꼬인 논리가 된다. 그것이 바로 송시열이 제시한 소중화론이다.

(6) 숙종의 환국(換局) 정치

이것은 실질적으로 쿠데타이다. 다만 선조 이전의 쿠데타와는 성격이 다르다. 인조 때 이전에는 군주+신하가 쿠데타로 다 숙청되었다. 숙종 때는 군주의 심판 아래 신하들이 서로 당대당으로 겨루다 여당이 되고 야당이 되고 했다. 군주의 선택에 따라 여당이 되면 당연히 야당을 제거했다. 이런 숙청은 인조 쿠데타의 악습의 연장선에 있다.

환국 정치는 쿠데타 혹은 사화(士禍)의 일상화, 혹은 주기화이다.

(7) 세도 정치

숙종 때는 군주 관리 아래 신하들의 붕당이 정권 교체에 따라 서로 죽이고 죽이는 패거리 정치(환국)를 했다면, 영조 정조 때는 서로 공존하면서 사는 정치(탕평 정치)를 하자고 했다. 환국 정치는 군주가 당파를 선택하는 반면, 탕평 정치는 군주가 사람을 선택한다.

순조 이후 세도 정치는 반대로 나간다. 군주는 이제 허수아비가 된다. 신하 가운데 강력한 자가 실권을 쥐고 위로는 군주를 허수아비로 만들고, 아래로는 관료들을 좌지우지했다. 숙종 때 군주가 신하를 쥐었다면, 순조 이후는 신하(세도 정치가)가 군주를 쥐었다 폈다 했다.

신하가 세도를 부릴 수 있는 것은 주로 쿠데타에 의해서만 가능했다. 세도 정치는 왕의 장인이 되면서 정권을 장악하는 것이다. 척신 정치의 극단적인 형태이다. 세도가가 권력을 전횡한다는 점에서 사실상의 쿠데타라고 할 수 있다. 환국 정치와 세도 정치는 논리적으로 대칭이 되는 짝이다.

4) 반정(反正) 뒤의 분위기

반정(反正), 즉 쿠데타 이후의 분위기가 다음 세 가지가 있다.

① 반정 뒤에 창조적 분위기 - 이성계의 조선 건국, 이방원의 쿠데타와 세종 시기.
② 반정 뒤에 도덕적 금욕적 분위기 - 중종 반정, 인조 반정
③ 반정 뒤에 장물 분배 잔치 분위기 - 세조의 계유정난

이 가운데 가장 문제가 되는 것이 세조의 쿠데타였다. 이 때문에 조선 초기에 지식인-정치가들이 총동원되어서 풀려고 했던 문제가 발생했다. 군주를 지키고자 했던 사람들은 비명횡사하고 가족들은 노비가 되었다. 반면 쿠데타로 임금을 몰아낸 자들은 대역 죄인이 아니라, 공신으로 봉해져서 자손 대대로 떵떵거리며 살았다.

유교의 윤리에 대한 정면 공격인 셈이다. 이 때문에 세조 쿠데타를 놓고 훈구와 사림이 갈린다.

그 다음 문제는 중종 반정과 인조 반정이다. 공통적으로 도덕적 금욕주의가 지배했다. 그리고 금욕주의는 국가적인 문제를 불러일으키게 되었다. 중종의 경우, 조광조 일파를 몰아낸 기묘사화가 그것이다. 사림이 아닌 훈척을 중종이 선택한 셈이다.

가장 큰 문제는 인조 쿠데타이다. 이들이 도덕적 잣대를 청나라에 들이댔고, 병자호란을 자초했다. 국가는 사실상 멸망했지만, 청나라의 원대한 전략 때문에 그들이 다시 집권했다. 조선 후기는 그들이 다시 요리하면서 엉망으로 치달았다.

3. 조광조와 시대적 사명

조광조는 중종이 원하던 것을 제공했다. 기본적으로 연산군 때까지의 정치 양태를 부정하고, 새로운 모델을 제시했다. 기존의 모델은 한탕주의적인 약탈, 칼에 의한 정치였다. 쿠데타를 일으키고 성공하면 공신으로 봉해져서 영화를 누렸다. 포악한 욕망이 격류하는 정치였다.

이를 부정하고, 조광조는 이성에 의한 정치, 말에 의한 정치를 주장했다.

1) 조광조의 도덕 정치, 금욕 정치

(1) 연산군 시대의 방탕한 분위기의 치료 - 이것은 중종이 동의했던 바이고, 중종이 조광조를 기용했던 주요한 이유이기도 하다. 강경한 성리학자이자 도학자이며 전투적인 이상주의자였던 조광조는 방탕한 분위기를 청산하는데 강력한 힘을 발휘할 전사였다.

(2) 조광조는 대의명분, 강상윤리를 주장한다. 충과 효는 지고의 가치가 된다. 정몽주가 말했던 바, "이 몸이 죽고 죽어 일백번 고쳐 죽어 백골이 진토되고, 넋이라도 있고 없고 간에, 임 향한 일편단심은 가실 줄 없어라" 하는 것, 이는 한번 임금은 끝까지 임금이라는 말이다. 이는 반대로 말하자면 한번 신하는 끝까지 신하라는 말이다.

바로 그 대의 명분, 강상 윤리를 절대화한다.

- 이런 심리 아래서 쿠데타란 있을 수 없다.

이런 도덕적 금욕주의는 기본적으로 중종 시대의 정서였다.

(3) 언론 정치, 여론 정치

조광조는 이성에 의한 정치, 말에 의한 정치를 주장한다. 도덕적 이성을 닦은 인격자들이 하는 정치가 바로 그것이다. 칼이 아닌 이성과 말로 하는 정치이다. 이는 정치 과정 뿐만 아니라 권력 교체까지도 말에 의하게 한다. 누가 더 말이 되게 하는가, 누가 더 여론을 장악하는가에 따라 권력을 잡게 한다는 것이다.

이는 훈구파의 산적정치, 해적 정치의 청산이다. - 이것은 중종이 완전하게 동의하지 못 했다. 중종 자신이 쿠데타로 즉위했기 때문이다. 중종은 조광조의 드라이브에 그냥 끌려간 것이다.

2) 조광조와 중종의 갈등

총론에서 중종과 조광조는 일치했지만, 각론에서 서로 부딪쳤다. 대표적인 것이 소격서 혁파 사건이었다. 일국의 책임자로서 중종은 소격서를 유지하려 했지만, 막무가내 이상주의자, 결벽주의적인 도덕주의자 조광조는 털끝만큼의 불의도 용납하려 하지 않아서, 소격서 혁파를 주장했다. 그의 마음에 소격서는 **"벌겋게 달아오른 난로 위에 떨어지는 눈송이"**였다. 그런 붉은 마음(丹心)의 급진적 이상주의자에게 중종은 진절머리를 내고, 결국 결별하게 된다.

조광조는 **현량과 실시**로 재야 사림을 특채하여 사림 세력을 키우고, **위훈(僞勳)을 삭제**하여 훈구파의 세력을 꺾으려 하다가, 훈구파의 반격과 중종의 명령으로 귀양 가서 사약 먹고 죽는다. 훈구파 뿐만 아니라, 누구보다도 중종이 그를 죽이고 싶어 했던 것이다.

따라서 조광조는 개혁 정치 초반기에 위훈 삭제를 했어야 했다. 물론 그렇다고 성공했으리라고 보장할 수는 없다. 혹은 이황의 말처럼

'천천히 그러나 악랄하게' 훈구파를 단죄하는 것이 더 나은 전략이었을지도 모르겠다.

개혁 초반에 밀어붙이는 것과, 천천히 그러나 확실하게 밀어붙이는 것 - 조광조는 초반부터 밀어붙인 스타일이었던 것 같다. 그 자신은 실패했지만, 성리학의 순교자가 되었고, 사람들에게 시대적인 각인을 남겼다. 선조 때 사림의 집권은 바로 그 원죄 의식에 힘입은 바가 크다.

3) 훈구파의 반격

(1) 조광조가 위훈(僞勳)을 삭제한 것은 훈구파의 행태를 정면으로 비판하고 응징한 것이다. 이는 시대적인 의미가 있다. 한 시대를 주도했던 훈구파들의 산적 떼의 노략질같은 짓거리인 쿠데타를 완곡하게 부정한 것이다. 역사의 흐름이 도덕적 정치로 바뀌어 간 것이다. 조광조의 개혁 정치는 시대의 흐름을 바꾸려 했다는 점에서 의미가 있다.

(2) 자신들의 존립 근거가 위협을 받게 된 훈구파는 살아남기 위해서 중종을 협박한다. 중종에게 공범 의식으로 설득한다. 당신도 공범자라고.

훈구파는 쿠데타로 먹고 사는 사람들이다. 그런데 중종도 다름 아닌 쿠데타로 등극한 것이다. 따라서 조광조의 개혁, 시대 부정이란 훈구파만 부정하는 것이 아니라 중종 자신도 부정하는 것이다.

(3) 중종의 개혁 정치는 모순이다. 기묘사화는 그 모순이 불거진 것이다. 쿠데타로 왕이 된 중종이 더 이상의 쿠데타를 없애겠다고 나선 것 - 그것이 바로 모순이다. 도덕 정치가 그것이다.

조광조는 그 이념에 공감해서 중종의 개혁 파트너로 나선 것이다. 따라서 그는 절대로 그 뇌관인 중종 반정을 건드려서는 안 되었다. 그것은 용의 목에 있는 비늘을 건드리는 것(逆鱗)이다.

또한 기묘사화도 일종의 쿠데타라고 할 수 있다.(궁정 쿠데타) 중종이 살아남기 위해서 변칙적으로 개혁 세력인 조광조 일파를 처단한 것이기 때문이다. 중종은 두 번의 쿠데타를 했다. 훈구파는 그들이 잘하는 바 쿠데타를 했다. 그러나 이번에는 죄의식 속에서 한 것이다.

4) 훈구에서 척신으로

중종 이후 훈구파에서 척신파의 정치로 바뀐다. 쿠데타에 의한 공신 책봉 - 이런 한탕주의는 더 이상 발을 붙이기 어려워졌다. 그것의 정체가 만천하에 폭로되었기 때문이다. 군주 자리의 보호자는 이제 정도전, 김종서, 조광조같은 유력한 신하가 아니라 처가쪽 사람들 - 척신이 울타리가 된 것이다. 그것은 명종 때 문정왕후와 윤원형으로 대표된다.

그리고 선조의 즉위는 사림의 집권을 의미한다. 중종 이후 사림의 전략이 승리한 것이다. 조식 이황 서경덕은 은거해서 학설을 수립하고 제자를 키우는 전략으로 나갔다. 한편으로는 중앙 정계에서는 동고 이준경같은 사림 옹호자가 사림의 터를 닦고 있었다. 이 두 박자가 서로 어울려서 만들어낸 것이 선조 즉위라는 무혈 혁명, 정권 교체였다.

5) 기존의 역사학계의 통념은 다음과 같이 바꾸어야 한다.

(1) 고려를 멸망시키고 조선을 세운 세력은 성리학자들이 아니다. 그들은 정도전을 위시한 제도 개혁론자들이다.

(2) 선조 즉위와 더불어서 정권이 교체되었다. 척신 세력은 없어지지 아니하고, 서인으로 바뀌었다. 사림파는 집권 여당이 되면서 동인으로 이름이 바뀌었다.

4. 선조의 즉위는 명예 혁명

1) 세 번의 구조 변화

(1) 세조의 즉위는 쿠데타를 노골적으로 상업화한 것이다. 이성계의 위화도 회군, 이방원의 왕자의 난은 그렇다 치더라도 세조의 쿠데타는 정말 우려스러운 일이었다. 그것을 그대로 둔다면 조선의 체제는 무너지고, 혹은 **일본처럼 무사의 국가**가 될 수 있었다. 무력이 말해 준다면, 고려 중기 무신 시대가 전형적이다.

따라서 조선의 중앙 권력을 유지하기 위해서는 어떤 식으로든지 세조 쿠데타를 부정했어야 한다. 훈구파를 척결했어야 했다. 쿠데타로 정권을 잡는다는 것은 고려 시대의 풍조였다. 조선이 고려를 청산하고 선 국가라면, 당연히 그것은 부정하고, 그것을 지양한 국가였어야 한다.

(2) 조광조의 개혁은 바로 그런 시대적 과제를 수행한 것이다. 고려 때 광종이 호족 세력을 척결한 것과 똑같이, 조광조와 중종의 임무는 훈구 세력을 몰아내는 것이었다.

조광조의 시대적 임무는 중종의 한계 때문에 실패한다. 그러나 동시에 훈구파도 몰락한다. 더 이상 훈구가 설 자리를 잃게 된다. 대신에 척신 세력이 등장한다. 척신 세력은 변형된 훈구 세력이라 보아도 된다. 쿠데타라는 끈 대신에, 왕의 외척이라는 끈으로 등장한 권력자들이기 때문이다. 외척이라는 인척 관계는 본질적으로 고려의 '권문세족'의 혈연 정치와 같기 때문이다.

(3) 선조의 즉위는 척신 세력의 청산이었고, 사림파의 집권이었다. 사림의 집권은 훈구파의 쿠데타 정치, 강탈 정치, 강도 정치의 종식을 의미하는 것이었다. 그것의 시대적 의미는 지대한 것이다. 이제 칼에 의한 정치는 그만 두고, 말에 의한 정치로 나가자는 것이었다. 고려 시대의 칼 정치에서 조선의 특유의 말의 정치로 나가자는 것이다.

그러나 한계가 있었다. 그런 시대적 발전을 그들은 **제도화하지 못했다.** 다만 깨어있는 사람들의 깨어있는 의식-이성에 의존했다. 법치가 아닌 인치(人治)에 의존한 정치의 한계는 뻔하다. 그런 사람들이 도태되면서 정치는 다시 점점 힘에 의한 정치로 나가게 된다.

숙종 이후의 당파 싸움이 바로 그것이다. 다시 외척 정치가 등장하고, 궁중의 음모와 권모술수가 등장한다. 비록 탕평 정치가 등장했지만, 그 아들은 세도 정치였다. 사림 정치의 끝에 귀자(鬼子)가 나타난 것이다. 그것은 고려 시대의 무신 정치와 맞먹는 것이다. 역사가 발전하기란 그렇게 어렵고, 퇴보는 필연적인 것으로 보인다.

(4) 세조의 쿠데타, 조광조의 개혁, 선조의 즉위와 사림 정치 - 이 셋은 시대적인 변화이며, 국가 구조의 변화라고 할 수 있다. 이런 변화의 시대에는 '의제(議題)'를 장악하는 자가 있다. 시대의 변화를 이끄는 사람들이다. 그들은 이슈를 선점하고, 사람들의 마음과 행동을 끌고 나간다. 사람들은 막연하지만 역사의 방향은 안다. 그렇다고 역사가 발전을 하는가? 그것은 장담할 수 없다. 조선시대를 보면, 역사는 발전한다. 그러다가 결정적으로 퇴보한다.

개인의 이성에 맡기는 인치는 역사의 진보를 축적시킬 수 없다. 법치, 즉 제도화시킬 때, 역사적 진보를 고정시키고, 후대에 전할 수 있다. 결정적 순간에 퇴보하는 이유가 바로 그것이다.

2) 명예 혁명과 붕당 정치

선조 이후 말의 정치, 이성 정치는 훈구파의 힘의 정치, 쿠데타 논리를 부정한 것이다. 언론 정치는 붕당 정치로 나타난다.

붕당 정치 - 이는 조선 초기에서 명종 때까지의 훈구 척신 정치에 반발했던 사림들이 만들어낸 정치 체제이다. '칼에서 말에 의한 정치로 변화' - 그것은 혁신적인 개혁이었다. 말에 의한 정치(언론 정치), 이성에 의한 정치를 주도했던 사람은 서경덕 조식 이황 이이 - 무림 4천왕이다.

훈구파의 쿠데타와 사화(士禍)라는 무력 정치, 척신파의 궁정 음모와 사화(士禍)라는 그 아류 정치 - 이것에 피해를 본 사림파는 전략을 수정한다. 중앙 정계에 진출해서 정치를 바로잡는 것을 포기하고, 지방에 은거해서 독자적인 학설을 확립하고, 이를 바탕으로 제자를 키우고, 당파를 형성해서 중앙 정계를 장악하자는 것이다. 조식 이황 서경덕이 바로 그런 사람들이다.

이것은 사림파가 밀었던 선조가 즉위함에 따라서 성공을 했다. 선조의 즉위는 명예혁명이었다. 정권이 교체되고, 정치의 틀이 칼에서 말로 바뀌는 혁명적인 변화였지만, 칼에 의존하지 않았으며, 상대파를 제거하지도 않았다. 피를 흘리지 않은 혁명, **명예혁명**이다. 사림의 도덕성이 빛나는 부분이다.

이것과 극명하게 대조가 되는 것은 인조 쿠데타이다. 이때 서인들은 기존 집권 여당이었던 북인파를 철저하게 물리적으로 말살해 버린다. 그들은 선조 시기 사림 정치의 기본 정신을 파기한다. 말에 의한 정치는 상대를 인정한다. 승자 독식은 쿠데타의 논리이다.

5. 훈척의 후예, 서인의 형성과 발전

서인은 훈척의 후예들이다. 주축인 심의겸과 정철은 명종의 외척 세력이었다. 이이 역시 그 집안이 외척과 연관된다. 윤원형과 함께 을사사화를 일의켰던 이기(李芑)가 바로 그 집안 사람이다.

선조 초년에 영의정 이준경이 올린 상소문 – 붕당의 조짐이 있다는 경고는 정치계를 뒤흔든다. 30대였던 이이는 이준경을 격렬하게 비난하는 상소문을 올린다. 이후 그는 척신 세력의 중심이 되어, 그들을 규합해서 서인을 창시한다.

이렇게 해서 훈척과 사림의 대립은 서인과 동인의 대립으로 치환된다. 서인 가운데 대표적인 인물을 살펴보자.

1) 이이

선조의 즉위와 함께 야당이었던 사림파는 여당이 된다. 그리고 동인을 형성한다. 졸지에 야당이 된 척신파는 지리멸렬해졌다. 이런 척신파를 규합해서 서인을 만들었던 이가 이이(李珥)이다. 그는 사림의 정치라는 시대의 조류에 따라잡기 위해서 필사적인 노력을 한다. 가장 시급했던 것은, 그들에게는 없었던 이념과 학설이었다. 그는 학설의 수립에 맹진한다. 동인의, 아니 당시 학계의 사상적 거두였던 이황, 그 이황과 맞수가 된 사람이 기대승이었다. 이이는 기대승의 철학에서 활로를 찾는다. 기대승의 기발리승 일도설이라는 기 중심 이론과 서경덕의 기 일원론을 조합하고 확장해서 자신의 철학을 형성한다. 그리고 야당으로 단결하고 동인에 대항했다.

2) 정철

이이가 죽은 뒤 정철이 서인의 영수가 되며, 정여립의 모반 사건(기축 옥사)을 처리하는 과정에서 동인을 물리적으로 제거하려 하나 실패한다. 오히려 그는 동인의 반격을 받아서 귀양을 갔다. 귀양에서 돌아왔지만 임진왜란 속에서 쓸쓸히 죽는다. 서인은 이제 정권 장악의 힘을 잃는다.

실록에 선조가 '凶渾毒澈'(흉악한 성혼, 악독한 정철)이라고 말한 것이 있다. '渾'은 성혼(成渾)을 가리킨다. 임진왜란 때 선조가 피난가면서 임진강을 건너갈 때, 부근에 살던 성혼이 나와 보지 않았다.

'澈'은 정철을 말한다. 선조도 정여립 사건에서 정철이 지나치게 잔인하게 상대파를 처단한 것에 짜증을 낸 것이다.

이이가 죽고 난 이후 서인의 가장 유력했던 두 사람 - 정철과 성혼이 선조에게 그렇게 불신을 받은 것이다.

3) 김장생

독주하는 동인은 온건파 남인과 강경파 북인으로 분열되고, 북인이 정권을 잡는다. 이 기간 동안 서인이었던 김장생은 조식 서경덕 이황의 전략을 답습한다. 고향에 은거해서 제자를 키웠다.

김장생의 아버지는 이이의 친구인 김계휘이다. 김장생은 이이에게서도 배웠지만, 송익필의 제자로 알려져 있다.

송익필은 노비 집안 출신이다. 그의 아버지 송사련은 노비였다. 송사련은 기묘사화 직후 주인이었던 안처겸을 반역 음모로 관가에 고발하여 죽이고, 그 공으로 양반이 되었다. 선조 때 동인의 반격으로 송익필 집안은 다시 노비 신분으로 떨어진다. 그 보복으로 그는 정여립의 모반 사건을 만들어내서 동인에게 타격을 준다. - 그런 송익필에게서 배운 김장생, 그는 예학의 대가라 일컬어진다. 송익필은 자신의 그런 출신 성분 때문인지 예(禮)에 관심이 많았고, 김장생이 그 예학을 이어받은 것이다.

김장생은 북인이 집권한 광해군 시기에 자신의 고양인 연산에 은거하면서 충청도 지역의 젊은이들을 교육시킨다. 이때 송시열 등 서인의 주축이 되며, 인조 이후 숙종 때까지 일세를 지배했던 충청도 출신의 서인들 대부분을 배출한다. 광해군 때 그는 서얼이던 자신의 이복형제가 7서(庶)의 모반 사건에 연루되어서 죽으면서, 한 때 그 자신도 조사를 받았다.

인조 쿠데타를 일으킨 주역들 가운데 한 축이 김장생에게서 배운 학생들 - 충청도 서인들이다. 김장생은 자신의 위기를 그렇게 타개한 것이다. 그리고 쿠데타 가담 충청 서인들이 인조 이후 정국을 주도하게 된다.

김장생의 예학은 광해군 타도의 이념을 만들어냈다. 광해군은 충효(忠孝)에 어긋났다는 것이다. 인목대비는 폐위된 광해군을 무릎 꿇려 놓고, 충효를 가지고 준엄하게 꾸짖었다고 한다.

* 이이의 기 이론(氣學)은 김장생의 예학(禮學)으로 나간다. 이는 인조 쿠데타의 이론적 기반이 된다. 예학은 다시 예송(禮訟) 논쟁으로 번진다. 이 논쟁은 숙종 때의 환국 정치를 가져다 주는 원동력이 된다. 예학은 또한 송시열의 소중화 이론, 혹은 서울 노론의 진경 문화 등으로 진행된다.

6. 선조 때의 붕당 이론
- 조제 보합론과 군자 소인론

선조 이후, 훈구파의 힘의 정치, 쿠데타 논리를 부정하고, 말의 정치, 이성 정치가 확립된다. 조광조 등 사림파가 주장한 언론 정치가 바로 그것이다. 언론 정치는 구체적으로 붕당 정치로 나타난다.

선조 때 붕당에 대한 이론으로는 군자-소인론과 조제 보합론이 있었다.

1) 명예 혁명의 공약

선조의 즉위는 명예 혁명이었다. 피를 흘리지 않았다. 집권했던 사림-동인 뿐만 아니라 야당이 된 훈척-서인도 공감한 것이 있다.

"더 이상 공신(功臣)은 만들지 말자." - 훈구파의 타락한 정치 형태인 쿠데타(反正, 靖難)와 사화(士禍)는 이제 금지!

이것이 선조 초기의 분위기였을 것이며, 집권 사림파의 공통 분모이고, 공약이었을 것이다. 말의 정치, 언론 정치가 그래서 나온 것이다. - 이성적인 말로 경쟁하자, 정권을 잡으면 상대파를 물리적으로 탄압하지 않는다.

이러한 공감대에 대해서 반대 혹은 파괴를 하는 두 가지 것이 있었다.

하나는 서인이 한 것이다. 정여립 모반 사건에서 서인이 동인을 물리적으로 탄압하고, 인조 쿠데타로 북인을 숙청한 것으로 그 공감대를 깼다. 서인은 훈구-척신 세력을 이어받았다.

둘째, '쿠데타와 사화의 금지'라는 사림-동인의 공감대는 동시에 군자-소인론과 모순되는 것이었다. 조정에는 군자당이 집권해야 한다. 소인당은 몰아내야 한다. 만약 소인당이 나가지 않고 끝까지 붙어 있다면? 물리적 힘으로 몰아내야 하지 않는가? 사화가 바로 그런 것이 아닌가?

선조 내내 동인은 비교적 '사화 금지'라는 이념에 충실한 것으로 보인다. 반면 서인은 정여립 사건으로 그것을 깬다. 기축옥사는 사실상 사화에 가까운 것이다.

2) 조식의 군자 소인론 - 일당론

(1) **인적 청산론** ; 사대부 관료에는 군자가 있고, 소인이 있다. 조정에는 군자만 남고 소인은 물러나야 한다. 군자가 소인을 쳐내는 것은 당연하다. 군주는 군자와 소인을 가려서 군자만 등용해야 한다. 나아가 군주는 군자당과 소인당을 구별하여, 조정에서 소인당을 몰아내고 군자당만 남게 해야 한다. 이렇게 되면 조정에는 군자의 무리만 모이게 된다. 그러면 아름다운 정치가 될 것이다.

군자-소인론은 타락한 훈구-척신 대신에 도덕성 있는 사림의 일당독재를 주장한 것이다. 쿠데타와 사화 속에서 훈구-척신은 타락했다. 그런 사람들을 물갈이하는 것은 당연한 것이 아닌가? 군자-소인론은 바로 인적 청산론이다.

그동안 사화 속에 힘을 갈고 닦아서 결국 정권을 장악한 사림으로서는 당연히 선택할 수 있는 이론이었다. 그것은 훈구 척신들이 쿠데타-사화로 상대파를 죽여 버리고 제거하는 것에 비하면 정말로 온건한 이론이었다.

그러나 일당론이라는 점에서는 같았다. 훈구파가 사림파를 사화로 제거할 때도 이 논리가 들어가 있다. 훈구-척신들로 말하자면, 체질상 일당 독재론자들이었다. 따라서 선조 즉위로 정권이 교체되면 자신들은 당연히 도태되는 것으로 알았을 것이다.

(2) **군자-소인론**은 전통적인 유가적인 군주론에서 나온 것이다.

공자는 수기修己→치인治人을 주장한다. 인격을 닦아서 백성을 다스리라. 인격을 닦은 자는 군자이다. 반대는 소인이다. 따라서 군자만 관료가 되라는 것이다. 이것은 한 개인에 대한 이론이다.

붕당에 대해서 : 『맹자』 (만장 상4)에 "하늘 아래 두루 다 임금의 땅 아닌 것이 없고, 온 땅을 둘러싼 물가 안에 임금의 신하 아닌 자 없다." (普天之下 莫非王土, 率土之濱 莫非王臣)이라는 말이 나온다.

군주 전제 지배 체제 아래서는 모든 것이 군주 하나여야 한다. 영토도 군주의 것, 백성도 군주의 것, 신하-관료도 군주의 것이어야 한다. 국가가 군주 아래 단일체가 되어야 한다는 것이다. 따라서 두 개의 붕당은 인정될 수 없다. 관료 정치인은 독자성을 가진 붕당이 될 수 없다. 그들은 군주의 참모이며 막료일 뿐이다.

장관을 가리키는 '상서尙書'라는 말은 '글을 받듬'을 뜻한다. 본래 임금의 '명령을 받들어' 전달하는 노예를 가리킨다. 유가에서 관료란 본질적으로 임금을 보조하는 자이다.

(3) 조식의 철학

조식은 경의(敬義)의 철학을 주장한다. 그는 칼을 차고 다녔는데, 그 칼에 새겨진 말 - **"안으로 밝은 것이 경건함이요, 밖으로 자르는 것이 의로움이다."** 안으로 치열한 경건함으로 도덕성-인격을 키웠다

면, 바깥으로는 그 도덕성으로 불의(不義)를 단칼에 쳐야 한다

군자-소인론은 조식의 「패검명」(칼에 새긴 글)의 정치 이론화인 셈이다. 훈구 척신이 사림파를 사화로 탄압하던 때에, 그는 마음을 칼로 만들었다. 선조의 즉위와 더불어서 사림이 집권했다. 그렇다면 당연히 그 칼로 불의한 자들을 쳐내야 하지 않는가?

조식의 이론은 훈구-척신파의 칼의 논리와 다르다. 훈척은 자신들의 정치적 야심을 위해서 쿠데타와 사화에 칼을 휘둘렀다. 반면 조식의 칼의 정치론은 윤리 도덕을 위해서, 올바름을 위해서 칼을 쓰라는 것이다.

그는 훈구-척신파의 논리를 사림의 논리로 바꾼다. 다시 말해서 훈척의 논리로 훈척을 친 것이다. 훈척의 후예들인 서인에게 가장 아픈 것이 바로 조식의 군자-소인 이론이다. 그 이론대로 하면 자신들은 정계에서 물러나야 한다. 그것이 또한 훈척의 승자 독식 논리이다.

조식의 군자당 이론은 일종의 철인 정치 이론에 가깝다. 뛰어난 인격을 가진 자들의 일당만 남아야 한다는 것이다.

(4) 언론 정치 이론과 군자 소인론의 충돌

군자 소인론은 군자당 일당 이론이다. 소인들이 물러나지 않는다면 어떻게 해야 하는가? 척신 세력이 이이의 주도 아래 서인이 되어서 정치의 한 당사자로 나설 때 어떻게 해야 하는가?

군자당-소인당 이론에 따라 그들을 몰아내야 하는가? 아니면 말의 정치, 언론 정치 이념에 따라 그들을 대화의 한 당사자로 인정해야 하는가?

이이의 뛰어난 대처로 서인은 하나의 당파로 인정받는다. 언론 정치에서 붕당 정치로 나간 것이다. 선조 시대의 붕당 정치는 이이가 훈척 세력을 서인으로 규합함으로써 가능해진 것이다. 군자-소인론에 맞서서 이이는 언론 정치 이론으로 헤쳐나간 것이다.

3) 이이의 붕당 정치 이론 – 조제 보합론

(1) 조식의 군자-소인론은 인적 청산론이며, 일당(一黨) 이론이다. 이는 훈구-척신 세력을 기반으로 하는 서인을 목표로 한 것이다. 척신들은 쿠데타 혹은 외척으로 등장했기 때문에 그 뿌리 자체가 문제였다. 게다가 비리 연루자들이 많았다. 권력을 잡으면 당연히 부패하기 마련이다.

일당 이론은 본래 훈구-척신들이 가졌던 것이다. 사림파를 탄압한 배경 가운데 하나가 된 것이다. 이제 사림파가 집권해서 동인이 되면서, 일당론으로 서인을 압박한 것이다.

(2) 이이의 대응 - 조제보합론, 제도 개혁론, 신유학 이론

동인의 인적 청산론에 대한 이이의 대답은 그 셋이다.

이이의 조제 보합론은 양당의 조화론이다. 당시로서는 새로운 이론이었다. (붕당론은 송나라 때 구양수 주희 등이 주장한 이론이다.) 군주는 군자당과 소인당을 구별하여 군자당을 쓰되, 소인당을 몰아낼 필요가 없다고 한다.

기존의 붕당 부정론(군자 소인론)을 뒤엎은 이 새로운 이론으로 이이는 척신-서인 세력을 옹호한다. 불리한 상황에서 이 조제 보합론을 선조에게서 승인받은 것은 중대한 정치적 승리라고 할 수 있다. 군주 입장에서는 이런 조제 보합론을 받아들이기가 쉽지는 않았을 것이다. 군주 자신의 참모로서 신하들이 아니라, 두 패거리로 나뉘어 경쟁하는 신하 집단을 받아들인다는 것은 쉬운 일은 아니다.

(3) 조제 보합론은 야당으로 전락한 척신 세력들의 당인 서인을 위

한 것이다. 시대적 소명을 업고 집권한 동인의 기세등등함 앞에서 그들의 존립을 위해서 그런 공존 이론을 제시한 것이다.

신라말에 유교가 삼교 일치론을 주장하고, 고려말-조선초에 불교가 삼교 일치론을 주장한 것은 다 약자가 살아남기 위해서 강자와 타협하자는 논리이다. 조제 보합론도 그런 성격이 있다.

(4) 일당 독식 반대, 군자-소인당 공존 이론

문제는 군자-소인론, 군자당 일당론이 훈구-척신들의 전통적인 이론이라는 점이다. 조제 보합론은 공존론이며, 훈구파-척신파들의 독식 논리를 부정한 것이다. 쿠데타의 결과는 승자 독식이었다. 훈구파는 승리의 과실을 분배하는 공신 책봉 잔치를 했다. 그것은 산적들이 약탈물을 분배하는 의식과 똑같았다. 공존론은 그걸 반대한 것이라 할 수 있다. 그런 점에서 이이는 자신이 훈구 척신파를 비판적으로 극복한 것으로 본다. 경장(更張)이라는 그의 말이 그것을 보여 준다.

일당 독식 반대는 일당 독식을 만드는 쿠데타 반대로 나갈 수 있다. - 이것은 척신 세력을 규합하여 서인을 만든 이이의 회심의 제안이었다. 사림의 시대에 살아남기 위해서는 훈구 척신들의 행태를 그렇게 부정한 것이다. 자기 부정. 그리고 살아남기. 따라서 타율적으로 선택한 그의 그런 노선은 따라서 깨질 수 있는 것이었다. 서인이 일으킨 인조 쿠데타가 그것이었다.

(5) 말의 정치, 언론 정치를 잘 구현하는 것이 조제 보합론이다.

사림파의 칼로 사림파를 치면서, 척신의 후예인 서인을 보호한 것이다. 이이가 머리를 잘 쓴 것이다. 훈척의 전통적인 이론인 일당론을 비판하고, 사림파의 주장인 언론 정치 이론을 받아들여서, 서인이 존재할 공간을 만든 것이다. 바로 그런만큼 서인은 훈구-척신들과 성격이 다르다. 그렇다고 완전히 환골탈태한 것은 아니다. 기축옥사와 인조반정은 그들의 본래 뿌리와 정체를 있는 그대로 보여준 것이다.

(6) 이이의 제도 개혁론과 철학

이이가 훈척 세력을 규합하여 서인을 세우면서 창안한 것이 몇 가지 있다. 조제 보합론, 제도 개혁론, 신유학 이론으로 무장 등이 그것이다. 조제 보합론과 제도 개혁론은 '군자 소인론'이라는 인적 청산론에 대한 답이다. 훈척 세력을 도덕성이 없는 인간들로 보고 청산하자는 주장에 대해서, 사람이 문제가 아니라 제도가 문제라는 것, 제도를 개혁하자는 것이 이이의 답이었다.

조제 보합론은 서인의 당파가 존재할 공간을 마련해 준 것이다. 말의 정치, 이성에 의한 정치, 언론 정치는 당파의 상호 경쟁을 가정하고 있다. 동인 뿐만 아니라 서인도 존립할 공간이 생긴다.

제도 개혁론은 부차적이었다. 이이가 동호문답에서 '방납(防納)'의 폐단을 시정하자는 제안을 한다. 이런 제안은 물론 그의 현실적 감각에서 나온 것이겠지만, 어느 정도는 인적 청산론에 대한 답이었다.

* 훈구-척신 세력은 권력은 잡았으나, 철학이 없었다. 이이는 기대승-서경덕의 기 중심의 철학을 종합하고 넓혀서 서인의 철학을 만들었다. 이로써 동인과 맞설 수 있는 기반이 성립한 것이다.

이 모든 것은 성리학적인 변신으로 한 것이다. 그러나 그의 철학은 성리학이 아니라 지각설이었다. 성리학의 인격 수양론 대신에 그는 순자의 예 이론으로 간다.

4) 조제 보합론의 함축

이이는 척신 세력이 살아남기 위해서 '조제 보합론'을 주장한다. 상대편 정권 아래서 생존 공간을 확보한 것이다.

(1) 이이의 조제 보합론은 두 가지 함축을 가진다.

하나는 조제 보합이 기존의 구조 안에서 이루어진다는 것이다. 상대 당파와 공존하면서 경쟁할 때 결정적으로 중요한 것은 정치적 지형 구조이다. 따라서 서인은 정치적 구조를 자신들에게 유리하게 만들려 한다.

서인들은 정여립 사건과 인조 쿠데타처럼 결정적인 순간에 무력-권력에 의존하여, 자신들에 유리한 정치 지형을 조성하려 한다. 자신들에게 유리한 구조를 원천적으로 만들어 놓고 조제 보합을 주장한다. 따라서 인조 이후 당파 싸움에서 서인이 가졌던 원칙 - "왕비를 자기파에서 낸다, 사림의 여론을 장악한다" - 도 마찬가지로 구조를 원천적으로 유리하게 만들려 하는 것이다.

둘**째, 조제 보합론은 군주가 당파를 선택할 수 있다**는 이론이다. 그 점 때문에 당쟁이 무한 투쟁으로 변할 때, 군주는 당파를 조절하면서, 말을 갈아탈 수 있다. 숙종이 바로 그러했다. 군주가 말을 갈아탈 때(즉 이른바 換局을 할 때) 패배한 당파의 정치인들은 대량으로 숙청되었다.

그 피 튀기는 싸움은 경종-영조에 와서는 군주 자신에게 까지 미친다. 왕비마저 당파에 소속되기 때문에, 군주도 당파에 소속되게 되었다. 이에 영조는 군주를 당파에서 발을 빼게 하는 탕평책을 주장한다. 군주는 당파 위에 초월해서 고르게 인재를 등용해야 한다는 것이다.

(2) 제도화

탕평책 - 그것이 성공하려면 제도화했어야 한다. 최소한 입헌 군주제로 말이다. 그리고 집권 정당을 가리는 제도적 절차 - 선거 같은 것을 만들었어야 했다.

조제 보합론은 정당 정치를 인정한다는 점에서 의미가 크다. 근대적 의미를 가지려면, 이 이론이 제도화되어야 한다. 두 정당이 공정하게 경쟁하고, 승리자가 패배자를 탄압하지 않도록 제도화되어야 한다. 서양 근대 정당사를 보면, 제도화가 핵심이다. 일반적으로 역사를 보면, 언제나 승리자가 패배자를 죽이고 숙청했다. 그러나 정당이 생겨나면서, 패배자를 죽이지 않고 야당으로 두면서 경쟁했다. 즉 백성의 지지-신임을 놓고 정당들이 경쟁하게 만든 것은 중대한 시나리오상의 변화이다. 근대의 핵심 가운데 하나가 그런 식의 경쟁의 공정함과 지속성이다.

이이의 조제 보합론은 이런 체제 변화를 제도화시키지 못 하고, 그들의 당론으로만 가진다. 그 이론이 처음부터 서인의 생존 전략으로 나왔기 때문이다. 제도화되지 않은 붕당론은 치열한 쟁투만을 낳을 가능성이 많다.

숙종 때의 환국 정치는 사림의 붕당 정치가 다시 훈척들의 권력 정치 비슷하게 되었음을 의미한다. 권력을 잡은 자가 잃은 자를 숙청한다. 사화가 그러했다. 그 결과 당파 경쟁은 생사를 건 싸움이 된다.

이를 막기 위해 영조는 탕평 정치로 나간다. 환국 정치는 군주가 당파를 선택한다면, 탕평 정치는 군주가 사람을 선택한다. 대신에 당파를 원천적으로 무효화시키려 한다. 법치가 아니라 인치이다.

붕당 정치는 역사적인 발전이다. 그렇다면 탕평은 역사의 퇴보이다. 제도화되지 못 하고 인치에 맡기는 당파 경쟁의 귀결이 그것이다.

7. 서인의 전략 - 산림과 국혼을 장악함

붕당 정치에서 서인-노론이 가졌다는 전략으로 알려진 것은 다음 두 가지이다. ① 산림을 높여서 쓰라(崇用山林) ② 국가의 혼사를 놓치지 말라.(勿失國婚)

(1) 산림의 배출

산림을 높여서 쓰라(崇用山林) - 사림의 여론을 장악하고 주도하라.

'산림(山林)'은 사대부 사회의 여론을 주도하는 사람이다. 대노(大老)로 불리웠던 송시열이 대표적이다. 고향에 은거하면서 여론을 주도하여, 정치를 좌우하는 막후의 실력자이다. 동인(東人)-서인(西人)처럼 당(黨)이라는 말 대신에 인(人)을 쓰는 것은, 그들이 그 당의 실체이기 때문이다.

"산림을 높여서 쓰라"는 것은 군주에게 요구하는 것이다. 군주에게 당당하게 요구할 수 있는 여론 주도자를 자기 당에서 배출하라는 것이다. 그래서 사림의 여론을 언제나 장악하고 주도하라는 것이다.

이는 세조-선조 시기의 사림파가 주장했던바 말의 정치, 언론 정치의 핵심이다. 말로 서로 경쟁하는 정치에서, 심판을 하는 것은 검열관이다. 언론 정치에서 승리의 관건은 자기파에서 검열관을 배출하는 것이다. 송시열이 필생의 힘을 기울여서 했던 바가 바로 이 검열관의 자리였다.

물론 검열관과 여론을 장악한다고 바로 정권을 마음대로 할 수는 없다. 그것은 하나의 요소에 불과하다. 그래서 또 하나의 장치 - 국가의 혼사 장악이 있다.

(2) 왕실의 장악

국가의 혼사를 놓치지 말라.(勿失國婚)
- 왕비는 반드시 자기파에서 내라.

이것도 기본적으로는 검열관의 논리 위에 서 있다. 검열관이 여론의 향배를 결정하지만, 정작 그 여론에 따라 최종 판정을 내리는 심판은 군주이다. 그 군주의 결정권을 제어하지 않으면 정권은 확고하지 않게 된다. 검열관과 심판을 함께 가지면 권력을 언제나 장악할 수 있다.

왕비를 자기파에서 낸다는 것은 왕실을 장악한다는 것이다. 왕실 장악을 통해서 군주를 제어하겠다는 것이다. 왕비-외척을 통해서 군주권을 제어한다는 것은, 군주가 국정의 실질적 책임자이며, 최고 권력자이기 때문이다. 만약 조선의 군주가 입헌 군주처럼 "군림하되 통치하지 않는" 자리로 물러갔다면, 이 조항은 함께 없어졌을 것이다.

군주를 잡아 두어야 하는 이유는 조선이 군주 국가이기 때문이기도 하지만, 또한 붕당 정치가 제도화되지 않았기 때문이다.

붕당의 경쟁 절차와 승패 결정을 **공정한 규칙으로 제도화**했다면 굳이 군주를 자기편으로 끌어들일 이유는 없다. 조선은 유교 국가로서 인치(人治)에 충실하다. 규칙 제정보다는 그 사람의 인격-이성에 따른 판단을 중시한다. 따라서 왕비를 핏줄로 묶어 두는 것이 중요하다. 그러면 그 다음 군주와는 핏줄로 연결되기 때문이다. 유가는 가족주의에 근거하고 있다.

사림 정치, 성리학 정치 이론의 핵심인 말의 정치, 언론 정치는 도처에 언제나 변칙이 있었다. 기축옥사(정여립 모반 사건)나 인조 쿠데타가 대표적인 것이다. 이런 변칙이 가능한 것은 그만큼 언론 정치가 불안정하다는 말이다. 객관화-제도화되지 않았기 때문에 정치는 말과 이성에 의존하기 보다는 궁중 음모와 정변으로 나가는 경향이 있다.

그래서 권력으로 상대를 격파하고, 승자가 독식하는 경향이 다시 펴지게 된다. 인조 쿠데타나 그 이후 환국(換局; 정권 교체)이라는 숙청극은 바로 그런 식의 칼의 논리였다. 성리학의 언론 정치는 칼의 논리를 완전하게 극복하지 못 한 셈이다.

환국 정치는 군주가 당파를 갈아타는 것이다. 군주권은 말 갈아타기에서 성립한다. 반면 선택되는 당파의 입장에서는 군주의 선택권을 자기 당파 안에 묶어두어야 한다. 군주와 당파의 입장이 서로 충돌한다. 그 결과가 탕평 정치이다.

(3) 산림을 자기파에서 배출하라는 것은 사림파의 언론 정치에 따른 전략이다. 그에 비해서 왕비를 자기파에서 내라는 것은 서인의 뿌리인 척신파들이 가진 전략이었다. 산림과 왕비의 장악 - 이것은 사림과 척신의 전략을 종합한 것이다.

아래로는 사대부 계층의 지지를 얻어내고, 위로는 군주를 압박할 수 있는 외척을 자기 세력 안에 두겠다는 것 - 붕당이 권력 장악을 목표로 한다면 당연히 그런 전략을 세울 수도 있다.

여기에서 특징은 백성들의 여론이 아니라, 사림의 여론을 획득한다는 것이다. 조선의 붕당이 사대부 계층, 즉 사림의 붕당들이었기 때문이다. 따라서 제도화보다는 자신들 안에서 암묵적인 합의로 붕당제가 존재하게 된다. 이 또한 유교의 인치(人治)의 틀 안에 있다.

* 서인은 맹자-성리학의 정신인 지식인 관료의 정치에 철저하다. 사림의 언론 정치가 바로 그것이다. 동시에 후왕(後王; 현재의 군주) 이론에 따라 군주권을 옹호했던 순자의 이론도 가져간다. 강력한 군주가 다스리는 국가 - 따라서 왕비를 자기파에서 내는 것이 중요하다.

이이와 그 후예는 기 철학을 전개한다. 그것은 순자 계열의 지각설이다. 마음을 기(氣), 즉 육체적 감정 욕망의 흐름으로 보고, 그 마음을 예(禮; 도덕률)로 제어하자는 것이다.

따라서 맹자의 성선설에 근거한 성리학의 마음 수양 이론을 실질적으로 거부한다. 대신에 성리학의 정치 이론인 언론 정치에 투철했다.

이처럼 산림과 왕비의 장악은 그런 두 가지 요소가 다 있다.

(4) 숙종-영조 때 환국 탕평 정치의 근원

산림과 왕비 장악의 이론은 신하-관료들의 입장에서 본 붕당이다. 반대로 **군주 입장에서 본 붕당**은 무엇인가? 일당론은 양날달린 칼이다. 기존의 "莫非王臣" 이론에 따라 모든 신하가 군주의 신하라면 좋다. 그러나 이미 붕당 정치가 진행되고, 서로 죽이고 죽는 싸움이 잇달으면서, 붕당이 완전히 정착된다면? 이것이 인조 이후에 나타났다.

그런 상황에서 하나의 당파만 조정에 있다는 것은 군주에게는 재앙으로 다가올 수 있다. 그 일당을 군주가 어떻게 해 볼 도리가 없게 되는 경우가 생기기 때문이다. 따라서 군주는 자신의 권력의 공간을 확보하기 위해서라도 양당제로 만든다. 두 당이 충성 경쟁을 하게 하고, 자신이 선택을 하는 것이다. 선택을 하면서, 기존의 강한 정당을 깎아내고 (즉 인적 청산을 하고) 새로 입각시킨 당에 힘을 실어 준다. 그 다음에는 여당-야당을 서로 바꾸면서 또 '깎음-돋음''을 한다. (이를 환국(換局)이라 한다.) - 이게 숙종의 정치이다.

(5) 인조 쿠데타 뒤에 서인은 남인을 바지 사장으로 불러내서 양당제를 만든다. 광해군 때 북인이라는 하나의 당만 집권했던 것에 대한 반성이며 반발일 것이다. 북인은 조식의 제자들이 주축을 이루었다. 조식의 군자-소인론은 일당 정치를 주장하는 것이다.

그 정권을 무력 정변으로 몰아낸 서인들은 도덕 정치(충효, 예(禮)에 따른 정치)를 높이면서, 남인을 야당으로 끌어들인다. 서인의 계산에 따르면 남인은 언제나 야당이어야 한다.

그러나 세상일은 언제나 변하며, 정치는 살아있는 생물이다. 만년 2위였던 크라운 맥주가 화이트 맥주를 들고 나와서 압도적인 1위였던 오비 맥주를 꺾고 업계 1위가 된 놀라운 사건도 있다. 그러하듯이 남인들이 인조 쿠데타의 이론적 토대였던 예론(禮論)을 들고 나와서 서인들을 꺾어 버린다. 그게 바로 예송 논쟁이다. 만년 야당이어야 할 남인이 여당이 되어 버린 것이다.

인조 이래 여당이며, 정권의 오너였던 서인들이 그걸 두고 볼 수는 없었을 것이다. 이에는 이, 눈에는 눈! 송시열의 악착스런 정치도 바로 그 물러날 수 없는 경쟁에서 나온 것이다. 그 때 만약 송시열이 붕당 경쟁을 제도화했더라면 그는 존경을 받았을 것이다. 그러나 제도화가 아닌 이전투구로 나갔고, 그 싸움에서 군주는 자신의 공간을 발견한다. 숙종의 환국 정치가 바로 그것이다.

(6) 숙종의 환국 정치를 쉽사리 막아버린 것은 "나라의 혼사를 놓치지 말라"는 전략이다.

환국이 가능하려면 군주는 어느 당파에도 가담하지 않아야 한다. 그러나 왕비가 어느 당파 소속이면, 그 왕비 소생의 아들, 그가 왕이 되면 그 왕은 당파가 정해져 버린다. 이제 군주는 당파 사이에서 하나를 고를 수 있는 입장이 되지 못 한다.

따라서 탕평 정치를 주장할 수밖에 없다.

8. 산림(山林) 정치

"은거해서 학설을 만들고, 제자를 키우고, 정권을 장악한다." - 이 전략에 따라 사림파-동인이 승리한 것에 이어 서인도 다시 한번 성공을 거두었다. 인조 이후 서인들은 이런 식의 정치를 도식화시킨다. 그건 **'산림 정치'**라 할 수 있다. 송시열이 대표적이다. 중앙 정계에서 활약하지 않고, 지방에 은거하면서 학문을 하여 학설을 세우고, 제자를 키우면서, 그들을 통해서 여론을, 그리고 정권을 좌지우지한다. 이런 사람들을 '산림(山林)'이라 했다. 산림의 정치 - 그것은 그 이후로도 계속된다.

1) 유교의 가족주의와 붕당

이성의 정치, 말의 정치 시대의 특징이 바로 그것이었다. 검열관, 여론의 심판자로서 검열관이었던 산림. 이들은 지방에 은거해서 학설을 만들고, 그것으로 제자를 키우고, 이 학연과 지연을 바탕으로 중앙 정계를 장악한다. 이는 서구의 정당 정치와는 완전히 다른 방식이다.

선조 이후 붕당은 지역적 패거리이며, 동시에 학파적 패거리이다. 지역과 학파 - 이것은 또한 가문이 이어지는 것과 비슷하다. 예를 들자면, 이황 이후에 경상북도에 그의 제자 그룹이 계속 이어진다. 이황의 두 제자인 유성룡과 김성일, 그리고 그들을 잇는 제자들, 그 뒤 제자들. 이 2세, 3세로 이어지는 제자들의 맥 ; 이는 문중(宗)과 비슷하다. 한 문중에서 장자(宗) 상속으로 나가는 계보가 있듯이, 그 학파-붕당에 그 맥이 있다. 학문적 맥은 도통(道統; 진리의 계보)이라 한다.[1]

---

1) 도통론은 선 불교에서 나왔다. 선 불교가 목표로 하는 돈오는 지극히 주관적

이처럼 붕당은 가족화된, 혹은 문중화된 정당이라 할 수 있다. 모든 사회 구성체의 가족화 - 이것이 유교의 특징적인 발상이다. 예를 들자면, 나라도 가족화된다. '國家', 즉 '나라 國-집안 家'라는 말이 그것이다. 한 나라를 한 집안으로 간주하며(물론 '가산家産 국가'는 아님), 군주는 어버이이고, 대신은 형님이고, 백성은 갓난애라 한다. 군주가 장자에게 대를 이어 물려주는 것도 집안과 같다. 국가가 대를 이어가는 것을 정통(正統)이라 한다.

종교도 가족화된다. 유교도 일종의 종교이다. 그러나 따로 교회도 성직자도 없다. 집안이 교회이고, 가부장이 성직자이며, 초상 제사 등의 의식이 예배와 같다. 집안-나라 속에 완전히 잠겨 숨어버린 종교가 유교이다.

그러하듯이 불교도 중국에 오면 가족 속으로 들어간다. 선 불교의 경우 완전히 가족화되어, 조사(祖師)-사부(師父)-사형(師兄)-사제(師弟)-사매(師妹)라 한다. 선 불교 사원의 운영도 물론 가족적으로 이루어진다. 중국적인 발상이 유교적인 생각이며, 바로 그 가족화이다.

붕당은 정당의 가족화이다. 지역적으로 보자면, 지주 마을이 있고, 많은 소작인 마을이 있다. 보통 이것들과 따로 떨어진 외진 곳에 서원이 있다. 서원은 지주-지식인-관료들의 사교 클럽이다. 여기에서 그들은 자신들끼리 모이고 단합을 한다. 불교 사원에 해당되는 서원은 또한 요즘의 정당의 지구당 비슷한 역할을 한다. 그곳에 모인 사람들은 그 지역의 유지-토호들이며, 동시에 한 선생의 맥을 이은 학파 사람들이다. 지역과 학파가 붕당에 수렴되며, 그 구체적인 장소는 서원이다.

이다. 붕당이 근거하는 학연 지연 혈연도 개인의 특성이다. 따라서 도통(道統) 같은 신비한 맥을 강조하게 된다.

2) 서울 노론과 충청 노론

충청도 서인-노론의 이런 산림 정치에 반대해서 새로운 패러다임을 만든 것은 서울 김씨들, 즉 이른바 **안동 김씨**라 불리는 사람들이었다. '수(壽)' 자 돌림이었던 김수증 김수항 등은 고관대작을 지냈다. 그 다음인 '창(昌)' 자 돌림인 김창협 김창흡 등은 벼슬보다는 학문에 열중한다. '수' 자 돌림의 고관대작이 남인-소론과의 싸움에서 유배 가고 비참하게 죽은 것을 본 충격 때문이다. 그 다음인 미호 김원행은 아예 '산림'이 된다. 그는 벼슬은 하지 않고, 한강 가의 석실 서원에서 홍대용 등의 많은 제자를 키운다. 그리고 그 다음 대인 '순(淳)' 자 돌림의 대표인 김조순이 안동 김씨 세도 정치를 만들어낸다. 산림의 정치가 결국 세도 정치로 끝난 셈이다.

서울 노론은 한편으로는 벼슬에 나가며, 한편으로는 문화적인 활동에 열중한다. 이른바 '진경 문화'라는 형식주의 문화, 스콜라철학 비슷한 번쇄하고, 전문가 중심의 예술을 만들어낸다. 그리고 동시에 **산림 정치를 가문 정치**로 바꾼다. 학설을 만들고 제자를 키우고 학파-당파를 만들어서 정권을 장악하는 시스템은 효율이 낮기 때문에, 한 집안을 중심으로 독점하는 방향으로 나간 것이다. 붕당의 경쟁은 인조 이후는 붕당의 싸움으로 변했고, 그게 다시 가문의 싸움으로 변한다. 세도 정치는 가족화된 붕당의 극단적인 형태일 것이다.

인조 쿠데타 이후 정치의 지역 편중화가 심해진다. 쿠데타 후 북인 세력을 숙청해 버렸다. 이후 치열한 당쟁 과정에서 남인 소론이 떨어져 나가고 노론만 남는다. 지역적으로 보자면 숙종 이후는 서울 노론과 서울 남인만 남는다. 조선의 인재 등용 시스템이 서울 경기 이외는 다른 지역을 모두 소외시켰기 때문이다.2) 세도 정치는 그런 편중화의 극단이기도 하다.

* 서울 김씨들을 중심으로 한 서울 노론들은 송시열을 중심으로 한 충청도 노론과 행태가 달랐다. 산림 중심의 붕당 정치, 산림이 이념과 철학을 제시하는 것 대신에 가문 정치, 그리고 문학 예술 중심으로 나간다. 이른바 진경 문화가 그것이다.

충청도 노론은 송시열 이후 산림 흉내를 낸 사람은 있어도 제대로 된 산림이 없었다. 학설도 제자도 권력도 따라 주지 않았다. 결국 그들 가운데는 화양동 서원 묵패로 상징되는 조폭 유자들이 나타나는 지경까지 된다.

산림 정치의 쇠락은 지방 지식인의 몰락을 뜻한다. 산림(山林)이란 말 그대로 산 속의 숲이다. 지방의 지식인이 은거하는 곳이다. 송시열이 죽고 난 이후 충청도 노론이 몰락한다. 그 이후 산림이란 사실상 중앙 정계에 영향력이 없었다. 지방에 살면서 이제 시효가 지난 성리학의 이론에 천착하는 명망가 지식인 정도가 된 것이다.

3) 산림 정치의 쇠락

충청도에서 송시열 이후, 몇몇이 산림의 흉내를 낸다. 은거해서 공부하며 학설을 세우고 제자를 키운다. 그러나 이미 조선 후기에 시대착오적인 성리학-심기학을 크게 외치며 고루한 이야기를 하는 사람이 무슨 영향력을 발휘할 것인가. 정조는 그런 사람을 우습게보면서 대우만 해 준다.

또한 서울 노론 가운데 김창협 김원행처럼 산림의 흉내를 내는 사람도 나온다. 그들은 지방의 자칭 '산림'이라 하는 사람들보다 훨씬 뛰어난 철학적 문학적 혹은 예술적 역량을 보여 준다.

---

2) 전라도 경상도 충청도 그리고 북한 지역 모두 소외됨. 현재 수도권 블랙홀 현상이 그때도 있었다. 인재 pool이 이렇게 좁아진 것은 조선이 망할 징조였다.

조선 후기가 되면서 성리학이 시대착오적인 것이 되어 가는 만큼 유교적 지식인도 현실 장악력을 상실한다. '산림'이라는 것은 성리학 만큼이나 낡고 고루한 것이 된다.

이제 정권 주도자로서 산림이기는 커녕, 성리학-심기학을 수호하기에 급급하게 된다. 위정척사(衛正斥邪)! 노사 기정진, 면암 곽종석, 화서 이항노 등. 이들은 여론과 정계의 주도자가 되는 것을 포기한다. 대신 사악한 세력과의 싸움에 들어간다.

일제시대가 되면 이제 산림의 의미는 완전히 사라진다. 주도자도 못 되고, 외세에의 저항자도 못 되고, 그냥 낡고 고루한 학문을 고집스럽게 한다는 정도이다. 간재 전우는 산림의 최후의 에피소드일 것이다.

4) 대노(大老), 산림(山林)의 역사

(1) **붕당의 주요 구성자이며 원동력** - 대노(大老) 혹은 산림(山林)이라 불린 영수, 그는 여론의 주도자이다. 그가 한 붕당의 주도자가 될 수 있는 것은 학문상 탁월한 업적을 쌓았기 때문이며, 또한 그 붕당의 집권 이념을 제공하기 때문이다. 학문상에서, 국가 정책에서, 혹은 그 붕당 안에서, 이른바 '대심문관' 역할을 한다.

사대부는 '지주-지식인-관료'이다. '돈-정보-권력'을 한 몸에 쥔 계급이다. 따라서 이들에게는 대정치가(권력)는 대사상가(정보)이다. 지식인이면서 동시에 관료이기 때문이다. 정치와 사상의 일치, 이건 공산주의 국가에서 보이는 바, 아마 중세적인 발상인 것 같다. 그러나 자본주의 사회가 되면 그 둘이 분리가 된다. 사상은 사상 영역으로 떨어져 나간다. 이렇게 분리해서 각 분야가 전문화되면서 발전하는 것이 자본주의의 논리이기 때문이다.

그러나 중세에는 문사철(文史哲)이 교양의 필수이며, 그것을 한 몸에 갖추는 것이 지식인의 책무였다. 그러하듯이 돈-정보-권력의 3위1체라는 체제가 '대노(大老)'를 낳게 했다.

붕당의 영수이며, 학계의 태두이며, 여론의 주도자. 이런 사람은 그 영향력이 군주를 능가한다. 이른바 '동인(東人) 서인(西人)'이라고 할 때 인(人)은 바로 그런 사람을 뜻한다. 그가 그 정당이라 할 수 있다. 붕당의 연구는 바로 산림의 연구가 될 수 있다. (이들은 가까운 현대로 보자면 세 김씨와 비슷한 지위를 가진 사람들이다.)

(2) '산림'은 붕당 정치가 시작된 선조 때부터 나타난다. 주요한 산림은 다음과 같다.

이황 - 선조 초년 / 선조는 이황을 끔찍이 위했다고 한다. 반면 이이에 대해서는 비슷한 또래로서 애증을 함께 가지고 있던 것 같다. 선조는 사림의 지지로 군주가 된 사람으로서, 사림의 영수인 이황을 대접했다. 물론 자신을 추대한 영의정 이준경도 높이 대접했다.

이황은 선조가 즉위한 후 얼마 안 되어 죽는다. 따라서 그는 붕당에 관여한 바도 없고, 권력을 휘두른 바도 없다. 다만 산림(山林)이라 하는 영수의 시초와 전형을 그가 보여 주었다는 점에서 중요하다.

정인홍 - 광해군 시기 / 정인홍은 광해군이 등극하는 결정적 계기를 마련했다. 소북이었던 영의정 유영경이 영창 대군을 왕으로 삼으려고 미적대는 것을 정인홍이 상소문을 통해서 탄핵했다. 이렇게 천신만고 끝에 왕이 된 광해군은, 정인홍을 그 자신의 정신적 지주로 삼고 의지했던 것 같다.

정인홍은 대북의 영수로서, 인목대비 유폐나 영창대군 유배 등에서 온건론을 제시하면서, 과격한 당론을 잠재우려 했던 것 같다. 어느 정도 사려 깊은 쪽이었지만, 인조 쿠데타를 일으킨 세력에 의해서 악인으로 낙인이 찍혔다. 그는 쿠데타의 대표적인 피해자이다.

김장생 - 인조 초년 / 그는 인조 쿠데타를 주동했던 대전-논산 지역 지식인들의 스승이었다. 그는 쿠데타의 막후 실세였던 셈이다. 따라서 인조 초년에 그는 국가의 원로 대접을 받았다. 그러나 이황처럼, 군주의 즉위 뒤에 바로 죽었다. 따라서 산림으로서 그의 역할은 두드러지지 않는다.

송시열 - 효종, 현종, 숙종 / 그는 왕세자가 아닌, 차남이던 효종의 선생이 되었다. 그런 점에서 당시 그는 별로 주목받지 못 한 사람이었다. 그러나 역사의 필연과 우연 때문에 소현 세자가 살해되고, 차남이 왕이 된다.(효종) 그는 효종의 북벌론의 한 기둥이 되면서 정계의 핵으로 떠오른다. 이후 그는 서인-노론 정권의 확실한 대들보 역할을 한다. 서인 노론 정권의 집권 이념인 소중화론-화이론을 제시했고, 반대파와 치열한 싸움을 벌인다. 그는 서인 정권의 수호자가 되었다. 그는 죽음도 당파를 위해서 바쳤다. (남인이 지지했던 장희빈 소생의 왕자를 세자로 책봉하는 것을 반대하다 유배-사약 먹고 죽었다. 자신을 순교자로 만들어서 서인을 단결시킨 것이다.)

그의 학문은 지극히 정치적이었다. 소중화론도 그렇고, 직(直)의 철학도 그렇다. 그처럼 정치적으로 전투적으로 학문을 한 사람은 없었을 것이다. 송시열의 호전적 전투적 경향은 학문도 전쟁으로 보게 했다. 윤휴와의 싸움이 대표적이다.

이익(李瀷) - 숙종 영조 / 그는 평생 은거하면서 학문을 수립하고 제자를 키웠다. 제자들이 정치적으로는 정조 때 남인의 중추 그룹이었고, 학문적으로는 실학(제도 개혁론), 혹은 천주교의 핵심을 이루었다. 그는 '산림'이라는 이름에 걸맞는 활동을 하면서, 산림의 계보에서 마지막을 장식했다. 정제두나 이항로는 그에 비해서 약하다.

(3) 이 사람들은 그 이전의 무림 4천왕과 다른 특징을 보인다. 무림

4천왕은 지역-학문의 맹주가 되었다. 그러나 그 당시는 척신 정치의 시대로 사림파의 겨울이었고, 아직 붕당 정치가 없었기 때문에 때를 기다린 편이다. (이이는 제외.)

반면 산림 영수들은 붕당 정치의 주역들이었다. (이황은 제외) 특히 정인홍과 송시열은 당파 싸움의 핵심 중의 핵심에 있었다. 그들은 여론 주도자로서, 정치의 맹주 노릇을 했다. 군주가 그들의 눈치를 보아야 했다. (하긴 누구의 아들이라는 이유로 군주가 된 평범한 인간들로서는 그들 같은 학문상 정치상 거물과 맞서기는 쉽지 않았을 것이다.)

(4) 숙종의 환국 정치와 영조의 탕평 정치는 그런 산림, 영수, 맹주들을 부정한 것이다. 나아가 당파 경쟁 자체를 부정하는 방향으로 나간다. 군주의 권력을 능가하는 영수-맹주들의 위력을 인정할 수는 없었을 것이다.

크게 보아서 척신 시대에 무림 4천왕은 붕당 시대를 준비했고, 붕당 시대에는 산림 영수들이 주도했다. 그리고 환국-탕평 정치는 군주가 정치의 주역이며, 붕당 경쟁을 부정했다. 그 결과는 세도 정치였다. 환국→탕평→세도 정치는 권력의 역학(力學)상 필연적인 전개 과정이다.

* **군주와 신하가 서로 정적(政敵)인 관계** - 산림은 군주와 정적 관계는 아니었지만, 군주와 늘 끊임없이 팽팽하게 밀고 당겼다. 붕당 정치는 산림 우위라면, 환국 탕평 정치는 군주의 우위이다.

반면 조선 초기에는 이성계 - 정몽주, 정도전 - 이방원(태종)처럼 군주와 신하가 정적이었다. 당쟁의 역학에서 나타날 수 있는 현상이 아니다. 그것은 창업기에 나타나는 특수성일 것이다.

9. 서인의 도덕 정치
- 인조반정, 병자호란, 소중화론

1) 인조 쿠데타와 붕당 정치

서인은 인조 쿠데타 뒤 남인을 정치 파트너로 맞이한다. 왜 그들은 일당 독재를 하지 않고, 남인을 맞아서 붕당 정치를 했는가?

(1) 광해군을 몰아낸 쿠데타 성공 뒤에 서인들은 북인들을 완전히 숙청해 버린다. 정계에서 철저하게 추방시킨 결과, 그 이후 북인은 소멸해 버린다.

이것은 사실 전례가 없는 일이다. 훈구-척신파가 사림파를 탄압해도 몇몇 인사들을 죽이고 귀양 보내는 사화였지, 한 당파 자체를 청소해 버린 적은 없었다. 선조 때는 그야말로 당파들이 백화제방(百花齊放)했던 시기이다. 광해군 때는 북인이 일당 정치를 했지만, 그렇다고 남인이나 서인을, 당파 전체를 없애지는 않았다.

왜 서인은 광해군 때 집권당이었던 북인을 그렇게 집념을 가지고 철저하게 없애버리려 했던가? 동인 가운데 강경파였고, 공존을 반대했던 군자-소인론을 주장해서인가? 단지 그 이유만으로 그렇게 멸종을 시키려 들었던가?

쿠데타 성공 뒤에 서인들은 마음만 먹었다면 북인 뿐만 아니라, 남인도 완전하게 배제시키고 자신들만의 일당 독재 정권을 꾸릴 수 있었다. 한 조정에는 한 당파 - 이것은 전통적인 유교적 이념이기도 했다. 관료란 군주를 보좌하고 시키는 일을 수행하는 존재이기 때문에 당파가 나뉘어서 싸울 수는 없다.

서인들은 남인을 배제시키지 않고, 정치에 끼워준다. 가장 큰 이유는 **이이의 조제 보합론**일 것이다. 조정에는 군자 소인이 다 있을 수 있고, 군주는 그 가운데 군자를 골라서 쓰면 된다는 것이다.

혹은 북인을 말살시키는 것을 가리기 위해서일 것이다. 남인마저 배제시켜 버리면, 사대부 사회 전체의 분노와 반발을 살 것이다. 배제된 남인이 그것을 빌미로 서인들처럼 쿠데타를 할 수도 있었다.

(2) 조제 보합론에 따라 남인을 정치판에 참여시켜 주었지만, 서인은 남인이 단지 들러리이고, 구색을 맞추어 주는 존재이기를 원했다. 쿠데타로 정권을 탈취했으므로, 그 정권은 자신들의 소유였다. 남인은 그 정권에서 식객 혹은 영원한 야당 노릇을 해 주기를 바란 것이다. (전두환 때 민한당이 그러했다.)

그런데 칼을 갈고 간 남인들이 서인을 친다. 서인은 예론을 근거로 인조 쿠데타를 일으키고, 예론을 자신들의 집권의 명분으로 삼았다. 그 예론(禮論)을 가지고 남인이 서인을 친 것이다. 예송 논쟁이 바로 그것이다. 송시열이 말하는 예(禮)는 군주를 사대부와 구별하지 않고 동격으로 보는 것이니, 그것은 오랑캐의 것이라는 것이다. 송시열의 화이론(華夷論; 소중화론)으로 송시열을 친 것이다.

이제 본격적인 경쟁, 본격적인 당파 싸움으로 들어갔다. 정신이 번쩍 든 서인들이 수단 방법을 가리지 않고 대항했고, 숙종 때 환국 정치라는 피 흘리는 정치가 된다.

(3) 문제는 그것이 모두 망하는 길이라는 것이다. 정치에 규칙을 만들지 않고, 제도화를 하지 않았기 때문에 궁중 음모 정치로 흘러간 것이다. 유교의 인치(人治) 사상 때문에, 그리고 조선의 당파 구성의 특

징 때문에 제도화가 불가능했다. 동인-서인의 구성을 보면, 그들은 다 지주-지식인-관료 계층이었다. 하나의 계급에서 두 당파가 나온 것이다. 반면 소작인 계급은 당파가 없었다.

이렇다 보니 동인-서인은 계급이 아니라, 학연과 지연 혈연으로 구분된다. 지역적으로는 서울 경기 충청 지역이 서인이고, 영남 지역이 동인이다. (호남은 동인 서인 다 있음.) 학연으로는 이이의 후예가 (서경덕의 제자들 대부분도 포함) 서인이다. 반면 이황 조식의 후예가 동인이다. 혈연도 마찬가지이다.

이렇게 이념이나 계급이 아닌 연줄(緣)로 맺어졌기 때문에, 게다가 유교적인 인치(人治) 사상까지 합해짐으로써 제도화는 불가능해진다.

2) 도덕을 정치의 수단으로 삼다

(1) 말의 정치, 언론 정치

- 붕당 정치의 한 양태로서 '도덕의 정치 수단화'

충청도 서인의 대부 격인 김장생은 광해군 때에 연산에 은거하면서 제자들을 키우고, 예학을 닦았다. 서자였던 그의 이복형제들이 7서의 반란에 연루되는 바람에 그 자신도 위태로웠다. 그는 예학(禮學)을 닦으면서 광해군의 폐모(廢母; 계모인 인목 대비를 유폐시킴)와 살제(殺弟; 이복동생인 영창대군을 죽임)를 쿠데타의 빌미로 삼았다. 그의 예학은 광해군을 비판하고 쿠데타를 할 수 있는 명분을 제공한 것이다.

훈구-척신 시대에 사림파들이 사화를 피하여 고향에 은거하면서 제자를 키우고 후대를 도모한 것과 비슷한 전략을 취한 것이다. 그는 자신이 무림 4천왕과 비슷하다고 생각한 것 같다. 물론 다른 점도 있다.

사림파가 집권했던 사건인 선조의 즉위는 무혈 혁명이었다. 반면 인조 쿠데타는 유혈이 낭자했다. 반대파를 칼로 제거한 것이다. 선조 시대의 정치는 말의 정치, 언론 정치였다. 붕당들 사이에 이성적인 토론과 합의가 비교적 잘 이루어졌다.

서인은 권력에 집착했기 때문에 쿠데타를 일으켰다. 이 과정에서 가장 두드러지는 것은 **윤리 도덕, 강상 윤리, 대의 명분**을 **정치의 수단**으로 삼았다는 것이다.

김장생이 예학을 닦아서 인조 쿠데타의 명분을 제공한 것이 시초이다. 예학은 북인을 치는 날카로운 칼인 셈이다. 그의 예학은 강력한 권력욕이 드러난 것이다.

(2) 도덕의 정치 수단화

- 인조 쿠데타, 도덕적 금욕주의, 병자호란

선조 이후 말의 정치, 언론 정치는 붕당 정치로 발전했다. 이성의 안티노미에 따라 각각 반대되는 의견-정책을 가진 당파끼리 서로 토론하고 경쟁하는 것이다. 그 경쟁에서 이기는 방법은?

바로 이 지점에서 김장생의 예학의 의미가 있다. 언론 정치에서 상대를 누를 수 있는 강력한 방법 가운데 하나가 윤리 도덕을 선점하는 것이다. 강상 윤리, 대의명분으로 상대를 누르는 것이다. 도덕을 정치의 수단으로 삼는 것이다. (물론 힘으로 이기고 난 뒤에 윤리 도덕으로 포장한다. 혹은 힘을 사용하는 이유로 윤리 도덕을 든다.)

"윤리 도덕을 정치의 수단으로 삼음" - 이것은 인조 이후 서인들의 행태를 요약할 수 있는 말이다. 그들이 광해군을 몰아낸 것은 당파적 이기심이 아니라 윤리 도덕을 실현하기 위한 것이라는 것이다. 그러나 북인을 가혹하게 타도하는 것에서 볼 수 있듯이 도덕의 얼굴을 한 잔인한 힘-야만, 그리고 정권의 장악, 이게 그 본질이었다.

* 쿠데타 뒤에 엄격한 금욕과 도덕을 강조한 것은 중종 때와 마찬

가지이다. 단 연산군의 방탕은 개인적인 욕망의 광포한 발산이기 때문에 중종 때의 금욕 도덕주의는 온건할 수 있다. 반면 광해군의 현실 정책(광해군이 동생을 죽이고, 계모를 유폐시키고, 후금에 사대를 한 것은 현실적으로 어쩔 수 없는 것이었다)에 대한 반동으로서 도덕 정치는 지극히 정치적인 방향으로 나가게 했다. 자신에게 반역 음모를 하는 사람에게 관대한 군주가 있는가? 광해군 시절에는 자신의 동생과 형, 서자 등등 숱한 사람들이 쿠데타를 시도했다. 강대국 후금에게 사대하지 않고 버티는 수가 있는가?

* 광해군의 예에서 볼 수 있듯이, 광해군의 폐모 살제와 후금과의 외교는 나름의 어쩔 수 없는 현실이 있었다. 그런 현실은 완전히 무시하고, "우리는 윤리 도덕을 실현 한다"라는 명분으로 상대를 타도하는 것 - 이는 속으로는 벌거벗은 욕망을 간직한 채 겉으로는 강상윤리를 몽둥이 삼아 상대를 치는 것이다. 겉과 속의 괴리이다.

그것은 체면과 명분의 정치로 나간다. 현실적 사정이 어쨌든 간에 윤리 도덕으로 공격하기 때문에, 현실을 무시하고, 현실과 괴리된 윤리 도덕에 과도하게 집착하게 된다. 체면과 명분이 정치적으로 유리한 고지를 차지하게 해 주었다.

도덕을 수단으로 삼아서 욕망을 실현시킨다. - 너도 나도 이 길에 뛰어들자 도덕적 선명성의 과열 경쟁이 붙는다. 그건 마치 항생제의 단위가 높아지는 것과 비슷하다. 서로 경쟁적으로 **고단위 도덕**을 들고 나왔던 것이다. 이는 결국 파국을 불러들인다.

(3) 그 파국은 병자호란이었다. 서로 강경한 선명한 도덕을 들고 나오면서, 후금을 깨부수자고 다투어 강경 주장을 한 것, 그것은 정치 투쟁이었고, 각자 자신의 위상을 높이기 위한 도구였다. 자신의 출세

를 위해서 강경한 도덕을 주장했는데 - 겉에는 도덕, 안에는 자신의 야망-야욕이 있었다. 그 체면과 명분 정치의 파탄은 현실에서 왔다.

대의명분론, 혹은 강상 윤리 이론 - 그것은 현실의 힘이 받쳐 줄 때 의미가 있다. 광해군을 몰아낸 것은 힘이었지, 강상윤리가 아니다. 현실적으로 힘이 없는 대의명분과 강상 윤리는 무슨 의미가 있는가? 힘이라는 점에서 후금은 광해군과 차원이 달랐다. 후금은 강력한 무력을 갖추고 있던 반면, 조선은 허약 그 자체였다. 그런 허약한 국가가 막강 후금을 상대로 강상 윤리를 주장하는 것이 무슨 소용이 있는가?

오히려 전쟁의 빌미를 주고, 조선을 완전히 망하게 하는 것이 된다. 현실을 완전히 무시한 대의명분과 강상 윤리는 나라를 망치는 괴물에 불과하다. 서인들은 경쟁적으로 후금에 대한 강경론에 목청을 돋구었고, 그 과정에서 강상 윤리 도덕의 수준이 더 높아졌고, 괴물은 더 커졌다.

(4) 현실 무시한 강상윤리론, 무책임한 강경론

현실적 사정은 어쨌든 간에 윤리 도덕을 절대적으로 실천해야 한다는 강경론의 경쟁, 윤리 도덕을 겉에 세우나 속으로는 이익을 감추고 있는 것 - 이는 '책임지지 않는 도덕적 강경론', '현실을 내팽개친 원칙론'이 풍조를 이루게 했다.

나라가 망하는 한이 있더라도 대명 의리를 위해서 청나라와 싸워서 죽자던 목청 높은 유자들 가운데, 병자호란 - 이 전쟁에서 칼을 들고 나가 싸운 유자(儒者)는 없었다. 죽은 유자는 더더군다나 없었다. 정조 때까지 그 전쟁 사망자들을 현창하기 위해서 이 잡듯이 뒤져야 했던 것도 그런 점에 기인한다. 많았다면 굳이 이 잡듯이 뒤졌겠나. 그 전쟁에서 무책임한 유자들의 모습을 가장 선명하게 보여주었던 사람은 김상헌과 송시열이다.

병자호란 때 가장 강경파 도덕 군자였던 김상헌, 호란 이후 가장 강경파였던 송시열 - 이들은 대의명분과 강상 윤리를 최대한 출력으로 목청 높여 주장했지만, 정작 죽지는 않았다. 자신의 옳은 주장을 죽음으로 실천하라던 공자는 이렇게 말했다. - "朝聞道 夕死 可矣! 見利思義 見危致命! 殺身成仁!" ("아침에 도를 들으면 저녁에 죽어도 좋다." "이익을 보거든 의로움을 생각하고, 위태로움을 보거든 목숨을 바쳐라!" "몸을 죽여서 인품을 이루라!")

그건 아마도 그들이 고상한 윤리 도덕의 세계에 살았기 때문일 것이다. **"생활은 하인에게 맡긴다."** 주인은 고상하게 살 뿐이다. 따라서 남한산성에서 칼 들고 싸우다 죽을 인간은 병사들이고, 조정에 앉아서 대의명분 옳은 이야기를 큰소리로 외치고, 맑은 명망(淸名)을 얻는 것이 자신들의 일이라 생각했던 것 같다.

정치에서 가장 문제가 되는 부류 가운데 하나가 바로 그런 인간들이다. 도덕을 주장하되, 현실적 책임을 지지 않는다. 자신의 욕망의 실현을 위해서 강경 원칙론을 주장하되 책임을 지지 않는다. (또한 무책임 원칙은 세도 정치의 특징이기도 하다.)

3) 나라를 멸망시킨 당파가 다시 집권하다.

(1) 도덕을 정치 수단으로 삼아서 가장 성공한 것은 인조 쿠데타일 것이다. 가장 처절한 실패는 병자호란이다.

병자호란은 역사상 **전무후무한 치욕**이었다. 우리나라의 임금이 다른 나라 임금에게 아홉 번 머리 조아리며 세 번 절하면서 항복한 사건이 과거에 있었는가? 미래에 다시 있겠는가? 그럴 지경이 되면 군주는 나라를 위해서, 명예를 위해서 죽어야 한다. 무책임한 것은 서인 정권 자체였다. 도덕적 강경론이 국가의 멸망을 초래한다는 것을 그들이 몰랐단 말인가? 역사적인 치욕이라는 것을 몰랐던가?

이렇게 파멸을 초래한 자들은 마땅히 책임을 져야 한다. 그래야 국가 기강이 선다. 집권 서인은 그런 책임을 지고 마땅히 물러났어야 했다. 아니 역사에서 사라졌어야 했다.

정확하게 말하자면, 병자호란의 패배로 조선은 멸망했다. 임금부터 시작해서 조정이 다 항복했다. 일망타진 된 것이다. 그때 후금이 조선 지도부를 죽이고 처벌했다면, 서인은 역사에서 사라졌을 것이다.[3]

그런데 후금이 조선 지휘부 인물들을 고스란히 다시 다 살려 준다. 그때 조선은 멸망한 셈인데, 왜 다시 살려 준 것인가?

(2) **후금의 음모론 :** 나라를 패망으로 몰아간 서인들은 살아남았을 뿐만 아니라, 게다가 여전히 집권을 했다. 왜 후금-청나라가 조선을 그대로 두고 서인들에게 정권을 다시 맡겼는가? 대명(對明) 의리론을 주장하면서 끊임없이 자신들에게 적대적인 서인 정권을 다시 온존시킨 이유는 뭔가?

여러 가지 이유가 있을 것이다. 가장 큰 이유는 청나라의 음모인 때문인 것 같다. 무능력한 서인들을 다시 앉혀야 조선이 자신들의 뒤쪽을 칠 염려가 없다는 것이다.

만약 조선을 멸망시키고, 자신들의 영토로 편입한다면, 그건 큰 반항을 초래할 것이다. 그들의 중국 정복의 야망이 어려워질 수 있다. 그렇다고 조선을 속국-식민지로 삼는다면, (마치 고려 시대 원나라가 고려를 통치했듯이 말이다) 그것도 쉽지 않은 일이다. 아직 중국도 정복하지 않은 상황에서 조선에 쏟을 여력이 없었을 것이다.

---

3) 국사 교과서는 병자호란을 국가 멸망이라는 점에서 설명하지 않는다. 후금이 무리한 요구를 하다가 전쟁을 벌였고, 자신들의 요구만 받아내고 돌아갔다. - 이처럼 사실을 호도하는 이유는 첫째 민족주의 사관 때문일 것이다. 둘째, 다시 집권한 서인들이 역사를 왜곡했다.

그래서 보니 서인들은 철저하게 무능했다. 병자호란에서 별 다른 준비 없이 어처구니없게 진 것을 보면 확실히 안다. 침공 뒤 아무 전투도 없이 서울이 함락되고, 별다른 전투도 없이 포위 두 달만에 항복을 받아냈다. 이 정도 무능한 인간들이라면 아무런 뒤탈이 없을 것이다. 그래서 정권을 맡겼을 것이다.

후금의 중국을 도모하는 원대한 전략 때문에, 그리고 현실적으로 서인이 무능하기 때문에 후금은 서인 정권을 온존시킨다. 서인은 무능이 생존 전략이 되었다.

도덕을 정치 수단으로 삼아서 가장 처절하게 실패한 것이 병자호란이다. 그 실패를 단숨에 만회시켜 준 것이 후금의 중원-중국 도모 전략이었다. 그 전략에 서인 정권의 무능함이 매우 쓸모가 있었기 때문이다.

다시 살아난 서인 정권을 단숨에 반석에 올려놓은 이가 송시열이다. 그의 소중화론이 바로 그 반석이었다. 소중화론으로 서인 정권은 정당성을 탄탄하게 확보했다.

(3) 조선은 망하고 새로 탄생했어야 했다.

이 나라의 역사를 위해서는 당시에 조선은 망했어야 한다. 아니 최소한 서인들은 퇴장하고, 다른 세력이 정권을 맡았어야 했다. 무능함을 생존 전략으로 삼을 정도라면, 조선의 퇴락과 낙후는 불을 보듯이 뻔한 것이었다. 책임지지 않는 자가 득세할 때 나라는 망한다.

한국 역사에는 역사의 무대에서 퇴장해야 할 수구 세력이 계속 집권하는 바람에 역사의 발목을 잡은 사건이 몇 있다. 고려 중기에 침략자 원나라에 빌붙음으로써 다시 집권한 문신 귀족들, 그리고 병자호란으로 실질적으로 나라가 망했음에도 불구하고 다시 집권한 서인, 혹은 사대부 세력들. - 이런 퇴행적인 세력 때문에 결국 역사가 왜곡된다.

중국의 경우 명나라가 망하고 오랑캐인 청나라가 집권하면서, 중국에 공전의 번영을 가져다준다. 조선도 그 번영을 나누어 가지면 안 되는가? 청나라에 편입되었더라면 가능하지 않았던가.[4] - 물론 이것은 무능한 서인 정권 때문에 해 보는 가정일 뿐이다. 조선 자체에서 혁신의 동력은 없었는가.

조선의 집권 서인은 비참한 패배를 감추고 집권을 합리화시키기 위해서 소중화론을 내세운다. 그것은 철저한 증오의 이론이다. 외부의 적에 대한 증오심 뒤로 자신들의 참담한 패배를 감춘다. 재집권 뒤에는 부국강병과 경세치용, 이용후생에 힘쓰기 보다는 당쟁에 골몰한다.

현실을 책임지지 않는 원칙론과 도덕론, 강상윤리를 정치적 투쟁의 수단으로 쓰는 것 등은 여전히 살아 있었다. 그에 비례해서 나라는 나날이 낙후되어 갔다. (외부에 지자 그 힘으로 내부적 투쟁을 한다.)

(4) 전체적으로 볼 때 임진왜란 이후 조선에는 새로운 국가가 등장했어야 한다. 그러나 나타나지 않았다.

고려 말처럼 새로운 계급, 새로운 사상-이념이 등장하지 않았다. 역사적인 계기도 없었다. 실학이 등장하기는 해도 현실적으로는 아무런 힘을 쓰지 못 했다. 유형원의 균전제, 토지 소유 하한선을 규정한 이익의 한전론과, 토지 소유 상한선을 규정한 박지원의 한전론, 일종의 집단 농장제를 주장한 정약용의 여전제 - 이런 토지 제도는 무성했지만, 현실적으로는 아무 것도 실천된 적이 없다. 실학은 제도 개혁안을 다양하게 내놓지만, 구체적 실천과 연결되지 못 했다.

고려 말 유학(儒學)처럼 현실 변혁의 사상이 되기에는 실학이 너무 미성숙한 것이었다. 실학은 그래서 성리학만큼이나 공허한 상상력 수

4) 청나라 때 중국에 편입된 뒤에 현재도 독립 운동을 하는 지역이 많다.

준에 머무른다. 실학자 가운데 정도전은 없었다. - 무기력한 조선.

양명학은 새로운 국가 이념이 될 수 있었는가? 그것은 이미 중국 명나라에서 결론이 내려졌다. 양명학은 현성(現成) 양지(良知)를 강조하는 양명 좌파의 활동으로 끝이 났다. 명나라가 망하고 청나라가 건국되었을 때 양명학은 '나라를 망하게 하는 사상'으로 낙인이 찍혀 있었다.

새로운 국가를 세울 새로운 사상은 없었다. 그렇다고 지주-지식인-사대부 계급을 대체할 강력한 계급도 나타나지 않았다. 소작인 층은 여전히 약한 계층이었다.

그래서 조선은 낡고 반동적인 세력이 여전히 집권했고, 서서히 쇠잔해져서 백색왜성이 되어 갔다. 조선조 말에 서구 열강의 침략에 그렇게 허약하게 넘어간 것도 그런 점에서 이해할 수 있다.

4) 다시 살아난 서인의 집권 명분 – 송시열의 소중화론

바로 이 지점에 송시열의 문제 의식이 있었다. 타도되어야 할 세력인 서인이 다시 집권해야 할 명백하고 타당한 이유를 제시해야 한다는 것, 그래야 서인 정권이 안정될 수 있다는 것이다. - 그게 바로 **소중화(小中華; 작은 중국 문명권) 이론**이다.

(1) 효종은 **북벌론**을 주장한다. 이유는 '원한을 씻기 위한 것'이다. - 일종의 보복 이론이다. 송시열은 이 정도의 이야기로는 서인 집권 명분이 서지 않는다고 본다. 더더군다나 그런 식의 군사 작전을 말하면, 명분 정치, 체면 정치의 근간이 무너진다. 군사 작전은 철저하게 현실주의이고 결과로 말을 하기 때문이다. 병자호란 때 전쟁 한번 못하고 졌는데, 전열을 가다듬었다고 해도, 중국을 장악한 막강 청나라를 이길 수 있다는 말인가? 당시 청나라는 세계 최강의 군대를 유지

하고 있었다. 효종이 어떻게 생각해도 북벌은 사실 몽상에 불과했다.

북벌에 대한 효종의 간곡한 부탁에도 송시열이 그렇게 마지 못해서 행위한 이유는 그런 점에 있었을 것이다. 송시열 뿐만 아니라 대부분의 관료들도 마찬가지였다. 북벌은 단지 효종의 것이었다. 인조 때 아무런 군사적 준비도 없이 경쟁적으로 너도 나도 후금에 대해서 대책 없는 강경론을 주장했던 것과는 완전히 분위기가 반대였다.

북벌론의 문제는 패배 가능성 가득함뿐만 아니라, 서인의 정체가 폭로된다는 점이다. 서인들은 강상 윤리의 원칙론으로 정국을 주도할 줄은 알았으나, 현실적인 정책과 전략으로 일을 이루는 것에는 아무런 능력이 없었다.

(2) 서인들의 도덕 정치, '대의명분과 강상 윤리'의 정치를 송시열은 확대해서 지역 개념으로 바꾼다. 그것은 애초에 중국 사람들의 정권인 명나라에 구현되어 있었다. '중화(中華; 가운데의 꽃-문화)'가 그것이다.

강상 윤리, 혹은 그것이 실현된 공간은 추상적인 것이다. 그것을 '중화'라는 구체적인 공간으로 이미지화시킨 것이다. '중화(中華)'는 실제적으로는 명나라 사람들이 사는 일상의 공간을 뜻한다. 송시열은 만년에 은거해서 살았던 화양동(華陽洞)에 그 일상의 공간을 꾸민다. '華陽洞'은 '중국 문화의 빛'이 비추는 골짜기, 중국의 햇볕이 드는 골짜기를 뜻한다.

이제 명나라가 망한 상황에서, 조선이라는 공간이 강상 윤리 도덕이 실현된 구역으로 남아 있다. '소중화'이다. 반대로 저 청나라라는 공간은 야만의 공간이다. - 이 두 공간 사이에 겹침이란 있을 수 없다.

그는 그 "공간의 파수꾼 = 서인"이라는 도식을 제시했다. 소중화 공간, 그건 일차적으로 주희의 성리학이 실현된 공간이다. 성리학은 도덕 형이상학이다. 따라서 그것은 현실적으로는 성리학이 제시한 윤리 도덕이 실현된 공간이다. 그러나 그 윤리 도덕은 사실상 줄거리일 뿐이고, 현실은 다양하고 복잡하다.

명나라는 임진왜란 때 우리나라가 망하는 것에서 건져준 나라이기에, 임금의 나라, 어버이의 나라이다. 명나라와 조선은 외교 방법상 군신 관계를 맺었기 때문에 명은 천자의 나라인 반면, 조선은 그 제후국의 지위이다. 이런 외교적 관계를 넘어서서, 명나라는 조선을 패망에서 건져 주었기 때문에 어버이 나라이다.

나아가 명나라는 문명 그 자체인 나라(中華)이다. 따라서 조선은 작은 중화가 되어야 한다.

(3) 송시열의 철학은 지극히 정치적이다. 그는 윤리 도덕을 철저하게 정치의 수단으로 삼은 사람이었다. 소중화 이론에 따르면, 자신들의 당파적 이익을 위해서가 아니라, 문명을 위해서 야만과 싸워야 한다는 것이다. 청나라와 싸워야 하는 것은 패배한 서인 정권의 문제가 아니라, 조선 전체가, 아니 문명권이라면 해야 하는 일이 된다.

그건, "겉에는 도덕, 안에는 개인적 야욕"이라는 기존의 원리가 이제 서인이라는 당파적 이익의 수호를 위해서 작동했다. 소중화론이 그것이다. 서인의 지배를 반대하면, 윤리 도덕을 반대하는 것이다. 아니 '명나라=중화(문명)=소중화=조선=서인'의 도식이 성립한다.

성리학을 비판하면 그가 전투적 적개심으로 반응했던 이유는, 소중화를 지키기 위한 것이기도 하지만, 그것이 서인의 당파적 이익에 대한 도전이었기 때문이다. 소중화에 포함되는 성리학, 문명, 문화, 예(禮) 윤리 도덕, 강상 의리, 대의명분 - 이 모든 것은 다 서인과 동일시되게 된다. 서인에 대한 비판은 중화에 대한, 대의 명분에 대한 도전이 되게 된다. 송시열은 그런 식으로 그들의 이익을 옹호했다.

송시열이 왜 그렇게 윤휴나 윤선거 등을 적대적으로 핏발선 눈으로 비난했는지 그 이유는 바로 그런 것 때문이었다. 지나친 강경론은 현실을 망친다. 송시열은 자신의 책략 - 도덕의 뒤에 자신과 당파의 이익을 숨겨둔다는 것, 도덕의 옹호가 자신의 이익의 옹호라는 사실 - 을 남들이 눈치채지 못하리라 생각했을까? 순진하게 그렇게 믿은 사람이었던가. 윤휴만 그것을 눈치챘다고 생각한 것인가?

5) 남인의 반격 – 예송 논쟁

(1) 남인들이 그런 전략을 몰랐을 리가 없다. 윤휴는 송시열의 책략을 정확하게 보았을 것이다.

남인들은 야당에서 벗어나 여당이 되기 위해서 몇 가지를 한다. 효종이 죽고 현종 때가 되자, 남인들이 되레 북벌을 주장한다. 상대의 명분을 접수하여 상대를 치는 것이다. 이것으로 별 달리 재미를 보지 못 하자, 예송 논쟁으로 간다.

송시열이 제시한 서인의 핵심, 소중화의 핵심을 친 것이다. 윤리 도덕이 실현된 공간 - 조선 소중화. 그것의 파수꾼 서인, - 남인은 그걸 공격한다. 예송 논쟁 - 상복을 입는 기간이 9개월이냐 1년이냐 3년이냐, 햇수는 중요하지 않다. 문제는 서인이 말하는 예(禮; 윤리 도덕)가 틀렸다는 것이다. 그렇다면 그들이 세우는 조선 소중화도 틀린 것이고, 그들의 집권 명분은 사라지는 것이다.

따라서 소중화는 서인이 아니라 남인의 것이 된다. 따라서 권력도 남인에게 와야 한다. 윤휴는 송시열이 세운 도식으로 송시열을 쳤다. 윤휴와 송시열의 죽음을 건 싸움에는 바로 그런 점이 있다. (윤휴도 송시열도 다 숙종에 의해서 죽임을 당한다. 그 자체가 그들의 게임이다.)

(2) 나아가 예송 논쟁은 국가 체제의 논쟁이 될 수 밖에 없다. 조선 소중화 - 이걸 어떻게 조직하고 어떤 구조를 만들 것이냐가 쟁점이 된다. 서인들은 군주의 특수성을 인정하지 않고, 군주에게도 사대부의 예가 적용된다고 한다. 군주는 관료 체계의 일원일 뿐이다. 이런 신하 중심의 이론에 대해서, 남인은 군주의 특수한 지위를 인정한다. 군주에게는 사대부에게 적용되는 것과는 차원이 다른 예가 있다. 이는 군주 중심의 이론이다.

그것은 『주례(周禮)』와 『주자(朱子) 가례(家禮)』의 차이와도 연관이 있다. 『주례』는 주나라의 정치 제도를 설명하고 있다. 따라서 국가 제도 중심 이야기이다. 반면 『주자 가례』는, '가례'라는 말처럼 집안에서 개인들이 실천할 수 있는 개인적인 도덕률을 담고 있다.

제도 개혁을 주장했던 서울 남인을 대표하는 사상가 정약용은 『주례』에 근거했고, 묵자나 천주교의 하느님 이론에 근거해서 강력한 왕권을 합리화시켰다. 국가 제도 중심이기 때문에, 군주의 지위는 신하와 차원이 달라진다. 군주는 국가 전체를 대표하고 책임진다.

군주에게도 사대부의 예가 적용된다고 주장한 서인들은 가례를 중시한다. 집안의 예에서 볼 때, 군주는 특별한 지위를 인정받기 어렵다. 가례는 초상이나 제사 때 친척과 친구의 참여를 말한다. 거기에는 동급인 사람이 많다. 군주와 신하의 관계도 그처럼 동급인지를 따져야 한다. 군주가 무조건 신하와 차원이 다른 것은 아니다.

6) 소중화론에 대한 비판

(1) 서인의 집권 명분이었던 송시열의 소중화론에 대한 비판은 다음 두 가지라고 할 수 있다.

남인 윤휴는 예송 논쟁으로 공격했다. 예(禮)는 중화의 핵심이다.

중화의 설교자이며 교주이던 송시열이 예에 무식하다는 것 - 그것을 증명한다. 물론 정권을 놓고 겨루어서 송시열을 이긴다. 대단한 승부에서 송시열이 진 것이다.

또 하나는 같은 노론 안에서 비판이다. 서울 노론은 송시열을 위시한 충청 노론의 소중화론을 비판한다. 그들은 청나라를 야만으로 보는 것을 반대한다. 청나라는 우리가 배워야 할 문화 선진국이다. 북학론이 바로 그것이다. 그들은 청나라를 오랑캐에서 본받아야 할 초일류 문명국으로 바꾼다. 청나라는 토벌의 대상(북벌)이 아니라, 배워야 할 대상(북학)이다. - 이 비판으로 서울 노론은 충청 노론과 분리되면서, 서울 노론이 우위에 선다. 숙종 이후 서울 노론의 권력 독점이 완성된다.

(2) 소중화론의 문제점

① 소중화론은 중국 땅에 중화(中華; 중국 문화)가 없다는 말이다. 중화는 본래 중국의 문명이다. 따라서 중국 땅에 중국 문화(中華)가 없다는 것은 자체 모순되는 이야기이다.

물론 그렇게 주장하는 이유는; 중국 땅을 오랑캐가 지배하고 있다. 그래서 중국은 중화가 없고, 오랑케이다 라는 말이다. 그렇다면 중화라는 것이 "지배층이 문명인인가, 오랑캐인가'에 의해서 결정된다는 말인가? 지배층이 누구냐에 따라서 문명이 달라지는가? 물론 달라지겠지만, 문화나 문명은 완강한 보수성이 있어서 좀처럼 변하지 않는다. 그런데 지배층이 달라졌다고 중화가 순식간에 사라졌다고 할 수 있는가?

결국 중국을 오랑캐가 지배하므로, 중국에는 중국 문화가 없다는 소중화론 - 이 이상한 명제가 성립하기 위해서는 "처녀는 한 번 자면 처녀가 아니다." "걸레는 빨아도 여전히 걸레이다"라는 말이 성립해야 한다. 한 번의 행위는 절대로 지워지지 않는 흔적이 되고 족쇄가 되며, 그 한 번의 행위는 그 사물의 본성이 된다는 것이다.

이런 식의 이야기는 인종 차별론 등에 늘 등장하는 논리이다.

② 양가(兩價) 감정 - 증오와 선망의 공존

그들은 명나라를 광적으로 숭상한다. 그리고 그 정도만큼 광적으로 청나라를 증오한다. 그리고 다시 그 증오만큼 청나라를 선망한다. 병자호란-북벌론-소중화론-북학론이 그런 것이다. 서인 안에 증오와 선망이라는 상반된 감정이 부글거렸다. 거의 정신 병리적인 양가감정이다.

왜 이런 정신 병리에 빠지게 되었는가?

중국 대륙의 국가 교체는 그대로 한반도에 직격탄을 날린다. 신라가 당나라에 빌붙어서 백제를 멸망시키고 통일한 것부터, 원나라가 중국을 집어먹고 고려 침략한 것, 그리고 청나라가 조선을 침략한 것이 그것이다. 혹은 송나라 건국기에 고려가 건국하고, 명나라가 세워질 때 조선이 세워진 것도 중국의 혼란 때문에 한반도가 간섭을 받지 않아서 가능했을 것이다.

원나라의 고려 지배는 사실상 식민지 상태였다고 보면 된다. 반면 병자호란으로 조선이 완전히 졌지만, 청나라는 조선을 식민지로 접수하지 않았다. 중원을 도모하기 위한 전략의 하나로 조선의 무능한 정부를 그대로 두기로 한 것이다.

후금(청나라)을 강렬하게 증오해서 전쟁을 했지만, 전원 항복할 수밖에 없었다. 자신들을 다 죽여 버릴 수도 있었는데, 그 침략자의 자비로 살아났을 뿐만 아니라, 그들의 호의로 계속 집권을 하게 되었다는 사실 - 이 기막힌 사실이 증오와 선망의 양가감정을 낳는 근원이 된다.

오랑캐라고 증오하는 대상으로 부터 자비를 받아서 다시 집권하면서, 그 오랑캐에게 신하로서 굴종을 해야 한다는 사실 - 오랑캐를 증오하지만, 그들의 압도적인 무력에 속절없이 당하고, 그 힘에 대해서 무의식에까지 심어진 두려움과 공포.

더군다나 참패함으로서 국내적으로는 완전히 위신이 깎이고 참담한 신세가 되었지만 여전히 정권은 장악하고 지배를 해야 한다는 사실 - 그래서 송시열은 소중화론을 제시한다.

소중화론은, 문명과 야만의 구분, 문명에 대한 선망과 야만에 대한 강렬한 증오로 이루어져 있다. 선망과 증오 가운데 소중화론은 증오에 기반하고 있다. 외부의 적에 대한 증오는 내부적 사랑보다 훨씬 더 강력하게 백성이 서로 단결하게 한다.

청나라가 중국을 지배할 때는 물론 증오와 멸시의 감정을 가진다. 조선만이 중화를 가지고 있다는 자만심이다. 그러나 병자호란 때 참패하면서 후금에게 지울 수 없는 두려움을 갖게 된다. 청나라가 공전의 번영을 하면서 그 자만심은 초라해진다. 청나라가 중화라는 사실을 무의식적으로 인정할 수 밖에 없다. 소중화는 폐기된다.

결국 증오와 사랑, 자만심과 열등감이 교차하게 된다. 소중화론은 이렇게 힘이 없는 자가 가진 증오로부터 시작되었기 때문에, 강자의 주체성이 없었다. 언제나 중국이라는 강자에 대해서 숭상-증오-선망이 교체되었다. 양가감정은 강자에 대한 약자의 감정 - 그것이었다.

물론 그 서인 노론은 조선의 지배자였기 때문에, 조선 안에서 피지배자에 대해서는 반대로 강자의 위치에서 군림했다. 청에 대한 열등감은 국내에서는 다른 붕당이나 지방 사림에 대한 자만심으로 나타난다. 결국 열등감은 자만심과 같은 감정의 위아래일 뿐이다.

10. 조선에 양명학이 들어오지 못 한 이유

조선에는 양명학이 전혀 유행하지 못 했다. 아니 아예 들어오지 않았다고 해도 된다. 조선조 말에 정제두 등 강화학파가 양명학을 했다고는 하나, 그것은 양명학의 특징이 명확하게 드러나는 것이 아니다. 게다가 그때는 중국에서 양명학은 이미 소멸되고 없었던 때였다.

조선에 양명학이 들어오지 못 한 이유를 성리학자들의 이단 배척, 사문난적(斯文亂賊) 탄압 때문이라고들 말한다. 정말 그러한가? 이황이 왕수인의 『전습록』을 비판했다고 들어오지 못 했는가?

조선 후기를 보면 양명학을 '사문난적'으로 규정해서 탄압한 적이 없다. 탄압 당할만한 양명학 자체가 없었기 때문이다. 어떻게 해서 양명학이 그렇게 눈꼽만큼도 없게 되었는가?

1) 양명학의 양지(良知) 개념 – 현성(現成) 양지

(1) 양명학의 가장 핵심 주장은 "양지(良知)를 이루자"(致良知)라는 명제이다. '양지(良知)'는 '선천적으로 타고난, 잘 아는 능력'이라는 뜻이다. 우리의 마음에는 윤리 도덕을 잘 알 수 있는 능력이 선천적으로 부여되어 있다. 그 능력을 닦아서 잘 발휘하면 도덕적으로 행위할 수 있다.

그것은 데카르트가 말한 바 cogito와 비슷한 바가 있다. 내가 생각하고 또 생각하고, 의심하고 또 의심해서(방법적 회의) 더 이상 의심할 수 없는 것, 명석 판명한 것(clear & distinct)이 진리이다. - 그렇게 의심하고 생각하는 능력, 명석 판명한 관념에 도달하는 능력을 데카르트는 cogito 라고 한다.

물론 둘 다 마음의 능력이기는 하지만, cogito는 진리를 인식하는 능력인 반면, 양지(良知)는 윤리 도덕을 인식하는 능력이다.

타고난 도덕적 인식 능력인 양지만 이루면 사람은 도덕적으로 행위할 수 있다. 양명학은 그 도덕적 인식 능력(良知)을 도덕률(禮)보다 우위에 둔다. 양지에 따라 행위 하면 도덕률에 맞게 된다. 따로 도덕률을 배워서 행위 할 필요가 없다. 나아가 성인(聖人)이 그 양지를 발휘하여 행위 하면, 그 행위가 바로 도덕률이 된다. 자신의 행위가 도덕률을 만들어낸다. - 이것은 일종의 초인(超人) 이론이다. 초인은 스스로 도덕률을 만들어서 행위한다. 또한 양지 이론은 영웅주의 이론이다.

(2) 여기에서 문제는 객관성이다. 내가 의심하고 또 의심해서 명석판명한 관념에 도달했다 하더라도, 그것은 나한테 명석 판명한 생각이지, 남에게까지 명석 판명한 것은 아니다. 세상에는 주관적 확신으로 가득 찬 사람으로 넘쳐난다.

마찬가지로 내가 양지(良知)에 따라 행위했다고 하지만, 그게 실제로 내 욕망에 따른 것인지, 양지가 드러난 것인지는 문제가 된다. 만약 양지를 모든 사람에게 쉽게 허락한다면, 사람들은 자신의 욕심에 따라 행위하고서도 다 양지에 따라 행위한 것이라 변명할 것이다.

주희는 육구연의 심즉리(心卽理)라는 명제에 깃든 주관성, 자의성의 문제를 제기했다.[5] 흄이 말했듯이, 감각 경험에서 출발하는 지식은 '전칭 판단'으로 나갈 수 없기 때문이다. 육구연의 심즉리(心卽理)

5) 心卽理 - "마음이 곧 리이다." 지금 나의 이 마음이 리 자체이다. 리(理)는 예(禮)로 드러난다. 따라서 心卽理라는 말은 致良知라는 말보다 더 강한 주장이다. 왕수인은 "良知를 이루자" 라고 하여 마음 수양을 강조한다. 반면 心卽理는 이 마음이 바로 理이므로 마음 수양을 할 것도 없이 바로 良知라 한다. 결국 '現成 良知'와 같아진다. 육구연의 心卽理와 왕수인의 致良知는 양명학의 가장 중요한 두 명제이다.

도 마찬가지로 경험론의 약점이 있다. 심心은 한 개인인 '나'의 마음이기 때문이다. 내 마음은 나 혼자의 마음이지, 모든 사람에게 다 통용되는 보편적이고 객관적인 관념을 만들 수 없다.

그 때문인지 몰라도 왕수인은 '心卽理'라는 말 대신 '致良知' 라고 말한다. "양지를 이룬다"는 것은, 개인의 마음의 마음을 그대로 양지라 인정하지 않은 것이다. 그 마음을 갈고 닦아야 양지가 된다는 것이다. **'이룬다'**(致)는 것은 내 마음의 양지의 보편성, 객관성, 상호 주관성을 얻으려는 노력이다. 도덕률은 객관성-보편성을 핵심으로 한다.

(3) 왕수인을 이은 제자는 크게 두 그룹으로 나뉜다.

① 하나는 양지의 객관성 보편성 확립에 중점을 두는 파이다. 귀적파(歸寂派)나 수증파(修證派)는 **'이루자'(致)**는 말에 충실한 사람들이다. 양지의 약점인 개인성-개체성, 주관성 자의성을 극복하자는 것이다.

양지를 이루기 위해서 그들은 '마음을 고요하게 함'(歸寂), '마음을 닦아서 깨달음'(修證)을 수양 방법으로 선택한다. 그들의 노선은 결국은 **거경(居敬) 함양(涵養)**하자는 성리학의 이론과 별로 다를 바가 없게 된다. 양명학의 특성이 사라지게 된다.

② 여기에서 태주학파의 '현성 양지' 이론이 빛이 나기 시작한다. 그들은 "양지를 이루자"(致良知)라는 말 가운데 '양지(良知)'에 주목을 한다. 수증(修證; 닦아서 깨달음)도 귀적(歸寂; 고요함으로 돌아감)도 없이 그냥 지금 현재 나의 이 마음이 그대로 양지라는 것이다.

'現成 良知'는 "현재 이루어져 있는 양지"라는 뜻이다. 왕수인이 제창했던 "致良知!"라는 말 가운데 '致(이루자)'를 결정적으로 약화시킨 것이다. 왕수인은 분명 "양지를 이루자!" 라고 주장했다. 그런데 태주학파의 현성 양지 이론은 "이루자" 라는 것을 빼 버리고, 지금 있는 이 마음이 바로 양지라고 주장한다. 현재 양지는 이루어져 있다.

③ 이건 선불교의 과격파인 마조나 임제의 "평상심이 도(道)이다"라는 말을 유교식으로 번안한 것에 해당된다. 양명학은 선불교에 가까운 것이며, 현성 양지를 주장한 파는 선불교의 과격한 돈오설에 가깝다.

하긴 선불교의 경우, 내 마음의 '불성(佛性)'과 '번뇌 집착하는 내 마음', 그 사이의 넘을 수 없는 간격을 한 깜냥에 넘어 버리는 것, / 모순은 풀 수 없으니 없애 버린다는 것, / 해결할 수 없으니 해소시켜 버린다는 것, / 문제를 푸는 것이 아니라 해소시킨다는 것. - 그런 식의 발상이 바로 돈오설이다. 과격파는, 돈오라는 것이 별거냐, 그냥 이 마음이 그대로 불성이다. 평상심이 도이다! - 눈 깜박할 사이에 돈오해 버린다. 이는 사실상 돈오라는 것 자체를 부정하는 것이다.

(4) 이런 식으로 현성 양지를 보았을 때, 사실상 별 다른 문제는 없는 것 같다. 그렇게 본다고 뭐가 잘못이냐.

문제는 양명학이 불교가 아니라 유교이며, 도덕의 사회적 실천을 주장하는 유교의 한 파라는 것이다. 그런 유교 안에서 현성 양지 이론이 어떤 의미가 있는가.

"양지를 이루자"라는 말에서 '이루자' 는 것은 마음 수양을 뜻한다. 마음 수양이라는 것은 뭔가? '보편타당성, 상호 주관성'을 확보하는 과정이다. 양지를 이룬다는 것은 반성적 의식으로 나와 남의 관계를 따지는 것이다.

지주에게 "양지를 이루자"는 것은, 지주 계층 사람들 안에서 원만한 인간관계를 이루는 마음가짐을 뜻할 것이다.

공자가 말한 '忠恕' - "己所不欲, 勿施於人; 己欲立而立人, 己欲達而達人"[6]하는 상호 주관성의 확보의 과정일 것이다. 내가 남을 무시하면 남도 나를 무시한다. 같은 계층 안에서는 그런 관계는 투쟁뿐이다. 따라서 서로의 입장을 이해하면서 서로의 이해관계를 조정하는 것. 그런 마음을 이루자는 것이, 양지를 이루자는 것이다.

* 문제는 지주와 소작인의 관계이다. 소작인이 "양지를 이루자"고 했을 때 '이루자' 라는 마음 수양을 한다면, 지주에 대해서 어떤 식의 마음 수양을 해야 하는가? 과연 공자가 말한 충서(忠恕)가 그런 마음 수양인가. 대등한 인간들 사이에 서로를 이해하고 받아들이는 것인가?

그런 것이 아니다. 신분과 계급이 다른, 아니 위아래인 관계에서 '이루자'는 수양이란 결국 자신을 버리고 윗사람을 받아들이는 마음 수양일 뿐이다. 지주의 권위와 권력을 받아들이는 마음 수양. 그런 자발적 복종일 것이다. 지주의 호령에 기가 죽는 것이다.

(5) 그런데 **현성(現成) 양지(良知)** - "지금 네 마음이 바로 양지이다" - 이렇게 나가면 이야기는 달라진다. 양지를 '이룸'이라는 반성적 의식은 윗사람의 권위를 수용하는 과정인데, 그 과정이 없어진다는 것이다.

살아가면서 이러 저러한 일을 겪고 그럴 때 지금 내 마음에 떠오르는 이 분노, 그게 바로 양지란다. 그게 현성 양지이다.

예를 들자면 지주에게 부당하게 당한 일이 있다면, 그건 '양지를 이루는', 마음 수양을 해서 보면, "지주니까 당연히 그렇게 할 수도 있지. 나야 소작인이니까!" - 이렇게 참을 수 있다.

그러나 현성 양지라면, 지금 끓어오르는 내 마음의 이 분노는 양지이니 옳은 것이며 정당한 것이다! 당시에 지주들이 도덕적으로 행위

6) '忠恕'는 "진심으로 입장을 바꾸어서 상대를 생각해 주는 것"이다. "己所不欲, 勿施於人; 己欲立而立人, 己欲達而達人"은 "내가 바라지 않는 바를 남에게 베풀지 말라. 내가 서고 싶거든 남도 세워주고, 내가 이루고 싶거든 남도 이루게 해 주라."

한 것도 아니며, 오히려 소작인들의 분노가 도덕적일 수 있다. 신분이 낮은 자가 도덕적 법적 정당성이 없는 것 가지고 신분이 높은 사람에게 감히 덤빌 수는 없었을 테니까.

결국 현성 양지라는 것은 소작인들의 분노를 합리화시키는 이론이 될 수 있었다. 아니 분노의 표출을 정당화시켜 주는 이론이 될 수 있었다.

(6) 현성 양지를 주장한 태주학파 사람들은 여기 저기 돌아다니면서 강학을 했다고 한다. 그 강학에 사람들이 구름처럼 몰려들었고, 한 3천명이 될 때도 있었다고 한다. 그 사람들 대부분이 소작인 농민, 어민, 소금장수, 장사꾼 등이었다고 한다. (그건 마치 기독교의 심령 대부흥 대회 비슷한 것이었다.) 문제는 그런 집회를 보는 지주들의 심정이라는 것이다.

저 소작인들이 분노해서 우우통을 일으키고 반란을 일으킨다면? 그것 악몽이었다. 각성된 소작인은 지주 계급에게는 악마였을 것이다.

명나라 말기에 양명학에 대한 비판이 크게 일어난 것도 바로 그런 식의 우려가 밑에 깔려 있다. 그리고 명나라는 이자성의 반란이라는 농민 반란으로 망했다. (이자성의 난과 양명학은 직접적인 관계가 없다.)

2) 조선에 양명학이 들어오지 못 한 이유

당시 조선의 지식인들은 양명학의 그런 성격을 정확하게 알고 있었다.

(1) 왕수인은 이황과 비슷한 연배의 사람으로서, 이황은 당시에 왕수인의 사위이자 초기 제자인 서애(徐愛)가 기록한 왕수인의 어록인 『전습록』 초판을 읽고 비판의 글을 쓴다. 조식의 문집에는 왕수인의 시가 조식의 시로 수록되어 있다. 조식이 왕수인의 시를 베낀 것이 그

대로 들어간 것이다.

이런 것으로 보건대 당시 지식인들이 왕수인을 알았던 것 같다. 다만 당시에 양명학은 아직 확립되지 않은 상태이므로, 그냥 새롭게 떠오르는 지식인 왕수인이었을 것이다.

(2) 양명학은 무사적인 성격이 있다. 왕수인은 장군으로서 농민 반란을 진압하러 인생의 마지막 출정을 앞두고 제자들에게 강의를 한다. 그게 「대학문(大學問)」이다. '대학大學'은 '대인大人의 학문'이다. '大人'은 '큰 사람' '대장부'를 뜻한다. 사나이 대장부를 만들어 주는 책 『대학』에 대한 왕수인의 강의가 「대학문」이다. 『대학』이나 「대학문」이나 영웅주의를 선포한 글이다. 영웅은 시대를, 세상을 만든다.

임진왜란 때 조선에 온 많은 명나라의 장수들 가운데 양명학자가 있었을 것이다. 그래서 양명학이 많이 소개는 되었는데, 전쟁통에 제대로 연구될 수 없었다.

(3) 임진왜란에서 병자호란, 청나라가 건국 때까지, 즉 명나라 말기, 태주학파들이 활약한 시기에 명나라에서는 양명학에 대해서 지주 계층들의 불안과 악몽이 늘어났다. 그 감정은 그대로 조선에 알려지고 이입된 것이다.

그리 안 해도 두 번의 전쟁을 치루어서 망해 가는 나라, 거기에 양명학이 들어온다? 그건 끔찍한 악몽이었을 것이다.

청나라가 세워지고 난 뒤에 양명학은 마녀 사냥을 당한다. 중국인이 세운 국가 명나라가 망하게 만든 것이 양명학이라는 것이다. (남송 때는 왕안석의 신법이 그런 식의 망국의 사상으로 마녀 사냥을 당한다.)

따라서 조선의 지식인들에게 망국의 사상인 양명학은 심리적 금기사항이었을 것이다.

(4) 양명학은 이단 탄압 때문에 조선에 들어오지 못 한 것이 아니다. 양명학은 유교 안의 한 학파이며, 전혀 이단이 아니다. 또한 조선에서 양명학을 조직적으로 탄압한 적도 없었다.

조선의 지식인들은 상황이 요구한다면, 나라를 바로 세울 수 있다면 악마와도 손을 잡을 만큼 이념에 집착한다. 천주교를 받아들인 것이 바로 그런 예이다. 오랑캐의 종교, 천주교도 받아들였는데, 왜 양명학은 못 받아들이겠는가. 극악한 탄압을 해도 받아들였을 것이다.

요컨대 양명학은 조선의 지식인, 즉 지주 계층들이 받아들이지 않은 것이다. 조선의 지식인 철학자는 다 지주 계층이었기 때문이다.

3) 악마와 손을 잡기와 마녀 사냥

(1) 이자성의 반란으로 명나라는 망했다. 이자성에게 북경이 점령되었지만, 청나라를 막는 산해관에는 명나라의 주력군이 오삼계 등의 지휘 아래 주둔하고 있었다. 오삼계는 이제 이자성과 청나라, 양자 택일의 상황에 놓였다. 누구를 선택할 것인가.

선택하고 자시고 할 것도 없었다. 청나라뿐이었다. 반란자 이자성에게 투항한다는 것은 죽음의 길이었기 때문이다. 오삼계는 청나라에 투항했고, 청나라는 산해관을 넘어서서 중원으로 진출했다.

청나라는 이 상황을 정확하게 이해하고, 이자성에게 준엄한 도덕적 꾸짖음으로 가득 찬 선전 포고를 한다. 황제를 시해한 자들을 유교 도덕의 이름으로 토벌하겠다는 것이다. 문명국 명나라 사람이 오랑캐 만주족에게 유교 도덕으로 준엄하게 꾸짖음을 당하고, 징벌을 당했다.

당시 명나라-청나라-조선을 보면, 약속을 하고도 어기는 쪽은 문명 도덕 국가라는 명나라 조선이었다. 오히려 약속을 철저히 지키고, 도덕적이려 했던 것은 야만국 청나라였다. 조선의 집권 서인들은 다급하면 청나라와 조약을 맺고, 일이 끝나면 언제 그런 조약 맺었냐는 식으로 지키지 않았다. 요컨대 오랑캐는 짐승과 같다. 개와 맺은 약속을 꼭 지킬 필요가 있냐는 것인데... 병자호란도 조선이 먼저 선전 포고를 한 전쟁이었다. 이런 것을 보면 문명과 야만이 어떻게 뒤집어지는지 알 수 있다.

(2) 별 다른 저항 없이 청나라는 중국을 접수했다. 이후 남쪽의 변방에 번왕(藩王)으로 임명된 오삼계 등이 반란을 일으키지만 성조 강희제는 이를 진압한다. 요컨대 그 반란 이외에는 중국에서는 청나라의 지배에 대해서 조직적인 저항이 없었다.

중국은 넓다. 그리고 인구로 봐서도 만주족은 중국인과 비교할 수 없이 적었다. 지방 여기저기에서 반란을 일으키면 청나라는 도저히 중국을 지배할 수 없다. 그런데 별 다른 반항도 저항도 없었다. 왜 그런가.

결국 **지주 계층의 이익과 청나라의 이익이 맞아 떨어졌기 때문**이다. 양명학 태주학파의 '현성 양지'가 불러일으킨 악몽, 소작인의 봉기라는 악몽 - 그걸 확실하게 진압하고 지주 지배 체제를 확립해 줄 사람, 어디 없나? 이자성의 반란, 그것도 농민 반란이었다.

중국의 지주 계층으로 봐서는 청나라라는 건강한 정신과 육체를 가진 야만인들은 더 할 나위 없는 사람들이었다. 도덕의 이름으로 이자성을 꾸짖던 그 정신, 그리고 명나라를 묵사발 낸 그 당시 세계 최강의 군대. 그 정도라면 농민들을 확실하게 장악할 수 있을 것이다.

중국의 주도 계층이었던 지주 계층은 청나라의 지배를 속으로는 환영했던 것이다. 악마와의 동침 - 이익을 위해서라면 뭘 못 하겠는가. 그렇게 북방의 악마를 받아들인 것이다.

(3) 명나라 말기 청나라 초기에 양명학은 확실하게 마녀 사냥을 당한다. 나라를 말아먹는 망국의 이념이라고, 명나라 멸망의 책임을 양명학이 일정 부분 뒤집어 쓴 것이다. 마치 북송 멸망의 책임을 왕안석의 신법이 뒤집어썼듯이. - 이런 사상을 어떻게 조선이 받아들일 수 있는가? 문화적 후진국이며 무사 지배 체제로 풍토가 다른 일본이나 받아들이지. (양명학은 무사적인 데가 있다.)

4) 현성 양지와 동학의 시천주 사상

현성 양지와 시천주 사상은 공통점이 있다.

동학 사상의 핵심 가운데 하나가 시천주(侍天主) 사상이다. 모든 사람은 다 천주(天主), 즉 하느님을 모시고 있다는 것이다. 이를 두고, 인간 평등을 주창한 것이라고 해석하던데, 그런 점도 있을 것이다.

그러나 더 중요한 것은 시천주 사상이 현성 양지, 그리고 호연지기 이론과 비슷하다는 것이다.

소작인의 입장에서 보자면, 평소에 눌렸고, 억울해도 호소하지 못했던 사항. 이걸 시천주 사상에 따르면 마음껏 펴도 된다. 나의 이 도덕적 주장은 나 혼자, 나 개인의 소리가 아니라, 내 안에 모신 나의 천주, 그 천주의 말씀이라는 것이다. 결국 현성 양지가 소작인들로 하여금 사회적 신분적 제약을 벗어버리고, 도덕적 기준을 지주들에게도 적용시키게 했던 방식이 이제는 천주라는 이름으로 나타난다. 천주 아래 평등이란 결국 그런 식의 기준 강화, 혹은 기준의 상호 적용, 공평한 적용일 것이다.

과거에는 지주가 지식을 독점하고, 유교-성리학적 이론, 윤리 규범으로 자신들의 입장을 소작인에게 강요했다면, 시천주 사상은 소작인이 유교 윤리 규범을 지주에게 적용시킬 길을 터 준 것이다. 아니 이렇게 된다.

고개를 빳빳이 쳐들고 눈을 부라리며 따지는 소작인을 만든 것이다. 드넓은 도덕적 용기, "호연지기를 가진 **대장부 소작인**"이 나타난 것이다!! - 지주 계층이 동학을 얼마나 증오했는지 알 것이다.

나아가 내 안에 천주를 모셨기 때문에 나는 떳떳하고 당당하다는 용기. 따라서 "시천주=도덕적 용기, 도덕적 분노"가 된다. 혹은 천주를 모시는 부적을 붙이면 총알도 나를 피해 가리라는 확신. 이런 것이 농민들의 억눌렸던 심정, 그 희노애락의 거대한 에너지가 폭발하게 만든 것이다. 동학 농민 봉기가 그것이다.

현성 양지와 시천주 사상, - 이는 당시 소작인 농민들의 억울한 심정을 도덕의 이름으로 합리화시켜 주었다. 당시 유교 윤리로 보아서 나쁜 짓을 했던 지주들은 많았다. 그 이전에는 반상의 신분 질서로서 그런 식의 반론-이의-항의 제기를 원초적으로 막았다. 조선시대를 상징하는 말, "이실직고하렷다!" "네 죄를 네가 알렸다!" "물렀거라!"

신분 사회에서 최대의 죄는 윗사람에게 '따지고 덤벼드는 것'(犯上)이다. 더더군다나 고개 똑바로 쳐들고 눈을 부라리며 따지는 것, 그건 죽음에 해당되는 죄이다. 그런데 '대장부 소작인'이 나타난 것이다.

당시 소작인들이 가진 도덕 감정을 현실에 적용시킬 수 있게 해 준 것이 바로 현성 양지 이론이며 시천주 사상이다.

이처럼 중국과 한국은 많은 점에서 평행을 달린다.

11. 노론과 남인의 서울 대 지방으로의 분열

노론 → 서울 노론과 충청 노론으로의 분열
남인 → 서울 남인과 영남 남인으로의 분화

(1) 이것은 매우 특이한 당파 분열이다. 요란한 파열음을 내면서 분열한 것이 아니기 때문에 역사서에 분명하게 기록된 것이 아니다. 자각적으로 이 분열의 중요성을 기록한 것도 없다. 정치적 이해 관계로 분열된 것이 아니라, 크게 보아 노선의 차이 등으로 분열된 것이다. 혹은 분열된 뒤에 노선의 차이가 명확하게 드러나기도 한다.

이 분열은 조선 후기의 역사에 매우 큰 영향을 미친다. 특히 노론의 분열이 그렇다. 그리고 이 분열의 결과, 지방 사림은 정권에서 떨어져 나가고, 이른바 '경화(京華) 사족(士族)'이라 하는 서울 지역의 엘리트가 정권을 독점하게 된다.

(2) 이 분열은 인조 쿠데타 이후 먼저 남인에게서 일어나고, 숙종 때 송시열의 죽음과 더불어서 노론에서 일어난다.

남인의 분화는 사실상 타율적인 것이다. 쿠데타 일으킨 서인들이 광해군 때 집권당이었던 북인을 완전히 소탕해버림으로써 동인에는 남인만 남았다. 북인이 숙청됨과 동시에 영남 남인들도 중앙 정계에서 거의 소외되어 버린다. 북인의 영수 정인홍이 영남 사림이듯이, 영남 남인들도 영남 사림이었다. 북인이든 남인이든 영남 사림은 정계에서 추방된 것이다.

영남 남인들도 중앙 정계를 다시 장악할 엄두도 못 내고 향촌에서 지역 토호로 보내는 것에 안주한다. 그러나 서인은 이이의 조제 보합론에 따른 붕당 정치의 파트너로 남인이 필요했다. 이렇게 서인이 제공한 만년 야당으로서 남인이라는 정치 공간에 영남 남인들이 아닌 허목 윤휴 등 서울 충청 지역 사람들이 들어선다. 이른바 기호 남인이다.

이들은 정치적으로 한 때 서인에게서 여당 위치를 뺏어 오고, 성호 이익 이후 정약용까지 학문적으로 성대한 업적을 남기지만, 결국 숙종 이후 서인-노론의 필사적인 공격으로 점차 소멸되어 간다. 정조가 죽자마자 벌어진 신유사옥은 그 마침표일 것이다.

(3) 노론이 분열된 것은 송시열이라는 한 사람의 주도권 때문이다. 송시열은 소중화론을 통해서, 서인의 집권 이념을 제공하고, 남인의 공격으로부터 서인을 방어한 사람이다. 그러나 소중화론이 가진 청나라에 대한 대결과 공격 의식은 시대에 낙후된 것이었다.

송시열이 죽자 서울 노론들은 청나라에 대한 공부, 즉 북학(北學)으로 돌아선다. 충청도 노론들은 여전히 송시열의 이론에 따라 청과의 대결, 순수 성리학, 정통론에 고집하면서, 더 이상의 새로운 정보의 주입 없이, 영남 남인처럼 지역 토호로 변해서 서서히 쇠잔해 간다. 물론 화양동 묵패가 보여 주듯이 그들은 조폭 비슷해져 갔다.

충청 노론이 도덕 형이상학-철학, 그리고 강상 윤리에 중점을 두었다면, 서울 노론은 문학 예술 등 문화에 중점을 두며, 상업을 중시한다. 충청 노론이 우직한 원칙론자라면, 서울 노론은 세련된 도회적 감각을 가지고 있었다.

서울 노론들은 명문 집안 중심으로 권력을 독점하고, 청나라와의 창구를 통해서 지식과 정보, 혹은 문화 예술 학술을 섭취한다. 진경 문화 현상이 나타난 것이다. 권력, 학문, 예술, 그 모든 것이 서울 지역으로 독점된다.

(4) 서울 노론의 상대는 서울 남인이었다. 양자는 서울 지역에 살면서 비슷한 의식과 문화를 공유했다. 이른바 '경화 사족'의 '진경 문화'가 그것이다. 서울 지역의 지식인들이 정치권력과 경제에서 철학과 문학 예술까지 다 독점을 한 것이다. 물론 권력에서 소외된 지방의 지식인들이 철학이나 예술을 제대로 내놓지 못 했기 때문일 수도 있다.

이렇게 서울 지역 독점이 되면서 조선은 서서히 침몰해 간다. 적색거성이 대폭발하여 초신성이 되지 못 했다. 대신 우주에 자신의 물질을 내뿜다 안으로 함몰되어, 백색 왜성이 되어 버린 것이다. 진화의 마지막 과정에 도달한 것이다. 이제 그 '하얀 난쟁이'가 마지막으로 소멸되어 가는 과정이 바로 세도 정치이다.

(5) 남인과 노론의 서울-지역으로의 나뉨은 조선시대 당파 분열의 대미를 장식한다. 이후는 당파 분열이라 할 것이 없었다. 벽파-시파의 분열이 그렇다.

서울 노론 – 서울 남인의 분열은 지방 사림이 중앙 권력에서 소외되고, 서울이 모든 것을 장악했음을 보여 준다. 동인-서인의 대립은 다른 지역끼리 했다. 이제 한 지역 안에서 두 당파 대립이 된다.

서울 노론이야 서인에서 갈라져 나온 것이 명확하다. 그러나 서울 남인들은 사승(師承) 관계이던, 사상이던, 이황과의 연결이 명확하지 않다. 그런데도 남인을 자처하는 것은 이성의 안티노미와 상관이 있는 것 같다.

한 지역의 사대부 집단이 권력을 장악하게 되면 안티노미 때문에 갈라지게 되어 있다. 서울 노론이 자신들의 뿌리를 이이에게서 찾자, 서울 남인들은 이황에게서 찾은 것 같다.

12. 환국, 탕평, 세도 정치

1) 환국 탕평 세도 정치의 흐름

인조 즉위와 더불어 생겨난 서인 정권은 붕당 정치를 선택한다. 그것은 숙종 때 환국(換局) 정치를 거쳐서, 영조 정조 때의 탕평 정치, 순조 이후의 세도 정치로 변천해 간다.

이 바뀜은 당쟁의 역학(力學)과 깊은 연관이 있다. 붕당의 경쟁이 환국-탕평 정치를 낳고, 그 반동으로 세도 정치가 나온다. 당쟁의 귀결이 세도 정치인 것은 나름의 역학이 있기 때문이다.

⑴ **숙종 ; 환국 정치** - 군주가 당파를 선택하여 여와 야를 바꾸면서 강한 당파가 생기지 않게 만든다. 두 당파가 경쟁하며 서로 눌러대는 공간에서 군주권을 확보했다.

환국 정치는 군주가 당파를 선택하는 반면, 탕평 정치는 군주가 신하를 선택한다. 선택 대상이 당파와 인물의 차이이다.

군주의 선택이라는 점에서, 예송 논쟁 때, 군주권의 강화를 주장한 남인의 이론이 실현된 것이다.

⑵ **영조-정조 ; 탕평 정치** - 이이의 조제 보합론에 따른 붕당 정치를 부정했다. 모든 붕당에서 온건한 사람을 군주가 선택해서 기용한다. 이를 완론(緩論) 탕평이라 한다. 붕당 사이의 경쟁을 완화시키는 방법으로 군주의 자유로운 신하 선택을 강조한다. 전통적인 유교적 정치 이론에 가깝다.

⑶ **순조 이후 ; 세도 정치** - 군주는 상징적인 존재로 물러나고, 세

도를 부리는 신하가 막후에서 최고 권력을 행사한다. 붕당의 경쟁은 사라지고, 세도가 집안과 몇 집안들이 정권을 공유한다.

붕당 경쟁(붕당 정치) → 군주 주도권 (환국, 탕평 정치) → 신하 절대권 (세도 정치)

이것은 정반합의 관계일 수도 있다. 붕당 정치는 붕당들의 경쟁에 근거하므로, 신하 중심이다. 군주는 심판관이다. 반면 환국 정치와 탕평 정치는 군주 중심이다. 군주가 붕당을 선택하거나 (환국 정치), 각 붕당의 온건파 혹은 강경파를 뽑아서 기용한다.(탕평 정치)

붕당 정치와 탕평 정치를 합하면 신하가 군주처럼 최고권을 쥐고 그 아래에서 서로 경쟁하게 만드는 모델이 가능하다. 그러나 세도 정치는 탕평 정치에서 군주 자리에 세도가(勢道家)가 들어선 것이라 할 수 있다. 정조의 자리에 김조순이 들어간 것이다. 그래서 김조순은 '정조순'이라 해도 될 것이다.[7)]

이 세 가지 정치 형태는 입헌 군주제와 비교해 볼 필요가 있다. 서로 죽이지 않고 공정한 경쟁을 할 수 있는 정치 체제를 왜 그들은 자발적으로 만들어내지 못 했는가. 그리고 세도 정치를 거쳐서 자멸했는가. 그걸 밝히는 시금석 혹은 거울로서 입헌 군주제와 비교가 필요하다. 세도 정치가와 입헌 군주제에서 총리의 차이를 보라. 혹은 공화국이라는 점에서 그들의 정치를 살필 필요가 있다.

---

7) 정조는 개혁 군주로서 남인 실학파에 가깝다거나 서울 노론과 대결했다거나 하기 보다는, 서울 지역의 진경 문화를 공유한 사람들 가운데 하나라고 볼 수 있다. 그가 서울 노론과 대결로만 가지 않은 것은, 노론 시파인 김조순의 딸을 며느리로 삼은 것에서 볼 수 있다. 당시에 서울 노론과 서울 남인은 서울 지역의 문화를 공유하고 있었다. 정조가 양파를 아우른 것은 그가 공언한 준론(峻論) 탕평 정책 때문이다.

2) 숙종의 환국(換局) 정치

(1) 숙종의 환국(換局) 정치와 영조의 탕평(蕩平) 정치

사림의 말의 정치, 언론 정치는 붕당 정치로 나가게 되어 있었다. 이성의 안티노미 때문에 두 붕당으로 나뉘어 경쟁하게 된다. 붕당 경쟁은 관료 중심이다. 관료들이 붕당을 이루고, 그 붕당들이 경쟁한다.

이 때 군주는 당파를 벗어나 있어야 한다. 군주는 어느 당파 소속도 아니며, 그렇기 때문에 당파 경쟁에 공정한 심판으로 나설 수 있다.

맹자의 정치 이론, 혹은 성리학의 이론에 따르면 군주는 **눈썹이며, 울타리이며, 심판**이다. *군주는 군림하되 통치하지 않으며, 군림하되 아래 것들에 영향을 받지 않는다.* 당파의 갈림에서 벗어나 있어야 한다. 따라서 군주는 눈썹과 같은 존재이다.

군주는 관료의 울타리이다. 붕당 경쟁의 정치를 보호하면서, 그 경쟁의 공정한 심판이 되어야 한다. 그 이상의 개입은 필요하지 않다. 이런 군주의 지위는 범신론에서의 신의 위치와 비슷하다.

(2) 유일신론과 범신론

고등 종교는 유일신론과 범신론 - 두 종류가 있다. 신이 개체를 초월해 있는가, 개체 안에 있는가의 차이이다.

유일신론은 단 하나인 신이 절대자로서 이 세상을 창조하고 운영하고 다스린다고 한다. 이 경우 신이 전지전능하고 지극히 선한 절대자이기는 하나, 만약 현실이 잘못된다면 그 책임은 신이 지게 된다. 즉 변신론(辯神論; 신을 변명하는 이론)의 문제가 생겨난다. 왜 신이 만든 이 세상에 악이 있는가? 혹은 선하게 행위한 사람이 온갖 불행을 당하는 반면, 나쁜 짓만 하는 자는 잘 먹고 잘 사는가? 신은 상과 벌을 내림에 게으르다는 것인가? - 이런 것이 변신론의 문제이다.

범신론은 신이 모든 사물 속에 잠겨 있다고 본다. 모든 개체 속에 다 신이 들어 있으므로, 모든 것은 다 신의 표현이다.(汎神) 잠겨 있기에 신의 얼굴도 몸도 드러나지 않는다. 자신의 목소리를 내지도 않는다. 단지 사물 속에서 그 사물의 법칙으로 존재할 뿐이다. 그 사물이 그 법칙을 따를 수도 있고 안 따를 수도 있다. 따라서 그 사물의 행위의 책임은 신이 아니라 그 사물이 져야 한다. 이런 신은 *군림하되 통치하지 않으며, 군림하되 사물에게서 영향 받지도 않는* 존재이다.

(3) 변신론(辯神論)과 군주의 지위

군주도 바로 그 둘 가운데 하나의 입장을 선택해야 할 때가 있다. 범신론처럼 군주는 군림하되 통치하지 않을 것인가? 좋은 점은 군주가 책임질 일이 없다는 것이다. 실제로 정치를 하는 붕당들이 책임을 지게 되어 있다. 군주는 고고하게 존재하면서, 군주로서 위엄을 누리고 지킬 수 있다.

그러나 만약 군주가 실제로 정치에 참여해서 정치를 하고 싶다면? 그러면 유일신론처럼 군주가 직접 정치판에 개입하면 된다. 정치를 요리할 수 있되, 중요한 것은 그 책임을 져야 한다는 것이다. 정치에 발을 들여놓은 이상 군주도 붕당의 논리, 붕당의 역학에 적용을 받게 된다는 것이다.

이 경우 군주는 유일신처럼 절대자로서, 관료들 위에 초월해 있어야 한다. 만약 개입은 했으되, 유일신처럼 절대자의 권력을 유지하지 못 한다면 위태롭게 된다. 절대자이기 때문에 붕당들의 경쟁에서 심판이 되며, 경기자가 될 수 있다.

그러나 군주가 전지전능함과 선함이라는 절대권을 잃고 심판이 아닌 경기자가 되면, 그것은 위험한 거래가 된다. 이제 관료와 동급이 된 군주를 놓고 붕당들이 군주 장악에 치열하게 나서게 되기 때문이다. 세도 정치는 관료에 장악된 군주 정치이다.

(4) 서인과 남인의 군주론

맹자와 성리학은 전형적으로 범신론이며, 군주는 초월해서 관료 사회의 울타리이며 심판으로만 존재하기를 바란다. 이이의 조제보합론이나 송시열의 정치 이론은 그런 전통적인 군주론을 따른다. 조제 보합론에 따르면 군주는 군자당과 소인당이 다 조정에 있는 것을 용인하고, 그 가운데 군자당을 뽑아서 쓰면 된다고 한다. 이것은 당파의 경쟁을 군주가 허용하라는 것이다. 당파 경쟁에서 군주는 공정한 심판이 되어야 한다.

송시열의 예론에 따르면, 군주는 사대부와 격의 차이가 없다. 군주에게도 사대부의 예가 적용된다. 군주의 절대권을 부정한 것이다. 군주는 관료 체계의 한 구성원일 뿐, 관료 기구 전체를 좌지우지하는 절대자는 아니다. 군주의 잘못을 관료는 지적할 수 있고, 군주도 마찬가지로 의견을 말할 수 있다. 그러나 그 이상은 아니다.

따라서 군주는 관료 기구 전체를 장악하고 움직이는 주체이기 보다는, 전통적인 이론에 따라 관료의 수호자이며 심판 역할을 하면 된다.

* 동인의 주춧돌을 놓았던 이황은 리발(理發; 리가 드러남), 리동(理動; 리가 움직임), 리도(理到; 리가 다가옴)를 주장한다. 그는 리(=태극)에 능동성을 부여한다. 성리학에서 리(=태극)는 범신론의 신과 비슷한 지위였다. 군림하되 통치하지 않는 것이었다. 그런데 이황은 리-태극에 인격신 비스무레한 성격을 부여한 것이다. (리의 총체가 태극이다. 태극

은 이 세상 모든 사물 속에 들어 있는 법칙의 총체이다. 따라서 태극은 범신론에서 말하는바 신이다. 유일신론의 신과 격이 같다.)

이런 이론과 발을 맞추어서, 인조 이후 남인들은 예송 논쟁에서 군주의 초월적 지위를 주장한다. 군주는 사대부와 격이 다르다. 따라서 군주에게는 사대부의 예가 적용되어서는 안 된다.[8)]

숙종이 남인을 선택해서 정권을 주었던 것도 바로 이런 군주권 강화와 맞물려 있다. 숙종은 정치를 직접하고 싶었던 것이다. 고대의 군주제는 대부분 군주가 직접 정치를 하고, 그 책임을 지는 것이다.

(5) 숙종의 말 갈아타기 정치 - 환국(換局) 정치

성리학이 군주의 탈정치화를 주장한 점에서 근대적 이념이다. 성리학은 국가의 이성화, 합리화를 주장한다. 군주의 탈정치화는 어느 정도 입헌 군주제의 성격이 있다. 군주는 초월해서 고고하게 존재하면서 지존으로서 국가의 눈썹이 되어야 한다.

숙종은 그런 상징적이고 수동적인 군주상을 거부하고, 능동적으로 정치에 끼어들어서 국정을 운영하려고 했다.

붕당 정치에서 환국 정치로 바뀌었다는 것은, 산림의 선택에서 군주의 선택으로 넘어갔다는 말이다. 병자호란 이후 송시열은 소중화론으로서 정국을 주도했다. 효종과 현종은 송시열의 주도권을 따랐을 뿐이다. 송시열은 명실공히 산림(山林)이며 대노(大老)였다.

숙종은 송시열의 정국 주도권을 뺏어왔다. 주도권이 군주로 넘어가면서, 군주가 집권 당파를 선택하는 환국 정치가 시작되었다.

* 군주는 당파를 번갈아 가며 집권시켜서, 정국을 조정하고 장악한

---

8) 예컨대 둘째가 군주가 되었다면, 그에게는 둘째가 아닌 장남의 예를 적용해야 한다. 군주는 장남이 되는 것이 원칙이기 때문이다. 반면 서인 영수 송시열은 둘째의 예를 적용해야 한다고 한다. 군주는 사대부와 격이 같기 때문이다.

다. 군주는 절대 강자(당파, 인물)를 키우지 않는다. 독재자는 죽기 직전까지 후계자를 임명하지 않고, 서로 후계자 경쟁, 충성 경쟁을 시킨다. 이런 독재자의 정치술을 숙종은 환국 정치로 이용했다.

숙종의 갈아타기 정치는 이이의 조제 보합론의 논리적 확장이다. 조정에 두 당파가 있다면, 군주는 당연히 그 당파를 선택해서 집권시킬 수 있지 않는가? 두 당파가 각각 군자당 소인당이라면, 조제 보합을 할 것이 아니라, 군주가 군자당을 골라서 집권시키지 못할 이유가 어디 있는가?

(6) 군주 쟁탈전

군주의 선택에 따라 집권 당파가 갈리며, 권력을 잡은 당파는 권력을 잃은 당파를 탄압하고 숙청하는 것이 일상화된다. 선조의 즉위에서 보여 주었던 무혈 혁명 - 피를 흘리지 않는 정권 교체는 부정되었다. 정권을 놓고 제로-섬게임이 벌어진 것이다. 모든 것을 갖느냐, 모든 것을 잃느냐는 군주의 선택에 달려 있다.

그만큼 군주는 절대권을 갖겠지만, 그만큼 군주는 위험에 처하게 되었다. 치열한 군주 쟁탈전이 벌어지게 된 것이다.

서인 정권 아래서 만년 야당이던 남인은 예송 논쟁으로 서인의 집권 명분인 소중화론의 숨통을 찔렀다. 이제 붕당 정치에서 환국 정치로 바뀌자, 군주를 자기편으로 만드는 것이 중요했다. 장희빈과 인현왕후의 대립은 바로 그 군주 쟁탈전의 현장이었다. 남인은 서인이 가진 "나라의 혼사를 놓치지 말라. 궁중을 장악하라"는 전략을 가로챈 것이다.

* 군주가 당파를 선택하려면, 군주는 인격신처럼 초월자이며, 절대권

을 가져야 한다. 그래야 당파를 선택할 수 있다. 이것은 기본 조건이다. 나아가 군주가 당파를 선택한다면, 논리적으로 군주는 당연히 당파가 없어야 한다. 숙종은 자신 스스로 당파가 없음을 자처했다.

그러나 그의 아들들인 경종과 영조는 결코 당파에서 자유로울 수는 없었다. 왕비와 후궁들이 당파 소속이었기 때문이다. 그 왕비 소생의 군주는 당연히 그 왕비의 당파 소속이 되어 버렸다. 이제 군주와 노비는 종모법(從母法)이라는 공통점을 갖게 되었다.

따라서 숙종 이후의 군주는 숙종 식의 말 갈아타기 정치는 불가능해진다. 군주는 태어나는 순간 당파가 결정되며, 그 당파와 운명을 같이 해야 한다. 반대파는 그 군주의 조정에서 붕당 경쟁이 아니라 반란을 선택해야 한다.

숙종은 자신만이 당파를 갖지 않으면 될 것으로 생각했다. 그러나 역사를 보면 군주의 당파보다 왕비(후임 군주를 낳는 여자)의 당파가 더 중요한 법이다. 따라서 숙종이 민비와 장희빈을 죽였다면, 그 소생의 아들들도 죽였어야 했다. 군주는 당파를 가지면 안 되기 때문이다.

* 군주의 선택에 따라 제로-섬게임이 되는 환국 정치는 척신파의 궁정 음모 정치, 훈구파의 쿠데타, 혹은 반란 등이 뒤범벅이 되기 시작한다. 이제 정쟁은 조정이 아니라 궁궐까지 확장되었다. 정상적인 국가 기구가 아니라 궁궐에서 혹은 어디 안가(安家)에서 핵심 정책이 음모처럼 논의되게 되었다.

군주제 아래서 외척 정치, 세도 정치는 필연적으로 생겨나게 되어 있었다. 환국 정치에서는 군주의 중요성이 더해졌다. 따라서 누가 외척이 되는가는 극도로 중요하게 된다. 세도 정치의 뿌리가 내리기 시작한 것이다.

* 이런 질곡 속에서 영조가 선택한 길은 **탕평책**이었다. 그것은 영

조로서는 어쩔 수 없는 선택이었다. 한 당파(서울 노론)와 운명을 같이 하고, 반대파(소론, 남인)의 반란을 맞서는 정치를 할 수는 없었기 때문이다.

3) 영조 때의 탕평 정치

(1) 영조가 탕평 정치로 나가게 된 계기는 붕당의 치열한 싸움의 불길이 군주에게 까지 번졌기 때문이다. 숙종 시대의 죽이고 죽는 환국 정치는 왕비 장악 싸움으로 나간다. 그리고 그 왕비-비빈이 낳은 애가 그 다음 군주가 된다. 경종-영조가 바로 그런 사람이다. 이제 군주도 당적에서 자유로울 수 없다. 숙종의 환국 정치가 가능하기 위한 절대 조건은, 군주는 어떤 당파도 아니라는 것이다.

그러나 그 어머니가 한 당파 소속이기 때문에, 그 아들인 임금도 어떤 당파 소속으로 결정되는 순간 환국 정치는 불가능하게 된다. 군주가 소속된 당파만이 집권하게 될 것이다. 군주가 다른 당파를 선택하기는 어려울 것이다. 자신을 증오하고 부정하는 당파를 선택할 수 있는가?

결국 군주가 두 당파를 다 기용하려면 두 당파 사이의 물리적 통합을 강요할 수밖에 없다. 당파 싸움을 부정한다. 그리고 양쪽 당파의 강경론은 배제한다. 호전적이고 투쟁적이며, 상대 당파를 지워버려야 한다는 강경론은 군주를 개싸움의 소용돌이로 끌어들일 것이다.

영조는 자신의 군주권의 공간을 탕평 정치 - 당파와 상관없이 유능한 자를 기용하겠다. 혹은 양쪽 파 가운데 온건한 자를 기용한다(緩論 蕩平)는 것에서 찾는다. 그리고 이 전략은 어느 정도 성공한다.

(2) 숙종 때, 치열한 당파 싸움 속에서 점차 지방 사림이 배제된다. 또

한 영조 때 탕평 정치가 되면, 서울 경기 지역의 유력 가문 중심으로 정권이 운영된다. 어떻게 해서 이렇게 좁은 지역의 몇 가문으로 국가 권력이 흘러들어가 버렸는가?

선조 말기-광해군의 등장, 인조 쿠데타, 그리고 숙종 때의 환국 정치는 붕당을 깎아내는 역할을 한다. 광해군의 등장으로 북인 일당 정권이 성립한다. 나머지 붕당은 정권에서 소외된다. 인조 쿠데타 때는 북인을 완전 말살하고, 서인-남인만을 붕당으로 인정한다. 북인은 붕당의 당적에서 말소시키고 추방해버린 것이다. 그리고 이후 영남 사림은 북인은 물론 남인까지 근본적으로 정권에서 소외된다. 숙종 때는 환국(換局; 정권 교체) 과정에서 실각한 당파가 죽임을 당하고 추방당한다. 환국 정치는 각 붕당을 깎아내고 깎아내는 작용을 한다.

결국 영남 사림은 인조 쿠데타 때 제외되고, 충청 사림은 송시열의 죽음과 더불어서 중앙 권력에서 밀려난다. 숙종 중반기 이후는 사실상 서울 경기 지역의 사대부들이 정치를 했을 뿐, 나머지 지방의 지식인은 정권에서 대략 배제된다.

이는 항성의 진화와 비슷하다. 자체 연료를 다 태우고 나서 소멸하는 과정이다. 태양보다 몇 배 거대한 항성은 마지막에 대폭발을 하고 중성자별이 되던가, 블랙홀로 찌그러진다. 반면 태양 정도의 항성은 적색 거성이 되었다가 보유 물질을 우주 공간으로 내뿜고, 그 자신은 찌그러들어서 하얀 난쟁이별이 된다. 조선이 바로 백색 왜성의 과정을 거친다. 스스로 멸망하지도 않고, 스스로 새 국가를 만들지도 못한다. 그냥 쇠약해지고 쇠약해지다가 식민지가 된다.

지방이 배제된 채 수도권의 노론과 남인이 정권을 공유했던 것이 탕평 정국이다. **탕평 정책 속에서 붕당의 색깔이 강제적으로 벗겨지자, 이제 명문 집안 중심의 정치가 나타난다.** 붕당보다는 이제 유력한 집안이 정치를 이끌게 된다.

명문 집안들의 정치, 그리고 그들 특유의 문화 - 진경 문화를 공유함 - 바로 이 상황에서 탕평 정치가 성립한다. 어차피 서로 아는 집안 사이끼리 서로 죽고 죽이는 환국 정치가 아니라, 서로 권력을 적당히 공유하는 탕평 정치가 적당하게 된다. 그것은 중국의 위진 시대에, 혹은 우리나라의 삼국 시대 말에 호족들이 치열하게 경쟁하다가, 당나라-고려라는 중앙 권력 아래서 질서를 이루는 것과 비슷하다.

문제는 정치 주체들 사이의 질서와 균형을 이루면서, 그들의 이익을 최대화시키는 것이다. 그것은 일종의 역학(力學)의 문제이다.

* 또한 군주의 입장에서 탕평 정치는 공자나 맹자의 수기 치인의 인격 정치의 문제점을 갖는다. 수기 치인한 군자를 등용해야 한다. 문제는 누가 군자인지, 인격자인지를 군주가 어떻게 아는가? 인격이란 직접 접해 보아야 안다. 결국 자신이 접하고 아는 사람들만 기용하게 된다. 그렇다 보면 아는 집안 사람들이 계속 등용되게 된다.

묵자나 법가는 유가의 이런 문제를 비판하면서, 경전(耕戰)을 주장한다. 현실적인 결과를 이룬 자에게 그에 상응하는 상과 벌을 주어야 한다. 현실적 결과란 '농업 생산, 군사적 승리'(耕戰)가 중요하다.

탕평 정치가 가문 정치로 나가게 된 것은 유가의 군자 이론의 폐해와 맞물려 있다. 탕평 시기에 인재 등용은 결코 현실적 능력이나 업적과는 상관이 없었다. 그 끝에는 권력을 행사하되 책임을 지지 않는 세도 정치가 있다. 세도가는 무능해도 된다. 책임지지 않기 때문이다.

(3) 고려 말에 권문세족이 나타나면서 고려가 멸망했듯이, 조선조 말에도 탕평 정치에 이르면 안동 김씨 등 명문 가문 중심의 정치로 나가면서 소멸의 길로 접어든다. 명문 집안의 위상은 왕실과의 혼인, 누대에 걸친 벼슬, 학문과 예술에서 영향력 등으로 해서 서서히 왕실의 위상에 접근한다. 사실상 명문 집안과 왕실의 구분은 희미해진다.

이런 상황이 정조 때의 것이라 보면 된다. 정조가 분투한 것은 판을 뒤엎는 혁명이 아니라, 권문 세족 정치에서 두각을 나타내는 것이었다. 그런 집안 가운데 가장 뛰어난 집안이 왕실이라는 것을 증명하려 했다. 정조 자신이 국왕의 권력뿐만 아니라, 학술과 예술계에서의 권력을 장악하려고 했던 것이 그런 것을 증명한다.

그리고 그 다음 단계는 당연히 세도 정치가 된다. 왕실이 스스로를 지킬 뛰어난 군주를 배출하지 못 하면 권문세족이 국왕의 권위를 대신하게 된다. 그리고 그 길을 열어 준 사람은 물론 정조이다.

(4) 환국-탕평-세도 정치에서 군주의 붕당 선택, 혹은 인재 등용을 요약하자면 다음과 같다.

숙종	○●	환국 정치 ; 두 정당 가운데 선택된 정당이 집권함.
영조	◑◐	완론 탕평 ; 두 당파의 온건파 기용. 화합 위주.
정조	◐◑	준론 탕평 ; 두 당파의 강경파 기용. 정책이 명확함.
순조	○○	세도 정치 - 허수아비 군주와 실권자인 세도가 군주는 선택권 없음.

탕평책으로 두 당파를 다 기용했지만 영조와 정조가 다르다. 영조는 당파 사이의 갈등과 투쟁을 줄이기 위해서 두 당파 사이의 온건론자들을 기용한다. 온건론이기 때문에 서로 조화 타협할 수 있다.

반면 그렇기 때문에 두 당파의 특성이 드러나지 않으며, 책임 정치가 불가능하다. 강경론은 선명한 주장을 하기 때문에, 그 주장에 따른 책임을 물을 수 있다.

탕평 정치는 반반 정권이라 할 수 있다. 모든 당이 적당히 섞인 상태이다. 따라서 책임의 문제가 가장 크게 나온다. 어떤 당파가 집권을 하면, 그 기간 동안의 공과에 대해서는 그 당파가 책임을 지게 된다. 그러나 탕평 정국이 되면, 당파가 고루 기용이 되기 때문에 사실상 책임을 질 당파가 없다.

나아가 온건파들이 기용된다면, 그들도 적당히 책임을 회피할 가능성이 많다. 온건론은 일을 벌리기 보다는 일이 생기지 않게 하는 현상 유지의 경향이 있다.

정조는 그런 의미에서 두 당파의 선명한 주장을 하는 강경파들을 기용한다. 대신에 그 주장에 따른 책임을 묻는다. 좀 더 효율적인 정치가 될 수 있을 것이다. 그러나 집권 당파가 있어서 책임지고 일을 꾸려 나가는 것이 없기 때문에 여전히 문제는 있다.

* 세도 정치 상황에서 군주는 아무 것도 선택할 수 없다. 군주는 맹자-성리학의 이론에 따라 상징적 존재로 남는다. 군림하되 통치는 세도가가 한다.

문제는 그 세도가가 직책을 맡아서 권력을 행사해야 하는데, 막후의 실세로만 남는다는 것이다. 그러므로 잘못에 대한 책임을 추궁할 수 없다. 이 또한 탕평 정치의 무책임성과 연관이 있다.

(5) 탕평 정치는 서울 노론의 승리를 의미한다. 힘겨운 싸움을 통해서 서인은 남인을 이긴다. 그리고 서인이 노론 소론으로 분열해서 싸

우다 노론이 승리한다. 노론은 다시 송시열의 충청도 노론과 김창협 등의 서울 노론으로 나눠진다.

최종 승리자인 서울 노론의 정치 방식이 바로 탕평 정치이다. 피가 흘려야 하는 환국 정치를 막는 방법은 환국 정치 뿐만 아니라, 산림 정치, 붕당 정치를 없애자는 것이다. 모두 다 그냥 임금의 신하일 뿐 - 군주 아래 참모 조직으로서 관료들 - 그 하나의 당이 있을 뿐이라는 것이다.

4) 세도 정치

(1) 환국 탕평, 세도 정치의 흐름

서인은 이이의 조제 **보합론**으로 중대한 변신을 한다. 그 이전 훈구-척신 때의 일당 독재를 버리고, 공존 이론으로 나간 것이다. 인조 쿠데타 때 그들은 강경파인 북인을 물리적으로 제거해 버리지만, 또한 조제 보합론에 따라 온건한 남인을 정치 파트너로 맞이한다.

그러나 남인들의 필살의 반격 - 예론이라는 서인의 무기로 서인을 친 예송 논쟁으로 일격을 당한다. 그리고 숙종의 말 갈아타기 정치로 나간다. 이것은 이이가 전혀 예상하지 못 했던 것이다.

이이는 조광조 기대승 등의 언론 정치 이론에 충실했다. 군주는 지식인 관료의 수호자이고 울타리로서 존재하면 된다. 국가의 눈썹이면 된다. 군주는 무위(無爲)를 해야 한다. 군주는 군림하되 통치할 필요는 없었다.

그런데 숙종의 말 갈아타기 정치, 영조의 탕평책은 이제 관료들의 정당들 위에 군주의 자리를 위치시킨 것이다. 관료들의 리그, 붕당 정치가 이제 군주의 선택 이론으로 바뀐 것이다. 이것은 이이가 생각하지 못 했던 것이다.

역사는 필연적으로 그런 방향으로 갔다. 그렇다면 그것을 제도화시켰으면 되었다. 군주가 붕당을 선택하는 기준을 명문화 제도화하면 안 되는가?

이런 군주 선택론은 다시 관료 쪽에서 일격을 가하게 된다. 세도 정치가 그것이다. **세도 정치는 숙종의 환국 정치의 논리적 반대**이다.

군주는 눈썹으로, 군림하되 통치하지 말아야 한다. 그래서 관료 가운데 한 사람이 숙종-영조가 했던 바 군주의 역할을 한다. 국가의 최종 권한을 행사하는 것이다. (붕당을 갈아타는 것은 최종 권한 행사에 속한다.) 그게 바로 세도 정치이다. 관료 가운데 하나가 군주 역할을 하기 때문에 당파도 실질적으로 소멸된다. 그 세도가 관료의 당파만 남게 된다.

(2) 이것은 여러모로 고려 시대의 무신 정권과 비슷하다. 무신 정권은 군주를 없애지 못 한다. 허수아비인 군주를 반드시 세워둔다. 일본의 막부 정치를 보라. 세도 정치는 무신 정치도 아닌데 왜 군주를 허수아비로 세워 두었는가?

그것은 취약한 정권 정당성 때문이다. 그 스스로 별 다른 국가적 업적 없이, 단지 외척(왕비의 아버지)이라는 이유만으로 집권했기 때문이다. 군주가 됨에 있어서, 이순신처럼 국가를 멸망에서 구한 공이 있다거나, 혹은 별 볼일 없는 사람이지만 투표로 당선된다거나 하면, 그것은 정권의 정당성이 될 수 있다. 당당한 능력자들이다.

김조순은 그 어디에도 해당되지 않는다. 따라서 그는 군주의 권위, 군주의 정통성에 빌붙을 수밖에 없다. 그것은 일종의 기생 정권이다. 군주에 기생하는 셈이다.

(3) 또 하나 절대 권력이라 할지라도 드러난 권력은 책임을 진다. 세도 정치가는 드러난 권력이 아니다. 그는 언제나 막후의 실력자일 뿐이다. 권력 행사에 흔적이 남지 않는다. 그러므로 권력 행사에 따른 책임을 질 필요가 없다. 따라서 마음대로 부패하고 마음대로 무능해도 된다. 아무도 책임을 추궁하지 않기 때문이다.

세도 정치는 가장 최악의 정치 형태인 셈이다. 이는 고려 시대 무신 정치보다 더 나쁘다. 무신 정치는 그래도 책임을 지는 것이라도 있었다. 정권을 자신의 실력으로 장악하고, 자신들의 권위를 자신들의 실력으로 세우는 점이 있었다.

그러나 세도 정치는 그런 것이 전혀 없었다. 한 마디로 기생충 비슷한 정치라고 할 수 있다. 조선 초에 쿠데타로 집권하는 훈구파는 산적이나 해적과 비슷하다면 세도 정치는 기생충과 행태가 비슷했다. 세도 정치는 국가의 피를 빨아서 자기 집안의 이익을 챙겼다.

그것은 유교를 가족주의에 근거시켰던 공자가 가장 두려워했던 바, 유교의 가족주의의 가장 타락한 형태이다. 주희가 『효경』을 중시하지 않았던 이유도 바로 그런 식의 가문 정치를 효의 이름으로 합리화시키는 것을 두려워했기 때문이다.

(4) 왕까지 끌려든 싸움 - 경종과 영조

장희빈과 인현왕후의 싸움은 남인-서인의 대립이며, 그것은 결국 자식들에게까지 미쳤다. 어머니의 당파가 자식에게 물려진 것이다. 노비만 종모법(從母法)이 적용되는 것은 아닌 셈이다. 군주는 당파에 초연할 수 없었다. 숙종의 말 갈아타기 정치를 할 수 없게 된 것이다.

이이의 조제 보합론의 전제가 군주의 무당파성이었다. 이는 군주의 붕당 불가입을 전제로 했다. 숙종은 군주 무당파성에 근거해서 당쟁에 개입했다. 이이의 조제보합론이나 숙종의 환국 정치나 군주의 무당파성을 전제로 한다. 그러나 군주가 붕당에 개입할 수도 있고 하지 않을 수도 있다. 그것은 군주의 선택 사항이었다.

그러나 영조의 탕평 정치는 군주가 전력을 다해서 무당파성을 획득해야 했다. 당파 싸움이 가져온 종모법은 군주의 무당파성을 심각하게 무너뜨렸기 때문이다.

탕평책은 군주의 당파성을 희석시키기 위한 장치이다. 탕평책이 필요했던 이유는 군주가 당파가 있었기 때문이다. 군주의 당파가 없었다면 탕평이라는 말 자체가 불필요했다. 당파에 소속된 군주가 그 당파를 벗어나 군주의 권력을 행사하겠다는 선언이 바로 탕평책이었다.

군주가 모든 당파의 인재를 골고루 기용할 테니까, 모든 당파는 그를 군주로 인정하고 따르라는 것이다. - 유교의 정치 이론상 너무나 당연한 이야기를 이제 군주가 힘주어 강조해야 하는 시대가 된 것이다.

탕평 정치는 유교적 군주론의 시대적 한계를 적나라하게 보여주는 것이다. 정치는 본질적으로 당파의 경쟁을 전제한다. 그 경쟁을 제도화하고, 집권과 책임을 제도화하는 것 - 그것이 근대 서구 민주주의이다. 조선은 붕당 정치의 실험을 두루 하고 나서 결국은 다시 유교의 정치론으로 돌아왔다. 원점에 선 것이다.

(5) 왜 군주는 당파를 벗어나야 하는가? 군주는 국가의 최고 권력자이고, 주권자이다. 국가의 일은 한 파의 일이 아니라, 모두의 일이다. 따라서 군주는 언제나 자신의 입장, 혹은 그의 집안이나 당파의 입장에서 생각-판단-선택-결단해서는 안 된다. 국가 전체의 이익을 위해서, 모두의 입장을 고려해서 해야 한다.

탕평책은 바로 그 원칙을 재천명한 것이다. 군주는 국가 전체의 입장이다! 전체의 입장에서 자유롭게 당파를 선택할 수 있다.

그리고 이 원칙을 깬 것이 세도 정치이다. 세도 정치가는 군주가 아니다. 한 집안의 대표자이다. 그는 국가 전체의 입장이 아니라, 순전히 그 집안의 입장에서 정치적 선택 판단 결단을 하게 된다. 국가가 허약해지더라도 자신의 집안이 살찌는 것이라면 주저없이 선택한다.

국가와 백성의 고혈을 빨아서 자신의 집안을 챙기게 된다. 그것은 **기생충**과 똑같은 입장이다. 국가가 망하면 세도 정치가도 망하게 된다. 그러나 망하기 전까지 세도 정치가는 끝없이 국가에서 쥐어 짜낸다. 세도 정치가 등장하게 된 것 자체가 국가가 허약해지고 원기가 없기 때문이다. 그 허약한 국가에서 마지막 남은 방울마저 짜내는 것이 세도 정치이다. 마치 숙주에서 마지막 한 방울까지 짜 먹고 숙주와 함께 죽는다.

* 대원군은 조선의 마지막 군주라고 할 수 있다. 그의 입장은 군주 대리인으로서, 사실 세도 정치가와 다를 것이 별로 없다. 그러나 그는 대외적으로 거의 공식적인 군주 역할을 하면서, 자신의 권력 행사에 책임을 졌다. - 그는 세도 정치가와 달리 판단의 기준을 국가에 두었다. 국가 전체의 이익이라는 점. 그의 쇄국 정치도 바로 그런 기준에서 나온 것이다.

반면 명성황후 민씨는 마지막 세도가라고 할 수 있다. 그녀는 모든 판단 기준을 집안에 두었다. 한 집안의 이익을 위해서 나라를 멸망의 위기로 몰았다. 대원군을 제거하기 위해서, 반란자들을 진압하기 위해서 누차에 걸쳐서 청나라 군대를 끌어들인 것이 대표적인 것이다. 또한 개화 정치라는 것도 결국은 국가를 위한 것이 아니라, 그녀 집안의 정권 장악을 위해서 한 정책일 뿐이었다.

13. 지방 사림의 몰락 - 병호 시비와 화양 묵패

숙종 이후 권력이 서울 지역으로 집중되면서, 지방 사림은 타락한다. 권력을 장악하면 철학 예술 등도 장악하는 경향이 있다. 서울은 진경 문화를 이루지만 지방은 낙후되어 갔다. 한 때 정권을 잡았던 영남 사림과 충청 사림은 쇠락의 길로 간다.

1) 병호 시비와 화양동 서원의 묵패

(1) 병호(屛虎) 시비

이황의 두 제자는 서애 유성룡과 학봉 김성일이다. 이 둘은 후대에 가장 큰 학파를 이루었다. 1805년 호계 서원에 위패를 모시는 문제로 그 두 문파 사람들이 싸웠다. 사당 한 복판에는 당연히 퇴계 이황의 위패를 모신다. 문제는 상석인 왼쪽에 누구의 위패를 모실 것인가. 유성룡 제자들은 서애의 위패가, 김성일 제자들은 학봉의 위패가 모셔져야 한다고 주장했다. 나이순, 벼슬의 높이 등의 이유로 입씨름을 했다. ('병'은 병산서원 = 유성룡파; '호'는 호계서원 = 김성일파이다.)

근 70여년 간 그들은 두 패거리로 나뉘어서 치열하게 싸웠다. 경상감사도 해결하지 못 했으며, 순조도 어떻게 할 수 없었다. 위패의 위치를 두고 경상북도의 명망있는 선비라면 거의 대부분이 참여해서 싸웠던 것이다.

그 해결은 대원군이 했다. 1871년 호계 서원을 철폐해 버린 것이다. 위패를 어디에 둘 것인가 - 논쟁 자체가 필요없게 된 것이다. (병호 시비에 대해서는 윤학준, 『나의 양반 문화 탐방기』 II, 길안사)

(2) 화양 서원의 묵패(墨牌)

서인-노론의 영수 송시열이 1689년 사약을 받고 죽을 때 그는 만동묘의 창건을 부탁한다. 1695년에 송시열을 모신 화양 서원이 세워졌고, 1703년에 바로 그 옆에 만동묘가 세워졌다. 만동묘는 명나라의 신종과 의종의 위패를 모신 사당이다. 신종은 임진왜란 때 조선에 파병한 황제이고, 의종은 명나라 마지막 황제이다.

화양서원에서는 유지 관리의 업무를 하기 위하여 검은 도장을 찍어서 공문을 발행했다. 이것이 이른바 화양 묵패(華陽 墨牌)이다. 제사와 서원 유지 비용을 마련한다는 구실 아래 서민이나 지방관에게 물자와 노동을 요구하는 묵패를 자의적으로 발행했다. 양반 유생들이 모여 앉아 멋대로 남의 재산을 평가하고, "제사에 돈이 필요하니 언제까지 얼마를 납부하라"고 묵패를 찍어서 보냈다. 이를 거부하는 지방관에 대해서는 쫓아내자는 통문(通文)을 발하여 몰아내려 했다. 이러니 묵패가 국가의 공식 명령을 능가했다. 또한 묵패를 받은 서민은 사유야 어떠하든 논밭을 팔아서라도 바쳐야 했다. 만약 지시를 어기면 서원에 잡혀와서 불호령 아래 몰매를 맞거나 금품을 납부할 때까지 감금당했다. 결국 묵패는 협박장의 대명사가 되었다.

또 봄, 가을의 제사 때 참석하는 유생들을 먹인다는 것을 빙자하여 복주촌(福酒村, 福酒戶; 술집)을 설치하여 양민들로 하여금 노동하면서 소요 비용을 내게 했다. 이를 따르지 않는 백성은 물론 사적인 형벌(私刑)을 당했다. 또한 그런 양반 유생에 아첨하는 백성도 생겨났다. 군역을 모면하려는 자, 혹은 범죄를 저지르고 도망온 자가 서원의 종이 되었다. 물론 그들이 사형(私刑)을 가하는 실무를 했을 것이다.

2) 지방 사림의 몰락

안동 지방의 이황 후예들이 벌인 병호 시비, 혹은 충청도의 송시열 후예들이 했던 화양동 서원 묵패 - 이 두 가지 사례에서 조선 후기에 지방 사림이 몰락한 모습의 한 자락을 들추어 볼 수 있다.

중앙 권력에서 밀려난 사람들이 창조적으로 그리고 주도적으로 뭘 하지 못 한다. 대신 고향에서 그룹 내부의 소모적인 싸움을 하며 서로 위계를 확인하거나, 알량한 권위를 몽둥이로 삼아서 타인의 재물을 뜯어낸다. 병호 시비는 위계 확인, 묵패는 일종의 조폭 놀이이다.

(1) 1805년부터 시작해서 1871년까지 이어졌던 병호 시비 - 그건 영남 유생들, 지식인 지주들의 몰락을 증언한다. 그런 식의 멍청한 싸움으로 가문의 존엄을 높이는 동안 사림의 국가는 침몰해 갔다.

자기들끼리의 싸움 - 아무런 생산 없는 에너지 낭비. 그렇다고 죽이고 죽는 싸움은 아닌 것 - 병호 시비가 그런 것이다. 그 시비를 통해서 서로 적개심을 고취하여 내부의 단결을 도모하고, 내부와 외부의 서열을 정하며, 소작인들에게는 지주-지식인-관료로서 위신을 세운다.

그것은 일종의 놀이이고, 의식(儀式)이고, 권력 확보 및 과시의 방법이다. 싸움이 가지는 기능 - 그런 싸움에 끼일 수 있는 자격을 만듦으로써 사회적 지위를 확보한다. 사대부는 지주이므로 노동을 할 필요가 없었다. 남는 시간 동안 자신들이 지배자라는 것을 보여 주는 가장 좋은 방법은 자기들끼리의 싸움이다. 외부의 적에 대한 증오는 내부적으로 단결을 하게 만든다.

조선은 *조폭 유지*의 출현과 *대장부 소작인*의 등장으로 나간다.

(2) 화양 서원의 묵패 발행

송시열이 서인의 집권 명분으로 창안한 것이 소중화 사상이다. 그 사상의 본거지가 바로 화양동 서원과 만동묘이다. 송시열을 모신 화양 서원과, 중화의 핵심 명나라의 황제 둘을 모신 만동묘 - 이 정도이면 사실 그 위세는 대단한 것이었다.

그런데 송시열 이후 화양 서원은 유자들이 조폭 놀음하는 소굴로 변했다. 송시열이 제창했던 그 거창한 이상주의적 이념 - 소중화가 고작 관리와 백성에게서 물자를 뜯어내기 위한 수단이 된 것이다.

서원의 주인으로 자처하고 행세하며, 서원 재산으로 무위도식하는 양반 유생들이 공갈 협박으로 지방 사회와 행정 질서를 무너뜨리는 현실, 이것을 송시열이 보았다면 어찌했을 것인가. 물론 못난 중이 부처님을 팔아먹고 살듯이, 못난 유생은 송시열을 뜯어먹고 살았다. 그것은 고려 중후기의 사원의 폐단과 너무나 닮았다. 거기에 송시열의 책임은 없는가. 그것은 한편으로는 상대파를 타도하는 것을 목표로 했던 노론의 대결 정책의 산물이다. 그 정책은 바로 송시열이 추진했던 바였다. 그리고 견제할 세력이 없어지자 그들은 그런 깡패가 된 것이다. 한편으로 송시열 이후 중앙 정권은 서울과 서울 주변 경기도의 지식인들이 독단했다. 권력에서 소외된 지방 유생들이 나갈 길은 결국 그런 식으로 지방에서 호령하는 것이었다.

(3) 사림의 몰락, 붕당 정치의 몰락

권력에서 배제된 영남 유생과 충청 유자는 퇴행의 본보기이다. 그들은 아무런 건설적 이념도 생산하지 못 하고, 사회적으로도 정치적으로도 아무런 기여도 하지 못 했다. 사회의 지배층으로서 타락한 모습을 보인 것이다.

이런 불모성, 불임성, 혹은 무생산성은 지방 유자들만의 것은 아니었다. 중앙에서 정치를 담당했던 사람들도 마찬가지였다. 숙종 이후 환국-탕평-세도 정치란 병호 시비나 화양 묵패와 질적으로 다를 것이 없었다. 아무런 건설적이고 생산적인 것이 없었던 싸움이었다. 단지 패권을 차지하기 위해서 대립했다.

진경 문화라고 하는 것도 사실 따지고 보면, 경화 사족의 허위의식의 산물이다. 조선을 소중화로 보고 조선을 그렸다는 진경 산수화, 혹은 청나라의 극도로 발전된 형식 위주의 예술을 그대로 추종한 추사체나 서울 지역의 문학 예술 등 - 그것은 조선이라는 내용이 없는 공허한 형식뿐이었다.

* 내용보다 형식을 중요시한 것은 당시의 풍조를 반영한 것이다.

탕평 정치는 당파가 아니라 사람을 선택하겠다는 것이다. 그러나 선택의 기준은 현실적 능력과 결과가 아니었다. 그래서 가문 정치로 나간다.

세도 정치는 그 스스로 왕이 될 능력도 업적도 의지도 없는 자가 권력을 찬탈하는 정치이다. 그래서 허수아비일지라도 왕의 뒤에 숨어야 했다.

이런 시대에, 그와 똑같은 풍조가 지방에서 그대로 벌어진 것이다. 가문과 찬탈 – 그것은 병호 시비나 화양 묵패로 드러난 것이다.

14. 한국사에 있어서 외세의 문제

(1) 한국 역사에서 국가 창업자는 셋 - 통일 신라의 태종 무열왕 김춘추, 고려를 연 왕건, 조선을 개국한 이성계, 이 셋이다. 이 가운데 가장 악조건을 이기고 통일을 한 사나이가 김춘추이다. 악조건에서 승리 - 그게 그의 능력인가? 만일 순전히 그의 능력이었다면 그는 대단히 뛰어난 사람이다.

그런데 따지고 보면 고구려>백제>신라 순으로 국력이 약했던 신라, 그 신라가 통일을 한 것은 자력이 아니라 당나라의 힘 때문이었다는 사실 - 우리 역사의 비극이다. 고구려는 당나라가 멸망시켜 주었고, 백제는 신라 혼자의 힘으로 안 되어서 당나라-신라 연합군이 부여를 함락시켰다. 외세를 끌어들인 통일 - 이러다 보니, 고구려 땅은 물론 당나라 차지였다. 당나라 혼자 고구려를 멸망시켰기 때문이다. 나아가 백제 땅도 당나라가 접수하려 하는 것을 문무왕 김법민이 싸워서 뺏었다고 한다. 따라서 그건 3국 통일이 아니라 2국 통일에 불과하다.

반면 당나라와 패권을 놓고 대결했던 연개소문 - 그는 쿠데타로 집권해서 당나라와 격렬하게 싸웠다. 그러나 그의 자식들 간의 싸움으로 고구려는 당나라에 멸망한다. 만약 연개소문이 당과 싸우지 않고, 신라의 김춘추처럼 당과 타협하는 길로 갔다면? 그리고 백제와 신라를 쳤다면? 물론 고구려가 3국을 통일했을 것이다.

물론 백제에게도 당나라 카드의 기회는 있었다. - 문제는 누가 당의 발 밑에 무릎 꿇고 애걸하느냐 이며, 당나라가 누굴 선택할 것인가 이다. 당이 가장 약한 신라를 선택한 것도 그렇다. 한반도에 강한 국가가 등장하는 것은 자신들에게는 재앙이기 때문이다. 만약 연개소문이 당나라와 타협하려 했다면, 당나라가 고구려를 용납했겠는가? 고구려가 한반도의 통일 국가로 등장하는 것을 허용했겠는가?

이걸 보면 외세의 힘이 우리나라 정치에 미치는 영향이 어떤 정도인지 알 수 있을 것이다. 이는 고려 시대에도 반복된다. 왕건이 견훤을 이길 수 있었던 것도, 당시 중국이 당나라 멸망 후에 각 지방으로 분열되어 서로 싸우고 있어서 한반도에 간섭을 할 수 없었기 때문이다. 한반도는 중국이 분열되어 있어야 자력으로 자신들의 정치적 세력 판도를 정할 수 있다. 이성계가 조선을 건국할 수 있었던 것도 마찬가지이다. 중국이 원→명 교체기였기 때문에 조선에 간섭할 수 없었다.

(2) 당나라의 위력은 신라의 정치 세력들에게 사대주의의 효력을 똑똑하게 각인시켜 주었다. 그리고 그것은 다시 역사적 교훈이 되어서 유전되어 왔다. 고려의 송나라에 대한 사대 정책도 그런 것이다. 고려가 송나라에 사대한 반면 요나라와 무력으로 싸운 것은 1류 국가와 2류 국가를 구분하고 있었다는 말이다. 제1 강국에게 붙지 제2 국가에게 붙지는 않는다는 것이다. 그건 자존심 때문일 수도 있고, 현실적 이해 타산 때문일 수도 있다.

만주에서 금나라가 일어나서 북중국을 점령하고 송을 양자강 이남으로 밀어붙이자 고려는 주저 없이 금나라에 사대를 했다. 그건 국제 역할 관계상, 혹은 역사적 경험상 당연했다. 당시 실권자인 이자겸이 왕권 찬탈의 야욕 때문에 외부의 적에게 굴복하는 외교를 했던 이유도 있다. 이자겸은 금나라에게 신하의 위치를 바쳤다.

금나라 대신 원나라가 중국을 접수하자 고려를 침략했고, 원나라에게 반발했던 최씨 무신 정권은 결사적으로 싸웠다. 그것은 비참하고 지루한 전쟁과 속절없는 항복으로 끝났다. 무신 정권이 무너지고, 퇴장했던 문신 귀족 정권이 다시 들어서면서 원나라의 지배를 받아들이는, 실질적인 식민 국가가 되고 평화를 얻었다. 고려는 원나라의 사위 국가가 되고, 원의 황후를 배출한 나라가 된다. 이 비참한 패배의 경험은 두 번째 역사적 경험이 된다. 큰 나라에 빌붙음이 중요하다는 것이다.

(3) 김춘추-연개소문의 관계의 반복이 이성계와 최영의 관계, 혹은 요동을 치자는 정도전과 반대한 이방원의 관계로 나타난다. 결국 명나라의 건국과 더불어서 조선은 현실적인 관계인 사대를 재빨리 선택한다. 명나라와 대결을 추진한 세력은 모두 몰락했다.

그리고 광해군과 서인 주전파(김상헌 등) - 여기서 우리는 역사의 역전 현상을 본다. 강대국에 붙은 자들은 도덕과 의리 명분보다는 현실적 이익을 추구했다. 이성계까지 어김없이 그랬다.

그런데 광해군-김상헌은 반대가 된다. 광해군은 현실적 이익을 위해서 도덕을 잠시 접는다. 아니 도덕을 실현시키기 위해서 현실적인 힘 - 강대국(후금)과의 타협을 한다. 이점에서 광해군은 김춘추-이방원 등과 같은 입장이다.

반면 서인 강경 주전파들은 도덕의 이름으로 오랑캐를 규탄한다. 문제는 그 오랑캐가 중원을 차지하게 되는 강국이라는 사실이다. - 그들은 우리 역사의 철칙, 역사적 경험을 다 무시했다. 그 결과 그들은 역사적인 치욕을 당했다. 병자호란의 패배와 삼전도의 항복이 그것이다. 그때 조선은 망할 수 있었다. 그러나 후금이 중원을 도모하는 원대한 전략 때문에 무능한 서인 정권을 그대로 둔다. 조선을 약화시키기 위한 계략이다. 서인이 집권하는 한 조선은 약체일 수 밖에 없다는 것이다.

(4) 광해군은 도덕과 명분을 지키기 위해서, 현실적으로 청나라와 타협하는 길을 선택했다. 그는 도덕과 현실, 윤리와 힘을 일원화시킨다. 아니 현실과 힘의 편에 선다. 현실주의이고, 책임있는 태도이다.

반면 서인과 송시열은 도덕과 명분을 지키기 위해서 청나라와 강경하게 대결하는 길을 걸었다. 대결하기 위해서는 힘이 있어야 한다. 그러나 그들은 도덕과 현실, 윤리와 힘을 철저하게 구분하고 2원화시킨다. 그리고 도덕과 윤리를 선택한 반면 현실과 힘을 완전히 포기한다. 현실적 힘이 받쳐 주지 않는 도덕과 명분 주장 - 그거야 삼척 동자도 알 수 있듯이 완전히 깨지는 길이었다. 병자호란의 패배가 바로 그것이다.

그 이후 충청도 노론의 우두머리 송시열은 소중화론, 북벌론을 주장하면서 청나라에 대한 대결을 이끈다. 청나라에 대한 증오심이 서인 정권의 집권 명분이 된다. 송시열의 **소중화론은 일종의 정신 승리법**이다. (노신『아큐 정전』을 보면, 아큐는 '정신 승리법'으로 강한 자를 이긴다. 정신적으로만 승리하는 것이다.)

그러나 안동 김씨를 중심으로 한 서울 노론들은 북벌론을 포기하고 북학론으로 나간다. 이제 청나라는 증오의 대상이 아니라 선망의 대상이며 배울 대상이 된다. 박지원 박제가 등의 북학은 그런 선망이 중상주의 정책으로 나타난 것이다.

한 걸음 더 나가면 추사 김정희의 자학적인 북학론이 나타난다. 조선의 모든 것을 비루하고 더러운 것으로 치부하고, 청나라의 무르익은 문화에 대해서 맹목적인 존경을 표한다. 그의 추사체는 그것의 결정판이다. 내용 없는 형식, 이게 추사체의 정체이다. 조선이라는 나라의 내용도, 청나라라는 내용도 담을 수 없다. 조선은 비루하고, 청나라는 겪은 것이 아니라서, 결국 남는 것은 고도의 기량이 요구되는, 전문가의 기술만 할 수 있는 예술, 형식주의의 극치로 간다.

이른바 '진경 문화'의 정체는 바로 그런 식의 자학과 선망, 아니 자기 멸시와 오만의 산물이다. - 대외적인 자기 멸시와 대내적인 오만. 청나라에 대한 송시열의 눈 감은 증오가 이제 김정희의 맹목적 선망이 된다. 그건 아마 선망과 증오가 복합된 양가 감정일 것이다. 증오가 큰만큼 선망도 커진다. 그게 인간 심리이다. - 이게 서울 노론들의 심정이며, 진경 문화의 기본적인 정서이다.

(5) 외세에 빌붙은 또 하나의 사례는 명성왕후 민씨의 세도 정치이다. (민씨도 노론이다.) 민씨는 임오군란도, 갑신정변도 다 청나라 군대를 끌어들여서 진압한다. 동학 봉기도 청나라를 끌어들여 진압하려 했다가 일본 군대가 개입하여 청일 전쟁이 벌어진다. 그녀는 민씨 세도 정치를 유지하기 위해서 외세를 끌어들인 것이다. 이것은 서인 노론의 청나라에 대한 선망의 극한일 것이다. 강한 외세가 언제나 판세를 결정해 주었다는 역사적 교훈이 작동한 것이다.

여기에 와서 역사의 역전을 보게 된다. 후금이라는 외세와 극한 대결했던 서인-노론의 후예인 민씨가 청나라와 러시아라는 외세에 빌붙어 세도 정치를 유지했다는 것이 그것이다.

우리 역사를 보면 외세라는 것은 어두운 운명처럼, 괴물처럼 버티고 서 있다. 심지어는 국사 교과서도 그것을 회피한다. '원 간섭기' '일제 강점기' 식의 표현법은 괴물에 대한 눈 감기일 것이다.

제5부

세도정치, 임진왜란, 민비

1. 세도 정치의 논리

1) 세도 정치의 특징

(1) 권력을 행사하되, 책임을 지지 않는다.

세도 정치는 세도 정치가가 정권을 장악하고 국정을 농단하는 것이다. 그가 죽으면 그의 아들에게 권력을 물려준다. 왕실 가문은 군주 이외에 벼슬길이 막힌 것과 반대로 일족이 요직에 포진한다. 그래서 세도 정치는 가문 정치이다.

세도 정치가가 권력을 행사하는 방법은 막후의 실력자로서 하는 것이다. 권력은 휘두르되, 자신의 이름이 아닌 국왕이나 다른 사람의 이름으로 한다.[1) 자신의 이름으로 하지 않기 때문에, 아무런 책임을 지

1) 요즘으로 보자면 재벌 총수가 그러하다. 계열사의 인사나 사업을 좌지우지하지만, 사업 실패나 계열사가 망함에 있어서 법적인 책임을 지지는 않는다. 그

지 않는다. 어떤 결정을 내렸을 때, 그것이 잘못되면 그가 책임을 지지 않는다.

권력자들이 가장 선호하는 형태가 바로 "권력을 행사하되 책임을 지지 않는 것"이다. 그 개인으로 볼 때, 세상에 이것보다 더 신나는 일이 어디 있겠는가? 그러나 국가 전체로 볼 때, 그것보다 더 큰 재앙은 없다. 따라서 현대 국가는 그것을 방지하기 위해서 모든 권력 행사는 직책을 가진 자가 문서로 남기면서 하게 한다. 그래서 그것에 책임을 지게 한다.

책임을 지지 않기 때문에 쉽사리 부패하게 된다. 막후에서 결정하는 일이기 때문에 뇌물 거래에서 매관매직까지 못 하는 것이 없게 된다. 아무도 감시하지 않고, 아무도 견제하지 않는 권력 - 그것은 철저하게 타락할 수 밖에 없다.

안동 김씨 세도 정치는 1850년대에 일어난 우우통으로 막을 내린다. 호남 영남 충청 - 3남의 농민들이 탐관오리의 가혹한 착취에 견디다 못 해서 장날에 일으킨 집단 폭동이 우우통이다. 세도가에게 비싼 돈 주고 벼슬을 산 지방관은 부임하자마자 '본전 + 승진 벼슬 사는 비용'을 뽑기 위해서 혹독하게 쥐어짜게 된다. 견디다 못 한 순박한 농민들이 떼로 우우 몰려가서 관아를 부수고 아전과 탐관오리를 구타하는 것이 우우통이다.

대원군의 즉위는 바로 이런 상황에서 이루어진 것이다. 지주 사회 안에서 위기감이 돌았다. 세도 정치를 그대로 두었다가는 지주-소작 제도 자체가 농민 폭동으로 무너질 위기에 처한 것을 절감한다. 그래서 대원군의 섭정과 개혁 정치를 받아들인 것이다.

계열사에 아무런 직책도 없기 때문이다.

물론 실패하면 재벌 총수 자신의 재산이 줄거나 망한다. 그러나 세도가는 나라가 망해도, 자기 집안은 건재하다. 그래서 더 위험하다.

* 세도 정치가는 이런 상황을 예견하였을까? 책임지지 않는 권력은 반드시 부패한다. 부패는 농민 착취로 이어지고, 농민 봉기를 일으킨다, 그래서 세도 정치는 망하게 된다. - 이것을 예측했을까?

물론 하지 못 했을 것이다. 세도 정치를 하기로 한 순간 그는 정상적인 판단을 할 수 없게 된다. 합리적이고 이성적인 판단을 하는 사람이 세도 정치를 할 수는 없다. 세도 정치를 하는 순간 정상적이고 이성적인 판단을 포기해야 한다.

설사 예측했다 하더라도 악마의 유혹을 벗어나기는 힘들다. 봉기는 봉기이고, 일단 권력을 잡았을 때 한탕해야 한다. 게다가 봉기가 꼭 일어나는 것도 아니잖는가? 나라가 망하면? 그게 무슨 소용 있는가? 우리 집안만 잘 되면 되지! - 악마의 유혹이 그것이다.

1800년대는 안동 김씨 세도 정치와 여흥 민씨 세도 정치가 양분하고 있다. 그 사이에 대원군의 개혁 정치가 있다. 대원군을 몰아내고 등장한 명성황후 민씨의 세도 정치는 안동 김씨의 세도 정치를 그대로 반복한다. 역사에서 아무런 교훈도 얻지 못 한 것이다. 부패한 끝에 동학 농민 봉기를 맞아서 결국 민씨 세도 정치는 망하고, 동시에 조선도 망하게 된다.

(2) 사유의 중심축이 자기 집안이다.

세도 정치가의 판단 기준, 생각의 기준은 무엇인가? 손해와 이익을 계산하는 기준이 자기 집안이다. 자기 집안을 기준으로 국정을 판단한다. 기본적인 발상이 자기 집안 이익 챙기기이다.

국가를 위한 정치가 아닌, 집안을 위한 정치를 한다. for the people 대신 for the family 이다. 그의 사유에서는 언제나 **부분의 이익이 전체의 당위를 압도하는** 것이다.

① 세도 정치는 유가의 가족주의의 타락한 형태이다. 암 세포 비슷하다. 정상 세포에서 돌연변이를 한 점에서 그렇다.

공자 이래로 유가는 '집안-가족'을 모든 사회의 표준-모범이 되는 이상적인 사회 구조라 본다. 따라서 국가도 집안을 본받기 바란다. '國家'라는 말이 그런 이념의 산물이다. "國(나라)=家(집안)=國家"이다. 『대학』의 '수신-제가-치국-평천하'라는 말도 그런 가정 위에 있다.

반면 가족주의는 커다란 위험을 내포하고 있다. 관리가 나라가 아닌 자기 집안을 위해서 일을 해도 된다는 것인가? 가족주의를 맹목적으로 따르다 보면 당연히 국가보다는 자기 집안의 이익이 우선하게 된다.

② 예컨대 『효경』은 효(孝)가 인간의 모든 행위의 근거이고 목표라고 한다. 자신이 출세하는 것도 부모의 이름을 높이기 위한 것이고, 자신이 도덕적으로 행위 하는 것도 부모의 이름을 더럽히지 않기 위해서라는 것이다.

만약 이런 이야기를 극단적으로 밀고 나가면, 세도 정치가는 지극한 효자가 된다. 군주와 거의 같은 신분이 되어서 나라를 쥐고 흔드는 권력자가 된 것 - 그것만큼 더 가문을 높이는 것이 어디 있는가? - 주희가 『효경』을 중시하지 않은 것도 바로 그런 위험성 때문이다.

③ 공자는 3환씨의 예를 들어서 그것을 준열하게 꾸짖는다. 공자가 살았던 당시의 노나라의 실권자들이 3환씨이다. 그 세 집안은 군주를 제치고 국정을 마음대로 했다. 국가의 세금을 세 집안이 나누어 갖고, 이를 바탕으로 각각 군대를 거느렸다. 군주는 허수아비에 불과했다.

공자는 3환씨 가운데 하나인 맹의자를 만나서 대화를 한다. 효가 뭐냐는 질문에 공자는 "어기지 않는 것"이라 한다. 맹의자는 그것을

"부모의 명령을 어기지 않는 것" - 집안이 똘똘 뭉쳐 단결하는 것으로 이해했을 것이다. 반면 공자는 "예(禮)를 어기지 않음"이라 강조한다. 군주를 군주로 모시고, 신하는 신하다운 것 - 그것이 바로 예이고 효라는 것이다.(『논어』「위정」5) 효는 예의 하위 개념이다. 예에 맞게 효를 해야 한다. 예를 벗어난 효는 효가 아니다.

집안이 뭉쳐서 나라의 권력을 독점하는 것은 예에 어긋나는 나쁜 짓이다. 부모를 욕되게 하는 것이다. 그것은 개인의 이익을 추구하기 위해서 공적인 것을 희생하는 것이다. 공자는 군자와 소인을 대비시키면서, 군자는 공(公)을 위하고, 소인은 사(私)를 위한다고 비판한다. 3환씨가 전형적인 소인들이다. 공자는 평생을 3환씨와의 싸움으로 보냈다.

④ 조선말 세도 정치는 유가의 그 공(公) 개념을 깨뜨리고 국(國)을 가(家)에 종속시킨 것이다. 집안을 위해서 나라를 희생시킨다. '國家'가 아니라 '家國'(나라를 자기 집안 것으로 삼음)이 된 셈이다.

세도 정치가가 정치의 전면에 나서지 않는 이유는 바로 가족-집안 이기심 때문이다. 전면에 나서서 정치를 하면서 가족을 판단 기준으로 삼을 수는 없다. 막후에 숨어서 국정을 농단하면 얼마든지 가족 이익을 실현할 수 있다. 세도 정치는 이기심 자체이며, 이기심의 극치이다.

⑤ 홍선 대원군과 명성왕후를 보면 이점이 극명하다. 홍선 대원군이 고종의 아버지로서 국왕의 전권을 행사한 것은 대략 안동 김씨 세도 정치와 형식이 같다. 대원군은 아무런 직책이 없었다. 단지 아버지로서, '대원군'이었을 뿐이다. 그걸 기반으로 '수렴청정'을 한 것이다. 모두들 그렇게 양해를 했기 때문이다.

그는 아무 직책이 없었지만, 떳떳하게 전면에 나서서 정치를 담당했고, 그가 한 일에 대해서는 그 자신이 책임졌다. 또한 그가 추진했던 개혁 정책들은 모두 판단 기준이 국가의 발전이었다. 국가를 거덜내는 암적인 존재인 서원을 철폐한 것이라든지, 군주의 권위를 높이기 위해서 경복궁을 세운 것이라든지, 외세의 침략에 단호하게 맞서서 쇄국 정책을 취한 것 - 이 모든 것은 그 자신과 집안을 위한 것이 아니라, 국가를 위한 것이었다.

제국주의 열강이 무력으로 침략해 오는 상황에서는, 안으로는 체제를 정비하여 국력을 키우고 집중하여 강한 국가를 만들고, 밖으로는 그 힘으로 제국주의 침략에 단호하게 대처했어야 했다. 메이지 유신 때 일본이 그러했다.

⑥ 우리는 대원군의 충정을 이해를 해야 한다. 그 자신이 군주가 될 수 있었지만, 10년 재위 기간에 자식을 몰아내고 자신이 군주가 될 생각을 하지 않았다. 당시의 급박한 상황을 보면, 자식을 버리고 자신이 군주가 되어서 강력하게 조선을 이끌었어야 했다. 그게 역사의 요구에 부응하는 것이며, 조선 왕조가 살아나는 길이었다.

그러나 그는 민비의 탄핵을 받고 실질적인 군주 자리에서 물러났다. 그는 세도 정치가가 아니었기 때문에 그렇게 한 것이다.

⑦ 반면 명성왕후 민씨는 막후에서 정치를 요리했다. 자신이 한 행위에 책임을 진 적이 없다. 그녀의 판단 기준은 철저하게 집안이었다. 민씨 세도 정치 타도를 외친 임오군란, 갑신정변, 동학 농민 봉기 - 이 모든 것을 스스로 진압하지 못 하고, 청나라 군대를 끌어들여서 제압한다. 민씨 세도 정치를 유지하기 위해서 외세 끌어들이기에 급급한 것이다. 그 결과는 조선의 멸망이었다.

2) 세도 정치의 귀결

(1) 외세에 의존

집안보다 국가를 기본으로 사유한 사람 - 홍선 대원군.

국가보다 집안을 우선해서 정치한 사람 - 명성 왕후

명성왕후는 대원군을 몰아내고 민씨 세도 정치를 구축한다. 그녀는 대원군의 개혁 정치가 그 당시 상황에서 뭘 의미하는지 잘 몰랐다. 그녀의 눈에는 안동 김씨 세도 정치만 보인 것이다. 그러면서도 김씨 세도 정치의 실패에서 배운 바도 없었다.

안으로는 농민 봉기의 불만 에너지가 끓고 있고, 밖으로는 제국주의 열강이 침략의 칼날을 겨누고 있는 상황에서 국가는 허약했다. 정부는 당쟁과 세도 정치로 무능해진데다 아무런 비전도 없는 약체였다.

국가를 강화시키고 국력을 키워서 제국주의 열강과 싸우려는 대원군의 개혁 정치를 끌어내리고 들어선 민비의 정권 - 그것은 제2의 김씨 세도 정치라 할 수 있는 그런 것이었다. 초창기에 개화를 표방하며 일본 등 외국과 수교하고, 유람단을 보내서 배우게 하는 등의 조처를 취했다. 그러나 그게 전부였다.

개화라는 것이 이름뿐이었다. 대원군을 몰아내는 구실이었다. 열강과 수교는 외세에 국가의 이권을 그냥 넘겨주는 것이었고, 유람단은 말 그대로 유람만 하고 왔는지 아무런 결과가 없었다. (그들이 대학교 하나 세운 것이 없다. 일본은 독일 유람단이 근대적인 대학을 세웠다.) 그렇게 키운 개화 세력이 정작 자신을 타도하려는 정변 - 갑신 정변을 일으키자, 민비는 개화를 포기한다. 그리고 김씨 세도 정치를 답습한다. 그 결과는 농민들의 갑오년 봉기였다.

수구 세력의 임오군란, 개화파의 갑신정변, 갑오년 농민들의 봉기 - 사회의 각 부분이 총체적으로 반란을 일으킨 셈이다. 물론 세도 정치 때문이다. 이에 대한 민비의 태도는 전형적으로 집안 이기주의였다.

그녀는 자신의 집안의 권력 유지를 위해서 임오군란, 갑신정변, 갑오 봉기에 청나라 군대를 끌어들여 진압했다. 청일 전쟁에서 청나라가 지자 이번에는 아관파천을 한다. 새로운 강자 러시아에 붙은 것이다.

이처럼 철저한 외세 의존의 이유는 물론 집안의 세도를 유지하기 위한 것이다. 정치에는 불문율이 있다. - 권력 싸움을 해도 좋다. 그러나 국내에서 하라. 외국 군대를 끌어들이지 말라. 그것은 나라를 팔아먹는 짓이다.

한비자가 저주했던 것이 조국 한나라에서 진나라를 등에 업고 정치를 농단하는 신하들이였다. 굴원이 싸웠던 자들도 진나라를 믿고 조국 초나라를 유린했던 신하들이었다. 고려 말에 공민왕이 처단하려고 고심했던 자들이 바로 원나라를 배경으로 정치를 독점했던 친원파 권문 세족들이었다. 외세를 등에 업은 자들이 조정을 장악하면 그것은 그 나라가 곧 망할 징조이다.

세도 정치의 집안 이기주의 극단은 바로 집안의 권력 장악을 위해서는 외세 - 강한 나라, 제국주의 열강에 붙는 것이다. 세도 정치를 하려고 했을 때 그 영혼은 이미 악마에게 팔린 것이다. 그 외세가 세도 정치를 영원히 보호해 주지는 않는다. 보호해 주는 것을 빌미로 그 나라를 삼키려는 것일 뿐이다. 그것은 뻔한 사실이다.

(2) 기생충의 생태

세도 정치는 국가 발전의 비전을 가지고 계획을 세워서 추진하지 않는다. 부국강병의 길로 나가지 않을 뿐만 아니라, 세도 집안의 현실적인 실력을 키우지도 않는다.

오직 강자에 빌붙어, 그 강자의 뒤쪽에 숨어서 권력을 행사한다. 막후의 실력자로 남는다. 세도가는 군주의 뒤에 앉아 군주의 권위를 행사한다. 그 자신의 카리스마와 힘이 없다. 그것을 만들려 하지도 않는다. 단지 군주권에 기생하는 셈이다.

따라서 강자에 기생하는 것을 존재의 기반으로 삼는다. 왜 외세에 의존하는가? 바로 그런 점 때문이다. 외세가 강자이기 때문에 기생하는 것이다. 기생하기 때문에 권력을 당당하게 사용하지 못 하고, 내부적으로 궁중 암투, 음모 정치로 나간다.

권력의 행사는 집안의 이익을 최대화하는 것, 즉 뜯어먹는 데만 열중할 뿐이다. 국부(國富)를 키운 적이 없다. 파이를 키워서 나누어 먹는 것이 아니라, 기존의 파이를 독점하는 것이다.

그것은 기생충의 생존 방식 그대로 이다. 기생충은 일하는 근육이 전혀 발달하지 않는다. 영양 흡수와 생식 기능만 발달한다. 숙주에 철저하게 붙어서 있는 대로 빨아내고, 알을 무수히 낳아서 번식하는 것 뿐이다. 세도가는 국가에 기생해서 가문의 이익을 최대한 빨아내는 것이 목표이다. 국가를 키우고, 국력을 키워서 이익을 얻자는 발상은 애초에 없다. 숙주가 죽을 때까지 빨아내는 기생충처럼, 세도 정치도 나라가 망할 때까지 달라붙는다.

따라서 임오군란이고 갑신정변이고 갑오 농민 봉기이고 간에 그것은 이미 껍질뿐인 국가 안에서 싸움이다. 국가를 살리기에는 너무 늦은 것이다.

조선 건국 때 정도전이나 세종이 가진 그 자신감 - 이성적으로 생각한 것은 실천에 의해서 현실화될 수 있다는 자신감은 인조 이후 붕당 싸움 속에서 사라진다. 장래에 대한 비전도, 국가 개혁의 계획도

팽개치고, 오직 붕당 경쟁의 승리라는 목표에 골몰한다. 붕당의 승리가 전부이지, 비전이고 계획이고 다 도외시된다.

인조 이후 붕당 싸움의 귀결인 "승리해서 독식하자"는 생각의 극단적 형태가 바로 세도 정치이고, 기생충의 생리로 나타나게 된다.

3) 세도 정치에 이르는 길

(1) 신권과 왕권 결합의 타락된 형태

정조의 강력한 군주 이론과 서인-노론의 신권 중심의 정치를 김조순이 역이용했다. "강력한 군주 + 신하 중심 정치 = 강력한 신하의 정치" - 이렇게 되었다는 것이다. 강력한 신하, 즉 세도가가 군주처럼 전권을 휘두르는 것 - 그것이 세도 정치라는 것이다.

조선 초기부터 신하 중심의 신권 국가와 군주 중심의 왕권 국가를 놓고 정도전과 태종 이방원이 격돌했다는 주장이 있다. 이것은 실제로 그러했는지 명확하지는 않다. 마찬가지로 정조의 강력한 군주 이론을 김조순이 서인의 신권 중심 이론과 합쳐서 강력한 신하 중심의 세도 정치를 열었는지는 확실하지는 않다.

다만 논리적으로 볼 때 그렇게 양자의 결합으로 볼 수는 있다. 예송논쟁 때 남인은 군주의 특별한 지위를 인정한 반면, 서인은 군주=사대부로 본다. 정조 때 남인은 강력한 군주의 개혁을 지지한 반면, 노론은 관료 중심의 정치를 주장했다.

김조순이 그 둘을 논리적으로 결합해서 세도 정치를 열었다고 볼 수는 있다. 어린 순조를 위해서 뒤를 맡아달라고 정조가 부탁했다고 김조순 스스로 말한다. 정조는 세도 정치에서 자유로운 것이 아니다.

(2) 산림 정치와 세도 정치

"권력은 갖되 책임은 지지 않는다"

송시열은 이황 이래 '산림 정치'의 극치이다. '산림(山林)'이란 재야에 있는 당파의 우두머리이며, 여론 주도자이다. 재야에 있다는 것은 벼슬살이를 하지 않고 있다는 것이다. 그러면서도 학문을 연마하여 그 당파의 이론적 지주이며, 이념가이다. 따라서 그 당파의 진로와 당면 행위를 결정한다. 여론 주도자라는 것이 그것이다.

따라서 국가는 그의 뜻대로 요리되며, 군주도 그 당파의 선택과 행위를 따를 수밖에 없다. 산림 정치는 언론을 중시했던 성리학의 정치론의 귀결 가운데 하나일 것이다.

산림이라는 재야 영수 겸 여론 주도자는 막강한 권력을 행사하되, 그는 아무런 직책도 없기 때문에 책임을 지지 않는다. 질 필요도 없다. 다만 그의 선택이 잘못되면, 그의 당파가 환국(換局; 정권 교체)을 당해서 몰락한다. 그게 바로 선택에 대한 책임일 것이다.

그러나 형식적으로 볼 때, 그는 직책이 없기 때문에 책임질 일도 없다. 그는 막후의 실력자이다.

권력만 남은 '산림'의 모습, 그것이 바로 세도 정치가이다. 산림은 여론을 주도할 철학과 경륜이 있다. 그러나 세도 정치가는 막후에 있되, 여론 주도의 힘이 아닌, 외척이나 기타 끈으로 가진 권력으로 막후의 실세가 된다. 척신 정치와 산림이 결합한 것이다.

세도 정치가도 산림과 마찬가지이다. 그는 공식적인 직책을 갖지 않는다. 그러나 군주권을 실질적으로 행사한다. 따라서 자신의 정치적 행위에 대한 책임을 지지 않는다.

인간의 이기심에 딱 알맞는 것이 바로 이런 식으로 권력은 있되, 책임은 없는 것이다. 그것보다 더 좋은 것이 어디 있는가.

이런 식의 제한 없는 권력은 반드시 부패하게 된다. 그런 권력을 국가와 민족 전체를 위해서 쓰는가? 그럴 리는 없다. 세도 정치가는 공식적으로는 절대로 할 수 없는 것, 즉 그 자신의 집안의 이익을 위해서 그 제한 없는 권력을 쓴다. 물론 편법이기 때문에 부패하게 된다. 부패도 끝이 없게 된다. 그리고 국가가 총체적으로 부실화되게 된다.

* 바로 그 점에서 세도가가 산림과 다르다. 산림은 이념과 신념을 가지고 당을 이끌기 때문에 쉽사리 부패하지 못 한다. 반면 세도가는 당이 아닌 자기 집안을 끌고 정치를 하기 때문에 부패하게 된다.

산림은 자신의 실력으로 그 지위에 오른다. 그만한 인품과 학식 명망을 쌓아야 한다. 그리고 군주와 특별한 관계를 맺어야 한다. 반면 세도가는 왕의 장인이라는 외척 신분, 혹은 왕비라는 신분 때문에 그 권력에 오른다. 학연 혈연 지연 가운데 혈연이 가장 맹목적인 형태이다.

숙종 초년 송시열의 죽음을 계기로 권력은 지방 사대부에서 서울 중심의 지식인으로 넘어간다. 그러면서 붕당 정치에서 가문 정치로 바뀐다. 서울 노론과 충청 노론, 서울 남인과 영남 남인이 분리되고, 서울의 노론 남인이 정치를 주도한 것이 영조 이후이다.

붕당 정치의 꽃이 산림이었다면, 바로 산림 정치의 끝은 세도 정치가였다. 붕당 정치는 이념과 철학이 있었다면, 가문 정치는 단지 권력과 이익 그 자체만 있었을 뿐이다.

(3) 당파 정치에 있는 세도 정치의 논리적 틀

송시열과 그들의 나라 : 송시열의 주장에는 아이러니가 있다. 소중화 의식, 진리 정의 의식에 충만했지만, 실제로는 당파적 의식이었다는 사실. / '소중화 = 서인 정권의 이익'이었다는 사실.

송시열의 그런 정치적 태도와 이론이 세도 정치의 논리적 모형이고 원형이라 볼 수 있다. 그는 당파적 이익을 국가적 이익에 앞세우고, 진리를 당파적 이익과 동일시했다.

송시열의 이런 태도는 붕당 정치를 규정했다. 붕당 경쟁에서 가장 강력한 무기는 진리와 정의, 이념이라는 것이다. 예송 논쟁이 그런 것이다. 진리 정의 도덕은 당파의 이익을 위해서 사용되었다.

안동 김씨의 세도 정치도 송시열의 논리적인 연장선일 뿐이다. 송시열이 당파의 이익을 섬겼다면, 세도 정치는 집안의 이익에 몰두했을 뿐이다. 둘 다 국가 공동체가 허물어지고 망하더라도 부분(당파, 집안)의 이익을 극단적으로 추구했다.

* 진리 정의를 당파적으로 이용하는 것은 성리학의 여론 정치, 언론 정치에 이미 함축되어 있었다. 그것은 현대의 정당 정치도 마찬가지이다. 어떤 주장도 일단 정치판에 들어가면 정치적일 수 밖에 없다.

송시열 - 나라보다 당파의 이익을 앞세운 죄.

최고의 지성을 진리 정의가 아닌, 당파적 이익에 쓴 죄.

이것이 과연 죄일까? 현대의 정당 정치를 보라. 정당의 목표는 정권의 획득이다. 그것을 위해서는 돈은 물론 최고의 이념 이론 정책을 채택한다. 송시열도 붕당 정치인으로서 서인이 계속 집권하기 위해서 최고의 이념-이데올로기를 제공한 것이다. 따라서 죄라고 할 수는 없지 않는가?

송시열은 그렇게 변호될 수 있다. 그러나 집안의 이익을 위해서 정권을 농단한 세도 정치는 변호될 수 있는 여지가 전혀 없다.

2. 임진왜란에 대해서

1) 임진왜란의 군사적 의미

(1) 임진왜란이 일어나게 된 원인에 대해서는 여러 가지 학설이 있다. 주로 일본 내부의 사정과 관련하여, 일본이 조선을 침략하게 되었다는 것이다.

임진왜란의 원인은 멀리 원나라 때로 거슬러 올라간다. 징기스칸의 후예인 원나라 군대를 맞이하여 고려는 20년 넘게 싸웠지만, 결국은 항복하게 된다. 이어 원나라는 일본도 정복하기 위해서 고려에 수많은 전선을 만들게 했다. 그렇게 일본을 침략했지만 이른바 '가미가제'(神風)라는 태풍을 만나서 전선은 침몰하고, 퇴각한다.

원나라는 일본 정복을 포기하면서, 대륙 봉쇄령을 내린다. 중국 원나라와 고려는 일본과 일체의 무역과 거래를 끊는 것이었다. 대륙 봉쇄령은 일본에 큰 타격을 주었다.

* 중국-한국-일본은 **역사 발전 단계에서 일정한 간격의 지체**가 있다. 예컨대 중국은 위진남북조 시대에 지방의 호족으로 할거하여 싸우다, 송나라 때 사대부(지주-지식인-관료) 지배 사회가 된다. 반면 한국은 신라 말에 호족들이 할거하여 싸운다. (이때 중국은 당나라 말기이다.) 중국이 송나라일 때 한국은 고려였다. 송나라와 같은 사대부 지배 사회가 된 것은 조선이다. (이때 중국은 명나라이다.) 한국은 중국에 비해서 몇 백년 뒤에 같은 역사적 발전 과정을 거친다.

일본은 한국보다 더 늦는다. 신라 말에 해당되는 시대에 일본은 지방의 호족으로 할거해서 싸운다. 그것을 통일하여 중앙 집권적 국가가 성립하는 것은 임진왜란 전후해서 토요토미와 토쿠가와의 막부에 와서이다. 명실공히 중앙 집권적 국가를 이룬 것은 19세기의 메이지 유신에 와서이다. 한-중-일 가운데 일본은 현저하게 역사의 지체가 있었다.

이처럼 역사의 지체와 더불어서 경제적 문화적으로도 수준의 차이가 컸다. 따라서 일본은 중국 한국과 상품 교역 및 학술적 문화적 교류를 절실히 필요로 했다.

* 원나라의 대륙 봉쇄령으로 선진국인 원나라-고려와의 교역이 막히자 일본은 **강제적인 무역**으로 나가게 된다. 원-고려에서 산 물건을 일본에서 팔면 수십배, 수백배의 이익이 남는 상황에서 교역에 나서지 않을 수 없었을 것이다.

그것이 바로 왜구라는 것이다. 원나라와 고려 후기에 극성을 부렸던 왜구의 침략은 일종의 '**강제 무역**'이라 할 수 있다. 대륙 봉쇄령으로 정상적인 무역을 할 수 없자, 해적 떼처럼 몰려가 약탈해온 것이다.

말이 '왜구(倭寇; 일본 도적)'이지, 실제로 그들은 정규군에 가까웠다. 일본의 지방 영주들이 단독으로, 혹은 몇몇이서 연합하여 함대를 이끌고 원나라나 고려를 침략하고 노략질했다. 이 과정에서 원나라나 고려에서 일본으로 도망간 자들이 정보를 제공하고, 일본의 영주들이 그 정보에 따라 노략질한 경우도 많았다.

(2) 고려 말 왜구의 극성스런 노략질에 대응하여 고려 정부는 정규군을 보내서 토벌한다. 이 과정에서 이성계 등 신흥 무장들이 출세하게 된다. 배를 타고 오는 왜구들을 효율적으로 격파하기 위해서 고려 말에 최무선은 화약을 만들어낸다. 이 화약은 주로 쇠로 된 둥근 포탄을 쏘는 대포에 쓰이는 것으로, 배를 공격할 때 효율적이었다.

왜구의 침략은 교역 문제 때문이라는 것을 인식한 조선 정부는 일본에 세 개의 항구(3포; 부산 울산 마산)를 열어준다. 거기에서 교역을 할 수 있게 해 준 것이다. 이 한정된 무역에 불만을 품은 일본은 명종 때 삼포 왜란을 일으킨다. 교역 확대를 요구하면서 폭동을 일으킨 것이다. 이것이 임진왜란의 불길한 조짐을 보여준 것이다.

일본은 가마쿠라 막부의 느슨한 체제에서 각지의 영주로 분열해서 치열하게 싸우다, 이 무렵 토요토미 히데요시가 일본을 통일한다. 그렇다고 해서 각지의 영주를 없앤 것은 아니다. 영주를 자기 밑에 복속시킨, 호족 연합체보다 좀 더 강력한 체제였다.

그 힘을 바탕으로 히데요시는 조선을 침략한다. 조선과 구차한 교역을 구걸하느니 차라리 조선과 명나라를 정복해서 통째로 삼키겠다는 것이다.

* 이런 발상은 전형적으로 고대 노예제 사회의 정복 전쟁과 같다. 어떤 이유와 상관없이, 오직 무력으로 강하면, 약한 자를 잡아먹을 수 있다는 논리. 이긴 자는 다 약탈하고 주인이 된다는 칼의 논리이다.

중국의 주변에 있었던 이민족들은 경제적으로 부유하고 문화적으로 발전된 선진국 중국에 대해서 언제나 정복의 야욕을 가지고 있었다. 징키스칸의 원나라가 그것이었고, 당시에는 만주족인 후금도 가지고 있었다. 후금은 중원을 정복하고 청나라를 세움으로써 야심을 달성했다. 일본도 똑같은 야욕을 가지고 임진왜란을 일으켰다.

(3) 결과적으로 볼 때 임진왜란은 조선이 패배한 전쟁이 아니다. 그렇다고 일본이 승리한 전쟁도 아니다. 전쟁이 끝나고 돌아간 일본 군사나 장수는 한결같이 임진왜란을 지옥 같은 전쟁으로 생각한다. 자신들의 패배라는 것이다.

임진왜란에서 섬나라인 일본의 육군과 육지 국가인 조선의 해군이 주인공이었다. 일본 육군은 거의 승리했고, 이순신의 해군은 단 한번의 패배가 없었다. (단 하나, 원균이 거느린 조선의 수군이 칠천량 전투에서 기습을 당해, 수군 전체가 괴멸되는 참담한 패배를 당했다.)

일본 육군은 조총(鳥銃; 새총)이라는 새로운 무기를 가졌다. 반면 조선 해군은 대포를 장착한 판옥선과 거북선이라는 막강한 무기를 가졌다. 그 신무기들은 전투에서 강력한 성능을 발휘했다.

임진왜란에서 조선이 패배하지 않을 수 있었던 가장 큰 요인은 무엇인가? 일본군에 맞선 조선 쪽 세력은 다음과 같다.

① 이순신의 해군, ② 의병, ③ 관군, ④ 명나라 군대

이 가운데 공이 컸던 것은 **이순신의 해군과 의병**이었다. 그 가운데 임진왜란에서 가장 결정적인 역할을 한 것은 이순신의 해군이었다.

전쟁에는 전략과 전술이 있다. 전술은 한 전투에서 이길 수 있는 방법이다. 『손자 병법』에 나오는 내용이 대략 전술이다.

전략은 그 많은 전투로 이루어진 임진왜란 전체를 승리로 이끌 수 있는 방법이다. 권율의 행주산성 전투 승리는 전술적인 승리일 뿐이다. 그 전투에서 이겼다고 전체적인 상황이 크게 변한 것은 없었다.

그러나 남해안에서 이순신 해군의 승리는 전략적인 것이었다. 원래 계획대로라면 일본군은 육군이 서울로 진격하고 동시에 수군이 남해안→서해안을 거쳐서 인천에 상륙하여 육군과 합류하고, 물자를 보급해야 했다.

이순신이 남해안을 철통처럼 지키는 바람에 육군만 서울을 거쳐서

평양-함경도까지 진출했다. 바다로 보급을 받지 못 하기 때문에 일본 육군은 부산-낙동강-왜관을 거쳐서 육로로 보급을 받아야 했다. 그 보급선마저 각지의 의병들 때문에 제대로 유지가 되지 않았다. 결국 일본 육군은 적의 땅에 깊숙이 들어온, 독안에 든 쥐가 되어 버렸다.

일본군이 평양→서울→부산으로 후퇴한 것은 전투에서 패배했기 때문이 아니다. 그들 스스로 철수한 것이다. 물론 명나라가 참전했기 때문에 철수했다고 하지만, 실제로는 **'울고 싶은데 뺨을 때려 준 것'**이다. 그들은 히데요시의 명령 때문에 감히 철수하지 못 하다가, 명나라 참전을 빌미로 황급히 철수한 것이다.

당시 그들은 비참했다. 1492년 4월 여름옷 차림으로 그들은 부산에 상륙했고, 그해 말에 평양-함경도까지 진출해 있었다. 그 시기는 작은 빙하기에 해당되어 전세계적으로 혹독하게 추웠다고 한다. (임진-병자 두 전쟁 시기가 다 그러했다.) 적국 깊숙이 들어왔는데 물자는 보급되지 않고 혹독한 추위 속에 고립된 일본군. - 그들은 사지(死地)가 바로 그곳이라는 것을 절감했을 것이다.

부산으로 철수한 이후 일본군은 다시는 북진할 생각을 하지 않았다. 이순신이 방어하는 남해안이 뚫려서 보급이 되지 않는 한 북진이라는 것은 사지(死地)에 제 발로 걸어들어 가는 것이었다. 부산-울산 지역에 웅크려 있던 일본군은 지루하게 대치하다, 정유재란 때 한번 반짝, 그것도 전라도 쪽을 공격하고, 히데요시가 죽자마자 철수한다. 드디어 사지(死地)에서 빠져나간 것이다. 만약 이순신의 해군이 부산 앞바다를 봉쇄한다면 그들은 바로 독 안에 든 쥐가 되기 때문이다.

(4) 이순신의 해군은 임진왜란에서 전략적인 승리를 거두었다. 그들이 조선을 패망에서 구한 것이다. 나머지 관군과 명나라 군대는 패전 처

리 투수였다.

이순신이 일본 수군과 싸워서 단 한번도 지지 않은 것은 탁월한 군사 전술 때문이다. 이순신의 전투로 부터 근대적인 해전이 시작된다. 해전 뿐만 아니라, 전쟁 전체의 역사로 보아도, 이순신의 전투는 근대적인 전투의 개막을 알리는 역사적인 것이었다. 이순신까지 전투는 칼과 창으로 무장한 군인이 말을 타고 진격하는 것이었다. 징기스칸의 군대가 이런 전쟁의 최고점을 찍었다.

이순신의 해전은 무기의 싸움이었다. 조선 수군의 대포로 무장한 판옥선 대, 일본 수군의 조총의 대결이었다. 육지에서는 조총이 위력을 발휘하지만, 바다에서는 대포가 배를 부수고 침몰시켰다. 사람이 아니라 배를 부수는 전술 또한 근대적인 것이다.

이순신 이전의 해전이란 육지 전투와 패턴이 같았다. 피터 팬이 나오는 영화에서 볼 수 있듯이, 적의 배에 자기 배를 대고, 적의 배로 올라가서 칼싸움을 해서 적을 섬멸한다. 말이 해전이지 결국 배 위에서 칼싸움이다. 육지 전투의 연장일 뿐이다. 해전의 특성이 없다.

이런 패턴의 전투에서 유리한 고지에 서기 위해서는 자신들의 배를 둥근 원 안에 밀집 대형으로 붙여 두는 것이다. 적들이 둥글게 밀집 대형을 이룬 아군을 포위한다면, 적선들은 아군 바깥을 둥글게 싸고 있을 것이다. 그래서 칼싸움이 벌어진다.

아군은 원 안에 밀집해 있는 반면 적은 그 원을 엷게 둘러싼 형국이 되므로, 칼싸움에서 적이 불리하게 된다.

* 이순신은 이런 식으로 사람을 죽이는 전술에서 벗어나 배를 침몰시키는 전술로 간다. **사람에서 배로!** 목표를 완전히 바꾼다.

배가 없는 수군은 수군이 아니다. 따라서 적을 굳이 죽일 필요는 없고, 단지 배를 침몰시키면 된다. 그래서 나온 것이 학익진이다.

일본군은 전통적인 방법에 따라 둥글게 원 안에 밀집 대형을 이룬다. 반면 이순신 함대는 학 날개처럼 쫙 폈다가 그 원을 감싼다. 일본군함에 어느 정도 접근하면 더 이상 붙지 않는다. 그리고 대포와 불화살을 날려서 적의 배를 침몰시키고 태워버린다. 일본 전함은 둥글게 모여 있으므로 옴짝달싹할 수 없는 상황에서 연속해서 불타고 침몰하게 된다. 그렇다고 조선군 배가 바싹 붙어 있지 않기 때문에 건너가서 칼로 싸울 수도 없고, 조총의 사격 거리 바깥에 조선배가 있으므로 조총도 별 쓸모가 없게 된다. 거북선은 이런 상황에서 모여 있는 적선들 안으로 비집고 들어가 대장이 탄 배(기함)을 대포로 공격한다.

혹은 이순신이 부산진을 공격한 것도 대표적으로 배를 태우는 전술이었다. 부산진 앞에 모여 정박해 있는 왜선 앞을 이순신 함대는 일렬로 지나가면서 대포와 불화살을 있는 대로 쏘아서 일본 전함을 불태우고 그냥 지나가 버린다. 학익진의 또 다른 변형이다.

이런 근대적인 해전 전술 앞에 일본은 속수무책으로 당했다. 어느 정도 접근하면 대포와 불화살로 배를 부수고 불태우는 전술 - 그것은 그들이 처음 본 것이었다. 그러니 대처를 할 수 없었다.

이순신이 이런 전술을 채택한 것은 단지 그의 독창성만은 아닌 것 같다. 고려 말에 왜구의 침략에 맞서서 최무선이 화약을 만들고 대포를 만든 것은 그 용도가 해전이었던 것 같다. 당시 대포는 대포 안에 화약을 넣고, 그 앞에 둥근 쇳덩어리를 넣은 뒤, 불을 붙여서 쇳덩어리를 날려 보내는 것이었다. 현대의 대포처럼 포탄 안에 화약이 있어서 떨어지는 순간 폭발하는 것이 아니었다. 따라서 육지 전투에서 사용할 경우, 그 쇳덩어리에 맞아서 죽을 사람은 별로 없을 것이다. 극히 효율성이 떨어진다. 반면 해전에서는 막강한 위력을 발휘한다. 배의 몸체에 어느 구석이라도 그 쇳덩어리를 맞으면 배는 망가지게 되어 있었다. 물이 새면 배는 침몰하게 된다.

고려 말부터 왜구에 대항했던 전술을 이순신이 종합해서 임진왜란 때 일본군에게 사용한 것이다.

이순신 이후 근대적인 해전은 함포 사격 등을 통해서 적의 배를 침몰시키는 쪽으로 간다. 일본군이 러일 전쟁 때, 이순신의 학익진 전술을 응용해서, 동해에서 러시아 함대를 전멸시킨 것이 그 예이다.

2) 임진왜란과 서인

(1) 임진왜란 전쟁을 주도해서 처리한 쪽은 동인이었다. 영의정 류성룡은 이황의 제자였다. 그가 추천한 이순신은 전략적인 승리를 거두어 조선이 멸망하지 않게 해 주었다. 의병들은 일본군이 주둔했던 경상도 지역이 치열하게 일어났다. 곽재우 정인홍 등 그 지역 의병장은 대부분 조식의 제자였다. (이황과 조식의 제자들이 동인을 이룬다.) 도원수 권율도 동인 계열이라 볼 수 있다.

반면 서인은 한 것이 없었다. 선조가 황망히 서울에서 도망가 임진강을 건널 때, 강 부근에서 살던 서인의 명망가 성혼이 나와 보지 않았다. 이게 괘씸했던지 선조는 두고두고 그 일로 성혼을 미워했다.

서인 가운데 중봉 조헌은 1592년(선조 25) 8월 18일 호남으로 들어가려던 1만명의 일본군과 맞서서, 금산성(錦山城)에서 700명의 의병을 이끌고 싸우다 전멸했다. 이 전투의 전략적 의미는 크다. 이때 왜군이 호남을 침략하지 못 했기 때문에 호남은 보존된다. 호남의 세금으로 선조 정권이 버틴 것이다. 이순신의 해군 기지도 배후의 위험이 없어졌다.

혹은 2차 진주성 전투 때 장렬하게 전사했던 장수들 가운데 대략 서인 계열이라 할 사람들이 있다. 이처럼 서인 계열 가운데 공을 세운 자는 지방인이었고, 대부분 전사했다. 서울 지역 서인은 딱히 공을 세운 사람도 없었다.

결국 임진왜란은 동인이 치렀고, 그 뒤에 동인이 집권했다. 광해군 때 집권했던 북인도 정인홍 등 임진왜란에 공이 큰 사람이 많다. 국가를 건진 사람들이 정권을 담당할 수밖에 없다.

정권을 잡을 수 없었던 서인이 임진왜란에 대응한 것은 다음 두 가지라 할 수 있다. ① 전설 만들기, ② 명나라의 공헌 부풀리기

(2) 전설 만들기

서인은 유난히 전설이 많다.

이이의 탄생 때 동해 바다의 검은 용이 신사임당 품 안으로 들어갔다는 둥, 정철이 처음 호남 담양에 가서 김성원을 만났을 때, 김성원이 낮잠 자다가 꾼 꿈에, 자기 집 앞 개울에 용이 놀고 있었는데, 깨어서 가서 보니 정철이 멱을 감고 있었다는 것 등.

야당으로서 약자로서 정치적 입지를 마련하는데 신화는 도움이 될 것이다. 임진왜란에 대해서도 그들은 신화 만들기로 나간다. 대표적인 것이 이이의 10만 양병설이다. 이이가 공식적으로 제기한 적이 없는 10만 양병설이 마치 임진왜란 때 대책의 전부인 것처럼 사람들의 입에 회자된다. 이 신화는 일본에 간 사신 황윤길(서인)과 김성일(동인)이 보고한 것으로 더 증폭된다. 황윤길은 일본이 침략할 것이라 했고, 김성일은 아닐 것이라 했다. 일본이 침략할 것이라는 예측과 이이의 10만 양병설 - 너무나 기가 막힌 조화인데, 사실 서로 전혀 상관이 없

는 이야기이다.

또 하나 이이가 고향 부근 임진강 가에 정자를 세웠다. 한 10년 뒤 선조가 임란 때 야밤에 황망히 임진강을 건너는 때 깜깜했다. 그때 이이가 세운 정자를 불태워서 그 빛으로 건넜다. 이이가 미리 알고 그 정자에 기름칠을 잔뜩 해 두었다는 것이다. 화석정이 그것이라 하는데, 이것도 사실상 신화 만들기의 하나이다.

화석정은 언덕 절벽 위의 정자이다. 반면 나루터는 언덕에서 한 참 아래 쪽 물굽이에 있다. 따라서 언덕에서 화석정 태워봤자 도움이 안 된다. 또한 강폭이 좁아서 굳이 불빛이 필요 없이 건널 수 있다.

신화 만들기는 요즘에는 많은 효과가 있다. 이제 와서는 임진왜란을 맡아서 치르고 이긴 동인보다는 오히려 이이의 십만 양병설이 더 알려져 있는 상황이다. 그러나 선조-광해군 당시에는 이런 신화들이 별로 소용이 없었다. 임진왜란을 겪은 사람들이 살아 있었기 때문이다.

(3) 명나라의 공헌 부풀리기

임진왜란을 이기는데 공헌한 것은 "이순신의 해군 > 의병 > 조선의 관군 > 명나라 군대" - 이런 순서였다. 명나라의 참전은 조선에게는 분명 은혜였다. 그러나 임진왜란 전 과정에서 명나라의 역할은 결정적인 것은 아니었다. 일본군이 평양→서울→부산으로 퇴각한 것도, 그리고 부산에서 다시는 경부선을 타고 서울로 북상하지 못 한 것도 명나라 군대 때문이라기보다는 이순신의 해군 때문이었다. 명나라는 일본군과 싸워서 결정적인 승리를 거둔 적이 없다. 명군은 조선에서 목숨을 바쳐서 싸울 이유가 없었기 때문이다. 단지 자신들의 참전 소식을 듣고 일본이 놀래서 자발적으로 퇴각해 주기를 바란 정도였다.

그런데 서인들은 임진왜란이 명나라가 조선을 구제해 준 사건이라고 말한다. 송시열에 따르면 임진왜란에서 조선은 망하게 생겼는데, 명나라가 참전해서 다시 되살아나게 되었다. 명은 조선에게 재생의 은혜를 베풀었다. (송시열은 '再造之恩'이라 큼지막하게 써서 걸어 두었다. 재조지은 설은 선조가 최초로 만들어냈다.)

실제로 명나라가 그렇게 대단하게 임진왜란에서 활약했는가? 물론 그러지 않았다. 그런데 왠 '再造之恩'? 이는 현실을 있는 그대로 묘사한 말이 아니라, 자신들의 입장을 듬뿍 반영한 정치적 주장이다.

그렇게 말해야 임진왜란을 맡아서 치른 동인들의 업적을 무시할 수 있게 된다. 동인의 업적 - 이순신의 해전, 경상도 지역의 의병들, 서애 유성룡의 영의정 역할 등, 그 모든 것이 "명나라 참전의 결과"라는 한 마디로 일거에 뭉개진다.

(4) 소국(小國) 의식

서인이 쿠데타로 광해군을 몰아낸 것은 국내파, 자주파의 몰락을 의미한다. 반대로 외세 숭상의 사대파가 득세한 것이다.

① 동인-북인이 임진왜란의 공헌으로 선조-광해군 때에 계속 집권한다. 야당이었던 서인들은 북인들의 집권 명분을 깎아 내리기 위해서 명나라의 임진란 참전 업적을 과장한다.

이보다 좀 더 중요했던 것은 '명나라의 참전'을 인조 쿠데타의 명분으로 사용했다는 점이다. 그들은 쿠데타를 감행하여 집권 여당인 북인을 치고 정권을 잡았다. 광해군을 몰아내고 인조를 세운 것이다.

이 쿠데타의 명분은 강상(綱常) 윤리(倫理)이다. 광해군이 충과 효를 어겼기 때문에 그는 군주가 아니라는 것이다. 폭군 '걸(桀)과 주(紂)'는 임금이 아니므로, 그들을 쫓아내는 것은 "임금을 몰아내는 것이 아니라 깡패를 제거하는 것"이다 - 이는 맹자가 제시한 혁명론이다.

김장생이 이 논리를 개발했다. 그는 연산에 은거하면서 제자를 키우고 예학(禮學)을 연마했다. 그 예학(禮學)의 목표가 바로 강상 윤리의 확립이었다.

② 광해군이 충(忠)과 효를 어겼다. - 이는 주로 두 가지 사실과 연관이 있다. 하나는 인목대비와 영창대군, 또 하나는 명나라이다.

인목 대비를 유폐시키고 영창 대군을 죽인 것 - 그게 패륜이기는 하나, 정치적으로는 정당하다. 쿠데타를 시도하는 자들은 제거해야 한다. 광해군이 좀 더 군주다웠다면 잔인하게 해서 서인을 완전히 제거해 버렸을 것이다. (그렇지 못 해서 인조 쿠데타가 성공한 것이다.)

명나라 - 명나라는 임진왜란 때 우리나라를 도와서 멸망에서 구출해 주었다. 따라서 명나라는 조선에 대해서는 천자의 나라이고, 아버지의 나라이다. 조선은 명나라의 신하이고 아들이다. - 명나라를 배반하는 것은 불충(不忠)이고 불효(不孝)이다.

이 정신적인 노예 상태, 정신적인 식민 상태는 왜 나왔는가. 물론 서인이라는 당파심에서 나온 것이다. 쿠데타를 합리화시키려면 그 논리로 나갈 수밖에 없다. 명나라를 높이고, 후금를 오랑캐로 깎아서, 사르흐 전투에서 강홍립으로 하여금 후금에 투항하게 한 광해군을 비판하는 수밖에 없다.

③ 인조 쿠데타가 성공하면서, 임진왜란 때 "명나라의 참전이 조선을 구해 주었다"는 것은 움직일 수 없는 사실이 되어 버렸다. 실제로 그랬는지와는 상관없이 그래야 했다. 그렇지 않다면, 쿠데타의 명분이 손상되기 때문이다. 사실이 이제는 당위가 되었다.

쿠데타의 성공으로 이제 명나라는 관념 속에서 절대화되기 시작했다. 명나라는 하해와 같은 성은(聖恩)으로 조선을 구출해 준 나라였다. 반면 그 명나라를 잡아먹으려 하는 후금은 오랑캐이고 악마였다.

명나라에 대한 지극 정성이 크면 클수록 후금에 대한 증오는 깊고 날카로웠다.

쿠데타의 성공이 가져온 명나라 열광은 후금에 대한 증오를 낳고, 이윽고 병자호란을 불러 일으켰다. 병자호란에서 참담한 패배, 조선이 실질적으로 멸망한 패배는 다시 후금에 대한 증오와 함께 지극한 공포심을 심어 주었다. 지극히 밉고, 지극히 무서운 악마.

이 악마를 극복하기 위해서 다시 명나라가 필요했다. 혹은 후금은 조선을 멸망시키는 대신 서인 정권을 고스란히 살려준다. 그 치욕에서 벗어나 서인이 집권 명분을 갖기 위해서 명나라가 필요했다.

이번에는 인조 쿠데타처럼 명나라는 선택 사항이 아니라, 필수적인 사항이었다. 명나라 = 문명(中華)인데, 그것이 이제 조선에만 남아 있다. 조선의 작은 중화를 수호하는 천사가 바로 서인 정권이다. - 소중화 이론이 그런 논리이다.

관념 속에서 이제 명나라는 절대화의 완성판, 지존으로 자리 잡았다. 임진왜란에서 조선을 건져준 것은 부차적인 것이다. 명나라는 문명이며, 천당이며, 하느님이었다.

그리고 명나라가 멸망한 지금, 조선이 작은 명나라, 소중화이다. 어떤 대상에 절대적으로 집착하다 보면, 자신이 그 대상이 된다. 자신의 자아가 그 대상의 자아로 치환된다. 자신의 자아를 버리고, 상대의 자아가 된다. 소중화가 바로 그런 정신 질환이다.

④ 임진왜란에서 시작된 명나라의 성역화는 소중화론으로 완성되었다. 그들의 의식에서 명나라는 강상윤리 대의명분 진리 정의였다. 반면 청나라는 야만이고 악마였다.

그리고 많은 곡절을 겪은 끝에 북학파에 가면 청나라가 슬그머니 명나라의 자리를 차지한다. 청나라는 증오의 대상이 아니라 배워야 할 대상이었다. 북학(北學)이 바로 그것이다. 청나라는 증오와 선망의 양가 감정의 대상이 된다.

명나라는 선망의 대상을 넘어서 우리의 자아가 되었다. 소중화론이 그것이다. 반면 청나라는 증오와 선망의 대상이다. 그것을 거부하면서 받아들인다. 자아의 분열이다.

⑤ 명나라와 청나라에 대한 집권 서인들의 태도의 변화는 확실히 정신 병리적인 것이 있다. 사실은 사실대로만 볼 것이다. 그러나 그들은 자신들의 정치적 필요에 따라 명나라를 성역화하고, 청나라를 악마로 몰다가 다시 청나라를 배워야 할 대상으로 삼았다.

사대주의는 본질적으로 그런 증오와 선망의 양가감정일 것이다. 우리 역사에서 중국의 강자는 절대 지존으로 군림했다. 신라의 백제 병탄은 당나라의 도움이 절대적이었다. 왕건의 고려 건국, 이성계의 조선 건국은 중국이 분열되어서 한반도를 간섭함이 없었기에 가능했다. 고려 중기의 원나라의 침략과 반식민지화, 그리고 조선 중기의 병자호란은 반대로 중국이 통일되면서 한반도를 간섭한 일이다.

서인 정권은 사실 이상으로 망해 가는 명나라에 집착하다, 신흥 강국 후금-청나라에 처절하게 당했다. 그들은 누가 강국인지, 누구에게 사대(事大)를 해야 하는지 역사가 가르쳐 준 교훈을 잊은 것이다. 고려 중기 무신 정권은 신흥 원나라와 싸우다 망했고, 원나라에 빌붙은 친원파 문신 정권이 들어섰다.

반면 후금은 중원 도모의 원대한 전략 때문에 조선에 무능한 서인 정권을 그대로 두었다. 물러나야 할 정권이 다시 집권하면서 그들은 또 명나라에 집착한다. 이번에는 완전히 허위의식이었다. 조선이 소중화라는 것도 그렇고, 명나라가 중화라는 것도 그렇다. 가장 문제는 이미 망해서 없어진 명나라에 그렇게 집착한다는 것 자체가 허위 의식이었다.

임진왜란은 명나라를 통해서 그렇게 끝까지 조선 역사에 영향을 끼쳤다.

고려 후기의 친원파와 병자호란 뒤의 서인-노론의 심리 상태는 비슷하다. 친원파는 살아있는 강대국에 붙었고, 서인 노론은 망한 강대국에 집착했다. 그러나 둘 다 소국(小國) 의식, 소민(小民) 의식이라는 점에서는 같다. 그것은 작은 나라의 지배층의 의식이 결국 도달하게 되는 지점이다. 논리적으로 그렇다.

3) 10만 양병설의 허구

조선시대 당쟁의 승리자는 서인-노론이다. 서인의 지도자들에게는 유난히 신화와 전설이 많다. 서인의 창시자이자 영수였던 율곡 이이의 경우, 동해의 검은 용이 신사임당의 품에 들어온 태몽 뒤에 낳은 아이였다.

이이의 신화 가운데 하나가 10만 양병설이다. 그 국방 이론의 허구의 껍질을 한번 벗겨 보자.

(1) 10만 양병설은 진위가 불분명하다.

과연 이이가 그런 주장을 했는가. 했다면 어떤 자리에서 했다는 말인가. 이이가 그런 주장을 했을 때, 과연 서인이 거당적으로 그것을 추진했는가?

이 모든 점에서 10만 양병설은 사실성이 희박하다. 우선 이이가 과연 그 주장을 했는가? 이이 당시의 조선 왕조 실록이나, 혹은 조선의 공식적인 문서에는, 이이가 그런 주장을 했다는 기록이 나오지 않는다. 다시 말해서 공식적인 자리에서 정식으로 이이가 그런 주장을 제기하지 않았다는 말이다.

10만 양병설의 진원지는 김장생의 율곡 행장이다. 이이의 제자 김장생은 율곡 행장을 썼는데, 거기에 10만 양병설이 나와 있다. 내용은 이렇다. 어느 날 경연 뒤에 이이가 그런 말을 했고, 동인 누구도 동감했다. - 이런 정도이다.

이 말이 사실이라면, 이이의 주장은 사적인 자리에서 사적인 제안이었을 것이다. 만약 경연 석상에서 공식으로 제기했다면 실록에 남아 있을 것이고, 조정에서 동인 서인 사이에 격론이 벌어졌을 것이다. 그리고 이후 서인이 당론으로 채택해서 계속 밀고 나갔을 것이다. 10만 양병이란 지금도 함부로 결정할 수 없는 일인데, 물자 생산이 부족한 조선시대에는 거창한 일이었기 때문이다.

그런데 그런 격론도 없고, 기록도 없다. 서인들이 당론으로 채택한 적도 없다. 그렇다면 경연 끝나고 나오면서 이런 저런 잡담하다가 지나가는 말로 10만 양병을 주장했을 가능성이 가장 크다.

이이는 병조판서를 했고, 판서 당시 핵심 문제는 일본이 아니라 북방의 여진족 문제였다. 그때 발흥한 여진족이 광해군 때는 후금이 되어 명나라를 위협했다. 따라서 사석에서 말한 10만 양병도 일본에 대한 대비책이 아니라 여진족에 대한 대비책으로 말했을 가능성이 많다.

문제는 이런 식의 지나가는 말을 왜 김장생은 율곡 행장에다 기록했고, 그 이후 서인-노론들은 그걸 떠벌리고 다녔냐 이것이다.

그건 간단하다. 임진왜란을 책임지고 치렀던 사람들이 동인이었기 때문이다. 유성룡은 영의정으로서 임진왜란 처리를 주도했다. 주요한 의병장도 동인들이었다. 서인은 임진왜란에 관한 한 한 것이 별로 없다. 서인의 인품 성혼은 선조가 황급히 의주로 도피할 때, 임진강 가에서 살면서 나와 보지도 않았다. 서인 계열 의병장 가운데 충청도의 조헌이나, 전라도의 김천일 등이 있으나 그들은 다 죽었다. 그리고 서인의 주류도 아니었다.

결국 임진왜란에서 서인은 초라하다. - 그럼 서인이 뭔가를 했다는 것을 말해야 한다.. 그래서 만든 것이 바로 이이가 10만 양병을 주장했다는 신화이다. 이 신화는 동인 김성일이 일본에 사신 갔다 와서, 일본이 쳐들어오지 않을 것이라 오판했던 것과 상승 작용을 일으켜, 이이의 선견지명이 돋보이는 신화가 된다. 이제 서인도 임진왜란 때 많은 것을 했다!! - 이게 가능해진 것이다.

(2) 한국군을 지배하는 통념 - 육군이 국군이다.

좋다. 뭐 10만 양병을 주장했다고 치자. 아니 힘들지만 10만 양병을 했다고 하자. 그래서 한반도 남부에 배치했다고 하자. - 그래서 임진왜란이 예방되거나, 조선의 일방적인 승리로 끝날 수 있는가?

우리 한번 전략 시뮬레이션을 해 보자는 것이다.

10만 양병이란 물론 육군을 양성하자는 것이다. 수군 10만명이면, 그건 어마어마한 규모이기 때문이다.

10만의 육군이 한반도 남부에서 일본군을 격퇴한다는 것은, 일단 일본군이 상륙한 뒤에 싸워서 이긴다는 것이다. (물론 상륙 그 시기부터 싸움이 진행될 것이다.)

이건 상당히 미련한 전략이다. 자기 영토에 적군이 들어와서 전투를 한다? 그건 결국 자기 영토가 어떻게든 유린된다는 말이고, 만약 패배라도 한다면 그대로 적군은 서울까지 진격해 올 것이다. - 이건 지극히 위험한 시나리오이다.

최선의 시나리오는 무엇인가? 바로 수군을 키우는 것이다. 10만 육군이 아니라 5천 수군을 키우고 전함을 다수 건조하는 것이다. 그리고 부산 앞 바다에 배치하여 일본 군함을 치는 것이다. 침략을 위해서 일본 군함은 다량의 군수 물자와 많은 병사(수군 뿐만 아니라 육군)를 싣고 있기 때문에 지극히 굼떠서 제대로 해전을 할 수 없다. 조선 해군은 이순신의 활약에서 보여 주었듯이 일본 해군에 비해서 차원이 다른 근대적인 공격 전술을 쓰고 있었기 때문에, 쉽게 일본 해군을 격파할 수 있었을 것이다.

설사 바다 방어전이 실패해서 몇몇 일본군이 상륙했다 하더라도 이번에는 조선 육군과 싸워야 한다. 그리고 배후에는 여전히 바다에 조선 해군이 있다. 이렇게 해군을 양성해서 부산 앞 바다를 지켰다면, 임진왜란은 일어날 수 없었을 것이다.

이 나라에는 아직도 육군이 국군이라는 통념이 존재한다. 그건 임진왜란 때 이미 깨어졌다. 그런 통념이 육군 10만 양병을 사실로 믿게 한다. 육군 10만 양병은, 비용은 무지하게 들어가는데, 효과는 별로 없는 것이다. 해군 5천에 다수 군함- 그건 당시 조선으로서도 어렵지 않게 할 수 있었다.

현대전을 보면, 육군은 이미 부차적이다. 육군이 전체 전쟁의 승패를 결정했던 시대는 이미 지나갔다. 임진왜란을 보면 알 수 있다. 서양도 1차 대전을 넘어서며 육군의 시대는 지나갔다. 이제 전쟁은 해군과 공군, 혹은 미사일 부대가 승패를 결정한다. 육군은 그렇게 승리가 결정되면 점령하러 가는 정도이다.

4) 10만 양병설의 진위

이하는 정원재의 [함자무]에 있는 정원재 선생의 글을 수록한 것이다. 10만 양병설의 허구에 대해서 정확하게 설명하고 있다.

출전: http://club06.cyworld.nate.com/club/main/club_main.asp?club _id=50279686#

(1) 기록으로 본 10만 양병설

① (10만 양병설은) 『율곡연보(栗谷年譜)』, 김장생(金長生)이 지은 『율곡행장(栗谷行狀)』, 이정구(李廷龜)가 찬술한 『율곡시장(栗谷諡狀)』, 『선조수정실록(宣祖修正實錄)』의 기록이요, 『선조실록(宣祖實錄)』에는 기록되어 있지 않다. 그것은 당시의 사관(史官)들이 거의 동인들이었으므로 그러한 사실을 일부러 기록하지 않았을 것으로 보인다. (이하 인용문 셋은 "율곡 사랑" http://www.yulgok.co.kr/idea/ 10man.htm에 있는 것이다.)

이것은 이이의 십만양병설이 실제로는 없었을 것이라 점을 짐작하게 하는 근거이기도 합니다. 십만양병설은 오직 이이의 제자만이 주장하고, 동시대 어떤 인물의 기록에도 나오지 않으니까요. 또, 이이 제자들 기록도 대부분 "옛날에 이이가 십만 군사를 기르자고 했었는데"식의 회고담일 뿐, 정확히 언제 했는지는 말하지 않습니다.

그나마 시기를 짐작하게 하는 기록은 둘인데요, 『선조수정실록(宣祖修正實錄)』에선, 1582년의 일을 기록하면서 "옛날에 이이가 이런 말을 했었다"는 식으로 덧붙이고 있습니다. 그렇다면 적어도 1582년 이전에 이런 말을 했다는 것인데, 1581년까지의 일을 자세히 기록한 이이의 『경연 일기』에는 그런 기록이 전혀 없습니다.

또 송시열이 지은 『율곡 연보(栗谷年譜)』에서는 이 일이 1583년에 있었다고 적고 있고요. 그러니 제자들의 기록에서조차 이이가 언제 그런 말을 했는지 알지도 못하거나 서로 엇갈리게 증언하고 있는 셈이지요. 참고로 위 기록 중에서 송시열의 기록이 가장 나중의 것이랍니다.

"『선조 실록(宣祖 實錄)』에는 기록되어 있지 않다. 그것은 당시의 사관(史官)들이 거의 동인들이었으므로 그러한 사실을 일부러 기록하지 않았을 것으로 보인다"라고요? 재미있는 발상이군요. 기록상의 문제를 당파 의식 때문이라고 몰아붙이니 말입니다. 이 논리대로라면, 인조반정 후에 서인들이 주도하여 만든 『선조 수정 실록(宣祖修正實錄)』에는 당연히 이이가 십만양병을 주장하는 날의 기록이 나와야 할 것입니다. 그런데 왜 나오지 않는 걸까요? (또 이 주장대로라면 이이는 동서의 대립을 중립적으로 조정하려 한 이가 아니라 명확히 '서인'이 되는군요.^^)

② 그래서 한편에서는 율곡의 10만 양병론이 허구라는 주장도 있다. 즉 『조선왕조실록(朝鮮王朝實錄)』에 율곡의 10만 양병론과 관련한 기사가 여러 군데 기록되어 있지만, 그것은 모두 이후의 기록으로, 오히려 서인들의 율곡 부풀리기를 위한 조작이라는 것이다.

이미 말씀드린 것처럼, 조선왕조실록에 나온다는 10만 양병론 주장은 모두 인조 이후에 율곡학파가 "옛날 이이 선생이 이렇게 말씀하셨는데..." 라고 회고하는 기록입니다. 정작 선조실록에는 이이가 이를 주장하는 것에 대한 기록이 나오지 않습니다.

여기서 한 가지 염두에 둘 점은, 인조 반정 이후의 정치 상황은 그 이전과 엄청난 차이가 있다는 것입니다.

③ 물론 『조선왕조실록』에는 정파의 이해 관계가 얽혀 왜곡된 부분도 있지만, 율곡이 양병론을 주장하기 이전에 벌써 '6조계'를 올려 전시 대비 국방강화를 건의하면서 "자세한 내용은 반드시 직접 뵙고 상세히 말씀드리겠다"고 한 점, 또 반대파인 서애(西崖)도 임진왜란이 일어나자 9년 전에 별세한 율곡(栗谷)을 '진인(眞人)'이라고 추모했던 점 등으로 미루어 볼 때 율곡의 10만 양병론은 사실로 보인다.

"자세한 내용은 반드시 직접 뵙고 상세히 말씀드리겠다"고 한 구절이 있다고 해서, 그것이 반드시 십만양병론의 주장이 되리라는 법은 당연히 없겠지요? 너무나 미약한 근거입니다. 설사 임금에게 말로 전했다 하더라도, 조선시대엔 '독대'란 게 원칙적으로 없고 임금과 신하의 대화 내용을 사관이 다 적게 되어 있답니다. 그러니 기록으로 남게 되어 있지요. 게다가 "자세한 내용은 반드시 직접 뵙고 상세히 말씀드리겠다"고 했다면, 그 내용도 '6조계'의 논지와 관련이 있어야 하겠지요? 6조계에서는 10만 군사를 기르자는 식의 과격한 주장이 아니라, 군사를 기르기 위해서는 먼저 백성이 잘 먹고 잘 살 수 있게 해야 한다는, 매우 원론적인 주장이 전체적인 기조를 이루고 있습니다. 그러니 6조계를 들먹이면, 오히려 10만 양병설을 주장할 근거가 희박해집니다.

"반대파인 서애(西崖)도 임진왜란이 일어나자 9년 전에 별세한 율곡(栗谷)을 '진인(眞人)'이라고 추모했던 점"이라는 말은 역시 《율곡연보(栗谷年譜)》 등 이이 제자의 기록에 나오는 말입니다. 마찬가지로 충분한 논거가 되기에 부족하겠지요?

> ④ 서애 유성룡은 왜란 당시 선조임금을 모시고 개성으로 평양으로 의주로 피난을 다니다가 왜란이 평정된 뒤에 『징비록』이란 책을 남겼는데, 이 책에서 **"율곡은 참으로 성인이다. 만일 그의 말을 시행하였다면 나라 일이 어찌 이 지경에 이르랴! 또 그 전후의 계책을 혹 비난하는 사람도 있었지만, 지금은 그의 말이 모두 척척 들어맞는다. 만일 율곡이 있으면 반드시 오늘에 맞는 일을 할 것이니 참으로 오래 기다릴 필요도 없는 명백한 일이다."**고 진술하면서 율곡의 정확한 예언을 듣지 않았던 것을 크게 후회하였던 것이다.

『징비록』에 이런 말이 있다는 얘기는 저도 처음 들었습니다. 그래서 오늘 도서관에서 『징비록』을 뒤져보았습니다. 다행히 『징비록』은 번역이 되어 있고, 친절하게도 뒤에 인명 색인이 있어서, 이런 기록이 있는지 금방 확인할 수 있었습니다. 결과는? 『징비록』엔 아예 이이 이름이 나오지도 않는다는 것입니다. 그러니 『징비록』 운운은, 『율곡 연보(栗谷年譜)』 등에 유성룡이 후회하는 대목이 있으니까, 유성룡의 이 말이 그의 저술인 『징비록』에 나온다는 식으로 멋대로 지어낸 것이지요.

⑤ 이이의 십만양병설에 대한 연구 중 가장 유명한 글은 아래의 논문입니다. 학교의 전자도서관에 들어가면 전자잡지로 읽을 수 있습니다.

이재호, 「선조 수정실록 기사의 의점에 대한 변석 - 특히 이율곡의 '십만 양병론'과 유서애의 '양병 불가론'에 대하여 - 」 『대동 문화 연구』 19, 1985

이 글이 다소 전문적이어서 읽기 어렵게 느껴진다면, 대중서에서 이 문제를 다룬 것으로는 아래 책이 있습니다.

이덕일, 이희근 지음, 『우리 역사의 수수께끼 (2)』, 김영사, 2000.08.01 이 중 3부의 "5. 이율곡은 과연 임진왜란을 예견하고 십만양병설을 주장했을까"

(2) 십만양병설이 없었다고 생각하는 이유

① 첫째, "십만 양병"의 주장은 오늘날로 치면 지상군을 백만 명으로 늘리자는 주장과 마찬가지입니다. 따라서 21세기 대한민국에서 만약 국방장관이 어느 날 이런 주장을 했다고 하면, 다음날부터 신문과 방송에서 온갖 찬반양론으로 난리가 날 것입니다. 그러니 당시 병조판서인 이이가 이런 놀라운 주장을 했는데, 실록은 물론이고 당대의 기록에 전혀 이에 대한 얘기가 없다는 점을 어떻게 설명해야 할까요?

② 둘째, 십만 양병의 주장은, 농업이 생산력의 근간이었던 당시 조선의 경제력으로는 실행하기 매우 어려운 것이었으리라는 점입니다. 이에 대해서는 역시 율곡학파인 김만중(『구운몽』과 『사씨 남정기』를 쓴 인물)도 비판하고 있고, 성호 이익도 비판하고 있습니다. 이재호 선생님의 논문을 참고해 보시기 바랍니다.

③ 셋째 각 도에 일만 명씩의 군사를 둔다고 하는 것은, 문치(文治)를 이념으로 하던 조선의 형편을 고려해 본다면 사실상 반란의 위험을 키운다는 것이나 마찬가지가 됩니다. 만약 충청도 감사와 황해도 감사가 연합해서 2만의 군사로 남북에서 서울로 쳐들어온다면, 대책이 없으니까요. 이는 조선 초기에 겪었던 이시애의 난이나 후기의 이괄의 난을 생각해 보면 금방 알 수 있는 사실입니다.

④ 넷째, 십만양병설이 있었다고 주장하는 사람들은 이것이 이이의 위대성을 말해 준다고 생각하는 듯합니다. 이 분들의 생각대로라면, 이이는 위대한 사람이긴 하나 위대한 '예언가'에 가까울 것입니다. 제가 본 이이의 모습은 조금 다릅니다.

이이는 무척 현실적인 관료였습니다. 그래서 병조판서를 지내면서 제시한 병력 확보 방안도 매우 현실적인 수준의 것이었습니다. 병적 대장을 꼼꼼히 정비하고, 무술이 뛰어난 천민은 양인으로 만들어 군대에 들어오게 한다는 것입니다. 당시의 형편으로는 군사 수를 늘리기가 쉽지 않다는 것을 잘 알고 있었기에 이런 대책을 내놓은 것이지요.

그런데 평소에 이런 주장을 하던 이이가 당시의 경제력이나 정치적 형편을 전혀 도외시한 채 어느 날 느닷없이 십만 양병설을 내 놓았다면, 이는 그야말로 뚱딴지같은 일이었을 것입니다. 저는 그래서 이이가 십만 양병설을 주장했다고 하는 주장이야말로, 이이를 우스꽝스럽게 만드는 것이라고 생각합니다.

⑤ 결론적으로 말씀드린다면, 십만 양병설은 이이와 이이의 사상을 이해하는 데에는 전혀 도움이 되지 않습니다. 그보다는 이이의 권위에 기대었던 이들 - 율곡학파와 현대의 일부 인물들 - 의 심리 상태를 파악하는 문제에만 어느 정도 의미를 갖는 이야기입니다. 그것은 지식이 어떻게 권력이 되는가 하는 문제와 밀접한 관련이 있을 것입니다.

(이상 정원재 선생의 글입니다.)

3. 대원군의 10년, 민비의 10년

1) 1880년대 연표

(1) 안동 김씨 세도 정치 (1801-1862)

1801 정조가 죽고, 신유사옥으로 정약용 등 남인 실학자들이 탄압당함.

1805 **김조순의 1차 안동 김씨 세도 정치** 시작.

1811 홍경래의 난

1834-1848 헌종 시기, **풍양 조씨의 세도 정치**.

1839-1842 중국, 1차 아편 전쟁. 난징 조약으로 홍콩 할양 등.

1849 **철종 즉위. 2차 안동 김씨 세도 정치**가 시작됨.

1850-1863 태평천국의 난.

1854 철종 5년 미국 페리 제독이 일본을 개국시킴.

1856-1860 제2차 아편 전쟁 (애로우호 사건)

1958 아편 전쟁 ; 영국 프랑스 군이 천진 점령. 천진 조약

1860 아편 전쟁 ; 영국 프랑스 군이 북경 점령. 북경 조약

1860. 4. 5. 최제우(36세) 득도, 동학 창시.
시천주(侍天主)와 개벽(開闢) 사상 제시.

1862 진주 민란. 3남(南 ; 전라, 경상, 충청) 전체가 동요 속에 휩싸임. 농민들은 수령(守令)에게 조세의 감면을 요구하고, 환곡(還穀) 장부를 불살랐으며, 유혈 방화에 이르렀다. 이들의 목표는 혁명이 아니라 각 지역 지방관의 토색질에 대한 분풀이였다.

(2) 대원군의 개혁 정치 10년 (1864-1873)

1863 철종 죽고 고종 즉위. 대원군의 섭정 시작. 안동 김씨의 부패한 세도 정치로 3남에 민란이 일어난 결과 대원군의 즉위한 것이고, 대원군은 서원 철폐 등 내정 개혁을 단행함.

1866 고종 3년 (1) 오페르트의 남연군묘 도굴. (2) 미국 상선 제너럴 셔먼(General Sherman)호가 대동강에 와서 교역 요구. 평양의 군민이 격침시킴. (3) 병인 사옥(邪獄) ; 대원군은 천주교를 박해하여 프랑스인 베르누이 등 신부 9명과 남종삼 등 신도 8000여명을 처형했다. (4) 병인양요 ; 프랑스 함대가 강화도 점령. * 척사 윤음(斥邪 綸音)을 발표하다.

1868 일본 **메이지(明治) 유신**. 근대화 시작.

1871 신미 양요 ; 제너럴 셔먼 호 사건으로 미국의 아시아 함대가 강화도 공격 - 대원군은 대외 강경책을 전개하면서, 척화비를 세웠다.

(3) 민씨 세도 정치 - 첫 10년 (1873-1884)

1873 고종 10년 최익현의 상소문으로 대원군 하야. 민씨 세도 정치 시작. 민씨 정권은 개국으로 나감.

1875 고종 12년 운양호 사건

1876 강화도 조약, 일본과 수호 조약 맺음. **1차 수신사** 파견. 김기수 등 75명이 일본에 파견되어 산업 교육 등을 시찰함.

1880 고종 17년, **2차 수신사** ; 김홍집 등 파견. 일본의 군사 교육 산업 시찰. 귀국할 때 중국인 황준헌이 쓴 『조선 책략』을 고종에게 바침. (이 때문에 위정척사 운동이 더 고조됨.)

1881 고종 18년 (1) 김홍집의 주장에 따라 **신사 유람단** 파견 - 박정양 어윤중 홍영식 등 12명을 일본에 파견. (2) 중국 견학 - 이

홍장의 권고에 따라 김윤식을 **영선사**로 삼아 69명 인솔하고 천진 무기창을 방문. 신식 무기 제조법 배움. (3) 청나라 식으로 행정기구 개편. 통리 기무 아문과 12사 설치. / 일본의 권고로, 별기군이라는 신식 군대 조직 훈련.

1882 이런 견문으로 내정을 개혁함. 5군영을 개편. 무위영과 장어영으로 개편함.

1882 **임오군란**, 구식 군인 유춘만 김장손 등은 차별 대우에 분개해서 반란을 일으킴. 민씨 요청으로 청나라가 파병하여 진압. 대원군 납치. 민씨 정권은 청의 후원 아래 존속하며, 조선은 청나라의 속국이 됨.

1882 청나라, 미국과 수호 조약 맺음. 1884 러시아와 국교를 맺다.

1884 **갑신정변**. 김옥균이 일본 공사와 결탁하여 일으킨 쿠데타. 일본의 배신과 청나라 군대의 개입으로 실패함. 이후 민비는 일본을 극도로 불신했고, 청에 기대서 정권 존속. 모든 개혁 반대.

1885 갑신정변 수습 - 일본이 조선과 [한성 조약]을, 일본이 청나라와 [천진 조약]을 맺다.

(4) 민씨 세도 정치 - 후반부 10년 (1884-1895)

1885 - 1894 별 다른 일이 없음. 부패한 세도 정치로 세월 보냄.

1890 제주도 어민 반란, 함경도 경상도에서 광부의 반란.

1894 (1) 2월-12월 갑오 농민 혁명 (동학 혁명) (2) 7월부터 갑오경장 (3) 7월부터 청일 전쟁

1895 (1) 삼국 간섭, (2) 을미 사변 (명성 왕후 시해 사건)

2) 대원군과 10년의 세월

1800년대는 "안동 김씨 세도 정치 (대략 1801-1862; 풍양 조씨 세도 정치 제외), 대원군의 개혁 정치(1864-1873), 여흥 민씨 세도 정치(1873-1894)"의 정권 교체가 있었다.

부패한 안동 김씨의 세도 정치는 1862년 진주에서 민란(우우통)이 일어나서, 3남(南) 전체가 동요 속에 휩싸임으로 끝났다. 1864년 대원군은 안팎의 문제를 안고 섭정을 시작했다. 안으로는 착취당한 백성들의 원성과 세도 정치로 땅에 떨어진 왕실의 권위, 밖으로는 서구 열강의 침략이 그것이었다. 개혁 정치는 시대적 요구였다. 군함을 타고 와서 남의 나라를 강점하고 식민지로 만들던 당시의 서구 열강이란 사실상 해적들이었다. 그것도 너무 강한 해적이었다. 결국 국가의 모든 힘을 중앙에 결집시켜서 그 해적들과 싸우는 수밖에 없었다. 대원군은 강력한 중앙 집권을 위해서 서원을 철폐했다. 당색을 떠난 인재등용, 관제 개혁, 법전 완비, 경복궁 재건 등의 대원군의 개혁 정치는 결국 그런 연장선에 있었다.

메이지 유신 당시 일본도 지방의 봉건 영주들의 독자 세력권을 모두 부정한다. 서구 열강과 싸우려면 힘을 중앙에 결집시킬 수밖에 없었기 때문이다.

그런데 사람들은 대원군의 쇄국 정책을 비난한다. 국가의 힘을 모아서 서구 열강, 아니 조선을 식민지로 만들려는 자들과 싸우는 것이 뭐가 문제인가? 대원군을 몰아내고 집권한 민씨 세도 정치는 열강과 수교를 하는 것을 '문명 개화'라 했다. 그런데 보라. 1875년 운양호 사건으로 76년에 일본과 강화도 조약을 맺는다. 조약 내용은 이런 것이다. **"부산 이외의 두 개의 항구를 연다. 일본은 그 항구들에 영사를 파**

견하여 조선에 거주하는 일본 상인의 범죄는 일본 관헌이 심판한다."

무관세 무역을 인정하면서, 동시에 치외법권을 인정하는 조약! 단박에 드는 의문은 이것이다. 조선이 세 개의 항구를 열었다면, 일본은 왜 하나의 항구도 열지 않는가? 무관세에 치외법권, 이런 식의 주권 포기가 '개화'라면, 그것이야말로 대원군이 척화비에 새겼던 "나라를 팔아먹는 짓"이다.

안으로는 농민 반란, 밖으로는 열강의 침략 속에서 최선의 방법은 대원군이 했던 것처럼, 국력을 결집하여 외세와 싸우는 것이었을 것이다. 여기에서 문제는 서양의 물질문명을 받아들이는 것이다. 그리고 그 부분에서 대원군은 문제가 있었다. 잇달아 천주교를 탄압하면서 서양과 대결만 했다. 반면 일본은 서양과 대결하다가 바로 서양의 문물을 받아들이는 정책을 취한다. 그것은 결코 민씨 세도 정치처럼 나라를 팔아먹는 짓은 아니었다. 또한 대원군이 개방 정책으로 나가기에는 너무 짧은 세월, 10년 동안 집권을 했을 뿐이다. 그리고 서양의 물질문명을 받아들여서 부국강병으로 나가는 책임은 민씨 세도 정치에 지워진 짐이었는데, 1873-1894까지 20년 넘는 세월, 민씨 세도 정치는 부패와 타락으로 내부적으로는 갑오 농민 봉기, 외부적으로는 청일전쟁을 불러일으키고 결국 조선을 멸망으로 이끌었다.

3) 명성왕후와 전반기 10년의 세월

요즘 보면 뮤지컬 [명성 황후]가 나오고, 몇 년 전에 방영된 드라마는 명성 황후를 칭찬한다. 개화를 위해 무진 노력했는데, 일본 그 깡패들이 그녀를 무참히 죽였다 등.

그 드라마를 보면서 절로 드는 의문은, 개화를 그렇게 추진했는데, 왜 조선은 식민지가 되었나? 식민지가 된 것에 그녀는 책임이 없는가?

그녀가 일본인 깡패들에게 살해당한 을미사변은 불행한 사건이었다. 국제적으로나 도덕적으로나 있을 수 없는 사건이다. 그러나 현실 정치는 냉엄한 것, 나아가 국제 정치는 철저하게 정글의 법칙이 적용되던 것이 당시의 상황이었다. 그런 측면에서 볼 때 그분이 살해당할 만한 이유는 없었는가? 물론 있었다. 그것은 어느 정도 자업자득이라 할 수 밖에 없었다.

1800년대는 "안동 김씨 세도 정치 (대략 1805-1862; 풍양 조씨 세도 정치 제외), 대원군의 개혁 정치(1863-1873), 여흥 민씨 세도 정치 (1873-1894)"의 정권 교체가 있었다. 이 가운데 가장 중요한 것이 마지막 정권인 민씨 세도 정치이다. 민씨들이 정권을 잡으면서 표방한 것은 대원군의 쇄국 정책과 반대인 개화 정책이었다.

그래서 (1) 일본을 위시하여 미국 영국 독일 러시아 등과 불평등 조약을 맺으면서 항구를 개방한 것이었다. (2) 1880-81년에 일본에 수신사, 신사 유람단 파견, 중국에 영선사 파견하여 배워 오게 한 것. (3) 청나라 식으로 행정기구 개편. 일본의 권고로, 별기군이라는 신식 군대 조직 훈련. 뭐 이런 것이다.

그리고 그 결과는 1882년 구식 군대가 일으킨 임오군란, 1884년 급진 개화파가 일으킨 갑신정변이다. 전자는 개화에 불만을 가진 것이고, 후자는 온건 개화에 불만을 가진 것이다. 암튼 성격은 수구-개화로 정반대인데, 민씨 세도 정치의 타도를 목적으로 한 것은 같았다. 이 두 반란을 민씨 정권은 스스로 힘으로 진압하지 못 하고, 두 번 다 **청나라에 군대 파견을 요청하여 진압한다.** 정권 유지를 위해서 외국 군대를 끌어들이는 자들이 과연 제 정신일까? 이 때문에 청나라는 조선을 속국으로 간주한다. 과거에는 형식적으로 군신 관계였으나, 정식으로 속국으로 보고 간섭한 것이다. 이광수가 1910년대에 일본에 유학 갔을 때 청나라 유학생이 조선을 식민지로 본 것, 요즘도 중국 사람들이 한국을 뭐 속국 비슷하게 생각하는 것은 그런 배경이 있다.

임오군란과 갑신정변으로 피해를 본 일본이 조선과 협상을 한 것은 당연하다. 피해 보상과 가해자 문책 때문일 것이다. 그런데 왜 갑신정변 뒤에 1885년 일본과 청나라가 천진조약을 맺느냐 하는 것이다. 조약 내용은 **"청일 양국군의 공동 철병, 조선에 군대를 파견할 때 상대국에 사전 통고"** 뭐 그런 것이다. - 당시 서구 열강들은 식민지 획득에 혈안이 되어 있었다. 강한 자만이 살아남으며, 강한 자가 되기 위해서 식민지를 넓혀 나가야 했다.

1868년 메이지(明治) 유신을 단행한 일본은 근대화를 이루어 점점 열강이 되었다. 일본은 당시 식민지 1호로서 조선을 꼽았다. (征韓論; 실제로는 대만이 먼저 식민지가 된다.) 이를 위해서 임오군란으로 이미 조선에 기득권을 차지한 청나라와 격돌하는 것은 필연적이었다.

그러나 1885년 당시 일본은 청나라와 일전을 벌이는 것을 주저했다. 아직 근대화, 군사력의 준비가 되어 있지 않았기 때문이다. 청나라도 양무(洋務) 운동으로 한참 군비를 증강하고 있었다. 그 결과 타협한 것이 바로 조선에서 양국 군대의 동시 철병이었다. 청이나 일본이나 조선은 탐나는 물건이었지만, 일단 상호 포기하기로 한 것이다.

4) 명성왕후와 후반기 10년의 세월

이제 조선은 두 호랑이가 물러난 상태에서 자율의 공간이 생겼다. 그 힘의 공백 상태는 1894년까지 10년 동안 유지되었다. 다시 말하자면, 민씨 정권에 바로 그 10년의 기간이 주어진 것이다. 두 호랑이가 다시 조선을 삼키러 오는 것은 시간 문제였고, 그 10년 동안 조선이 해야 할 일은 일본이나 청나라에 먹히지 않는 힘을 키우는 것이었다.

그동안 민씨 정권은 뭘 했는가?

임오군란과 갑신정변으로 피해를 본 민씨 정권은 '개화'에 대해서 '개' 자만 나와도 성난 도사견처럼 덤벼들었다. 그렇다고 유교적인 민본 정치를 한 것도 아니었다. 그저 민씨 세도 정치를 하면서 부패 타락했다. 대표적인 것이 관직을 팔아먹는 것이었다. 이는 안동 김씨 세도 정치 때부터 고질적인 것이었다. 예를 들어 고부 군수 직을 만냥에 파는 것이었다. 만냥에 산 사람이 고부에 부임하면 적어도 3만냥은 쥐어 짜냈을 것이다. 만냥은 본전, 2만냥은 더 높은 벼슬을 사기 위해서.

당시에 웃기는 사건 가운데 하나가 **관직 위조 판매**였다. 관직 임명서를 위조해서 한 500냥으로 파는 것이었다. 그 임명서는 주로 함경도처럼 외진 벽지였고, 어떤 사람이 일단 임명서를 들고 오면 현임은 두 말없이 물러났다. 시도 때도 없이 관직을 팔아먹어서 관직이 수시로 바뀌었으니까. 그렇게 간 사람은 일자 무식꾼이 많았는데, 이방 호방 등의 도움으로 그런 대로 관직을 수행했고, 무엇보다도 백성을 쥐어짜는 것이 적었다. 그도 그럴 것이 500냥에 샀으니까. 그러다 위조단이 잡히고, 포도청에서 함경도 벽지로 그 위조된 임명장으로 관리가 된 사람을 잡으러 갔다. 그러자 백성들이 벌떼처럼 길에 나서서 "우리 어진 현감을 왜 잡아 가시나요!" 하면서 통곡을 했다고 한다. (아마 안동 김씨 세도 정치 때 일이겠지만, 사실이다.)

그 결과 1894년 갑오 농민 봉기가 일어났고 전주성이 함락되었다. 이 봉기를 관군은 진압하지 못 했다. 도대체 20년 민씨 정권은 그렇게 허약했다. 민씨 정권이 늘 하는 일은 외세를 끌어들여 반란을 진압하는 것이었다. 이번에도 청나라에 파병을 요청했고, 청나라 군대가 아산만에 상륙했다. 그러자 천진 조약에 따라 일본도 조선에 파병했고, 인천을 거쳐서 한성을 점령했다. 조선의 내란을 빌미로 한 **전형적인**

침략이었다. 서울의 정권을 장악한 일본은 김홍집 김윤식 박영효같은 온건 개화파를 등용해서 제도를 개혁했다.(김홍집 내각) 그것이 바로 갑오경장이다.

이후 일본-청나라-동학군의 싸움은 필연적이었다. 근대적 군대가 된 일본은 공주 우금치에서 죽창을 든 동학군을 기관총으로 괴멸시키고, 청나라와 이 강토에서 일전을 벌렸다. 그것이 바로 청일전쟁이다. 이제 일본은 메이지 유신 이래 키워온 국력에 자신감이 생겨서 일전을 불사한 것이다. 청나라는 게임도 안 되게 졌다. 결국 청일 전쟁이 일본의 승리로 끝나는 순간, 조선은 식민지가 되어 버린 것이다. 물론 청나라가 이겼어도 마찬가지였을 것이다.

이후 조선이 일제의 식민지가 되기에는 약간의 우여곡절을 겪는다. 일본이 일방적으로 청일 전쟁에서 이기고 조선을 차지하자, 일본이 극동에서 독주하는 것을 우려한 러시아는 프랑스 독일과 연합하여 일본에 간섭을 한다. 3국의 요구로 일본은 전리품으로 챙긴 중국 요동반도를 반환하고, 조선에서도 한 발을 빼게 된다. 일본은 아직 그 세 나라와 싸워서 이길 자신이 없었던 것이다.

이를 본 명성황후는 일본을 종이 호랑이로 생각하여, 친일 김홍집 내각을 깨뜨리고, 이완용 등의 친러 내각을 세운다. 삼국 간섭에서 보여준 러시아의 힘에 매혹된 것이다. 명성황후는 이제 힘이 없음이 증명된 청나라가 아니라, 러시아에 빌붙은 것이다. 가문 정치를 보존하기 위해서 힘이 센 외세를 바꾸어 탄 것이다. 궁중 음모 정치이다.

이를 두고 볼 수 없었던 일본은 군인이 아니라 깡패들을 동원하여 경복궁을 습격하여 명성황후를 살해하고 불 태워버린다. 아직 한성을 장악하고 있던 일본을 명성황후는 너무 쉽게 본 것이다. 그리고 일본은 점차 러시아와 일전을 각오한다. 그래서 러일 전쟁이 일어나고, 일본이 승리하자 바로 조선은 식민지가 된다.

10년의 세월을 부패 정치로 낭비하고, 러시아에 붙었다가 비참하게 죽은 비운의 왕비. - 자기 궁전에 깡패들이 쳐들어와도 막을 수 없을 정도로 허약했다면, 그것은 명성왕후에게도 책임이 있지 않을까? 최고 권력자는 적어도 자기 방어 정도는 할 수 있게 국력을 유지했어야 하지 않는가? 20년의 세월이 그렇게 짧은가?

물론 그렇다고 을미사변을 일으킨 일본의 행위가 정당화되지는 않는다. 그것은 천인공노할 만행이다. 그러나 정치는 냉엄한 현실 아닌가.

5) 역사에서 방향 정확하게 찾기

(1) 대원군의 왕권 강화

대원군의 왕권 강화는 농민 반란 제압용인가. 농민 반란을 막기 위해서 대원군이 한 일이 뭔가? 서원 철폐와 경복궁 중건 등은 왕실의 권위와 위상을 높인 것이다. 당파를 초월하여 기용한 것도 국가 권력 강화이다. - 그렇다면 대원군이 집권하기 전에 삼남을 휩쓸었던 우우통을 막기 위해서 대원군이 취했던 조치는 무엇인가? 탐관오리의 부패 척결을 위한 무슨 조처는 있었을 것이다.

대원군의 개혁 정치는 역사에서 방향을 정확하게 본 것이다. 당시 상황에서 국가 권력의 강화, 이를 통한 외세와의 대결, 내부적 반란 진압 - 이것 밖에 없다. 제국주의 열강의 침략은 너무 강했기 때문에 약한 조선이 총동원, 총궐기를 해도 막기 쉽지 않았다. 쇄국 정책은 약한 조선이 자신의 힘을 기르기 위해서 잠시의 시간적 여유를 위해서 필요했다. 후발국이 보호주의 무역 정책을 취하는 것과 같은 이치이다.

그런데 민씨는 대원군을 축출하고 세도 정치로 나간다. 그 하수인이었던 최익현도 노론 정권에 눈이 멀어서 역사의 발전 방향을 보지 못 한 것이다. 청맹과니가 되는 것이 별 것 아니다. 그처럼 집안의 권력에, 당파의 이익에 팔리면 맨눈이 멀게 되는 것이다. 멀쩡한 눈이 있으면서 눈앞의 파멸을 보지 못 하는 것이다.

(2) 1884-94년까지 10년간 - 명성왕후에게 주어진 시간

이 시간 동안 조선은 맨발로 뛰면서 젖 먹던 힘까지 다해도 부족했거늘, 그녀는 세도 정치 놀음에 열중한다. 대원군과 티격거리며 세월을 보낸다.

명성왕후는 그 10년에서 자신이 마치 추어탕 속의 미꾸라지 신세[2)] 라는 것을 전혀 눈치 채지 못 한 것이다. 갑신정변 뒤에 일본과 청나라가 서로 조선을 먹으려고 싸웠던 것을 몰랐단 말인가? 청나라가 일본을 언제나 이길 수 있고, 청나라는 언제나 민씨 세도 정치의 보호자 역할을 하리라 믿었단 말인가? - 이 모든 것이 다 안동 김씨 세도 정치와 외척 정치, 궁중 암투 음모 정치는 보았으되, 국가를 운영하는 정치 수업을 제대로 받지 못 한 아녀자의 소견에 불과했다. 여자도 교육을 받아야 한다.

(3) 서태후의 무술변법 탄압

조선에서 명성왕후의 역할은 중국에서 서태후가 했다. 그녀는 무술정변을 일으켜서, 청나라의 마지막 숨통을 끊었다. 강유위의 무술변법은 청나라가 살아남는 유일한 길이었다. 무술변법이 성공했더라면 청나라는 그래도 몇 년은 더 목숨을 부지했을 것이다. 그러나 무술변법의 실패로, 책임 있는 지식인들은 청나라 보존을 포기하고, 청나라 청

2) 추어탕 끓일 때, 냄비에 물 붓고 두부 등 온갖 재료를 넣고, 그리고 미꾸라지를 산 채로 넣는다. 불을 때기 시작하면 미꾸라지는 따뜻해지는 물 속에서 두부 등을 배불리 먹으면서 유유자적한다. 그게 '추어탕 속의 미꾸라지 신세'이다.

산, 새로운 국가 건설로 가는 개혁안을 선택했다. 서태후는 그런 선택을 하게 했다는 점에서는 물론 중국 현대사에 기여를 했을 것이다.

민씨의 허송세월 10년도 마찬가지 역할을 했다. 그 세월을 세도 놀음을 하는 바람에 조선은 내부적으로는 동학 농민 봉기를 맞고, 외부적으로는 조선을 먹으려는 일본 세력과 격돌하게 된다. 거기에 전혀 대항을 하지 못 한다. 일본이 농민군과 청나라 군대를 격파하면서 그것으로서 조선의 멸망은 확정되었다.

서태후는 자신이 하는 일이 청나라를 위한 것이라 생각했을 것이다. 청나라 조정에 기생하고 있던 기득권 세력을 위하는 일이라고 보지는 않았을 것이다. 그러나 무술정변은 기생자들에게, 그리고 그 자신에게, 나아가 청나라의 멱을 따는 일이 되었다. 그렇게 권력 놀음에 팔려서 눈이 멀었단 말인가.

(4) 원세개의 황제 놀음

원세개는 1910년 신해 혁명 때, 손문의 혁명파와 밀약을 맺고, 청나라 황제를 퇴위시킨다. 그 공으로 그는 새로 들어선 공화국에서 총통(대통령)이 된다. 그는 이에 만족하지 못 하고, 황제가 되려고 획책한다. 음모 끝에 황제가 되었으나 빗발치는 반대 속에 퇴위하고 쓸쓸히 죽었다. 갑신정변 때 조선에 온 청나라 군대 사령관이 원세개였다.

원세개는 역사가 자신에게 준 황금 같은 기회를 전혀 눈치채지 못했다. 그가 정말 시대착오적인 얼빠진 황제 놀음만 하지 않고, 그냥 상식적으로 착실하게 경제 건설로 나갔더라면 중국의 근대화는 시작되었고, 중국 근대에서 가장 위대한 인물이 되었을 것이다.

그는 조선에 주둔하면서 민비의 세도 정치 놀음을 보면서, 봉건적인 궁중 음모 정치에 너무 깊숙하게 정신이 팔렸는지도 모르겠다.

(5) 장개석

장개석이 1927년 상해 사변을 일으켜서, 진독수 등 온건 공산당을 부셔버리고, 모택동 등 강경 무장 투쟁파에게 길을 열어 준 것 - 장개석은 상해 사변을 통해서 공산당을 완전히 분쇄해 버리려 했다. 그러나 오히려 그것이 공산당을 확고하게 만드는 사건이 되었다. 불길을 함부로 두들겨 패는 바람에 불씨가 사방에 흩어져서 큰 산불이 된 꼴이었다. 당시 장개석이 공산당을 그대로 두었다면 진독수 등 도시에서 노동자 중심의 투쟁을 전개하는 파가 우세했을 것이고, 그런 사람들은 도시에서 쉽게 국민당의 관리 아래 둘 수 있었다.

그러나 모택동 주덕 등 농민 무장 봉기를 택한 사람들은 광대한 농촌으로 스며들어가서 홍군을 조직하고 무장 투쟁을 했다. 그들을 어떻게 잡는단 말인가. 노자에도 나온다. "물고기를 연못에서 놓치지 말라"고. 일단 내 연못을 벗어난 물고기는 내 것이 아니다. 그걸 어떻게 잡는가? 모택동은 농촌 지역에서 물을 만난 물고기처럼 휘젓고 다녔다.

장개석은 그런 점에서 역사를 크게 보는 눈이 없다. 자신이 지금 당면하고 있는 상황이 뭔지를 냉철하게 파악하는 능력이 없었다. 1927년, 북벌 완성을 눈앞에 둔 시점에서 그가 할 일은 공산당과의 일전이 아니라, 경제 개발이었다. 공산당은 적당하게 관리하게 하고, 국가 경제를 일구었다면, 다가오는 일본과의 전쟁에서도 한판 해볼 만 했다. 그는 일본이 만주 점령한 다음, 목표가 중국 본토라는 것을 몰랐단 말인가? 그는 공산당을 너무 과대 평가했다.

(6) 모택동의 통일 후의 사업

50-60년대에 한 대약진 운동, 인민공사 운동, 그리고 문화 대혁명 - 이를 보면 정말 실감나는 말이 있다. "혁명가는 혁명이 완수되는 날

아침부터 필요 없다. 혁명이 이루어진 국가에서 가장 필요 없는 자는 혁명가이다. 그를 먼저 숙청해 버려야 한다." - 왜 그러냐고? 혁명가는 혁명이 직업이다. 혁명이 절대인 줄 안다. 자신이 혁명으로 이룬 국가 안에서도 혁명을 하려고 한다. 못 말리는 혁명병이다.

혁명을 이룬 다음에는 새로운 국가의 건설-운영이 중요하다. 혁명가는 건설이 아니라 파괴 전문가이다. 그 파괴 능력으로 새 혁명 국가마저 파괴하면 어떻게 되는가? 그걸 적나라하게 보여준 사람이 모택동이다. 그는 혁명된 나라에 자본가도 지주도 없는데, 우파와의 끝없는 투쟁을 부르짖었다. 적이 없으므로 적을 만들어낸다. 당 관료가 바로 그런 자들이라는 것이다. 그리고 자신이 만든 당-국가의 운영자인 관료를 상대로 전쟁을 한다.

그것은 맨살에서 고름 짜내기이다. 그런 코미디가 어디 있는가?

1949년 건국까지의 전쟁에서 그렇게 영민하던 모택동은 건국 이후에 중국을 괴롭히는 수퍼 악마가 된다. 그 이유는? 그가 시대를 제대로 읽지 못 했기 때문이다. 이제는 건설의 시대라는 것. 그리고 그것에 자신이 능력이 없으면 물러나서 유유자적했어야 했다는 것을 몰랐다.

모택동은 진시황처럼 승자의 저주에 빠진다. 너무 완벽한 승리에 아무도 그에게 충고하고 제지할 수 없었다.

중국 현대사를 보면 최고 지도자의 선택이 국가에 어떤 결과를 가져다주는지를 보여 준다. 명성왕후의 선택은 조선을 식민지로 몰아넣는 것이었다.

4. 조선에서 대학이 발생하지 않은 이유

조선시대에 대학, 자연 과학, 전문가 집단, 전문 연구소가 발생하지 않은 이유에 대해서 고찰해 보자. 사람들의 통념이 어떤 결과를 가져오는지, 생생하게 고찰할 수 있다.

1) 자연 과학을 하는 것은 돈과 권력과 명예를 위해서인가? 그렇지는 않다. 유명한 예술가들의 비참한 일생에 못 미친다 해도, 자연과학자들의 일생이 돈-권력으로 이어지는 경우는 그다지 많지 않았다. 진리의 추구가 주는 만족감이 가장 큰 것이었을 것이다. 요즘 와서 과학과 돈은 크게 결부되었다. 전통적으로 자연과학자는 수도승 비슷하게 살았다고 봐도 된다.

서양 근대의 중대한 특징 가운데 하나가 대학의 발생이다. 대학교가 생겨났다는 것은 *학문과 연구*를 직업으로 사는 사람들이 생겨났다는 말이다.

연구와 교육 - 조선시대에는 서당 훈장처럼 교육을 직업으로 삼은 사람들이 있었다. 그러나 연구를 전문 직업으로 삼는 사람들은 없었다. (집현전 학사나 규장각 초계문신 검서관의 경우도 연구가 전문 직업은 아니었다.) 교육을 업으로 삼는다고 해서 학문이 발생하지는 않는다. 그러나 연구를 직업으로 삼으면 학문이 생겨난다.

동서양을 막론하고 인문 계열 연구자들은 자연과학이나 사회과학 이전에 역사 초부터 이미 있었다. 철학의 경우, 종교보다 더 역사가 오래된 경우도 있다.

서양의 대학들은 처음에 종교와 연관되어 인문학 중심으로 설립된다. 그러나 갈릴레오와 코페르니쿠스 이래 자연 과학이 발전하면서,

서양의 대학들은 본격적으로 틀을 갖추어 갔다. 자연과학은 연구에만 전념하는, 연구를 업으로 삼는 전문적인 연구자를 필요로 했다. 나아가 사회과학이 성립함에 따라 또 다른 전문 연구자가 나타났다. 그들은 대학을 중심으로 활동했다.

반대로 보자면, 전문가 집단과 대학교, 혹은 연구 기관들 – 이것이 생겨나면서, 서양 근대 자연과학 발전의 견인차 역할을 했다. 그런 전문가 집단이 있었기 때문에 근대 과학은 폭발적으로 발전했다.

2) 반면 조선은 대학교를 만들지 못 했다. 연구 전문가 집단이 생겨나지 못 했다. 이것은 중국이나 일본도 마찬가지이다. 중국이 그러했기 때문에 조선도 그러했을 것이다. 왜 대학교와 전문가 그룹이 발생하지 않았는가?

공자가 말한바 "군자는 그릇(전문가)이 아니다(君子不器)"라는 유교적 이념 때문이었을까? 군자는 특수 기술을 가진 자가 아니라, '포괄적인 교양'을 쌓고 '인격과 이성'을 연마한 자이다. - 예禮 악樂 사射 어御 서書 수數라는 일곱 가지 기술이 바로 그런 것이었다. 그 인격으로 백성을 다스린다. (修己-治人) 인격자는 통치자였고, 통치자는 인격자여야 했다.

조선은 사대부의 사회였다. 사대부는 '지주-지식인-관료' 집단이었다. 권력과 돈과 정보를 독점했던 계급이었다. 그 셋은 현재도 사회를 움직이는 중심 원동력이다. 따라서 반대로 그 셋 가운데 어느 하나도 갖지 못 했던 소작인 계층은 그야말로 종속 집단이었다. 사회 정치적으로 아무런 작용도 역할도 하지 못 했다. 기껏해야 농민 반란의 주역이다. 그것도 잦은 것이 아니었다.

3) 이처럼 유교는 군자를 전문 기술이 아닌 포괄적인 교양과 인격으로 규정하려 했다. 조선시대의 지배 계급인 사대부 계층은 사회의 핵심 원동력을 독점했다. 이러했기 때문에 조선시대에 철학은 사대부 계급의 전유물이었다. 철학뿐만 아니라 학문적 지식-정보는 모두 사대부 계급이 가지고 있었다.

따라서 학문은 그 스스로 분화해 나갈 수 없었다. 전문 지식은 '수기-치인'이라는 이념에 종속된다. 지식은 이성을 닦는 수단이다. 이성을 닦는 이유는 관리가 되기 위한 것이다. 지식이 이런 실용적 목표에 맞추어져 있었기 때문에, 지식 그 자체를 추구할 할 수 없었다. 실용적인 지식은 사대부 군자가 아니라 중인 이하 백성들이 하는 것이었다. 이른바 '장이'들이 가진 기술이었고, 천한 것이었다.

* 군자-사대부는 공부를 한다. 하는 이유는 과거 시험을 쳐서 관리가 되기 위해서였다. 공부의 목표는 학문이 아니라 권력이었다. 조선시대의 관리는 정치가와 구분이 되지 않았다. 실무를 담당하는 서리(胥吏)는 중인 계층이 전담했다. 그들은 신분이 묶여 있었다. 과거 시험을 거쳐서 관리로 등용되는 사람들은 최고 직위, 즉 정치가로 나가게 되어 있다.

조선시대에 저명한 사상가는 또한 유명한 정치가이기도 하다. 사상과 정치가 그렇게 결합되어 있었다. 그것은 행복한 결합이기도 하지만, 또한 치명적인 약점을 가지고 있기도 하다. 학문이 정치에 종속된다는 것이다. 학문은 그 자체의 논리를 가지고 전문적인 분야로 발전해나가지 못 했다.

정치와 철학 사상의 결합은 조선의 특징이다. 조선 건국자들은 이상 국가의 설계자였다. 그들은 유교적인 이상 국가의 설계도에 따라 국가를 만들고 운용하려 했다. 이러한 유토피아 의식은 그 결합의 산물이기도 하다. **권력욕이 훈구 척신파의 동력(動力)**이었다면, **유토피아 의식은 사림파의 원동력**이었다. 선조 때는 사림파가 집권하여 여당이 되었다. 그러나 인조 쿠데타 이후 이런 유토피아 의식은 철저하게 당파적 이기심과 결합한다. 서인-노론의 당파적 이익을 '소중화론'으로 지켜내었던 송시열이 대표적이다.

요컨대 철학과 정치가 결합되면서, 철학-사상-학문은 정치에, 구체적으로는 당파에 종속되었다. 학문과 사상은 당파의 이론에 불과했다. 학문은 객관적이고 보편적인 진리를 갖지 못 했다. 진리는 오직 권력과 연관될 때 의미가 있었다. 진리는 힘이었고, 사상은 권력 장악의 수단이었다.

4) 이 결과 조선시대의 학문은 철학이든 자연학이든 간에 아마추어 수준을 벗어나지 못 했다. 서경덕의 자연학이 대단한 것처럼 말하지만, 현재의 자연과학을 가지고 보자면, 그건 정말로 한심한 신화에 불과할 뿐이다. 초등학생 수준도 안 되는 자연학이었다.

서경덕은 자연과학자인가? - 아니다. 그가 키운 사람들은 자연학에 대해서 얼마나 아는가? 토정 이지함? 그가 『토정비결』을 지었다고 전해지는 것이 저간의 사정을 말해 준다. 서경덕과 그 제자들은 결코 자연학을 전문적으로 연구하지 않았다. 그들은 대학도 연구소도 세우지 않았다. 단지 학파-당파로 분류될 뿐이다. 서경덕의 제자들은 거의 다 서인에 소속되었다.

무림 4천왕이 일반적으로 다 그러하다. 결국 조선시대의 학문 수준은 정치가들이 했던 아마추어 수준이다. 현재의 입장에서 보자면 신화적 설명들의 연속일 뿐이다. 그렇게 된 이유는 바로 '전문가 집단'

이 형성될 수 없는 사회 정치적 구조 때문이었다. 그런 구조 아래서는 대학교라는 것이 생겨날 수 없었다.

당시 학교라는 것은 단지 경전을 외우고 과거에 합격하게 하는 곳에 불과했다. 교육이 신분 상승의 수단이었다. 과열된 입시 열풍은 그때부터 구조적인 것이었다.

그런 점에서 성리학이 말하는 '격물치지'의 본질과 한계가 드러난다. 격물치지는 발견의 논리가 아니다. 설명의 논리도 아니다. 그것은 마음 수양의 이야기이다. 격물치지는 수양론에 속한 이야기이다. 경전을 읽고 이해하는 것이 격물치지이다.

5) 인치의 전통 – 제도화시키지 않음

사대부들이 인격 수양을 위한 종합 교양으로서 '문학 역사 철학'을 했다. 그 이외의 실제적인 지식 – 현재의 사회과학이나 자연과학에 해당되는 정보는 '장이'(기술자)들이나 하는 것이었다. 군자는 불기(不器; 전문 기술자가 아님)이기 때문이다.

게다가 사대부는 '지주-지식인-관료(정치가)'였다. 그는 지식인 학자이면서, 동시에 정치가이다. 따라서 학문은 늘 그의 정치적 입장과 당파에 종속되었다. 정치적 이해 관계, 혹은 세속적 관심에서 벗어나, 순수한 학문 그 자체를 추구할 수 없었다. 그러려면 학문 그 자체를 업으로 삼는 계층이 나와야 했다. 그러나 조선에서는 없었다. 대학이나 연구소가 없었기 때문이다.

왜 없었는가? 서양의 경우, 공업화 자본주의화를 거치면서 자연과학과 사회과학이 발전한다. 반면 조선의 주산업은 농업이었다. 농업은 공업에 비해서 기술 혁신이 그다지 중요하지 않았다. 그냥 전승되는 지식 정도로 농사지을 수 있었다. 따라서 대학교나 연구소가 굳이 필요하지는 않았다.

이것 이외에 다른 이유가 없었는가? **인치(人治)의 전통,** 법률에 의해서 제도화시키지 않고, 각 개인의 인격의 자율에 맡기는 유가의 전통이 문제였다. 공자 이래 유가는 수기치인(修己治人)의 인치를 극히 높였다. 법치는 그것의 보조 수단 정도로 치부되었다.

그 결과 조선시대에는 제도화보다는 개인의 인격에 맡기는 것이 상식화된다. 예를 들자면, 이황은 대학자로서, **도산서당**을 세워서 제자를 교육시키고, 스스로 학설을 키웠다. 당시 경상북도에서 행세하는 집안의 자제들이라면 반드시 도산서당에서 배워야 했다. 배우지 않았다는 것은 그 집안이 한미하다는 뜻이었다. 이렇게 성황을 이루었던 도산서당은 이황이 죽은 뒤에 폐쇄된다. 요즘 상식으로는 이해가 되지 않는다. 그렇게 잘 되는 곳이었다면, 이황 뒤에 그 제자 가운데 하나가 도산서당을 이어받아서 계속 운영을 하면 되지 않는가? 이황이 죽었어도 도산서당을 제도화시켰다면, 계속 존속되었고, 근대화의 물결 속에 유수한 대학이 될 수도 있었다. 그런데 왜 폐쇄시키는가?

'도산서당=이황'이라는 동일시가 당시의 상식이었다. 도산서당이 하나의 제도라는 생각은 아무도 하지 않았다. 그것은 단지 이황이라는 개인이 그 인품으로 운영하는 것이었다. 따라서 이황이 죽으면 당연히 도산서당은 문을 닫아야 한다. '이황=도산서당', 따라서 이황이 죽으면 도산서당도 끝이다. - 이것은 모든 것을 한 개인에게 귀속시키는 인치(人治)의 발상이다. 어느 누구도 도산서당이라는 제도와 이황이라는 개인을 구분하지 않았다.

그 대신 이황의 제자들 가운데 자신의 고향에 가서 자신의 학당을 여는 사람들도 있었다. 그 학당도 그 사람이 죽으면 문을 닫았다. 대신 그의 제자들이 또 자기 고향에 가서 학당을 열었다. 도산서당이 계속 유지되는 대신에, 세포 분열처럼 다른 지역에 다른 모양으로 도산서당이 생겼다 없어졌다. 학교를 개인과 동일시하기 때문이다.

집현전과 규장각이라는 조선시대에는 드문 연구소의 운명도 마찬가지였다. 집현전은 이공계열 연구소이고, 규장각은 문과 성향이었다. 그러나 당대에 그쳤다는 점에서 같다. 그것들은 각각 세종과 정조라는 군주 개인과 동일시되었다. 따라서 사람이 죽으면 연구소도 문을 닫거나 약화되었다. 제도를 객관적으로 존속시키는 것이 아니라, 제도와 기구를 한 개인에게 귀속시키고 동일시하는 인치의 전통 때문이다.

조선시대에 많은 **기술자**들이 자신만의 비법을 개발했다. 그러나 그것은 공개되어 토론되고 발전되지 않았다. 기술을 개인 비법으로 생각했기 때문이다. 기술도 그 개인에 귀속시킨다. 그 개인이 익힌 묘기이다. 개인과 기술을 분리시켜 생각하지 않는다. 따라서 기술 사이의 경쟁이나, 객관적인 지식의 확립이라는 생각이 없었다.

서양 근대 과학이 확립되면서, '객관적인 법칙 이론 지식'이 상식이 된다. 개인의 이해 관계와는 아무 상관없이, 독립적이고 객관적인 법칙이 있다. 학문은 그것을 찾는 것이다.

조선시대에는 '객관적인 법칙'이라는 개념 자체가 성립하지 않았다. 모든 지식은 다 그 개인이 발견한 것이고, 개인에게 귀속되고, 개인과 동일시되었다. 따라서 기술자와 그의 기술을 구별하지 않았다. 구별했다면, 기술자들이 자신의 기술을 책으로 썼을 것이다. 객관적 지식을 놓고 경쟁이 이루어졌을 것이다. 그러나 그게 없었다.

6) 선조 이후 치열하게 **당파 싸움**을 했다. 그러나 당파와 경쟁 규칙을 제도화하지 않는다. 정치가 실질적으로 당파 경쟁으로 이루어졌다. 그렇다면 그것의 제도화는 기초적인 것 아닌가? 그러나 끝내 제도화

시키지 않는다. 당파를 개인과 동일시하기 때문이다. 예컨대 동인(東人) 서인(西人)이라 하지, 동당(東黨) 서당(西黨)이라 하지 않는다. '당(黨)'이 아니라 '사람(人)'이라 부르는 이유도 인치라는 상식 때문이다. 그것이 하나의 제도라기 보다는 그냥 사람들의 모임으로 본다. 따라서 '동인 서인'이라 한다. 정당이 아니라 패거리라는 말이다.

당파를 이끌고 여론을 주도하던 사람을 **'산림(山林)'**이라 했다. 정인홍 송시열이 대표적이다. '산림'이라는 말도 인치의 발상이다. 산림은 그가 은거했던 고향의 산과 숲이다. 거기에서 제자를 키우고 학설을 닦아서 명성을 높이고, 그 힘으로 여론을 주도하고 당파를 이끈다. 패거리인 붕당을 만드는 것도, 이끄는 것도 '산림'이라는 한 개인이다.

이런 맥락에서 군자당 소인당 개념이 나온다. 정당 조직이 제도라기보다는 사람들의 패거리로 보기 때문에, 패의 구성원이 군자인가 소인인가를 따진다. 당파를 선택하는 군주도 제도로 규정되기 보다는 한 개인 인격체로 간주되었다. 숙종 때 환국 정치로 피를 부르는 정쟁을 했다. 그러나 어느 누구도 당파 경쟁을 제도화해서, 군주의 자의적인 숙청을 제한하고, 공정한 게임을 하게 만들려 생각하지 않는다. 그저 군주를 우리 당파에서 차지해야 한다는, 집념에 불탄 궁정 음모 정치만 난무했다. 이 역시 군주를 개인으로 보는 인치의 전통이다.

유가에서 **국가 개념**도 인치에 가깝다. 국가란 독립적인 하나의 제도의 집합체라기 보다는 군주 한 개인의 인격의 구현체로 본다. 국가를 군주와 동일시한다. 그래서 예송 논쟁에서 군주의 지위를 따지고, 환국 탕평 정치에서도 군주 개인의 선택만 중시한다. 결코 제도화시킬 생각을 하지 않는다.

인치의 전통이 의심할 수 없는 상식이던 시대에 대학교와 연구소가 나오지 않은 것은 지극히 당연했다.

7) 철학, 모순, 왜?

우리는 역사에서 '왜?' 라는 것을 물어야 한다. 역사학에서는 '왜' 라고 묻는 것을 부질없는 것으로 치부하는 경향이 있다. 역사는 자료로 말하기 때문이다. 그러나 철학은 논리로 말한다. 역사가 철학의 대상이 된다면, 철학은 부지런하게 '왜?'를 물어야 한다. 그렇게 해서 역사적 사실들의 논리적 일관성을 따져야 한다. '왜' 라는 물음으로 '논리적 일관성'과 '모순-불합리'가 추궁된다.

모순은 **일차적으로는** 역사 서술에서 나타난다. 역사가는 사람이기 때문에 잘못과 실수, 그리고 편견과 선입견, 나아가 의도적인 서술로 역사를 왜곡시킨다. 그 왜곡은 '모순-불합리'라는 점으로 나타난다.

이차적으로 역사적 사실 안에 모순과 불합리가 있다. 역사 기술의 잘못이 아니라, 사실적으로 그것이 있다는 것이다. 그리고 그런 사실이야말로 역사적 진실에 들어간다. 합리적인 진행 과정이 아니라, 불합리하고 모순된 진행 과정 - 그건 역사 안에 숱하게 있어왔다. 역사는 비틀거리며 나가지, 맨 정신으로 똑바로 나간 적이 없기 때문이다.

8) 우리가 문제 삼으려 하는 '대학과 연구자 집단' 문제도 바로 그런 것 가운데 하나이다.

우리는 왜 자연과학이 발생하지 않았는가. 왜 대학교와 전문가 집단이 생겨나지 않았는가. 왜 조선시대의 사상이나 철학은 그렇게 수준이 낮은가를 물었다. 물음이 있으면 답도 쉽게 나온다. 조선시대는 그처럼 정치에, 인간에 모든 것을 걸었던 사회였다.

세종 때 집현전과 학사라는 전문 연구 기관과 전문가들이 있었을 때 이 나라의 학술은 최고 수준으로 올라갔다. 그러나 그 후 그 전통은 정치 투쟁 속으로 침몰해 버렸다.